翻译哲学研究丛书

"中庸"视域下《论语·尧曰》跨文化英译方法研究

蔡新乐 ○ 著

中国社会科学出版社

图书在版编目（CIP）数据

"中庸"视域下《论语·尧曰》跨文化英译方法研究／蔡新乐著．
—北京：中国社会科学出版社，2022.8
（翻译哲学研究丛书）
ISBN 978-7-5203-9986-9

Ⅰ.①中…　Ⅱ.①蔡…　Ⅲ.①《论语》—英语—翻译—研究
Ⅳ.①H315.9 ②B222.25

中国版本图书馆 CIP 数据核字（2022）第 050757 号

出　版　人	赵剑英
责任编辑	刘　艳
责任校对	陈　晨
责任印制	戴　宽

出　　版	中国社会科学出版社
社　　址	北京鼓楼西大街甲 158 号
邮　　编	100720
网　　址	http://www.csspw.cn
发　行　部	010-84083685
门　市　部	010-84029450
经　　销	新华书店及其他书店
印　　刷	北京明恒达印务有限公司
装　　订	廊坊市广阳区广增装订厂
版　　次	2022 年 8 月第 1 版
印　　次	2022 年 8 月第 1 次印刷
开　　本	710×1000　1/16
印　　张	20.75
插　　页	2
字　　数	305 千字
定　　价	108.00 元

凡购买中国社会科学出版社图书，如有质量问题请与本社营销中心联系调换
电话：010-84083683
版权所有　侵权必究

总　　序

蔡新乐

推出本丛书的主要目的是，希望能为翻译哲学这一方面的研究略尽绵薄之力，并力图站在这样的高度对中国翻译理论的重构有所推进。

作为人文研究或人文学科之中的一个部门的翻译研究，它是需要哲学来指导的。但是，我们看到的实际情况却是，在有关著述之中，翻译哲学并没有在很多地方出现。或者更准确地说，此一名目很少见到。

但是，一旦离开哲学，理论探讨和说明是无法道出合理的东西的，也就是说，没有办法"说理"。但是，迄今为止，似乎还没有看到哪一种翻译理论是依之为参照，来进行理论建构的描述、说明和分析的。具象的上升为抽象，才可提至一定的高度，演绎、推理，显现思想水平，而见其用。尽管确有学者总结过一些相应的哲学家的有关观点，但就"学科建设"而论，则很少看到成果用之于其中。与此同时，"翻译史"的写作也一样是以史事的总结为中心的。故而，鲜有"翻译思想史"的书写出现，即使出现，也并不一定以"哲学"为导向，更遑论以之为指导。

种种迹象表明，一向被视为"实践活动"的翻译，似乎也就只有"实用主义"的种种门径可以加以致思。但若论起"形而上"，则一定会被侧目。如此，一般而论，既然是"实践活动"，依之为参照，就足以建构理论，然后再回归其中，所谓"理论来自于实践，进而再指导实践"，也就成为不刊之论，教条一般规约并且进而限制着人的思维。

这样的局面，因有"新三论"（系统论、控制论及信息论）的出现，而遭到致命打击。不过，相应的论说，偏重的本是"科学的论理"。随着"后现代"种种思潮的出现，有关"显学"失去效应，连"逻各斯中心主义"也早已成为问题。如此，"逻辑化论述"有可能成为游戏，而"工具理想主义"的横征暴敛，也被视为近代以来帝国主义侵略背后的一种支撑。

翻译研究本就是跨文化研究的一种，那么，多元文化的局面是确保人类存在本身的基本条件。设若"一体化"到了只有某一单一或单义的文化存在，世界的丰富性变为扁平的东西，深度和高度不再在场，人类的末日一定指日可待。

因此，在新的学术形势之下，也就有必要启动"比较哲学"来审视有关问题。易言之，跨文化翻译研究，需要提升至此一层面，才可能真正实现历史的突破，并与现实相对接，以保证翻译研究的有关思考和探讨是高层次的、有深度的，甚或是有内涵的。

而这毫无疑问意味着，中国也应存在相应层面的思想：哲学。道家"清心寡欲"，释家"言语路绝，心行处灭"（《高僧传·义解三·僧肇》）[①]，二者不可能注重"交流"。不过，历史的经验书写和回溯告诉我们的都是，只有释家才因其经典东传而有其"翻译理论"。

儒家的祖师孔子"祖述尧舜、宪章文武"，而尧法天、舜法人；"舜无一不取于人"[②]。就人与人的交流、人与自然的交流而论，世上少有如此的通达之论。更何况《周易·系辞上》特别突出"感而遂通"[③]，"情"字成为沟通人我与天地的必要条件。因此，在中国文化的思想传统之中，儒家有相应的系统值得认真思考、运用。但是，长期以来，仍是历史的原因，如鲁迅先生所说的"汉字不灭，中国必亡"之所示，人们对儒家的认识很多也一样仍是停滞于"封建社会"的"思想奠基者"之中，罕能

[①] 释慧皎：《高僧传》，汤用彤（校注）、唐一玄（整理），中华书局1992年版，第251页。
[②] 爱新觉罗·毓鋆：《毓老师说春秋繁露》（全二册），陈絅（整理），花山文艺出版社2019年版，第733页。
[③] 王弼（注）、孔颖达（疏）：《周易正义》（李学勤主编，《十三经注疏》之一），北京大学出版社1999年版，第284页。

脱出。但时至今日，要想真正使中华文化见出她的真美，仍是需要从中找到"新的思想资源"的。这样，也才可能填补历史的缺失，并为之纠偏。

正如儒学研究家姜广辉最近所指出的："中华文化的'根'就是'六经'，'六经'所承载的核心价值观就是中华文化的'魂'。'六经'去，则国无魂。这个问题非常重要，可惜经学发展两千年，并无人有此认识。"① 看来国人对儒家哲学的轻视，其倾向不是近代以来才形成的。如其所指出的，蔡元培20世纪初任南京临时政府教育总长时，主持"废除尊孔读经"，其后又为胡适所著《中国哲学史大纲》作序，称其不从"六经"而是从诸子百家讲起，是"截断众流"，这"无异于对中华文化斩'根'断'魂'"②。前人对先贤的不敬虽有特别的原因，但不敬造成的却可能是"抛弃自家无尽藏，沿门托钵效贫儿"③，跨文化研究领域尤其如此。时至今日，我们要继续发扬传统，不仅要精研其理，还应跨文化地加以运用。这已经成为历史的任务或曰使命。

近代以来历史巨变，翻译事业蓬勃发展；但为因应"启蒙"之需，有关活动呈一边倒之势。据著名翻译家汪榕培与王宏先生统计④，百年里，外译汉的图书种类高达10万种，汉语典籍外译仅有区区500种。前者是《四库全书》的10倍，而后者若按年计算不过是5种之数，对外影响极微，或可忽略不计。

诗人郑敏20世纪90年代曾忧心忡忡地指出，中华文化正经历一场"慢性自杀"，并强调现代新诗的语言已深度异化。而由目前的翻译教科书的译文例子来看，这种局面并无大的改观。一个重要原因是，历经战乱和政治运动成长起来的几代人，"救亡图存"的要求远远重于教育，文化

---

① 姜广辉（主讲）：《新经学讲演录》，肖永贵、唐陈鹏（录音整理），中国社会科学出版社2020年版，第2页。
② 姜广辉（主讲）：《新经学讲演录》，肖永贵、唐陈鹏（录音整理），中国社会科学出版社2020年版，第3页。
③ 王守仁：《王阳明全集》（全二册），吴光、钱明、董平、姚延福（编校），上海古籍出版社1992年版，第790页。
④ 《中国典籍英译》，汪榕培、王宏（主编），上海外语教育出版社2009年版，第15页。

异化融入无意识，几成趋势或取向。

在此背景下，西方翻译思想在我国译学界已成绝对主导。这固然在中国翻译事业的起步及发展中发挥过不可替代的作用，但也限制了中国经典思想的对外传播。可以说，以西方思想为指导来翻译中国经典，已使我国传统思想在跨文化交流领域找不到自己家园的定位。中西思想在轴心时代已大不相同，海德格尔与萧师毅合作翻译《道德经》时就指出，老子那里并没有亚里士多德的逻辑学说。然而，那些探讨我国古代哲思著作的论著和译著，少有深究西方思想和以之为指导所形成的译学对我国文化的同化、遮盖，甚或侵蚀。

这样的局面突出地存在四大问题：（一）跨文化交流严重失衡，历史应如何持续？（二）面对把持翻译界话语权的西方译学，学界能否依据中国经典文化，开拓出自己的翻译思想和系统性的理论论说？（三）中华文化是不具备内涵来拓展翻译思想，还是有待系统性地深入探讨并做出相应的"发现"？（四）近代以来奠基于我国传统文化的翻译理论，未得到足够的重视，而"国学"成为"国故之学"，即将中华文化视为研究对象或材料，使之仅具历时的意义：过时的，当是有过失的；而深感问题严重的众多学人、思想家将传统文化束之高阁。长此以往，文化多元的力量逐渐销声，最终岂不趋向无可交流？

直到 20 世纪八九十年代，学界才有人提出"中国特色的翻译理论"和"中国学派的翻译研究"，局面似欲为之一变。但惜乎有关研究并未真正展开，不是表现为提出口号，就是试图以逻辑化、概念化的建构为导向，而不思如何启用中华文化本身的思想资源。

随着 21 世纪的到来，"翻译学中国学派"呼声渐起，时见论文发表。但目前为止，似很少到此一方向的专著，在学理上进行精深和全面的研究；有关论文也并不注意如何生发思想力量，而期在比较哲学的视域展开。易言之，没有比较的策略，不能站在哲思层面，有关探索仅仅停留在起步阶段，且思路还可能存在严重问题。

因此，推出"中国翻译理论体系的历史追溯与重构研究"丛书，以针砭时弊、正本清源，进而固本清流，重构理论体系，或将具有一定的历史性的学术意义和价值。

此一丛书的推出，关乎翻译理论和实践两方面思想路线的历史追溯和理论系统的重构，有助于中华文化的外传外译，亦可推动翻译研究领域本身的理论建设走向正轨。

第一，对传统中国翻译理论的重新认识。因佛教经文传译东土长达千年，传统中国翻译理论一向以佛典翻译活动之中翻译家的经验体会为重心，以之为建构模板。但"思维道断，言语路绝"的精神追求，是否会在现世形成困境，而使交流陷入瘫痪？这样的哲学问题似从未进入研究者的视野，进而造成有关研究照搬照抄，突出技术、技巧方面诸如"五失本、三不易"（道安）、"五不翻"（玄奘）等要求，而难及理论的思想之真，更遑论系统建构及其对人本身的建构的要求。博学如钱锺书甚至也坚持认为，"信达雅"出自支谦《法句经序》[①]，根本无视严复所引用的儒家经典对之所作的训解，其精神取向和思想追求在哪里。

第二，传统中国翻译思想史的反思。近代翻译活动勃兴，到了现代时见翻译思想的总结。但有关系统化的努力，仍徘徊于只言片语的缀合或断章取义的释解，并未启动形而上的探讨。如"案本—求信—神似—化境"其"本"无所据，"信"去"诚体"，本应统合为一的"神似"和"化境"竟然成为两种或两类论述，二者关系如何，未见辨析。更多书写翻译思想史者，还未及加以归总，只及"事实"描述，不仅没有系统化，甚至见不到学理讨论。另一例子是，有人提出以"翻译话语"取代"翻译理论"。如此，不仅后现代的"权力"与"话语"的哲学思辨未得思考，而且，不无解构传统思想的倾向，进而消解理论的哲学化，最终将使有关论述成为一种随意而为的言说？理论意识疲软和哲学思想缺席，是该正视的时候了。

第三，儒家翻译学的建构。受传统观念影响，翻译研究一向突出的是

[①] 钱锺书：《管锥编》（第三册），中华书局1986年版，第1101页；另见钱锺书：《钱锺书论学文选》（第四卷），舒展（编），花城出版社1990年版，第367页。

技术和技巧的走向，理论论述则取向西方，待后现代的"反逻各斯中心主义"袭来，"逻辑化"不再成为理论论述的重心，而其他资源已无可启用，翻译理论的建构停滞不前。儒家翻译学此时也就应成为一种资源力量，不仅能使儒家本身焕发出活力，而且也可大力推动翻译理论的哲学建构。一方面，"为己之学"的主导思想就在于人自身的打造，而作为一门人文学科的翻译研究需要培养和论述的核心正是跨文化的人，就此而言，儒家的思想观念和方法，可为国内翻译研究事业探索出一条新出路；另一方面，在长期遭到排拒、打击甚或蹂躏的情况下，儒家思想的引入，也一样有助于其本身通过新的领域的应用研究而体现出它的历史价值和意义。

第四，比较哲学与哲学比较。因为一贯将翻译研究视为实践性的学科，哲学的引入不得其门，而有关探索仍停留在初步阶段，诸如马丁·布伯的宗教翻译思想、于尔根·哈贝马斯的行为交往理论、保罗·利科的翻译哲学以及雅克·德里达的解构翻译思想等，或未及深入研究或梳理，甚或未能引入翻译研究领域，进行一般的讨论和吸收。而最为严重的可能是，海德格尔的翻译哲学始终未能成为资源。如此，他由阐释学而来的翻译思想，本可体现正统的、根植于西方哲学的翻译理论之精华，却付诸阙如，甚至是未得应有的正视。而翻译理论的探索，有必要建构在哲学基础上，海德格尔是不可回避的思想源泉。这样，有关研究首须认同中国哲学的独立存在定位及其与西方哲学的比较的历史作用；也只有这样，其理论建构才可能是双向的、互惠的，也才是常态的和可行的。同时，翻译研究领域对海德格尔的吸纳，亦应呈现基本的关切和基础研究的面貌。哲学早已成为比较哲学，比如，希腊的已成为德语文化的，同时亦是世界的。无此比较视力，则已无所谓哲学。翻译研究正可求助于哲学以期推动中国翻译理论的建构，同时促成真正的思想交流在跨文化场域的正常运作和展开。

第五，儒家思想的引入对于翻译实践的重要性。关注中华文化思想尤其是儒家思想，首先应对中华文化的外译产生相应的作用。经历了一个多世纪的灾难性打击的儒家，若时至今日仍不能予以正视或认同，则不仅西方著述中很多表达方式无可转译,原因是塑造人的理想的有关观念早就被当作应弃之于垃圾堆中的东西,而且,即使从儒家经典的外传来说,也很难落实到位。如此,有关跨文化交流活动,不是仍以理雅各基督教式的翻译为典范,就会以安乐哲的现代化或曰西化翻译为模板,"以儒解儒"既难实现,结果仍不免重蹈历史覆辙。

第六,重视海德格尔翻译哲学的实践意义。海德格尔哲学不仅创造性地发展了阐释学,形成阐释学哲学,而且,他的哲学论述本身不仅为德语,同样也为其译文在诸多目的语之中,引发出全新的表达方式的创造。后者可以我们在实践活动之中新的表达方式的大胆创造,为将翻译活动促成为思想创造活动("翻译即哲学的通道",德里达语)[①] 提供有力的借鉴。

丛书目前可从以下四个方面考虑,收录有关著述:

1. 以中华文化为视角对翻译的有关现象、问题的研究以及翻译史专题研究;

2. 以儒家为理论指导,对儒家经典进行跨文化再阐释的翻译研究论著;

3. 对海德格尔以及其他现代哲学家的翻译思想的探索;

4. 比较哲学视域下的翻译理论建构的研究。

究竟我们能做到什么地步,最后的结果如何,尚且不得而知,但计划已如上述。所谓"极高明而道中庸"(《礼记·中庸》)[②],因而,"虽不能至,然心向往之"(《史记·孔子世家》)[③]。我们自觉,会认真努力的。也希望学界有识之士,能够参与其中,助力而又增益;学术乃天下之公器,只有志同道合的同仁一起努力、共同探讨,才能见其有真正的起色和发展。

[①] Jacques Derrida,"La pharmacie de Platon",*Tel Quel*,Vol. 32 & Vol. 33,1968,p. 9.

[②] 郑玄(注)、孔颖达(疏):《礼记正义》(李学勤主编,《十三经注疏》之六),北京大学出版社1999年版,第1455页。

[③] 司马迁:《史记》(全九册),韩兆琦(译注),中华书局2010年版,第3845页。

前　言

本书专门探讨《论语·尧曰》篇的跨文化英译方法，即以实例阐发中庸之道之于跨文化的可行性及其重要作用。《尧曰》载二帝"授命心法"，但其训解却出现语文学的"指其为伪"与哲学认之为"道统之所寄"这两方的分歧和冲突。对之的梳理、分析、研判和定性，可为其跨文化英译提供反思材料，为有关探索打下基础。以中庸为据，可以发现，《尧曰》"五美"导向"仁道"，重在促成事物的自我回归；此亦即"仁"的根本倾向：万物归入自身，才见"生生"之义。二者合观，则可定翻译方法，突出"惠而不费"的三重意蕴，进而确定"三知"的英译。以儒家哲学为指导，化"仁"的思想原理为方法，来传译经文，才能走向正轨。而以中庸之道为方法论，一反黑格尔所说的孔子并非"思辨"者，其说莫非"常识"，因而其著述不如不译的倾向，而在历史反思的同时，试图寻找对应的策略，以期走出儒家经文过去的传译或以基督教加以同化或难脱西方思想背景的困局。

目　　录

第一章　绪论 ……………………………………………………（1）
　　第一节　问题的提出：为什么要以"中庸"解《论语》………（1）
　　第二节　《尧曰》的语文学和哲学解释的分歧 ………………（3）
　　第三节　中庸之理及其方法论的意义和作用 …………………（12）

第二章　二帝授命之"心法"的语内释解及其跨文化传译的
**　　　　"中道之法"** …………………………………………（24）
　　第一节　世俗的语言与经文的高雅：被降格的追求
　　　　　　及其后果 ……………………………………………（24）
　　第二节　英译：被异化的"天"、被偏离的"中"与
　　　　　　被否定的"永终" ……………………………………（37）
　　第三节　"执中"之"中"导向下的译解 ………………………（61）

第三章　"五美"之"求仁而得仁"与使"事物回归自身"之译 ……（66）
　　第一节　"惠而不费"的释解导向及其三层意蕴 ………………（66）
　　第二节　不依"中道"的今译的问题 ……………………………（75）
　　第三节　全无"中道"意识的英译及其问题 ……………………（106）
　　第四节　"五美"的新译："君子"与"仁"的
　　　　　　英文处理何以体现"中庸"精神 ………………………（156）

第五节　余论："尊尊、贤贤、亲亲"与"生生本本"之秘 … (163)

第四章　"三知"与"天命"、"礼"和"言" …………… (169)
　　第一节　问题的提出：消极阐释有效吗？ …………… (169)
　　第二节　纠缠于人事的今译 …………………………… (185)
　　第三节　并不期许"高明"的英译 …………………… (205)
　　第四节　"中庸"引导下的"天人相合"在"三知"
　　　　　　之中的体现 ………………………………… (249)
　　第五节　"天命"与"召唤" …………………………… (252)
　　第六节　"知"与"体知" ……………………………… (271)
　　第七节　"言"与"大言" ……………………………… (284)

第五章　结论 …………………………………………… (288)

参考文献 ………………………………………………… (304)

后　记 …………………………………………………… (314)

第一章　绪　论

第一节　问题的提出：为什么要以"中庸"解《论语》

这本小书试图以中庸之道为方法论，探讨《论语》最后一篇《尧曰》之中"允执其中"、"五美"以及"三言"诸章的跨文化翻译译解以及现代汉语（今译）之中有关"思想正规"及其运用问题。

那么，为什么要用"中庸"来品评和衡量以往的译解的得与失，进而试图使情况有所改观？回答是，这是走上儒家"思想正规"的途径，或许也可以说，那是唯一正确的途径。

论者指出："《论语》中提到'中庸'一词，只有一次，但实际上，《论语》所记的孔子的全部理论和实践，都贯穿着中庸思想，有的记述虽未提'中庸'之名，实际是在论述中庸思想。"[1] 那么，依之释解《论语》岂不顺理成章？

这样，如果说《尧曰》篇首章"允执其中"[2]之"中"指的就是"中庸"之"中"，而且，是在强调"坚执中道"，那就意味着，"二帝三王"（尧、舜、禹、汤以及武王）所传"道统"之"心法"，即寄托于"中庸"；也就是，要依赖"中庸"，其"道"才可传至后世，保证

---

[1] 夏传才：《十三经讲座》，广西师范大学出版社2006年版，第292页。
[2] 何晏（注）、邢昺（疏）：《论语注疏》（李学勤主编，《十三经注疏》之十），北京大学出版社1999年版，第265页。

世世代代能继续"奉天承命"。而之所以能获取如此的"授命"和"承命",从夫子之"中庸之为德也,其至矣乎! 民鲜久矣"(《论语·雍也》)①之论来看,究其原因,是圣人拥有"中庸"之"至德"。也就是说,古时的圣王或曰圣人凭"中庸"打造出理想人格,故而,可得"天之眷顾"承接"天运"而使天道见乎人间。圣人效天、"则天"②。而孟子强调:"舜何人也? 予何人也? 有为者亦若是。"(《孟子·滕文公上》)③"有为者"都能因为仿效圣人而得"与其一体",这样,"人皆可以为尧舜"(《孟子·告子下》)④,也就有可能成为现实。毛泽东有诗句歌颂"六亿神州尽舜尧"(《七律二首·送瘟神·其二》),亦是此意。

圣人的榜样,造就的是完美人格。所谓"下学而上达"(《论语·宪问》)⑤,如何晏注之所示,即是在强调"圣人与天地合其德"⑥;而常人通过"学"加以效仿,亦可企及其境界。儒家如夫子所坚持的,关注"为己之学"⑦。因而,如何培养人或曰使人"成人"(《论语·宪问》)⑧,是《论语》贯彻始终的一个主题。

这样,我们也一样需要"学"才可"知",如此,才可"合外内之

---

① 何晏(注)、邢昺(疏):《论语注疏》(李学勤主编,《十三经注疏》之十),北京大学出版社1999年版,第82页。
② 《论语·泰伯》:"子曰:'大哉,尧之为君也! 巍巍乎,唯天为大,唯尧则之。荡荡乎,民无能名焉。巍巍乎,其有成功也。焕乎,其有文章。'"(何晏(注)、邢昺(疏):《论语注疏》(李学勤主编,《十三经注疏》之十),北京大学出版社1999年版,第106页。)
③ 赵岐(注)、孙奭(疏):《孟子注疏》(李学勤主编,《十三经注疏》之十一),北京大学出版社1999年版,第128页。
④ 赵岐(注)、孙奭(疏):《孟子注疏》(李学勤主编,《十三经注疏》之十一),北京大学出版社1999年版,第321页。
⑤ 何晏(注)、邢昺(疏):《论语注疏》(李学勤主编,《十三经注疏》之十),北京大学出版社1999年版,第199页。
⑥ 何晏(注)、邢昺(疏):《论语注疏》(李学勤主编,《十三经注疏》之十),北京大学出版社1999年版,第199页。
⑦ 《论语·宪问》:"子曰:'古之学者为己,今之学者为人。'"(何晏(注)、邢昺(疏):《论语注疏》(李学勤主编,《十三经注疏》之十),北京大学出版社1999年版,第195页。)
⑧ 何晏(注)、邢昺(疏):《论语注疏》(李学勤主编,《十三经注疏》之十),北京大学出版社1999年版,第187—188页。

道也，故时措之宜也"（《礼记·中庸》）①。这也就是为什么要说，"中庸"作为解经的方法论应是揭示《尧曰》一章之大义的唯一正确途径。因而，需再次强调，既然此篇首章的重心就是"二帝三王"授命时所突出的"允执其中"，那么，很难设想，若不依"中庸"作解，会如何形成偏离。

但是，传统的注疏是否关注于此，也就是，是否注意到，如何以"中庸"为尺度，来对经文作解，有无背离甚至扭曲或歪曲？现代的理解，情况如何，是否关注或重视"执中"之理？就我们的论题而论，跨文化译解对之的处理，其中的主要问题是什么，如何加以反思和补救？若以上这些问题，都已形成既定倾向，那么，只有纠正误解，才能对《尧曰》加以重新解释；如此，重回儒家"中庸"之"思想正轨"，也便有了历史性的意义以及相应的学术价值。

我们将要展开的讨论，主要集中在：（一）"允执其中"的释解；（二）"惠而不费"（《论语·尧曰》）②之中的"惠"与"仁"的关系及对之理解的导向；（三）"三知"与"（天）命"、"礼"和"言"（《论语·尧曰》）③形而上格局的再现；而主要论证的是，在"中庸之道"指导之下，经文应呈现什么样的大义。绪论在点出《尧曰》的两种截然对立的见解之后，主要对"中庸"的历史意义和作用加以讨论。而在正文后文，全书诸章依序分别研究上述三个问题。

第二节　《尧曰》的语文学和哲学解释的分歧

与《论语》其他各篇不同，《尧曰》篇争论是很大的。明显可以看

---

① 郑玄（注）、孔颖达（疏）：《礼记正义》（李学勤主编，《十三经注疏》之六），北京大学出版社1999年版，第1450页。
② 何晏（注）、邢昺（疏）：《论语注疏》（李学勤主编，《十三经注疏》之十），北京大学出版社1999年版，第269页。
③ 何晏（注）、邢昺（疏）：《论语注疏》（李学勤主编，《十三经注疏》之十），北京大学出版社1999年版，第270页。

出，专注于章句解释的解经者和致力于"微言大义"①的思想家之间在识见上几成对立。前者坚持语文学路线，即注重经文的字义梳理，认为此篇是"混入"经文之中的；而后者则执着于经文的形而上走向，认为此章作为经文的最后一篇，可为结束语，意义重大。

《尧曰》篇是《论语》的第二十篇也就是最后一篇。但是，不少人认为，这是"多余"的一篇。论者指出，此篇第一章为尧帝禅让帝位时命舜之辞、商汤伐桀告天之辞②及周武王伐纣之辞；编纂者或有突出孔子"祖述尧舜，宪章文武"（《礼记·中庸》）③之意，但文字前后不连贯，当有脱落④。第二章为孔子答子张问政之辞。第三章所记孔子语与前文多有重复。"可见这《论语》的最后一篇是勉强补缀而成的。《汉书·艺文志》著录《论语》古（文）二十一篇，班固自注：'出孔子壁中，两《子张》。'汉人如淳注曰：'分《尧曰》篇后子张问"何如可以从政"以下为篇，名曰《从政》。'据此，古文《论语》把此篇分两篇，更为支离。"⑤有人从写作风格入手，认为第二章讲的是"治国的基本原则"，与《阳货》篇之中用数目来概括范畴的章节类同，但与其他部分文体不一样，所以，其可靠性值得怀疑⑥。

这是崔述所撰《洙泗考信录》对经文"辨伪"影响的结果：

唯其后之五篇多可疑者。《季氏篇》文多俳偶，全与他篇不伦，而《颛臾》一章至与经传抵牾，《微子篇》杂记古今轶事，有与圣门绝无涉者。而《楚狂》三章语意乃类庄周，皆不似孔氏遗书。且

---

① 《汉书·艺文志》："昔仲尼没而微言绝，七十子丧而大义乖。"（班固［撰］、颜师古［注］：《汉书》第6册，中华书局1962年版，第1701页。)
② 首章第二部分的另一个解释是，它应为商汤祈雨祷告上天之辞。
③ 郑玄（注）、孔颖达（疏）：《礼记正义》（李学勤主编，《十三经注疏》之六），北京大学出版社1999年版，第1459页。
④ 这也是杨伯峻（杨伯峻：《论语译注》，中华书局1980年版，第207页）早就指出的。杨逢彬亦强调，首章"文字前后不连贯，或许有所脱落"（参见杨逢彬《论语新注新译》，陈云浩［校］，北京大学出版社2016年版，第380页）。
⑤ 孙钦善：《论语本解》，生活·读书·新知三联书店2009年版，第252页。
⑥ 金良年：《论语译注》，中华书局2016年版，第319页。

第一章 绪论

"孔子"者,对君大夫之称,自言与门人言则但称"子",此《论语》体例也;而《季氏篇》章首皆称"孔子",《微子篇》亦往往称"孔子",尤其显然而可见者。《阳货篇》纯驳互见,文亦错出不均;《问仁》、《六言》、《三疾》等章文体略与《季氏篇》同;而《武城》、《佛》二章于孔子前称"夫子",乃战国之言,非春秋时语。盖杂辑成之者、非一人之笔也。《子张篇》记门弟子之言,较前后篇文体独为少粹;惟称孔子为"仲尼",亦与他篇小异。至《尧曰篇》,《古论语》本两篇,篇或一章,或二章,其文尤不类。盖皆断简无所属,附之于书末者,《鲁论语》以其少故合之;而不学者遂附会之,以为终篇历叙尧、舜、禹、汤、武王之事而以孔子继之,谬矣!窃意此五篇者皆后人之所续入,如《春秋》之有《续经》者然,如《孟子》之有《外篇》者然,如以《考工记》补《周官》者然,其中义理事实之可疑者盖亦有之,今不能以遍举,学者所当精择而详考也。其前十五篇中,唯《雍也篇南子章》事理可疑,《先进篇侍坐章》文体少异,语意亦类庄周,而皆称"夫子",不称子,亦与《阳货篇》同;至《乡党篇》之《色举章》,则残缺无首尾而语意亦不伦,皆与《季氏篇》之末三章,《微子篇》之末二章相似,似后人所续入者。盖当其初篇皆别行,传其书者续有所得辄附之于篇末,以故醇疵不等,文体互异。惜乎后世未有好学深思之士为之分别而正之也!呜呼,《孟子》之十一篇,刘歆已合之矣,幸而赵氏去古未远,知其本异,而其识又足以辨其真伪,遂断然以后四篇为后世之所依仿而续之者,决然删而去之,以故《孟子》一书纯洁如一,赵氏力也。彼张禹、马融、何晏之辈固不足以及此!以康成之名儒,乃亦混混无所分别,何也?及至于宋,传益久,尊益至,则虽以朱子之贤,亦且委曲为之解说而不敢议。然则如赵氏者,可不谓孟子之功臣也与!尤可异者,宋复有《孔子集语》,明复有《论语外篇》,若犹以《论语》为未足而益之者。取《庄》、《列》异端小说之言而欲跻诸经传之列,呜呼,人之识见相越可胜叹哉！说并见前《堕费》、《南子》、《楚狂》诸条下。①

梁启超总结指出："《论语》为孔门相传宝典，大致可信。虽然，其中未尝无一部分经后人附益窜乱；大抵各篇之末，时有一二章非原本者"；"然此犹其小者。据崔东壁（述）所考证，则全书二十篇中末五篇——《季氏》《阳货》《微子》《子张》《尧曰》——皆有可疑之点。因汉初所传有'鲁论''齐论''古论'之分，篇数及末数篇之篇名各有不同，文句亦间互异，王莽时佞臣张禹者合三本而一之，遂为今本。（见《汉书·艺文志》《张禹传》及何晏《论语集解序》。）此末五篇中，至少应有一部分为战国末年人所窜乱"。②

如此"辨伪"的另一个影响是，《论语》有的译文行文至此，便裹步不前。比如，Dawson 的译本就不予译出。译者在这里仅仅解释说："此篇似乎是由来自于类似《尚书》的一部著作互不相连的片段组成的。"③

但从《论语》经文本身的思想路径以及后世的注疏来看，这最后一篇，却又是非常能体现经文特定的"主题"的；甚至可以说，此篇最能见出其"中庸"的意蕴。此意特别清楚地表明，《论语》的有关重心思想："执中"、"五美四恶"以及最后的"三知"（知命、知礼、知言），莫不如此。"执中"即二帝、三王之"心法"，亦即"中庸之理"在古代最具理想人格的代表人物"圣王"那里的传承之"方"；"五美"之中的"欲仁而得仁"其导向表明，人的自我回归及其"仁爱"基础；而"三知"最后的"知言"，突出的则是"知道者才知人"。如此，三

---

① 崔述（撰）、顾颉刚（编订）：《洙泗考信录》（《崔东壁遗书》），上海古籍出版社2013年版，第321—322页。
② 梁启超：《要籍解题及其读法》（《饮冰室专集》第72册），中华书局1936年版，第2页。
③ Raymond Dawson, *Confucius*：*The Analects*, Oxford：Oxford University Press, 2008, p. 103.

者联系起来,即可认为,圣人之道即中庸之道,传授人间,使人的生存不仅得见天意而且形成了见于经文可世代见证的可贵精神资源。如此理想的文化空间,其营造和强化,正意味着,历史的传承需要理想人格的支撑,人之"向善之心"能确保其存在的"内德"的光辉,而对自身之"知"需要回到与"天"之合必需的"大言之知"。统而言之,人的存在亦即为中庸之理的体现;无此理,也就无所谓人的存在。这便与《论语》之中唯一一次提及的"中庸"紧密联系起来:"中庸之为德,其至矣乎!民鲜久矣。"(《论语·雍也》)[①] 如此点明圣王所欲传承的,就是"民鲜久矣"的"至德",那么,有了这样的榜样作为支撑力量,人的生存从此就可立足于最为美好的"德性"。

而紧接下去的"五美",突出的便是在由圣王接续传承下来的精神空间之中,如何葆有并且继续琢磨各种"美德"。也就是说,"执中"形成一种特定的框架,而人的生存、美德的打造及其对理想生活的追求,是在如此的"至德"的框架之中展开的。易言之,到了《论语》最后一篇,突出的可能并不是"仁爱",而是人通过"允执其中"而可能企及的最高境界,也就是,由"中庸"所能达到的各种美德的最终边界和界限——这是一条通途,走向的当然仍然是"仁"。

至于最后的"三知",一"知命",是说,人不仅要明白,应在哪里乘势而起,在何处又要适可而止,因为一旦遇到"不期然而然之力"不可抗拒,那是没有办法回避和抵御的;另一方面,人还要想办法有所抗争,即既能"立命",又能"抗命"和"造命"。同时,人既然"受天地之中以生"(《左传·成公十三年》)[②],也就应明白,自己来到人间只有一次,需要做些什么才有意义。这也就意味着,"命"在这里还有一种担当的意向,与后世所说的"使命"大致趋同。因而,"知命"

[①] 何晏(注)、邢昺(疏):《论语注疏》(李学勤主编,《十三经注疏》之十),北京大学出版社1999年版,第82页。

[②] 左丘明(传)、杜预(注)、孔颖达(正义):《春秋左传正义》(李学勤主编,《十三经注疏》之七),北京大学出版社1999年版,第755页。

在两方面强调人天之合，一是"体认天之伟岸"而有所"止"进而能"知止"，二是"体认天之所命之在我者"进而能有所取。易言之，"命"是一种"呼唤"：人必回应"天之所命"，并践行此"命"，才可见出它的意义和价值。"知礼"则同样既有"人事安排"方面的意向，同时也一样包含"天道"之"理"：要想秉承先贤之"志业"，并将之发扬光大，只能坚持"礼数"而不加更易。只有坚持文化传承，真正进入那个由"圣王"相续传承的"中庸"的空间，并尽心尽力加以体现，才能印证个人的修为的美好。只有"循规蹈矩"，或者更准确地说，"中规中矩"才可"立身于世"而得其自在。而"知言"一般释为"了解"或"理解"他人之"言"。不过，在我们看来，作为《论语》全书的最后一句，其意义释解恰恰不能局限于人本身。"故言，心声也。"（扬雄《法言·问神》）① 因此，"知言"才能"知人"的意思必然是说，前者是后者的条件；或者说，若无前者，后者无所谓存在。因此，依"心言"之训，此心只有在成为"人心天心共有或共在之一心"的前提下，才可能促使"人知他人"，因为，这样才有心心相印实现的可能。

那么，"执中"讲的是"内德"之极，因而为人的存在形成文化空间；而"五美"充盈其中，"利者自利、无往而不利"，"劳而劳之，所有人辛劳而使辛劳见其价值"，"仁者至仁，无人不仁"。这岂不是最为崇高的人生存在的境界？更何况，君子"无众寡，无小大，无敢慢"，"正其衣冠，尊其瞻视"（《论语·尧曰》）②，正能印证"大写"的人之精神风貌，在夫子所处的及其以后的时代的显现；如此，也就为我们"得见君子者，斯可矣"（《论语·述而》）③，进而"优游圣域"提出了要求或参照。

---

① 李守奎、洪玉琴：《扬子法言译注》，黑龙江人民出版社2003年版，第67页。
② 何晏（注）、邢昺（疏）：《论语注疏》（李学勤主编，《十三经注疏》之十），北京大学出版社1999年版，第269页。
③ 何晏（注）、邢昺（疏）：《论语注疏》（李学勤主编，《十三经注疏》之十），北京大学出版社1999年版，第93页。

第一章 绪论

因而,在《尧曰》第一章,我们看到的是"圣王"的"执中";在第二章,我们读到的是"君子"的"五美";而最后的第三章则是谆谆教导:此处的"三知",仿佛就一直在叮咛着我们,要在"中庸之理"允可的范围之内,在圣王早已营造好的文化和精神空间之中,展现"五美"所代表的"美德"的力量,同时一定要关注,如何"知言",也就是通过"心言"去把握"言之为道"之体贴的那种契机。故而,整篇走的显然是"向心之路",与夫子的"精神自传":"有志于学"、"不惑"乃至"从心所欲不逾矩"(《论语·为政》)[①] 以及曾子对夫子所说的"吾道一以贯之"的解释"夫子之道,忠恕而已"(《论语·里仁》)[②] 一脉相承。

这样解释,作为《论语》最后一篇的《尧曰》的确是很重要的了。不过,钱穆认为,此章是"汉儒"之添加:

> 《论语》编集孔子言行,至《微子》篇已讫。《子张》篇记门弟子之言,而以子贡之称道孔子四章殿后,《论语》之书,可谓至此已竟。本篇历叙尧、舜、禹、汤、武王所以治天下之大端,而又以孔子之言继之,自谨权量审法度以下,汉儒即以为是孔子之言,陈后王之法,因说此篇乃《论语》后序,犹《孟子》之书亦以历叙尧、舜、汤、文,孔子相承作全书后序也。然此章全不著子曰字,是否孔子语,尚不可知。或谓此乃孔子常常讽道之辞,殊无证。[……]若此章远溯上古,历叙尧、舜、禹、汤、武王而承以孔子自陈后王之法,则若孔子之意,乃以王者自任,此恐战国晚年荀卿之徒,始有此等想像。孟子已言王天下,然尚不以孔子当王者。《论语》只言"用我者吾其东周乎"。又曰"郁郁乎文哉吾从

[①] 何晏(注)、邢昺(疏):《论语注疏》(李学勤主编,《十三经注疏》之十),北京大学出版社1999年版,第15页。

[②] 何晏(注)、邢昺(疏):《论语注疏》(李学勤主编,《十三经注疏》之十),北京大学出版社1999年版,第51页。

周"。可证孔子生时,其心中仅欲复兴周道,未尝有继尧、舜、禹、汤、武以新王自任之意。其弟子门人,亦从未以王者视孔子,此证之《论语》而可知。故疑此章乃战国末年人意见,上承荀子尊孔子为后王而来,又慕效《孟子》书末章而以己意附此于《论语》之末。或疑此章多有脱佚,似亦不然。该此章既非孔子之言,又非其门弟子之语,而自尧、舜、禹、汤而至武王,终以孔子,其次序有条不紊,其为全书后序而出于编订者某一人或某几人之手,殆无可疑。[……]①

今按《论语》一书,乃孔门遗训所萃,此为中国最古最有价值之宝典。孔门七十后学讨论会集而成此书,厥功大矣。独此最后《尧曰》一篇,章节之间,多留罅缝。又后有伪造古文《尚书》者,复剽窃尧曰章语以散入其所造《大禹谟》、《汤誓》、《泰誓》、《咸武》等篇,后儒又转据伪尚书以说《论语》此章,于是疑辩遂滋,定论难求,实为此书一大缺点,亦千古一大憾事。[……]②

但持相反观点的学者则认为,《尧曰》之重要性,非《论语》其他各篇可比。熊十力强调:"《尚书》既残缺,二帝三王之行事,虽时见于诸子书,然罕得其要"③,"《论语》称二帝三王之德者,颇有多处,而《尧曰篇》明执中之传,即群圣心法相传之征"④,最为重要的是,"大哉中道,永为中华哲学思想界之柱石,盖二帝之贻谋远矣"⑤。《尧曰》既是记载传授"心法",复又造成"中华哲学之柱石",岂是可有可无的文字?故而,论者指出,应将此篇"当千古圣学之宗要寻思"⑥。熊十力进一步指出:

---

① 钱穆:《论语新解》,生活·读书·新知三联书店2002年版,第506—507页。
② 钱穆:《论语新解》,生活·读书·新知三联书店2002年版,第508页。
③ 熊十力:《读经示要》,中国人民大学出版社2009年版,第382页。
④ 熊十力:《读经示要》,中国人民大学出版社2009年版,第382页。
⑤ 熊十力:《读经示要》,中国人民大学出版社2009年版,第382页。
⑥ 许仁图:《子曰论语》,上海三联书店2014年版,第697页。

所谓二帝三王相传之心法者何？曰："执中而已矣"。《论语·尧曰篇》云："尧曰：'咨尔舜。天之历数在尔躬。允执其中。四海困穷，天禄永终，舜亦以命禹。'"案历数，是岁月日星辰运行之法。曾子《天圜篇》："圣人慎守日月之数，以察星辰之行，以序四时之顺逆，谓之历。"《中论·历数篇》："昔者圣王之造历数也，察纪律之行，观运机之动。原星辰之迷中，窥晷景之长短，于是营仪以准之，立表以测之，下漏以考之，布算以追之。然后元首齐乎上，中朔正乎下。寒暑顺序，四时不忒。夫历数者，先王以宪杀生萌，而诏作事之节也。使万国不失其业者也。此历数之义也。"《春秋繁露·郊祭篇》引此文，释之云：言察身以知天也。《正义》曰：董以在训察。躬训身也。在之为察，见《尔雅·释诂》。

执中者。执，持义。中谓心也。心备万理，其通感流行，皆自然有则而不过，故谓之中。如星辰之行，皆有纪律而不过，故准诸天之历数。以察于身，则见夫吾身之动作，实内自有主，其发用皆有则而不可乱者，此即所谓心是也。古者说心为天君。天君者，言其为吾身之主也。云何为主？即以其动应万感，造起万化，皆自然有则，故说为吾身之主也。然则何不直言心？而变文言中耶？曰：言中者，则直指其发皆有则而不可乱之本心以言之也。世俗亦以乱识名为心，言中，则有以简别也。①

熊十力的论点，是对朱熹的《尧曰》作为《论语》末卷宣扬"正统"儒家思想的继承和强化。朱熹《论语章句集注》引杨氏曰：

论语之书，皆圣人微言，而其徒传守之，以明斯道者也。故于终篇，具载尧舜咨命之言，汤武誓师之意，与夫施诸政事者。以明圣学之所传者，一于是而已。所以著明二十篇之大旨也。孟子于终

---

① 熊十力：《读经示要》，中国人民大学出版社2009年版，第381页。

篇，亦历叙尧、舜、汤、文、孔子相承之次，皆此意也。①

因此，可以认为，《论语》之经文到最后一篇《尧曰》，"圣人微言"达到空前高度。的确，可将之作为全书之"序"或以之为全书的"总结"，尽管如钱穆所指出的，此"序"有可能是后儒的添加。既然如朱子所说，此章"所以著明二十篇之大旨也"，也就是，主旨、宏旨或曰大要、主要的意思，那么，加以把握，也就等于是厘清了《论语》全书的宗旨和思想导向。而且，既然《孟子》也以如此形式结束全书（《孟子·尽心下》）②，那么，在思想内涵或精神倾向上也便是在采取同一路径。

不过，这一"路径"究竟是什么，其应用性何以显现，前贤却很少论及。更准确地说，前贤之所为，一般只是"依文解经"，也就是紧扣经文之"文字"，但很少关注，如何就思想之"正轨"入手解之；或者说，很少见到释解者点明，他们究竟是在以什么样的方法解经。这意味着，他们可能是认定，对文中的解释其本身就意味着儒家之"正轨"，因而，无须辩证而价值自在？这样，经文有的地方产生歧义或争论不休，实则在思想上不一定有很大的意义；有的分歧，甚至在观点上并没有实质上的不同。真正能提升解释境界的那种"道"，却是很少见人关顾，岂不荒谬？儒家经文，本就是"载道"之具，但对之的解释，却没有启用"道"：这样的历史，表现为解经的主流？如此而形成的传统，在现代造成的影响如何，在经文的跨文化译解之中，又呈现出何等的面目？这些，的确也就成了历史性的问题。

第三节 中庸之理及其方法论的意义和作用

理应承认，一般来说，经典的传统注疏仍是以语文学为主，比较专

---

① 朱熹：《四书章句集注》，中华书局1983年版，第194页。
② 赵岐（注）、孙奭（疏）：《孟子注疏》（李学勤主编，《十三经注疏》之十一），北京大学出版社1999年版，第408页。

注于文字意义的解释，留下很多空间留待读者体会：只论"字义"，而不及"字与字之间的义"可能的优胜之处是，空白可以尽情填充，尽管如何填充的确是需要既定的方法的。这样做的负面的效果可能是，一个个文字，相互之间会不相联属，最终的儒家思想原理在解释之中甚至也会呈现支离的状态。

如此，通行的观点是认为，传统的中国哲学并无所谓"方法论"（methodology）[1]。不过，此词本身就是舶来品，是来自西方哲学的东西。的确，按照后者所形成的传统，本体论（ontology）、认识论（epistemology）以及方法论，乃是哲学的三大分支。而以西方哲学来审视、衡量中国哲学，是现代人的作为。胡适是这方面的努力的代表人物。他认为，中国哲学家发展自己的思想体系，必依据一套确定的方法。比如说，孔子的基本方法即为"忠恕"之教。因为，如他所说，"忠恕"不仅是一种伦理学学说，而且是一种推论方法（a method of inference）："恕"狭义指的是爱人如己，而广义则为凭借推论将一事之于另一事的运用[2]。

这样看来，方法论的引入和强调，也就是"哲学走向现代"的题中应有之义。也就是说，引入方法论，实则就意味着，我们是在启动一种对话，使中西古今共聚一处：方法论足以提醒我们，如何使有关学说以其特定的导向，促进经文更具深意地服务于进入现代的读者大众，同时使之因其本身所具有的类同的思想倾向而与之相融合，以其丰富的内涵而见出更强的系统性和完整性，最终形成更便于人理解、接受和体悟的一个整体。这里的要点是：（一）经文本身就具有相当意义上的方法论，即系统性理论的方法运用，因而，"化思想为方法"本来就是顺理成章之事；（二）起自经文，最终再回归经文，才可能促成其方法论的力量体现。这种解释学的原理上的导向，即为回护经文的表现。

---

[1] Wing-Tsit Chan, "Hu Shih and Chinese Philosophy", *Philosophy East and West*, Vol. 6, No. 1, April 1956, p. 7.

[2] 胡适（撰）、耿云志等（导读）：《中国哲学史大纲》，上海古籍出版社1997年版，第80页。

就此而论，作为先行者的胡适其方法论也是很幼稚的。原因很明显，既然儒家有其方法论，其取向不可能局限于伦理学，也更不可能只是一种"思想推论"。相反，那首先是宇宙论意义上的设计，其次呈现为依此设计而形成的特定的思想导向所必依据的系统思想。前者突出的是天人相合；后者则强调，这样的天人相合要求，人的内德打造对天道之所赐的应合及其时机化。这也就是《礼记·中庸》之中讲的"合外内之道也，故时措之宜也"①的意义。至于"忠恕"作为曾子所解的夫子的"一贯之道"，其重心在于，如何以"忠心恕心"去"贯穿"那"天道"，而这明显就是"心之内与道之外"的"趋合"体现。而此一取向有时是不及"时措"的。因而，胡适之说，偏于人事，而不及天道；重在人际关系之中的"情感"之"推移"，而难及儒家设想之中的宇宙论之奥秘及其存在论之大用。如此直接走向伦理学，则难免失之偏颇和肤浅。而且，人事的纠纷，很容易让这样的"推"陷入无序的状态，反过来也会影响思想的纯粹及其"天意"或曰"天道之可能化为的那种人的心意"。

胡适以伦理学为导向对儒家思想的认定或解读，其来有自，既可以说是中国传统轻视"玄远"而着力于"亲身体验"所造成的，当然也可说，其中也有传教士的传译出口转内销的影响。看一下早期来华传教士的思想倾向就会明白，直到今天仍然驱之不去的观点是怎么来的：

在为耶稣会士在中国及其对中国研究的贡献的第一个时期下结论之前，有必要提一下儒家经典最早的欧洲翻译。利玛窦［Matteo Ricci（1552—1610）］本人已经在1593年以 *Tetrabiblion Sinense de moribus*（The Chinese Four Books on morals）为题将"四书"译为拉丁文，其中包括简短的评述。此一文献今天已经佚失，可能也就从来没有出版。每一位在华的耶稣会士都曾要转抄并对之加以研究。

---

① 郑玄（注）、孔颖达（疏）：《礼记正义》（李学勤主编，《十三经注疏》之六），北京大学出版社1999年版，第1450页。

后来，Ignacio da Costa（郭纳爵，1599—1666）以 *Sapientia Sinica*（Chinese Wisdom）为题推出《大学》的一个拉丁译本。对此译文，一位同道耶稣会士 Prosper Intorcetta（殷铎泽，1625—1696）也以拉丁文添加了他的《中庸》的译文，题为 *Sinarum scientiae politico-moralis*（Political-moral science of the Chinese），再配以一种 *Vita Confucii, principis sapientiae sinicae*（Life of Confucius, Prince of the Chinese wisdom）以及以 *Sententiae*（Maxims）为题的《论语》的第一篇。所有这些译文，与其汉语文本一起木版印刷，后来结为一集，1667年首先在广州，随后1669年在果阿出版。①

论者这里所提及的，是耶稣会士（Jesuits）在中国传教时有关"中国研究"（Chinese Studies）四个时期之中第一时期的情况。而这些传教士的儒家经典的译文，其题目若回译为汉语，分别为：《中国四书论道德》（此为《四书》译文题目）、《中国智慧》（《大学》的题目）、《中国人的政治道德科学》（《中庸》的标题）、《中国智慧之王孔夫子的生平》（附加的《孔子传》的题目）以及《箴言》（此应为《论语·学而》的标题）。很明显，所有这些，其题目都含有以"道德"取向的训诫之辞之意。即使夫子的传记，其中的"智慧"一词也一样含有"人间智慧"的意义，当然讲的主要是"伦理道德"方向上的"智慧"。传教士对儒家思想如此的释解，其倾向最终促成的是，似乎儒家思想家所关注的，仅仅局限于"道德"层面的探讨或讨论；或者说，儒家的注意力只是集中在对伦理问题的研判与讨论，而不及其余。而且，这种思想形成了一种强大的传统。早期诸位传教士之所为，在印证这样的传统的同时，也在"复制"这一传统；因而，他们才会众口一词地导向"道德"之类的词语，来作为宣示儒家主要观点的书籍的题目。甚至可以说，他们的观点也已形成了一种新的传统，造成了儒家的海外传播，

---

① Yves Camus, "Jesuits' Journeys in Chinese Studies", *World Conference on Sinology* 2007, Renmin University of China, No. 3, 2007, p. 7.

也就只是倾向于其思想的"道德"维度的解说和分析。

无怪乎,黑格尔当年在读到 Joshua Marshman(马士曼,1768—1837)1811 年推出的《论语》英译本①之后,判定"虽然在他[引者按:孔子]的著作中,确实能找到正确的道德观念,但他的见解永远没有超过世俗的看法",并且强调,不应将之与苏格拉底相提并论,而且他也不像梭伦(Solon,前 638—前 559 年)那样,是一个立法者。黑格尔最后大发感叹说:"我们看到孔子和弟子们的谈话,里面所讲的是一种常识道德,这种常识道德我们在哪里都找得到",因而,"假使他的书从来不曾有过翻译,那倒是更好的事";"如果孔子的著作没有翻译,可能更好一些"。② 他强调:"孔子是彻底的道德家,不是思辨哲学家。天这个普通的、通过皇帝的威力而成为现实的自然权力,在孔子这里和道德关系联系在一起了。孔子主要发展了道德这一个方面。"③ 黑格尔的定调,也是后世很多人的观点。奇怪的是,尽管这样的论点强调"道德",但作为"至德"的"中庸",却并没有进入其视野和论说之中;易言之,夫子所说的"中庸"已经成为历史遗漏,因而并不在场于哲学的研究,在《论语》的研究和跨文化译解之中也一样是缺席的。这样,夫子所说的"至德"与"天道"的关系,以及人生存在的升华之所依,究竟何在,也就可以不置一词。但是,若是"中庸"缺席,儒家思想何处可得正解,进而复其原初之态?因此,可以想见,黑格尔以来传教士式的翻译和探讨着重的那个夫子及其儒家思想,存在严重的方向性的问题④。

---

① Young Kun Kim,"Hegel's Criticism of Chinese Philosophy",*Philosophy East and West*,Vol. 28,No. 2,April 1978,p. 174.

② [德]黑格尔(著):《哲学史讲演录》(第一卷),贺麟、王太庆(译),商务印书馆 1959 年版,第 119 页。

③ 引自《德国思想家论中国》,夏瑞春(编),陈爱政等(译),江苏人民出版社 1995 年版,第 107 页。

④ 金安平 2014 年在企鹅出版社出版的《论语》英译本 *Confucius*:*The Analects*,封二介绍之中直接将孔子界定为"中国最早的教师和道德思想家"(China's earliest teacher and moral teacher)。可见学界今日仍在坚持黑格尔的思路,认为夫子的主要思想成就在于道德。

第一章 绪论

不过，坚持以"中庸之道"为方法论，也并不是要故步自封，将视界限制在经文本身。实际上，对方法论的关注，其本身就是思想的一种现代开展的接续。但是，我们反对胡适所追求"方法论"的"全盘西化"（wholesale westernization）①取向，也不认同后来的哲学家依之直接将西方哲学作为"解释学的框架"，用以解说中国哲学的导向及其基本思想的倾向。如冯友兰所强调的，哲学史的写作，"即就中国历史上各种学问中，将其可以西洋所谓哲学名之者，选出而叙述之"②，李泽厚则直接提倡"西体中用"③。似乎只有西方才有系统性的思想。因而，对本可成为方法论，而将有关思想系统化的中庸之道并不重视，或者可以说，很少置评。而风行一时的"新儒家"尽管别有创造，但对中庸也一样很少顾及。比如，徐复观④强调"有建设性的中庸之道的复苏，这将是国家命运的复苏，也是中国知识分子命运的复苏。［……］因为中国民族是不可能被消灭掉；而中庸之道，乃出于人心之所同然"，但是，他在论孟时却启用的是"主体客体"的认识论⑤。这显然也是以西方哲学为依据来探讨儒家思想，而且，由之推出的很可能只是陈词，了无新意，因而在一开始就踏上错误的道路，不仅文不对题、误导读者，而且因为背离儒学思想而造成思想家本身的思想难以提升。

如此，便可看到，迄今为止，似乎"中庸"的意向仍然是一个"谜"，因为，这两个字的连用，不仅每个字都有多种解释，而且连用

---

① 论者指出，胡适是"全盘西化"的首创者，陈序经则是理直气壮加以倡导的学者。胡适1929年为 China Christian Yearbook（《中国基督教年鉴》）撰文 "The Cultural Conflict in China"（《中国的文化冲突》）提出此一概念；陈序经几乎同时发表《东西文化观》一文，主张"我们要格外努力去采纳西洋文化，诚心诚意的全盘接受它"（载《社会学刊》第2卷，第3期，1930年版）。后来，他又以《中国文化的出路》（商务印书馆1934年版）为题，出版专著，重申这一主张（详见冯崇义：《"全盘西化"辨》，《当代中国研究》2005年第2期）。
② 参见冯友兰《中国哲学史》，商务印书馆2017年版，第1页。
③ 参见李泽厚《漫谈"西体中用"》，《孔子研究》1987年第1期。
④ 徐复观：《在非常变局下中国知识分子的悲剧命运》，收入徐复观《中国思想史论集》，台湾学生书局1975年版，第277页。
⑤ 蔡新乐：《内充实才有"形色"：孟子"践形"语内语际译解的中庸之道释义》，《上海翻译》2019年第2期。

之后合成一个词也有不同的意义疏解。如果说，这样的解释呈现多元之势是思想复杂性的表现，当然无可非议。但是，如果认同，如朱熹所强调的，中庸之道是儒家典籍所记载的"圣人"或"圣王"之"道统"传授所依的"心法"①，那么，作为理想人格所追求的最高境界，如此的"道统"的"失传"岂不是意味着，国人长期以来对之鲜有体会？夫子强调："中庸之为德也，其至矣乎！民鲜久矣。"(《论语·雍也》)② 迄今为止的儒家思想史，不正是在印证夫子之言？而在《礼记·中庸》夫子此语被改为"中庸其至矣乎！民鲜能久矣"③，说的是"能"的丧失，造成的"至德"不在。子思之所论，说明情况进一步加剧或曰恶化。而目前依然如故？

因此，最为急迫的任务是，如何将"中庸"之义真正体现出来，进而运用于解释之中，以将思想贯穿起来，收拾"破碎的山河"，才可能谈得上真正的系统性地还原儒家思想的真面目。而这方面的工作，首先需要从"中庸"一词意义的疏解本身开始。遗憾的是，迄今为止，似乎还没有看到"以中庸解中庸的实例"？

首先，"中庸"之"庸"有三解。一是许慎《说文解字》释为"用"④。孔颖达《礼记·中庸》正义引子之中亦如此解释⑤。二是"常"。如郑玄注曰："庸，常也。"⑥朱熹亦引程颐云："不偏之谓中，不易之谓庸。中者，天下之正道，庸者，天下之定理。"其中的"定

---

① 朱熹：《四书章句集注》，中华书局1983年版，第14页。
② 何晏（注）、邢昺（疏）：《论语注疏》（李学勤主编，《十三经注疏》之十），北京大学出版社1999年版，第82页。
③ 郑玄（注）、孔颖达（疏）：《礼记正义》（李学勤主编，《十三经注疏》之六），北京大学出版社1999年版，第1424页。
④ 许慎：《说文解字校订本》，班吉庆、王剑、王华宝（点校），凤凰出版社2004年版，第90页。
⑤ 郑玄（注）、孔颖达（疏）：《礼记正义》（李学勤主编，《十三经注疏》之六），北京大学出版社1999年版，第1422页。
⑥ 郑玄（注）、孔颖达（疏）：《礼记正义》（李学勤主编，《十三经注疏》之六），北京大学出版社1999年版，第1424页。

理"亦即"常理"①。三为"平常",此可谓朱熹最后的立场:"盖中无定体,随时而在,是乃平常之理也。"②

那么,此三解是否彼此无关,可否统一?又如何统一?若是我们不能统一,如此多元的"庸"的释义,又如何与"中"相互配合,以形成"统一"?

其次,"中"可解为"中心"或"中间",进而,亦能释为"适中"、"折中",延伸至"平衡"以及可指涉人内在属性的"内中"。

最终,至于二字联属而形成的新词,二者之间的关系,决定此词之意。在这方面,也有多种解释。其一,"中"是名词而"庸"为动词,二者的意思可解为:"用中"(using the inner, or, using the middle [Way])、"内心之用"(application of the inner) 或"行动之中的中道"(the mean in action③)。其二,"中"为动词而"庸"是名词,而后者意为"平常",其意为"以平常为中心",或"以习见者为焦点"(focusing the familiar④)。其三,"中"是名词而"庸"为形容词,其意可为"中可恒常",如庞德就将之处理为 The Unwobbling Pivot⑤(并不摇摆的枢轴或中心)。

很清楚,"中庸"之名本身就这样复杂。那么,可解之路何在;也就是,如上所述,如何"以中庸解中庸"?

我们不妨对上述三个方面的问题逐一讨论,看看如何以"中庸"加以整合,也就是,以同一个途径将之统一起来。

首先,"庸"之所以成"用"或有"用",是因为,某种原理"经

---

① 朱熹:《四书章句集注》,中华书局1983年版,第17页。
② 朱熹:《四书章句集注》,中华书局1983年版,第19页。
③ E. R. Hughes, *The Great Learning & The Mean-in-Action, Newly Translated from the Chinese, with an Introductory Essay on the History of Chinese Philosophy*, Ann Arbor: University Microfilms, 1983.
④ Roger T. Ames and David L. Hall, *Focusing the Familiar: A Translation and Philosophical Interpretation of the Zhongyong*, Honolulu: University of Hawai'i Press, 2001.
⑤ Ezra Pound, *Confucius: The Great Digest, the Unwobbling Pivot, the Analects*, New York: New Directions, 1969.

常"出现或在场成为"常态",而之所以如此"平常",又是因为既定的原理在发挥作用。如此,三方面的意义之所以能够整合,那是因为,反过来看,(一)"恒常"决定"常在",(二)"常在"之意向又突出了"平常",(三)而"平常"才可说明其"用"具有"普适性"或曰"恒常性"。因而,这里的结论是:(一)"恒常"才是"庸"的基本意向;(二)"平常"和"常用"或"用(庸)常"之意是其外在表现;(三)这意味着,对"庸"的解释需要做到"向内深入",也就是,以字义的"内向性"为据,但同时又不拒斥其外在表现。而这正是《礼记·中庸》之中所说的"合外内之道也,故时措之宜也"①的意义。前者说的是,理应纠合"内在之力"同时将之与"外在之见"相互结合,以成"二者趋合之势";后者则突出,"得道之宜",也就是,在合适的时间做出合适的事情,以顺应大道之行而之宜(义)。而在这里,则可解为:因为"庸"字有多种意涵,因而,理应在适宜的时机选择适宜的意向解之,以突出"适宜性",或者更准确地说,"时宜性"。

其次,"庸"字之解既需"向内行","中"也是一样。既然是"居中之中",那么,它可指"中间",又能指"中心";依之,则可趋"平衡",可达"中道之不偏不倚",即"依中"或"执中"。那么,这正可说明,"中"最为重要的意涵应该是"心"或"内在性本身"。因为,只有如此作解,才可说明,为什么人之"行道"或"求道"是坚持"正义"或"直行其宜"的。是"居中"的"心",或曰来自"其中"的力量,促使人坚持修道,而不失其"正"。

最后,因为"庸"和"中"二字的解释都是以"向心"为根本,所以二者结合成词,也依此理才可解其意。因而,熊十力强调:"向外找中,不通之论也。"②他指出:"《中庸》之中,即中和之中。其以庸言之者,庸,常也。不随物迁,故言常。此义深远。或以庸训用,作用

---

① 郑玄(注)、孔颖达(疏):《礼记正义》(李学勤主编,《十三经注疏》之六),北京大学出版社1999年版,第1450页。
② 熊十力:《读经示要》,中国人民大学出版社2009年版,第386页。

中解者,失其旨矣。中庸、中和,俱是形容一中,元无别体。中也者,本心也。本心无待也,无待,故无不覆载。天下皆两端,私意起,则执一端而又对碍。未能无待而无不覆载也。克治私意,执两而超于其外,故无待之体显,而能用其大中以覆载天下之民也。用之云者,取诸己所固有而用之也。《中庸》曰:'执其两端,用其中于民。'盖显执两,则能自用其中,不执两,则私意为碍,而中体已放失,不得而用也。"①

很明显,"中庸"的解释学原则表现为:一是以内为据,不失其外,内外结合,而关注"两端"的互动。此即"叩其两端"(《论语·子罕》)②或"执其两端"(《礼记·中庸》)③;二是突出"恒常"之义,以见"得宜"或曰"得义"之旨:"合宜"重在时机。这也正是孟子所称道的夫子最为重要的精神动向:孟子称夫子"集大成",认为他是"圣之时者也"(《孟子·万章下》)④,讲的就是"时"之大义。而此"时"应为"天时"。《孟子·公孙丑下》之中有云:"天时不如地利,地利不如人和。"⑤故而,"时"是对人应合天时或天机的描写。二者合而观之,"中庸"的要义就在于,如何通过对"时机"的把握而适时而动,进而以"衷心之感"来应对、应合世间的一切;也就是,如何以"心"中所体悟的"天"之所赐,来如其所是地立身行事。人的存在如此,而对经文的解释亦如此。这样,对"中庸"的疏解,无论在存在论、伦理学还是解释学意义上,都是一致的、统一的。因此,也就有理由认为,"中庸"之大义,真正"得用",也就是"人心"得知"天道"之体现的"经文化"。

---

① 熊十力:《读经示要》,中国人民大学出版社2009年版,第386—387页。
② 何晏(注)、邢昺(疏):《论语注疏》(李学勤主编,《十三经注疏》之十),北京大学出版社1999年版,第115页。
③ 郑玄(注)、孔颖达(疏):《礼记正义》(李学勤主编,《十三经注疏》之六),北京大学出版社1999年版,第1425页。
④ 赵岐(注)、孙奭(疏):《孟子注疏》(李学勤主编,《十三经注疏》之十一),北京大学出版社1999年版,第269页。
⑤ 赵岐(注)、孙奭(疏):《孟子注疏》(李学勤主编,《十三经注疏》之十一),北京大学出版社1999年版,第101页。

反过来看，上文所说的"中庸"二字的名词和动词，只不过是方便之设，因而，若是作为一个自具整体性的词，其本身代表的是一个动态过程，昭示着"天行健，君子以自强不息"（《周易·乾卦·象传》）①的追求，因而，也就无所谓动名词之分，而是二者合一的天道和人道（仁道）相趋合的进程。

　　总结的话，应该指出，未受学界重视的是：（一）强调"道之以德"，而夫子，他所提出的"至德"并没有进入思想家的视野。相反，后者突出的"道德"的社会化约束力，也就可能会造成"民免而无耻"（《论语·为政》）②的局面，而与夫子之教恰相反动。（二）思想家对如此外在化的追求，所摒弃的，恰恰是"内德"的打造，也就是"为己之学"最为核心的内容。（三）由此"心"所系的"天"亦未能引起关注。这样，"心源"得不到重视，也就难以形成"天人相合"之势。（四）"心"和"天"同时是缺席的，"两端"落空，儒家思想精义无从探究。对儒家的思想导向的理解失误，所造成的历史严重后果是，人的存在偏向于人事，而并没有"叩其两端"（《论语·子罕》）③或"执其两端"（《礼记·中庸》）④，也就是说，中国古人的生存空间或曰宇宙结构，在以往的解释之中，是扭曲的、不健全的。（五）由于没有将"中庸之道"作为方法论，其统合力量得不到正视，因而，《论语》等儒家经典形式上的"散乱"，也被用于对其内容的解释上："形散神不散"的格局，不仅没有揭示，而且，儒家思想也往往在如此"散乱"的释解之中，推不出它本应有的风貌。

　　相反，我们的释解，有了中庸之道，就应呈露另一种局面；而这是

---

① 王弼（注）、孔颖达（疏）：《周易正义》（李学勤主编，《十三经注疏》之一），北京大学出版社1999年版，第10页。
② 何晏（注）、邢昺（疏）：《论语注疏》（李学勤主编，《十三经注疏》之十），北京大学出版社1999年版，第15页。
③ 何晏（注）、邢昺（疏）：《论语注疏》（李学勤主编，《十三经注疏》之十），北京大学出版社1999年版，第115页。
④ 郑玄（注）、孔颖达（疏）：《礼记正义》（李学勤主编，《十三经注疏》之六），北京大学出版社1999年版，第1425页。

有待讨论展开，才可见到的。后文尽可能多地引入现代汉语和英语的相应译例，逐例加以讨论，以期从中吸取营养，同时也汲取教训。《荀子·正名》之中说："以仁心说，以学心听，以公心辨。"① 我们希望也能做得到。

---

① 王先谦：《荀子集解》（《诸子集成》第二册），中华书局1954年版，第282页。

第二章　二帝授命之"心法"的语内释解及其跨文化传译的"中道之法"

第一节　世俗的语言与经文的高雅：被降格的追求及其后果

经文1. 尧曰："咨！尔舜。天之历数在尔躬，允执其中。四海困穷，天禄永终。"舜亦以命禹。①

译文1. 尧［让位给舜的时候，］说道："啧啧！你这位舜！上天的大命已经落在你的身上了，诚实地保存着那正确罢！假若天下的百姓都陷于困苦贫穷，上天给你的禄位也会永远地终止了。"/舜［让位给禹的时候，］也说了这一番话。②

经文简明扼要。而在现代汉语的延伸性解说之中，尽管语义似乎显豁起来，但它内在的那种庄严和典雅，已经丧失。"咨［，］嗟也"（邢昺疏）③，表示呼唤。相应的"啧啧"，或亦有此意向，但读起来分明又让人觉得，如此连呼总是和经文有些距离，至少是不那么庄严？《尔雅·释鸟》："行鳸，唶唶。宵鳸，啧啧。"邢昺疏引李巡曰："唶唶、啧啧，

---

① 何晏（注）、邢昺（疏）：《论语注疏》（李学勤主编，《十三经注疏》之十），北京大学出版社1999年版，第265页。

② 杨伯峻：《论语译注》，中华书局1980年版，第207页。

③ 何晏（注）、邢昺（疏）：《论语注疏》（李学勤主编，《十三经注疏》之十），北京大学出版社1999年版，第266页。

第二章 二帝授命之"心法"的语内释解及其跨文化传译的"中道之法"

鸟声貌也。"① "喷"字又可表示舌音，如"喷喷称赞"，现在常见的运用还有"人言喷喷"、"喷有烦言"等；但一般而言，似乎很少见到"喷喷"，如此一字连用的情况？这尽管并不意味着如此运用是不正确的，实际上以古词来解经文，是应该得到承认和赞同的；不过，如此运用的问题是，可能与整个译文的倾向不符。因为，那毕竟是现代汉语的译文。与此古色古香的用语相比，最后一句前有"也会永远地终止"后加"了"字，其中的"地"字可以删除，"了"也一样如此。若是这样处理，或能稍稍纠正一下现代汉语的啰唆杂乱之弊：既有"会"的推论，何来表示"结束"的"了"？"永远"已经置于动词"终止"之前，即使没有"地"字，也已将其意蕴含于其中，再加运用所为何来？这样，"喷喷"与"了"的"混搭"，的确会让人以为，不知译者的处理可以归属于哪一个时代，尽管译文本身是要带有经文本身的"时代"特色的？

"我们看了这段书，感觉到非常严重，也非常敬佩，不禁为之肃然起敬。中国文化谈到尧、舜、禹、汤、文、武、周公，就同佛学讲到菩萨、道家讲到神人、天人一样。"② 即令无论其他，一旦提及"尧、舜、禹"之名，也应让人产生敬畏。毕竟，这是儒家的圣王在讲话，即使不信其真，也不至于用那种难见思想光芒的语言，来衬托近乎日用之词但又无比庄严的话语，似乎尧舜只是"大俗之人"？毛泽东在其诗之中亦高歌"六亿神州尽舜尧"（《七律二首·送瘟神·其二》），尧舜之圣人伟岸之形象，始终是中国人的人格典范，那么，他们的"心传之语"到了"现代"何以如此"败落"？这样的人物，还能成为我们心中的那种"理想形象"吗？

最为重要的是，译文将"允执其中"处理为"诚实地保存着那正

---

① 郭璞（注）、邢昺（疏）：《尔雅注疏》（李学勤主编，《十三经注疏》之十三），北京大学出版社1999年版，第312页。
② 南怀瑾：《论语别裁》（《南怀瑾选集》第1卷），复旦大学出版社2014年版，第758页。

确罢!"。译者在《论语词典》特辟一个义项,指出:"中"乃"古代哲学家的术语,其最合理而又至当不移的叫'中'(1次):允执其中(20.1)。"① 这实际上是在说,若依儒家哲学家的思想,经文之中此处的"中"指的就是"中庸之道"。词典之中的"至当不移"之"移"若改为"不易"之"易",则更有说服力?但在这里,译者指出:"这一章的文字前后不相连贯,从宋朝苏轼以来便有许多人疑心它有脱落。我只能把它分为若干段落,逐段译出,以便观览。"② 不过,现行经文之中未"脱落"的部分,不是应该忠实转译吗?"中"既已认同是指儒家"最合理而又至当不移的"道理,那么,为什么要译为"那正确"呢?若是一般性的"正确",其正确性可能随时"转移"。在特定的情况下和特定的时间,多走一步,"正确"也就会不复存在。而"至大不易"之"理"则非是:那是一定要超越局限,而产生普遍意义的。依此译,尧传位给舜,嘱咐的仅仅是"可以更易的正确",而不是"特别的因而普适的合宜"?同样地,舜让位给禹,亦是如此关注"常见的正确",而不是"合宜的普适性"?因而,显而易见,这里的传译要求的是,"极高明",也就是朝着最高境界努力,以求以之为准,来释解经文。《礼记·中庸》特别强调:"极高明而道中庸。"③ 若是不能"极其高明","中庸"之理,也便见不到运用的可能。"允执其中"之"中",也只有以"中庸"之"中"之"极高明"释之,才可回归"其中"。

译文2. 尧说:"咨!你舜!天的历数命运在你身上了。好好掌握着那中道!四海民生困穷,你的这一分天缘,也便永久完结了。"舜也把这番话来交代禹。④

"咨"在现代汉语之中一般表示叹息,但《说文》之中解释:"咨,

---

① 杨伯峻:《论语译注》,中华书局1980年版,第219页。
② 杨伯峻:《论语译注》,中华书局1980年版,第207页。
③ 郑玄(注)、孔颖达(疏):《礼记正义》(李学勤主编,《十三经注疏》之六),北京大学出版社1999年版,第1455页。
④ 钱穆:《论语新解》,生活·读书·新知三联书店2002年版,第508页。

第二章　二帝授命之"心法"的语内释解及其跨文化传译的"中道之法"

应也。"① 比如,《庄子·知北游》之中有"唉,予知之"的"唉",其意便为"应声"。这是否可以说明,现代汉语词汇贫乏,所以,只能这样"借用"古代汉语词语,因而,上译例如此,此译例亦复如是?此外,如南怀瑾所强调的,"这一篇,孔子的话仅在最后一点点,而其余完全是讲中国历史文化的精神"②。尧以此"精神"告诫舜,而"舜将自己的帝位,交给大禹的时候,也把这个文化的传统精神告诉禹王,而舜在这里所说的一段话,别的地方没有,是在《论语》里才有的"③。那么,其中的神圣庄严无可否认,是有必要认真思考如何传译入现代汉语之中的。

另一方面,仍如南怀瑾所指出的,"〔天禄永终〕这四字可作两面解,做坏了不得好死,做好了上天给你禄位,永远有好的结果。古文的美感在这里,讨厌难懂之处也在这里。'天禄永终'四个字是凌空的,每个角度看都是圆满的。所以好的古文用白话一作解释就完了,美感就破坏了,等于好的图画,没办法加一笔,也没办法减一笔"④。

程树德引焦循《论语补疏》云:"阎百诗《尚书古文疏证》云:四海困穷,不得如汉注作好。天禄永终,亦不得作不好。盖允执其中,一句一义耳。四海困穷,欲其俯而恤人之穷。天禄永终,则欲仰而承天之福,亦如《洪范》'考终命',《大雅》'高朗永终'云尔。班彪著《王命论》:'则福祚流于子孙,天禄其永终矣。'《王嘉传》:'乱国亡躯,不终其禄。'《薛宣朱博传序》:'位过厥任,鲜终其禄。'不终、鲜终方属弗祥。"⑤ 他复引毛奇龄《论语稽求篇》曰:"阎潜丘云:'四海困穷

---

① 许慎:《说文解字校订本》,班吉庆、王剑、王华宝(点校),凤凰出版社2004年版,第36页。
② 南怀瑾:《论语别裁》,载《南怀瑾选集》(第1卷),复旦大学出版社2014年版,第751页。
③ 南怀瑾:《论语别裁》,载《南怀瑾选集》(第1卷),复旦大学出版社2014年版,第757—758页。
④ 南怀瑾:《论语别裁》,载《南怀瑾选集》(第1卷),复旦大学出版社2014年版,第757页。
⑤ 程树德:《论语集释》,程俊英、蒋见元(点校),中华书局1990年版,第1346—1347页。

是敬辞，天禄永终是勉辞。四海当念其困穷，天禄当期其永终。'虽与[包]子良说亦稍有异见，而其旨则同。盖天禄永终则断无作永绝解者。潜丘当谓汉魏以还，俱解永长；典午以后，始解永绝。"①"典午"代晋②。此处说的是，晋朝以后，"天禄永终"才被释为"天禄永绝"。因而，"'永终'二字原可有两义，然自魏晋已有作永绝解者，则其来已久"③。

何晏注引包咸曰："困，极也。永，长也。言为政信执其中则能穷极四海，天禄所以永终。"④邢昺疏云："言为政信执其中，则能穷极四海，天之禄籍所以长终汝身。"⑤皇侃解释："困，极也。穷，尽也，若内执中正之道，则得教外被四海，一切服化莫不极尽"；"永，长也。终，犹卒竟也。若内正中国，外被四海，则天祚禄位长卒竟汝身也。执其中则能穷极四海，天禄所以长终也"。⑥而朱熹集注则取的是"永终"的负面意义："四海之人困穷，则君禄亦永绝矣，戒之也。"⑦

如此，一个表达方式，却有两种截然相反的解释，究竟该如何处理，比如，是保留魏晋以前的意向，还是运用典午之后的意义？抑或是，两种相反的意义同时再现于译文之中？这的确不能不是一个问题。实际上，很多情况下，经文的意向具有特定的多义性，因而，难免含

---

① 程树德：《论语集释》，程俊英、蒋见元（点校），中华书局1990年版，第1347页。
② 典午，"司马"的隐语，一、《三国志·蜀志·谯周传》："周语次，因书版示（文）立曰：'典午忽兮，月酉没兮。'典午者，谓司马也；月酉者，谓八月也。至八月而文王（司马昭）果崩。"按：典，掌管，和司同义；午，在十二属中是马；典午即晋朝的代称。《北齐书·王琳传》朱场致徐陵书："故典午将灭，徐广为晋家遗老；当涂已谢，马孚为晋氏遗老。"二、北周虞信《庾子山集》卷一《哀江南赋》："居笠毂而掌兵，出兰池而典午。"典午指司马官职（引自《辞源》（第一册），商务印书馆编辑部（编），商务印书馆1979年版，第317页）。
③ 引自《辞源》（第一册），商务印书馆编辑部（编），商务印书馆1979年版，第317页。
④ 何晏（注）、邢昺（疏）：《论语注疏》（李学勤主编，《十三经注疏》之十），北京大学出版社1999年版，第265页。
⑤ 何晏（注）、邢昺（疏）：《论语注疏》（李学勤主编，《十三经注疏》之十），北京大学出版社1999年版，第266页。
⑥ 皇侃：《论语义疏》，高尚榘（校点），中华书局2013年版，第516页。
⑦ 朱熹：《四书章句集注》，中华书局1983年版，第193页。

第二章 二帝授命之"心法"的语内释解及其跨文化传译的"中道之法"

混。有时候，编纂者是有意以之来传达"微言大义"的。比如，"子入太庙，每事问。或曰：孰谓鄹人之子知礼乎？入太庙，每事问。子闻之曰：是礼也"（《论语·八佾》）一章，最后一句"是礼也"之中的"是"一般意思是"这"，可释为，夫子在辩称自己"每事问"这种行为是"合乎礼仪"的；同时，也可意味着"鲁人在太庙之所为僭越"，不合"礼法"，故而，"是"暗指这种行为是不可接受的。夫子以"是礼也"，意含微讽，而予以质疑。故而，《十三经注疏》的标点本给出的句号①，既可改为感叹号，以说明，夫子在叹息，世人连好学之心也不愿认同；或者是，鲁人自己僭越，而不知礼，竟然如此不自知。同时，也可用问号，以说明，夫子是在追问，鲁人不知礼，到底是为了什么；或者是，鲁人质疑他"每事问"是否是"没事问"，如同《红楼梦》（第四十二回和第六十三回）之中的贾宝玉一般，纯属"无事忙"？既是肯定，又可视为否定；既能质疑，复可感叹，同时又可视为一般的陈述。如此复杂，迻译之时，也只能有所选择或者说加以简化？而在这里，如果不能同时兼顾正反两个方面，应该支持的是尽可能贴近夫子时代或其弟子所处时代的那种意向。若是二者能够兼顾，则译文一定是非常精彩的。因为，这样做可以体现中庸之理："执其两端"（《礼记·中庸》）②，而见"执中"意向。

而这意味着，（一）"允执其中"是在讲，二帝传授王位，突出的宇宙哲理是"中庸"；（二）"天禄永终"的训诫之辞，亦需依此来传译，才可说是，达到了最为理想的目的。我们可以看到，经文之巧妙如此。因而，再返回来看译文1，不是很能说明，若是不依此理，如何能保证传译合乎一般要求？

译文3. 尧说："哦！舜呀！依次登位的天命已经降在你身上了。一

---

① 何晏（注）、邢昺（疏）：《论语注疏》（李学勤主编，《十三经注疏》之十），北京大学出版社1999年版，第37页。

② 郑玄（注）、孔颖达（疏）：《礼记正义》（李学勤主编，《十三经注疏》之六），北京大学出版社1999年版，第1425页。

定要不偏不倚掌握好中庸。如果使天下困穷，天赐的禄位就会永远终结。"舜也用这话命禹登位。①

"哦"表示提醒；"呀"亦为语助词，有感叹或惊讶之意。二字的运用说明，与上引二例不同，译者这里是在用现代汉语的"语言"来传译经文。"历数"被处理为"依次登位的天命"，如此，"次"或曰次序，也就成了"数"？的确，何晏注曰："历数，谓列次也。"② 邢昺疏云："孔注《尚书》云：谓天道。谓天历数之数。帝王易姓而兴，故言历数谓天道。"③ 皇侃义疏曰："列次者，谓五行金、木、水、火、土更王之次也。"④ "允执其中"被处理为"一定要不偏不倚掌握好中庸"，显然是依朱熹之注："中者，无过不及之名。"⑤ 但"不偏不倚"原为"中庸"的表现，如朱熹《中庸章句》一开篇引程子之所论："不偏不倚之谓中，不易之为庸"⑥；因而，不当依之描述人对"中庸"之理的把握。易言之，解释应直奔"中"本身，而不是丢开它，转而去关注人的"执中"之"执"。

译文 4. 尧说："啊！你，舜！上天的使命已落到你身上了。要好好把握那中庸之道。如果天下老百姓贫穷困难，那你的地位也就完结了。"／舜也就这样地交付于禹。⑦

"咨"被译为"啊"。此为感叹词，表达赞叹或惊异，或比"哦"更进一步。"尔舜"则译为"你，舜"。如此等等，或更能显示，现代汉语的"世俗"之风？也就是说，比如，"已落到了你身上了"，似乎并不是什么好事，而是一种不祥之兆？后文所用的"完结了"更能突

---

① 孙钦善：《论语本解》，生活・读书・新知三联书店2009年版，第253页。
② 何晏（注）、邢昺（疏）：《论语注疏》（李学勤主编，《十三经注疏》之十），北京大学出版社1999年版，第265页。
③ 何晏（注）、邢昺（疏）：《论语注疏》（李学勤主编，《十三经注疏》之十），北京大学出版社1999年版，第267页。
④ 皇侃：《论语义疏》，高尚榘（校点），中华书局2013年版，第515页。
⑤ 朱熹：《四书章句集注》，中华书局1983年版，第193页。
⑥ 朱熹：《四书章句集注》，中华书局1983年版，第17页。
⑦ 李泽厚：《论语今读》，中华书局2015年版，第364页。

第二章　二帝授命之"心法"的语内释解及其跨文化传译的"中道之法"

出这一点。"好好把握",似亦缺少庄重的色彩?因其意不过是,不能不"好好把握"?这是强制,同时也就是命令。但是,怎么又会出现"上天"这一词呢?所有这些词语,与"上天"凑合在一起,是在讲什么迷信的事情吗?抑或是,尧舜都是"神话"中人物,因而,其口中所说,不见文雅甚或极不雅驯,因而,只有"俗世"的"大白话",而且,完全是不知所以的"俗气之语"?

译文5. 尧说:"咨咨!舜啊!按照天意所定的继承顺序,帝位就在你身上了,[你]要诚实恰当地保持执守中正之道。[如果你执行有偏差,]天下百姓陷入贫困,[那么]上天赐给你的禄位就会永远停止了。"/舜也是用这些话嘱咐了禹。①

"咨咨"的处理沿袭译文1,故而与"舜啊"之中的"啊"以及整个译文的现代汉语倾向不协。而后文的累赘表达,或是现代汉语的特色,因而,若将"要诚实恰当地保持执守中正之道"之中的"地"和"保持"删除,是否也一样能"保持"译者的意向?"世俗化"的趋势,在此译之中也一样明显和强烈。

译文6. 尧让位给舜的时候说:"咨咨!你呀舜!上天所定的帝位传承的次序,已轮到了你。你要诚实地保持自己中行无偏。倘若全国的百姓生活艰难窘迫,上天授予你的禄位便会永远终止了。"/舜让位给禹的时候,也用这番话来教诫禹。②

除了其他方面的问题之外,将"中"译为"中行无偏"也和上引译例一样,并没有点明,那就是"中庸之道"或"中庸"?"中正之道"有可能是"既中复正之道"或"依中而正之道",而"中行无偏"可能只是"中间行事,而无偏颇"或"中道而行,而不偏向"?尽管"中正"自有"不偏不倚"之意,但最终仍会让人觉得,"中正之道"可能只是"正确的道"而已。因此,不如直接点明"中庸"更为妥当。或者是,保留"中"字,以显示其神秘而"不可解而仍有待解之"的意

---

① 徐志刚:《论语通译》,人民文学出版社1997年版,第253—254页。
② 《四书辞典》,吴量恺(主编),崇文书局2012年版,第170页。

味。的确,"中正"有"不偏不倚"的意思,如姚鼐《夏县知县新城鲁君墓志铭》"君古文虽本梅崖,而自傅以己之所得,持论尤中正"① 之"中正",但可能不具备"时中"的意向?而《尚书·吕刑》:"明启刑书,胥占,咸庶中正"② 之中的"中正",尽管其注为"皆庶几必得中正之道"③,但正如孔颖达之疏所云:这是在"言断狱无非其中正"④,也就是,执法公正。

译文 7. 尧对舜说:"啧,你这位舜,上天安排的帝王王位就要落到你身上了。你要真诚地坚持中正之道。天下百姓如若陷入贫困之中,上天赐给你的禄位也就永远终结了。"舜也用这些话告诫禹。⑤

此译问题,与上引诸例如出一辙。

译文 8. 尧说:"啊!舜啊,上天的运数落在了你的身上,得当地把握住它的正道。如果天下都困顿贫穷,上天的禄位就会永远终止。"舜也用这番话来告诫禹。⑥

与上引译例之中"历数"之译文——"上天的大命"(译文1)、"天的历数命运"(译文2)、"依次登位的天命"(译文3)、"上天的使命"(译文4)、"天意所定的继承顺序"(译文5)、"上天所定的帝位传承的次序"(译文6)、"上天安排的帝王王位"(译文7)——相比,"上天的运数",显然要更适宜一些。"历数"指的是,帝王继承的次序。古人认为,帝位相承,与天象运行的次序相应⑦。朱熹注曰:"历

---

① 引自姚鼐《姚鼐文选》,周中明(评注点评),苏州大学出版社2001年版,第208页。
② 孔安国(传)、孔颖达(疏):《尚书正义》(李学勤主编,《十三经注疏》之二),北京大学出版社1999年版,第551页。
③ 孔安国(传)、孔颖达(疏):《尚书正义》(李学勤主编,《十三经注疏》之二),北京大学出版社1999年版,第551页。
④ 孔安国(传)、孔颖达(疏):《尚书正义》(李学勤主编,《十三经注疏》之二),北京大学出版社1999年版,第551页。
⑤ 邹憬:《论语通解》,译林出版社2014年版,第293页。
⑥ 金良年:《论语译注》,中华书局2016年版,第317页。
⑦ 杨朝明:《论语诠解》,山东友谊出版社2013年版,第352页。

第二章 二帝授命之"心法"的语内释解及其跨文化传译的"中道之法"

数,帝王相继之次第,犹岁时气节之先后也。"① "运数"乃"命运气数"的缩略版,意思是"命运、气数"②。汉荀悦《申鉴·俗嫌》:"终始,运也;短长、数也。运数,非人力之为也。"唐白居易《薛中丞》诗:"况闻善人命,长短系运数。"说明"命数"说的是不可抗拒的天运之"数",神秘莫测,而只能顺从。而舜既承担如此"大任",也只能从"天运"的角度视之。因而,我们认为,可以"天运之数垂降你身"之类的表达,可能更为适宜。"天运"的意思是:天命,自然的气数。因《庄子》之中有《天运》篇,故而,如此处理或有引道入儒之嫌,故而,或可以"天行"代之。依《辞源》:"天行,(一)天体的运行。《易·乾》:'天行健,君子以自强不息。'《荀子·天论》:'天行有常,不以尧存,不以桀亡。'清王引之训行为道,《易》天行健与地势坤相对成文,天行即天道。(二)星绕行的轨道和度数。《国语·晋》四:'岁在大梁,将集天行,元年始受实沈之星也。'"③ "天数"也是一个选择。《辞源》解释:"(一)《易经》言数有天数地数。《易·系辞上》:'天数五,地数五,五位相得而各有合。天数二十有五,地数三十,凡天地之数,五十有五。'郑玄《注》与五行之水木土为天数,火金为地数。虞翻《注》以一三五七九为天数二十五,二四六八十为地数三十。见唐李鼎祚《周易集解》八。(二)犹言天命。《后汉书》十三《公孙述传赞》:'天数有违,江山难持。'"④

---

① 朱熹:《四书章句集注》,中华书局1983年版,第193页。司马迁《史记·历书》载:"盖黄帝考定星历,建立五行,起消息,正闰余,于是有天地神祇物类之官,是谓五官。各司其序,不相乱也。民是以能有信,神是以能有明德。民神异业,敬而不渎,故神降之嘉生,民以物享,灾祸不生,所求不匮。少暤氏之衰也,九黎乱德,民神杂扰,不可放物,祸灾荐至,莫尽其气。颛顼受之,乃命南正重司天以属神,命火正黎司地以属民,使复旧常,无相侵渎。其后三苗服九黎之德,故二官咸废所职,而闰余乖次,孟陬殄灭,摄提无纪,历数失序。尧复遂重黎之后,不忘旧者,使复典之,而立羲和之官。明时正度,则阴阳调,风雨节,茂气至,民无夭疫。年耆禅舜,申戒文祖,云'天之历数在尔躬'。舜亦以命禹。由是观之,王者所重也。"(参见司马迁(撰)、裴骃(集解)、司马贞(索隐)、张守节(正义):《史记》,中华书局2005年版,第1094—1095页。)
② 《辞源》(第四册),商务印书馆编辑部(编),商务印书馆1979年版,第3037页。
③ 《辞源》(第一册),商务印书馆编辑部(编),商务印书馆1979年版,第685页。
④ 《辞源》(第一册),商务印书馆编辑部(编),商务印书馆1979年版,第693页。

译文 9. 尧让位给舜的时候说:"哦!舜呀!天命已经落在你身上了,要真诚地持守那正确的道路。如果让天下人都陷入困苦贫穷,天赐的禄位就会永远终结。"/舜让位给禹的时候也用这话来告诫禹。①

译文 10. 尧说:"啧啧!你这位舜!依次登位的天命已经落到你的身上,要切实把握好中正之道。如果天下的百姓都陷于困苦贫穷,上天给你的禄位也就永远终止了。"舜[让位给禹的时候,]也用这话告诫禹。②

译文 11. 尧说:"唉!你舜啊,天的任命已经降落在你身上了。要亲自反省自己的内心,要忠诚地持守中道。假使天下百姓陷于困苦穷尽了,你的禄位就永远终结了。"后来的舜也把这番话告诫禹。③

这里所录的前两个译文,其中的问题,前文已有讨论。这里且说译文 11:前文既说,尧告诫舜"天的使命"降临其身,复又亲切地称他"你舜啊",那么,后文再严厉提醒或警示他"要亲自反省自己的内心",以此诸多字眼,来传译"允执其中"之"允",固然说明十分珍重之意;但同时是否也显露出一种不适,即,似乎舜在为人方面做得不好。所以,不能"反省自己的内心",或者说,他的"反省"是有人代之而为的,而后者何以可能?因而,这一处理既难免冗长之弊,同时也不甚合理。这样,或可改为,比如说,"宜乎多多自我反省"。

译文 12. 尧说:"啊!舜!天命已经落到你的身上了,坚守中道吧。如果天下百姓困顿贫穷,上天给的禄位会永远地终止。"舜也对禹说了这些话。④

译文 13. 尧说:"啧啧,你这位舜呀!上天的历数命运已经落到你身上了,你要忠诚地执行中庸之道,如果四海之内都被教化,那么上天赐予

---

① 《文白对照〈四书〉》,王国轩、张燕婴、蓝旭、王丽华(译),中华书局 2007 年版,第 101 页。
② 朱振家:《论语全解》,上海古籍出版社 2014 年版,第 315 页。
③ 刘君祖:《新解论语》(下篇),中信出版集团 2016 年版,第 256 页。
④ 张其成:《张其成全解论语》,华夏出版社 2017 年版,第 378 页。

第二章 二帝授命之"心法"的语内释解及其跨文化传译的"中道之法"

的禄位就会永远落在你身上。"舜让位给禹的时候也说了这样一番话。①

译文 14. 尧说:"啧!你这舜哪!上天的大命已经轮到你身上了,切实掌持那正确航程吧!如果天下陷入困顿,天赐的禄位也会永远终止。"舜也将这话传给了禹。②

"禄位"一词源自《周礼·天官·大宰》:"四曰禄位,以驭其士。"郑玄注曰:"禄,若今之月奉也;位,爵次也。"③ 而经文之中的"天禄",邢昺疏云:"天之禄籍。"④《尚书·大禹谟》:"钦哉!慎乃有位,敬修其可愿,四海困穷,天禄永终。"孔安国传:"言为天子勤此三者则天之禄籍,长终汝身。"孔颖达疏:"禄谓福禄,籍谓名籍,言享大福,保大名也。"⑤ 这里的"四海困穷",孔安国传曰:"困穷为天民之无告者。"⑥ 孔颖达疏云:"养彼四海困穷之民,使皆得存立。"⑦ 联系起来看,若"禄位"一词如《周礼》之用,意为"俸禄位次",便与"天禄"之"禄籍"同一意向;不过,后者突出的是"名籍"。而与之相应的是,"永终"则是肯定之辞,其意是"永久"。但三例采用的却都是后世的否定意向。

译文 15. 尧让位给舜时说:"啧啧!舜!天命已经落在你身上了,你要忠诚地把握正义的原则。如果天下百姓都陷于困顿贫穷,天赐的禄位也将永远终止。"舜后来也以这番话告诫禹。⑧

"允执其中"之"中",为什么在此译之中竟然成了"正义的原则"?这是需要探究的。译者强调,"王道就是爱民如己","所以作为

---

① 杨朝明:《论语诠解》,山东友谊出版社 2013 年版,第 354 页。
② 杨逢彬:《论语新注新译》,陈云浩(校),北京大学出版社 2016 年版,第 380 页。
③ 郑玄(注)、贾公彦(疏):《周礼注疏》(李学勤主编,《十三经注疏》之四),北京大学出版社 1999 年版,第 28 页。
④ 何晏(注)、邢昺(疏):《论语注疏》(李学勤主编,《十三经注疏》之十),北京大学出版社 1999 年版,第 266 页。
⑤ 孔安国(传)、孔颖达(疏):《尚书正义》(李学勤主编,《十三经注疏》之二),北京大学出版社 1999 年版,第 93—94 页。
⑥ 孔安国(传)、孔颖达(疏):《尚书正义》(李学勤主编,《十三经注疏》之二),北京大学出版社 1999 年版,第 93 页。
⑦ 孔安国(传)、孔颖达(疏):《尚书正义》(李学勤主编,《十三经注疏》之二),北京大学出版社 1999 年版,第 94 页。
⑧ 傅佩荣:《人能弘道:傅佩荣谈论语》,东方出版社 2012 年版,第 409 页。

· 35 ·

帝位，一定要秉持正义，不能有任何偏私"；"古代用很多话来形容王道，如'无偏无党'、'无反无侧'，都是要求正义。因为绝对的正义很难掌握，无法正面形容，所以只能用'无'字，不要偏、不要党，不要颠倒黑白是非。《尚书·洪范》一再强调，绝对正义是一个最高理想，要完全没有私心，才能够秉公处理。作为天子，正义是最高原则，没有正义，何以治理国家？"[1] 这一解释的要点在于，"中"说的是统治者的"王道"或曰"执政"的"最高原则"，也就是"正义"；因为"绝对的正义"无可"形容"，故而只好用"无"来从负面加以界定，以便排除应该否定的，进而肯定其积极的一面。果如此，这仍然是一个推论问题。因为，假若真是如此，有正有负、有积极和消极，那就意味着，人是在走向"正义"的途中。至于"正义"到底是什么，也只有通过反复的辩证和思考，才可企及。故而，作为"理想"，即使不是"绝对的正义"，也仍然是遥不可及的，如果不能循着正确的道路前行的话。也就是说，译者设置的这一"正义"因是不可及的，也就成了比较空泛的观念，还算不上执政者的理想。

《尚书·洪范》之中所说的"无偏无陂，遵王之义。无有作好，遵王之道。无有作恶，遵王之路。无偏无党，王道荡荡。无党无偏，王道平平。无反无侧，王道正直。会其有极，归其有极"[2]。孔安国注曰："偏，不平。陂，不正。言当循先王之正义而治民。"[3] 此处的"正义"意为：公正的、有利于人民的道理。因而，也只是一般的"道理"，并不是最高理想？究竟什么才是"最高理想"？从孔安国对最后一句的注之中可以看出端倪："言会其有中而行之，则天下各归其有中矣。"[4] 孔

---

[1] 傅佩荣：《人能弘道：傅佩荣谈论语》，东方出版社2012年版，第410页。
[2] 孔安国（传）、孔颖达（疏）：《尚书正义》（李学勤主编，《十三经注疏》之二），北京大学出版社1999年版，第311页。
[3] 孔安国（传）、孔颖达（疏）：《尚书正义》（李学勤主编，《十三经注疏》之二），北京大学出版社1999年版，第311页。
[4] 孔安国（传）、孔颖达（疏）：《尚书正义》（李学勤主编，《十三经注疏》之二），北京大学出版社1999年版，第311页。

第二章 二帝授命之"心法"的语内释解及其跨文化传译的"中道之法"

颖达正义云:"若其行必得中,则天下归其中矣。言人皆谓此人为大中之人也。"① 因而,显而易见,"王道"的"理想"不仅应被命名为"中",而且,连执政者之典范人格也被称为"大中之人"。

因而,自署名为"孔安国"所传递出的信息便是,"中"才是"允执其中"之中的意向,而这里的"中"说的不仅仅是"正义"之"无偏无私",而应主要是"王道"之"有极"指向,因而与"极高明"可以合而释之。"有极"亦即"极高明",可以使"中庸"遍布四海,世人因之得见宇宙奥妙与人治之路是合一的。不是"正义"涵盖"中",而是"中"必涵盖"正义",故而,一个是下义词,一个是上义词。因而,在这里选词的原则也一样应该是"极高明而道中庸"。

第二节 英译:被异化的"天"、被偏离的"中"与被否定的"永终"

译文 16. Yao said, "Oh! you, Shun, the Heaven-determined order of succession now rests in your person. Sincerely hold fast the due Mean. If there shall be distress and want within the four seas, the Heavenly revenue will come to a perpetual end." / Shun also used the language in giving charge to Yu. ②

"历数"是以"天所确定的继承顺序"(the Heaven-determined order of succession)释之,其中的 succession (fact or right of succeeding someone by inheritance) 意为:接替,继任,继承。"允执其中"译为:Sincerely hold fast the due Mean (真诚地执着于合宜的中道),其中的 the Mean 意思是:that which is halfway between extremes (极端之间半途的或折中的东西),一般认为属于亚里士多德所说的"中道"(英文之中又

---

① 孔安国(传)、孔颖达(疏):《尚书正义》(李学勤主编,《十三经注疏》之二),北京大学出版社1999年版,第311页。
② James Legge, *The Analects*, Nanjing: Yilin Press, 2010, p.193.

作 the Golden Mean）。亚里士多德提出"德性是两种恶之间的中庸"（《尼可马可伦理学》1107a2）①。因而，在基调上，此一"中道"与夫子所说的"中庸之为德也，其至矣乎"（《论语·雍也》）②，截然相反。夫子是强调"中庸"为"至德"，而亚里士多德所说的"中道"，则是规避"二恶"（"不足"与"过"）的一种妥协的办法或手段，与儒家的德性的最高理想相去甚远。而且，如论者所指出的："亚里士多德的中庸概念传统上被理解为适度（moderation）。按照这样的理解，中庸被视为不具有哲学重要性或甚至是个错误的概念。例如，威廉姆斯就把中庸学说贬为'他的（亚里士多德的）体系中最著名的但却最没用的部

---

① ［美］余纪元：《德性之镜：孔子与亚里士多德的伦理学》，林航（译），中国人民大学出版社2009年版，第130页。读书所见，此语有英译1：Now it is a mean between two vices, that which depends on excess and that which depends on defect（Aristotle, *Nicomachean Ethics*, trans. W. D. Ross, ed. Richard Mckeon, *The Basic Works of Aristotle*, New York：Random House Inc., 2001, p. 27）；英译2：［…］and it is in these that we find excess, deficiency and the mean（Aristotle, *Nicomachean Ethics*, trans. Roger Crisp, Cambridge：Cambridge University Press, 2004, p. 30）；英译3：The equal is also a certain middle term between excess and deficiency（Aristotle, *Aristotle's Nicomachean Ethics*, trans. Robert C. Bartlett and Susan D. Collins, Chicago：The University of Chicago Press, 2011, p. 33）；英译4：It is a mean between two vices, one by excess and the other by deficiency（Aristotle, *The Nicomachean Ethics*, trans. Hippocrates G. Apostle, Dordrecht：D. Reidel Publishing Company, 1975, p. 29）；英译5：［…］where equal is some sort of mean between excess and deficiency（Aristotle, *Nicomachean Ethics*, trans. C. D. C. Reeve, Indianapolis/Cambridge：Hackett Publishing Company, Inc., 2014, p. 27）；英译6：［…］and the equal is an intermediate between excess and defect（Aristotle, *The Nicomachean Ethics*, trans. David Ross, rev. Leslie Brown, Oxford：Oxford University Press, 2009, pp. 29 – 30）；英译7：［…］the mean in relation to us is what I call that which is neither excessive nor deficient（Aristotle, *Nicomachean Ethics Books II – IV*, trans. C. C. W. Taylor, New York：Oxford University Press, 2006, p. 8）；英译8：But relative to us the intermediate is what is neither superfluous nor deficient（Aristotle, *Nicomachean Ethics*（Second Edition）, trans. Terence Irvin, Indianapolis/Cambridge：Hackett Publishing Company, Inc., 1999, p. 24）。此语的另一个汉语译文是："中庸在过度和不及之间，在两种恶事之间。"（［希］亚里士多德（著）：《尼各马科伦理学》（《亚里士多德全集》第八卷，苗力田（主编），苗力田（译），中国人民大学出版社1997年版，第36页。）第三个汉语译文为："它就是两种恶习，一个是过量一个是不足之间的中间状态。"（引自［希］亚里士多德：《尼克马亥伦理学》，刘国明（译），光明日报出版社2007年版，第51页。）

② 何晏（注）、邢昺（疏）：《论语注疏》（李学勤主编，《十三经注疏》之十），北京大学出版社1999年版，第82页。

第二章　二帝授命之"心法"的语内释解及其跨文化传译的"中道之法"

分之一'。"① 而就把握方式来看，亚里士多德的 the Mean 与夫子的"中庸"虽都强调"中间状态"②，但后者的"中时"或"时中"③ 即因时制宜之思，应是前者所不具备的④。而且，"人心"之"中"，若是不能与外在之"大中"相合，那么，"天人之合"也就等于是缺席的。亚里士多德的"中道"应该是没有这样的意向的。反之，我们看到的却是，在"二恶"之间做出选择，也就可能在将此世确定为"恶"的前提下，在别的地方，依赖观念，去追求美好的"德性"。而夫子强调的则是"性相近也，习相远也"（《论语·阳货》）⑤，认为这个世界始终是美好的，因为人天生善良。理雅各既用 the Mean，再加上前文之中的 the Heaven-determined（天所决定的），也就将夫子思想纳入"范/泛西化"亦即以"西方为范"或曰"普泛西化"的范围。那么，黑格尔当年在读过那部《论语》的英文译本之后的感受，是否会再一次在读者这里出现：这不是"常识"吗，用得着如此费力地迻译⑥? 而且，若目的语文化早已存

---

① ［美］余纪元：《德性之镜：孔子与亚里士多德的伦理学》，林航（译），中国人民大学出版社 2009 年版，第 130 页。

② 《论语·先进》载："子贡问：'师与商也孰贤？'子曰：'师也过，商也不及。'曰：'然则师愈与？'子曰：'过犹不及。'"（何晏（注）、邢昺（疏）：《论语注疏》（李学勤主编，《十三经注疏》之十），北京大学出版社 1999 年版，第 148 页。）

③ "时中"，依爱新觉罗·毓鋆的解释，其意为："'君子而时中'，即君子能时中，时时都在中道。"（爱新觉罗·毓鋆：《毓老师说中庸》，陈䌷（整理），上海三联书店 2015 年版，第 22 页。）他强调："君子能用中庸，君子能'时中'，要及时努力，'学而时习之'，'圣之时者'。一个时，有一个时的中道，'时中'，随时守中道。日常生活、行事，衣着皆应时中，年轻人尤其不要素隐行怪"；"但礼上不可时中，一个民族有其特性和文化，礼法不可以乱改"（爱新觉罗·毓鋆：《毓老师说中庸》，陈䌷（整理），上海三联书店 2015 年版，第 22—23 页）。

④ 爱新觉罗·毓鋆指出："如日中天了，接着就昃（《易·丰》称：'日中则昃，月盈则食，天地盈虚，与时消息。'），太阳不会立正，'保合太和乃利贞'（《易·乾》），最伟大的是'圣之时者'。发明家与时竞争，但能超时者少，先时太难了，多半是因时者，连治时者都少。活着的目的：圣之时者，君子能时中。"（爱新觉罗·毓鋆：《毓老师说中庸》，陈䌷（整理），上海三联书店 2015 年版，第 18 页。）

⑤ 何晏（注）、邢昺（疏）：《论语注疏》（李学勤主编，《十三经注疏》之十），北京大学出版社 1999 年版，第 233 页。

⑥ 黑格尔大言不惭地说："我们看到孔子和弟子们的谈话，里面所讲的是一种常识道德，这种常识道德我们在哪里都找得到"，因而，"假使他的书从来不曾有过翻译，那倒是更好的事"（［德］黑格尔：《哲学史讲演录》（第一卷），贺麟、王太庆（译），商务印书馆 1959 年版，第 119 页）。

在这样的"说辞"或曰"学说",读者会认为,那是一种陈词滥调;而将之视为人格理想和社会理想,应是没有"见识"的表现。

译文 17. The ancient Emperor Yao, when in his old age he abdicated his throne in favour of his successor, Shun, thus gave him charge: "Hail to thee, Oh Shun! The God-ordained order of succession rests upon thy person. Hold fast with thy heart and soul to the true middle course of right. If there shall be distress and want among the people within the Empire, the title and honour which God has given to thee will be taken away from thee for ever."①

"咨",此译以 hail 来再现其意。此词意为:to greet or summon by calling; give a welcome cry to; call out to(so as to attract attention),为"致敬"或"打招呼"时所用。如雪莱诗 To a Skylark 首行即 Hail to thee, blithe Spirit!(你好啊,欢乐的精灵!)此词再加上 thee 的运用,总是让人觉得,那是很久以前的用词,因而,倒是有些"远古"的风味②。"允执其中"之"中"译为 the true middle course of right(正义之真正的中间道路),亦是一种释义。"四海"亦采用此法,译作 the Em-

---

① Hongming Ku, "The Discourses and Sayings of Confucius", ed. Huang Xingtao, *Gu Hong Ming Wen Ji*, Haikou: Hainan Publishing House, 1996, p.501.

② Thee 古英语写作 te(tu 即 thou 宾格和与格单数),来自原始日耳曼语(Proto-Germanic)theke(同源词:古弗里西亚语(Old Frisian)thi,中古荷兰语(Middle Dutch)di,古高地德语(Old High German)dih,德语 dich,古诺斯语(Old Norse)tik,挪威语 deg,哥特语(Gothic)tuk),源自原始印欧语(PIE)*tege-,词根*tu-的宾格,第二人称单数代词。动词意义"对某人用代词 thee",自 1662 年起有记录,关乎贵格会(Quakerism)的兴起。在中古英语中,人们开始在所有情况下都运用复数形式,起初是作为对长者表示尊重的符号,后来是作为对平等的人的一种礼貌。到 1600 年,单数形式已经开始表示熟悉以及地位的缺失,进而开始不用,除非是在几种方言之中,尤其是英格兰的北部。罗森代尔森林(the Rossendale Forest)以北的兰开夏郡(Lancashire)和约克郡的人,被注意到,运用的是,单数第二人称代词 tha(主格)和 thee(宾格)。出于宗教原因(基督教人的平等观念,但也可视为语法正确),贵格会教徒也保留了熟悉的形式。"Thou 和 Thee 是高傲的肉体和寻找自尊的人的伤口(a sore cut),因为,尽管这样的人愿意用它来向上帝和基督讲话,但却不能容忍别人用它来向他们自己说话。以至于我们总是遭到打击和虐待,而且有时候有生命危险,原因就是,向某些高傲的人运用这些词语。这些人会说:'什么!你这没有教养的小丑,你是在 Thou 我吗?'听上去就好像基督教的教养就在于,用 You 给人说话,尽管这样做与他们教导青年的所有的语法和教科书背道而驰。"(乔治·福克斯日记,1661 年)尽管贵格会教徒起初接受 thee 和 thou 是因其语法正确,但他们很快便养成了随意使用宾格 thee 来代替主格 thou 的习惯。常见的例子是:How does thee do? 或 Will thee(乔治·福克斯·塔克:《一个贵格会教徒的家》,波士顿,1981 年版)。2020 年 2 月,《youdict 优词》(https://www.youdict.com/w/thee)。

第二章　二帝授命之"心法"的语内释解及其跨文化传译的"中道之法"

pire（帝国）。"历数"的处理与上引理雅各译例类同：The God-ordained order of succession rests upon thy person（上帝授予之继任之次序落在你身上），基督教意味明显。"四海困穷，天禄永终"，采负面意义：If there shall be distress and want among the people within the Empire, the title and honour which God has given to thee will be taken away from thee for ever（若帝国之内人民中间出现危难等［事件］，上帝给予你的名号和荣誉将会永远从你那里收走）。最为重要的"中"的译文 the true middle course of right，回译或为：正义的真正中道。此一词组之中，right（正当、恰当、正义）最为关键，因而难免也让人觉得，那是在强调 right 而不是"中庸"。

译文 18. Yao said, "Oh you, Shun! / Upon you in your own person now rests the heavenly succession; / Faithfully grasp it by the centre. / The four seas may run dry; / But this heavenly gift lasts forever." / Shun too, when giving his charge to Yü … (hiatus) .①

译者特地加上省略号和括号注明"省略"（hiatus），不可谓不认真。不过，"执中"之意，却是依照一般的理解，译为"忠实地把握它的中心"（Faithfully grasp it by the centre），"中心"则释为"天所赐的承继"（the heavenly succession）。如此迻译，一方面是融入西方的"天"的因素；另一方面，对经文的"执中"之"中"形成弱化甚或误导。因为，依之，似乎"中"只是"帝王之位"的那种"中"，或不能或很难体现万事万物之规律的"中"。此外，"四海困穷"的译文：The four seas may run dry（四海有可能枯竭）。译者对之的注释是："亦即，'即令海水枯竭，此一礼物也不会［丧失］'（sooner shall the sea run dry, than this gift…）。至于'永终'，比较《尚书》。"② 但如此解释，

---

① Arthur Waley, *The Analects*, Beijing: Foreign Language Teaching and Research Press, 1998, p. 263.
② Arthur Waley, *The Analects*, Beijing: Foreign Language Teaching and Research Press, 1998, p. 263, n. 2.

既要参照《尚书》,也要再精审传统注疏。

译文 19. Yao said, / Oh, Shun, / The succession, ordained by Heaven, has fallen on thy person. / Holdst thou truly to the middle way. / If the Empire should be reduced to dire straits / The honors bestowed on thee by Heaven will be terminated for ever. / Shun commanded Yu in like manner.①

在用词上,此译显然是在模仿译文 17,所以,我们可以看到诸如 thy、thou 以及 thee。Holdst 一词也是在运用较古的形式:后缀-st 在古语和诗作中加在动词后,构成陈述语气第二人称单数。这样会使译文显得比较典雅。"四海"则像上例一样,以 the Empire 出之。而"困穷"则也出之以负面的意义:strait(a very difficult situation especially because of lack of money:困境、困窘、窘迫境况),同时又加以 dire 字,意为:fraught with extreme danger; nearly hopeless(可怕的、恐怖的、悲惨的、迫切的、极端的),以为强化。如此,此译之"四海困穷,天禄永终"回译,意思就是:若帝国限于不堪困窘,天所赐予的荣誉就将永远终止。

译文 20. Yao said, "Oh, Shun, it is ordained by Heaven that the succession is to fall on you. You are to follow the middle way. If the multitude within the Four Seas should ever fall into poverty and misery, the blessing which Heaven bestowed on you will end forever." / Shun spoke the same words to Yu when proclaiming him the successor.②

和上例一样,此译亦用 ordain 一词,其意为:appoint or admit to the ministry of the Church; order by virtue of superior authority; decree(任命某人为牧师;授某人以圣职;[上帝、法律等]命令;注定)。此词,再加上 Heaven 两次的运用,很容易让读者以为,这是在阅读一部西方著作,甚至是基督教著作,因为 blessing 的意思就是 pronouncement invoking divine aid 祈福; divine or supernatural aid or reward 神或超自然之助益或赏

---

① D. C. Lau, *Confucius: The Analects*, Beijing: China Publishing House, 2008, p. 369.
② Lin Wusun, *Getting to Know Confucius — A New Translation of The Analects*, Beijing: Foreign Language Press, 2010, p. 349.

第二章 二帝授命之"心法"的语内释解及其跨文化传译的"中道之法"

赐,确切地说,也就包含着 gift from God(来自上帝的礼物)之意。

如此传译,又如何能确保,这是在对儒家经文进行跨文化翻译,而不是在重现西方思想?这的确是一个问题。因为,若是另铸新词,则全新的表达方式,会在关键处造成读者的不解的可能性;但若是一味地顺应目的语文化,直接在目的语之中选词,我们看到的,也便是像这样的译文一般的情况:似乎夫子之所说,都是目的语之中原有的:"天禄永终",就是"上帝之所赐予或恩典,最终永久的结束"。那么,这也就是在说,中国古人在夫子或夫子身后的时代,已经有了基督教的信仰。如此,可以肯定,基督教的真理是普世性的,因而,即令中国古人无此信仰,在其最具特色的经典之中,也一样能体现其精义。这便更能说明,西方宗教胜过中国乃至东方文化,因而,也就有必要如此传译,才能进一步印证这种文化的价值和影响力?这样的设想很是荒唐。不过,若译者本来没有这样的预设,其下意识的思想支配则更为可怕。本来是在传译儒家思想,因而,回归儒家是唯一的途径。

如上所述,反过来的质疑可能是,这还是在迻译《论语》的经文吗?设若翻译本身并不是在"跨文化",而仅仅是在目的语文化之内寻找表达进而再现的是有关表达背后的思想,那么,《论语》的确并没有"跨出文化的边界",而是英文之中"原有"的。因而,其结果也便是,译犹未译。但是,这样的情况严重到什么程度才算得上"译犹未译"?的确,这也是非常值得研究的问题。

译文 21. Yao said:"Ah, Shun, the heavenly succession is upon thine own person, so grasp it firmly and with all sincerity. If there is dire distress within the four seas, the Heaven-sent favours will be terminated for ever." Shun also charged Yu with these words.[①]

此译未将"允执其中"之"中"作为"中庸"来解,而是译为 so grasp it firmly and with all sincerity(因而,紧紧地并且以所有的真诚来把

---

① Raymond Dawson, *The Analects*, Oxford: Oxford University Press, 1993, p.81.

握它），这样，也就形成另一个问题：若是认可尧舜以至于禹，都是以禅让的方式在治人；译文中 it 一词又指的是前文的 the heavenly succession（天的或神圣的继承顺序），那么，这恰恰不是圣王们所关注的。实际上，这样的圣王不仅"无为而治"，依其"德风"来"风化"、感染民众，而且，也绝不会如此"执着于帝位或王位"，而不知放手。"子曰：'无为而治者，其舜也与？夫何为哉？恭己正南面而已矣。'"（《论语·卫灵公》）① 而且，夫子特别赞赏泰伯："泰伯，其可谓至德也已矣。三以天下让，民无得而称焉。"（《论语·泰伯》）② 这既是在称颂泰伯"三让天下"，同时也是对古代圣王的礼让精神的肯定。据此而论，尧、舜、禹是不至于如此"仅仅抓住帝位不放"的。这也就从一个侧面说明，若是不能认同"允执其中"之"中"即为"中庸"之"中"，那就很可能因为未能趋向"极高明"而导致译文陷入平庸：似乎连尧、舜、禹这样伟大的圣王，也会贪恋一己之位，而不能"忘我"。那么，这样的"圣王"为"民"所带来的"利益"，可能一开始就落不到实处，故而，也就用不着最终等到"由天分派的恩惠"再被收走或收回。

译文 22. Yao said, "Oh you, Shun! In the heaven-ordained order it is now for you to succeed to the throne. Sincerely hold on to the principle of impartiality. Should there be distress, within your dominion, your heaven-bestowed salary would be deprived forever." / The same admonition was given when Shun was demising the throne to his successor Yu. ③

此译试图以明晰化的办法来转译经文意义："天之历数在尔躬"的译文 In the heaven-ordained order it is now for you to succeed to the throne（按照天所命的秩序，现在轮到你继承王位）——直接点出"王位"

---

① 何晏（注）、邢昺（疏）：《论语注疏》（李学勤主编，《十三经注疏》之十），北京大学出版社 1999 年版，第 208 页。

② 何晏（注）、邢昺（疏）：《论语注疏》（李学勤主编，《十三经注疏》之十），北京大学出版社 1999 年版，第 100 页。

③ Wu Guozhen, *A New Annotated English Version of The Analects of Confucius*, Fuzhou: Fujian Education Press, 2015, p. 497.

第二章 二帝授命之"心法"的语内释解及其跨文化传译的"中道之法"

(the throne);最后一句"天禄永终"的译文,也用到了同一个词。经文之中只说"舜亦以命禹",而译文则点出:The same admonition was given when Shun was demising the throne to his successor Yu(在舜把王位让给禹的时候,也用了同样的训诫)。"允执其中"被处理为:"真诚地把握不偏不倚的原理。"这是在以抽象的方式,迻译"中庸"之名。"天禄"译为 your heaven-bestowed salary(你的天赐予的薪水),其中的 salary 一词,意为 money that employees receive for doing their job, especially professional employees or people working in an office, usually paid every month, 一般译为"薪金、薪酬、工资、薪水(尤指按月发放的)",因而,是否能承载"禄位"或"禄籍"的意向,或有疑问。

译文 23. Yao said to Shun who succeeded him as emperor, "Oh, Shun! Heaven lays the divine duty on you. You should follow the right way without deviation. If the people in the world suffer poverty and misery, Heaven would no longer bestow favor on you." Shun said the same thing to Yu who succeeded him as emperor.①

依《说文》,"帝"者,"谛也,王天下之号也"②(许慎,2004:1)。实际上,是在秦汉之后,"帝"才成为"王"的称号。"帝",战国以前专指道德修养和功德很大很高的人,也是最高管理者,先民以之为宇宙的创造者和主宰者③。尧、舜"二帝"之"帝"因是"圣王",

---

① Xu Yuanchong, *Thus Spoke the Master*, Beijing: China Intercontinental Press, 2012, p. 139.
② 许慎:《说文解字校订本》,班吉庆、王剑、王华宝(点校),凤凰出版社 2004 年版,第 1 页。
③ 2020 年 2 月,《360 百科》(https://baike.so.com/doc/5332532 - 5567899.html)介绍:"帝者,德合天地曰帝。即一个人的道德修养达到了与天地一样并且和天地贯通且和谐的地步,这个人就被称为帝。而这样的人必然是所有人类中最有智慧和能力的,故而所有人都愿意让他来管理大家的公共生活,引导教化大家,于是所有人推举他为最高管理者。由于后来人们不再重道德,而只重地位,于是'帝'变化,由原来代表道德修养境界变为后来的地位象征。这是华夏文化的悲哀。才有了后来的所谓'帝制'说法。战国以前专指道德修养和功德很大很高的人,也是最高管理者。秦以后为'皇帝'简称。《庄子·庄帝王》有南海之帝、北海之帝等。周天子称王不称帝。公元前 288 年,齐愍王称东帝,秦昭王称西帝。当时列国均已称王,欲寻一更尊于王之称号,乃借上古大帝之名,用为后世人君之号。《史记》以《五帝本纪》为首篇,所载帝号,实系后人所加。秦始皇以皇帝为君主称号,帝遂为皇帝简称。"

故而被人视为可"齐天"因而在人格上具有"上帝"一般的超自然力量。因此，围绕着他们，有不少神话故事，而他们本身也被不断地神化。而英文之中的 emperor 指的是 the male ruler of an empire（帝国的男性统治者），一般译为：皇帝、君主、领主、国王、大王等。①《尚书·大禹谟》："曰若稽古，大禹，曰：'文命敷于四海，祗承于帝。'"②孔安国传曰："言内外布文德教命，内则敬承尧舜。"孔颖达疏云："此禹能以文德教命布陈于四海，又能敬承尧舜。外布四海，内承二帝，言其道周备。"③ 如此，秦始皇以来所用的尊称"皇帝"，也便与德高望重的"三皇五帝"之"帝"混同起来。英语中的 emperor 不过是指"帝国的统治者"，并不能突出"德"，而且，还有将其世俗权力的追求混同为神圣的"德威"的意向，因而，选择此词是不得已④。

选择"皇帝"一词的另一不适的原因在于，如理雅各所指出的，"帝"字"一次也没有作为个人名字在《论语》之中出现过"⑤，而在《诗经》和《尚书》之中，很多地方都用到"帝"或"上帝"，因而，他推测，这说明夫子并没有古时圣人的信仰。"帝"和"上帝"在上述两部经文之中以人的形象出现，主宰天地，创发人的道德本性，惩恶扬善，成为诸国之间的统治者，诸侯依之治国、诸王依之行命。而夫子则

---

① emperor 一词，13 世纪早期来自古法语的 *empereor*（意思是 emperor、leader、ruler）（现代法语作：*empereur*），2020 年 2 月，《youdict 优词》（https://www.youdict.com/w/emperor）。

② 孔安国（传）、孔颖达（疏）：《尚书正义》（李学勤主编，《十三经注疏》之二），北京大学出版社 1999 年版，第 86 页。

③ 孔安国（传）、孔颖达（疏）：《尚书正义》（李学勤主编，《十三经注疏》之二），北京大学出版社 1999 年版，第 86 页。

④ 比如，对"舜帝"的一个介绍如此行文：Emperor Shun：Shun（Chinese：舜；pinyin：Shùn），also known as Emperor Shun（Chinese：帝舜；pinyin：Dìshùn）and Chonghua（Chinese：重華；pinyin：Chónghuá），was a legendary leader of ancient China, regarded by some sources as one of the Three Sovereigns and Five Emperors. Oral tradition holds that he lived sometime between 2294 and 2184 BCE.（2020 年 3 月，《欧陆字典》（https://dict.eudic.net/dicts/en/舜帝.html）。）

⑤ 《尧曰》的第一章之中，记载有一般被释为汤所讲的话三次用到"帝"字："予小子履，敢用玄牡，敢昭告于皇皇后帝：有罪不敢赦。帝臣不蔽，简在帝心。"何晏（注）、邢昺（疏）：《论语注疏》（李学勤主编，《十三经注疏》之十），北京大学出版社 1999 年版，第 265 页。)

第二章　二帝授命之"心法"的语内释解及其跨文化传译的"中道之法"

倾向于运用"天"字取而代之①。尽管"皇帝"毕竟不是"上帝",但问题是,"帝"字既未如此运用于经文(尧、舜之后未见"帝"字),译文之中出现 emperor 之类的表达,岂不等于是为之添加了新的用语,因而也就将经文引向别的思想系统,比如后世的"帝王思想"?

实际上,为了使中华文化更便于被接受,林语堂在英译之中也一样是将"尧舜"译为 the Emperors of Yao and Shun②;在另一处,他甚至将"文武"也译为 the Emperors Wen and Wu③,尽管汉语之中二人的称号始终是"周文王"和"周武王"。《论语》的英译者也有类似的运用:

Finally, if we conclude, with respect to the first question, that the ruler we are serving is *not* reformable, we have a third model to follow: That of King Wu, son of King Wen, who was the actual founder of the Zhou Dynasty because he raised the flag of rebellion and overthrew the evil last Emperor of the Shang. ④

这分明是将"商纣王"之"王"译作"商朝皇帝"。如此看来,这样处理已成传统,因而,更需反思。

不过,我们还是赞成忠实地迻译。比如,诺顿用 Sage King 来指代"禹帝",但称"周文"和"周武"则以 Zhou Kings⑤。史华慈也用 Sage King 称舜帝⑥,并且强调,诸位"圣王的教导"源自上天。在后者这

---

① James Legge, *The Chinese Classics with a Translation. Critical and Exegetical Notes Prolegomena, and Copious Indexes*, Vol. I, Oxford: The Clarendon Press, 1893, pp. 98 – 99.

② Lin Yutang, *The Wisdom of Confucius*, Beijing: Foreign Language Teaching and Research Press, 2009, p. 150, n. 1.

③ Lin Yutang, "The sage and we are the same in kind" (*Mencius*), Lin Yutang, *The Wisdom of Confucius*, Beijing: Foreign Language Teaching and Research Press, 2009, p. 127.

④ Henry Jr. Rosemont, *A Reader's Companion to the Confucian Analects*, New York: Palgrave Macmillan, 2013, p. 43.

⑤ Bryan W. von Norton, "Introduction", ed. Bryan W. von Norton, *Confucius and the Analects*, New York: Oxford University Press, 2002, pp. 4 – 5.

⑥ Benjamin I. Schwartz, "The Ethical and the Meta-ethical in Chinese High Cultural Thought", ed. Anna-Teresa Tymieniecka, *Heaven, earth, and the in-between in the harmony of life, or, Phenomenology in the continuing oriental/occidental dialogue*, Dordrecht: Kluwer Academic Publishers, 1995, p. 5.

里，他仍用的是 Sage Kings①。因而，Sage King 作为专名可能是比较对应的用语。

此译的第二个问题是，将"允执其中"译为：You should follow the right way without deviation（你应遵循正确的道路而不偏离），只是一种解释，因为正确的道路（the right way）并不一定就是"中道"。如此迻译，再现的只是，尧在传位时给予舜帝的是一般性的嘱咐，因而，几乎无足轻重。这意味着，他或许并不需要这样叮嘱。可以说，如此传译是不通的。

Heaven 的问题同前，或已无须再论。但将"四海困穷，天禄永终"译作 If the people in the world suffer poverty and misery, Heaven would no longer bestow favor on you（若世界上的人民遭受贫困和痛苦，天就不再会施恩于你），或有希望舜能担当责任的意思，但是，却不一定有"天禄"的"中国意味"。

译文 24. King Yao said, "Oh, Shun, the heaven ordains that it's your turn to be the next king. So you should adhere to the correct course in a sincere manner. If the populace find themselves in poverty and woeful difficulties, the kingship that heaven grants you is doomed to expire." / King Shun says the same words when he transfers his kingship to Yu. ②

此译将用小写 heaven 来译"天"，或仍不能避免"上帝"或"超越者"的意向，而与儒家思想相悖。与上译例一样，"允执其中"被释义为：So you should adhere to the correct course in a sincere manner（所以，你应以真诚的姿态执着于正确的道路），因不能"极高明"而使译文于理不通。尧说的最后一句"四海困穷，天禄永终"被译为：If the popu-

---

① Benjamin I. Schwartz, "The Ethical and the Meta-ethical in Chinese High Cultural Thought", ed. Anna-Teresa Tymieniecka, *Heaven, earth, and the in-between in the harmony of life, or, Phenomenology in the continuing oriental/occidental dialogue*, Dordrecht: Kluwer Academic Publishers, 1995, p. 6.

② Shi Zhikang, *Confucius's Analects: Translation & Critical Comments*, Shanghai: Shanghai Foreign Language Education Press, 2019, p. 393.

第二章 二帝授命之"心法"的语内释解及其跨文化传译的"中道之法"

lace find themselves in poverty and woeful difficulties, the kingship that heaven grants you is doomed to expire，其中的 populace 意为平民、大众、民众（the people of a country），其现代意味似乎太强。此词 1570 年起自中古法文 *populace*（约 16 世纪），再回溯，又出自意大利语 *popolaccio*（意为 riffraff 乌合之众、rabble 暴民、下层民众），*popolo*（people 人民）（源自拉丁文 *populus*）①。此句或可回译为：如果民众自身处于贫穷和不幸的困难之中，天所授予你的王位（kingship）就注定要终结（expire：come to an end）。而 doom 是基督教特色的用词，不宜用于此处。Doom 若为名词，意思相当于汉语的"厄运、劫数"等。此词的出现，与日耳曼语词根 do 有关，后来作为 dōm 进入古英语时，具体的意义 law、decree、judgment（法律、命令、判断）得以发展（而背后做支撑的是复合词 doomsday，亦即"审判日"，其早期中古英语的拼写形式一直保留在 *Domesday book*（《末日审判书》或《最终税册，英国 1085—1086 年钦定土地调查清册》）之中。此词的引入意味着，基督教的"末日审判"的影响，笼罩着尧、舜、禹以来的中国"王道"以及由之衍生而下的文化？如此译文，一方面，仍在说明，即令中国古人并无基督教的信仰，但上帝之为上帝，仍是无所不在、无所不能，因而，对之的印证，即令如《论语》这样的儒家经文也可见到，甚至在关键处，在尧、舜、禹禅让的历史进程之中，也在发挥着警示圣王的关键作用，如此，竟致使诸位圣哲"战战兢兢，如临深渊，如履薄冰"（《诗经·小雅·小旻》）②而不敢越雷池一步？这样的"世界末日观"（the notion of doomsday）作为警示，亦是一种威胁，若内在化于中，则说明，"真理的内化"或在尧、舜、禹那里俨然已有体现。因而，可依之重新回看此译前文，就会发现，原来的 heaven 不就是上帝的"人间"化身，因而才有力量赐予中国的"圣王"如此的历史重任？

---

① 2020 年 2 月，《youdict 优词》（https://www.youdict.com/w/populace）。
② 毛亨（传）、郑玄（笺）、孔颖达（疏）：《毛诗正义》（李学勤主编，《十三经注疏》之三），北京大学出版社 1999 年版，第 742 页。

很明显，译文若引出这样莫名其妙的思绪，那就一定是在说，有关处理一定是全然背离迻译经文的大义的。

此外，与上例所用 emperor 不同，此译直接点明尧、舜为 King（王），但亦不顺畅，因为汉语之中很少有人这样称之。英译添加，等于是一种解释，但带来的信息却并不准确。

译文 25. Yao said："Hail to thee, Shun! The number that the Heavens are telling falls on thee. Keep true hold of the golden mean. Should there be stress or want within the four seas, the gift of Heaven will pass for ever."/ Shun laid the same command on Yu.①

"天"的英译前文是复数 the Heavens，后文则是单数 Heaven，且前无代词，或是要说明，那是独一无二的，类如"上帝"。如此杂合之法，适足让读者觉得，译者没有能认真对待《论语》经文。"允执其中"之"中"被处理为 the golden mean 显系亚里士多德的用词。此译最引人注目的是，"天之历数"的译法：The number that the Heavens are telling（诸天所揭示的数目）。其中的 number 一词，"其词源学的支撑可能是'分配'（distribution）。它的终极来源拉丁文的 *numerus* 有可能关乎希腊词语 *némein*（分配、分布）"②。因而，或可说明，"数"若具有"分配"的意思，那可能意味着，在英文读者看来，或者说，他们至少可以从译文之中读出，尧、舜、禹的"王位"是"天分配或分派的"。Number 一词一般解为"数目"，但它同时还可指据以判定为具体单位的个体的特色，或者是依照单位来判定的一个集合的特色（the characteristic of an individual by which it is treated as a unit or of a collection by which it is treated in terms of units）③。而这意味着，number 的确可以传递"历数"之"数"的"轮替"或"分派"之"天降大任"（《孟子·告子下》）④

---

① James R. Ware, *The Sayings of Confucius*, New York: Bartley Com., 2001, p. 54.
② 2020 年 2 月，《youdict 优词》（https://www.youdict.com/w/number）。
③ 2020 年 2 月，*Merriam-Webster*（https://www.merriam-webster.com/dictionary/number）。
④ 赵岐（注）、孙奭（疏）：《孟子注疏》（李学勤主编，《十三经注疏》之十一），北京大学出版社 1999 年版，第 346 页。

第二章　二帝授命之"心法"的语内释解及其跨文化传译的"中道之法"

的意味，同时又能在特定的点上突出一己之个体的德性之"独一性"。

Number 一词的确还有与"命数"、"劫数"一样的意向，如俚语 sb's number is up（the time has come when sb will die, be ruined, etc）（某人的死期、劫数等已到）①。而汉语之中，《辞源》解释，"历"乃"推算日月星辰之运行以定岁时节气的方法"。所举的例子即《周易·革卦》："君子以治历明时"，及《大戴礼·曾子天圆》："圣人慎守日月之数，以察星辰之行，以序四时之顺逆，谓之历。"② 第二个例子最可说明，（一）圣人与"历"之间的关系：天人合一之所以在人类的代表圣人那里得到体现，就是因为，后者能把握自然的运行规律；（二）发现有关规律并将之呈现出来，以确定人间的行为与天道运作秩序相一致，这就是"历"。如此，"人"的行为的节奏，与"天历"或"天数"相趋合，人世间的规律取向"天道"。这也就是圣王的作用。因此，"历"之制是为了"数"之定，而"数"之定，为的是人之"自律"合乎"天道之律"。如此，两相对比，number 或是迻译"历数"的一个比较好的选择。

译文 26. Yao said, Ah, you, Shun-the destiny decreed by Heaven rests with you. Hold sincerely to the center. If those within the four seas suffer hardship and want, Heaven's bounty will end forever. / And Shun voiced the same command [when he ceded the throne] to Yu. ③

此译以 destiny 一词来译"历数"，"天之历数"也就成了 the destiny decreed by Heaven（天所命之命运）。这样，"历数"之神秘及其汉语之中原有的那种中国特色——比如说，"历"之"制定"在于人，"数"之安排在于天，因而，人对"数"的把握，要依赖对"数"的体贴和认同，等等，也就随之缺席。如此的释义之法，尽管可使译文读者更加

---

① A. S. Hornby, *Oxford Advanced Learner's English-Chinese Dictionary*, Beijing: The Commercial Press, 1997, p. 1004.
② 《辞源》（第二册），商务印书馆编辑部（编），商务印书馆 1979 年版，第 1450 页。
③ Burton Watson, *The Analects of Confucius*, New York: Columbia University Press, 2007, p. 140.

· 51 ·

"顺畅"了解经文的大概意义，但是，在关键处，则很难说，经文的精神实质可以得到体验，因为，读者在找到适宜的途径之前，已被封堵在意向同化的释义之中了。

"允执其中"亦复如此：Hold sincerely to the center（真诚地执守中心）之中 the center 若是指上一句之中的 the destiny（命运）的"中心"，那么，读者的联想即刻就会是，"命运"的"中心"又是指的什么？既然"命运"是不可回避、不可抗拒的，为什么又要"执守"？这是不是意味着，在儒家，尤其是夫子这里，要向这样的"命运"屈服才算是真正生存于世？或者说，生存于世就是向它屈服的过程？那么，还用得着如此费心费力，去"执守"而且是"真诚地"？因此，尽管如此迻译，可能会使译文意义显豁，便于读者领会，但是，至于与经文的贴近程度如何，则是很难确定的。

"天禄"此译为：bounty，其意为 something that is given generously（慷慨给予的礼物），如 nature's bounty（大自然的慷慨馈赠），亦可解读为 a reward, premium, or subsidy especially when offered or given by a government（奖励、奖金或补助），甚或"赏金"（a payment for the capture of or assistance in the capture of an outlaw），如 a bounty of ＄500 on his head（悬赏或赏金500美元，拿他的人头）。而在汉语中，"禄"，《说文》解作"福"①，一般情况下指的是古代官吏的俸给。"天禄"，在《论语·尧曰》和《尚书·大禹谟》之中，指的都是"天赐的福禄"，后世以之指代"帝位"。因而，它不仅仅是"俸禄"的意义②。

如此，看似通顺流畅的译文，实际上，也并不能真正达到目的，因为所译之物的确已经变了面目，甚至是，面目全非。

译文 27. Yao said, "Oh, you Shun! The orderly succession of Heaven

---

① 许慎：《说文解字校订本》，班吉庆、王剑、王华宝（点校），凤凰出版社2004年版，第2页。

② 此与《孟子·万章下》"弗与共天位也，弗与治天职也，弗与食天禄也"（赵岐（注）、孙奭（疏）：《孟子注疏》（李学勤主编，《十三经注疏》之十一），北京大学出版社1999年版，第277页）之中的"天禄"不同，因为后者指的是"俸禄"。

第二章 二帝授命之"心法"的语内释解及其跨文化传译的"中道之法"

now rests upon your shoulders. Hold faithfully to the mean. If those within the four seas should fall into hardship and poverty, Heaven's emoluments will be cut off from you forever."／Shun charged Yu with the same words.①

"在尔躬"被译为 now rests upon your shoulders（现在落在了你的肩上）。此译因而与 upon thy person 以及直接用 you 或 thee 等不相一致，可以说是改变了原文之中的"躬"的意向。"躬"乃会意字，《说文》解释："躬，身也"②，"会曲身之意"③。《论语》之中多处用到"躬"字："子曰：'古者言之不出，耻躬之不逮也'"（《里仁》)④，包咸解释："古人之言不妄出口，为身行将不及"⑤；"子曰：'文，莫吾犹人也。躬行君子，则吾未之有得'"（《述而》）⑥，"文莫"有不少解释，但"躬行"中"躬"之意，与"躬之不逮也"之"躬"类同。故而，邢昺引孔安国注："身为君子，己未能也。"⑦《乡党》三次描写夫子"鞠躬如也"，孔颖达疏："鞠，曲敛也；躬，身也"⑧；《子路》篇载叶公之语"吾党有直躬者"，孔安国注："直躬，直身而行"⑨；《宪问》录南宫括语"禹、稷躬稼而有天下"⑩，此处之"躬"意为"亲自"或

---

① Edward Slingerland, *Confucius Analects: with Selections from Traditional Commentaries*, Indianapolis & Cambridge: Hackett Publishing Company, Inc., 2003, p. 231.
② 许慎：《说文解字校订本》，班吉庆、王剑、王华宝（点校），凤凰出版社 2004 年版，第 207 页。
③ 谷衍奎：《汉字源流字典》，华夏出版社 2003 年版，第 570 页。
④ 何晏（注）、邢昺（疏）：《论语注疏》（李学勤主编，《十三经注疏》之十），北京大学出版社 1999 年版，第 53 页。
⑤ 何晏（注）、邢昺（疏）：《论语注疏》（李学勤主编，《十三经注疏》之十），北京大学出版社 1999 年版，第 53 页。
⑥ 何晏（注）、邢昺（疏）：《论语注疏》（李学勤主编，《十三经注疏》之十），北京大学出版社 1999 年版，第 97 页。
⑦ 何晏（注）、邢昺（疏）：《论语注疏》（李学勤主编，《十三经注疏》之十），北京大学出版社 1999 年版，第 97 页。
⑧ 何晏（注）、邢昺（疏）：《论语注疏》（李学勤主编，《十三经注疏》之十），北京大学出版社 1999 年版，第 128 页。
⑨ 何晏（注）、邢昺（疏）：《论语注疏》（李学勤主编，《十三经注疏》之十），北京大学出版社 1999 年版，第 177 页。
⑩ 何晏（注）、邢昺（疏）：《论语注疏》（李学勤主编，《十三经注疏》之十），北京大学出版社 1999 年版，第 183 页。

· 53 ·

"亲身"；《卫灵公》记夫子之言"躬自厚而薄责于人，则远怨矣"①，这里的"躬"意亦为"自己"，故而，孔安国注云："责己厚，责人薄，所以远怨疚。"②《尧曰》篇此章除了此处的"尔躬"之外，尚有两次用到"朕躬"③，意思也是"自己"。此词的运用，在经文之中，突出的应是，中国古人对"身"的关注和用心。《论语》记载，曾子去世之前，曾如此感叹："启予足！启予手！《诗》云：'战战兢兢，如临深渊，如履薄冰。'而今而后，吾知免夫！小子！"（《泰伯》）④，说明"身体发肤，受之父母，不敢毁伤，孝之始也"（《孝经·开宗明义章》）⑤，而临死既"明无毁伤"，"乃今日后，自知免于患难矣"⑥。

以人之"躬"承担"天之历数"，是说"以全身心的投入所带来的力量"来担当大任。相较而言，"以一己之肩"来负载之，虽意义相通，但毕竟少了些"担当"的保证条件。最严重的是，"心"并未参与。因此，此译尽管别致，但毕竟属于一种简化，因对经文不能忠实。

另外，"允执其中"仍沿用 the Mean，取向亚里士多德，上文已对之加以讨论。而"天禄"以 emolument 出之，而此词意为 the returns arising from office or employment usually in the form of compensation or perquisites，相应的汉译是"薪水、报酬、薪俸"等，因而，或无"福禄"和"禄籍"的意向。

译文 28. Yáo said, "Oh, you Shùn! Heaven's order of succession, up-

---

① 何晏（注）、邢昺（疏）：《论语注疏》（李学勤主编，《十三经注疏》之十），北京大学出版社 1999 年版，第 213 页。

② 何晏（注）、邢昺（疏）：《论语注疏》（李学勤主编，《十三经注疏》之十），北京大学出版社 1999 年版，第 213 页。

③ 何晏（注）、邢昺（疏）：《论语注疏》（李学勤主编，《十三经注疏》之十），北京大学出版社 1999 年版，第 265 页。

④ 何晏（注）、邢昺（疏）：《论语注疏》（李学勤主编，《十三经注疏》之十），北京大学出版社 1999 年版，第 101 页。

⑤ 李隆基（注）、邢昺（疏）：《孝经注疏》（李学勤主编，《十三经注疏》之十二），北京大学出版社 1999 年版，第 3 页。

⑥ 何晏（注）、邢昺（疏）：《论语注疏》（李学勤主编，《十三经注疏》之十），北京大学出版社 1999 年版，第 101 页。

第二章　二帝授命之"心法"的语内释解及其跨文化传译的"中道之法"

on your person comes to rest / Unto the Mean do you hold fast！/ And within the Four Seas vast / Heaven's favor long will last. " / Shùn also in this way commanded Yu. ①

和译文18及译文19一样，此译试图通过诗行的铺排，来传译"天之历数在尔躬，允执其中。四海困穷，天禄永终"，而且，fast、vast、last三词押韵，构思的确巧妙。不过，基督教的"天"（Heaven）仍在其中；"允执其中"之"中"也依然是the Mean，亚里士多德的意向一样显豁。

译文29. Yao said, / "Oh-you Shun！/ The line of succession conferred by *tian*（天）rests on your person. / Grasp it sincerely and without deviation. / If all within the four seas sink into dire straits, / *Tian*'s charge will be severed utterly. " / In just this manner, Shun in due course also ceded his throne to Yu. ②

此译亦试图凭借诗行的铺排，来突出尧帝传位给舜帝时的"心法"的庄严。而且，译者坚持以拼音来保留"天"的意味。这也是此一译著整个译文之中唯一音译形式传译的字眼③。"舜亦以命禹"一句出以：In just this manner, Shun in due course also ceded his throne to Yu（也就是以这种方式，舜适时将其王位让与禹），表达稍显累赘。最重要的问题是，"允执其中"译为：Grasp it sincerely and without deviation（真诚而且没有偏离地把握它）。如上文所述，这样的译文并不能传译经文意向。因为，它（it）若是指前文的The line of succession（继位的世系或线索），那么，这并不符合"禅让"的精神：有关圣王，是秉持着"礼让"的"传统"的。《墨子·鲁问》："今子处高爵禄而不以让贤，一不

---

① K. Bruce Brooks and A. Taeko Brooks, *The Original Analects：Sayings of Confucius and His Successors*, New York：Columbia University Press, 1998, p.192.
② Roger T. Ames and Jr. Henry Rosemont, *The Analects of Confucius：A Philosophical Translation*, New York：Ballantine Books, 1998, p.226.
③ Roger T. Ames and Jr. Henry Rosemont, *The Analects of Confucius：A Philosophical Translation*, New York：Ballantine Books, 1998, pp.46–48.

祥也。"① 现代汉语还有"让贤"一说，其意即，将职位让与贤能的人。《论语·里仁》载："子曰：'能以礼让为国乎？何有。不能以礼让为国，如礼何？'"② 说的就是，如果不能"礼让治国"③，那又有什么价值？也就是说，不懂或不能"礼让治国"，有关当事人的行为毫无价值，甚至是不值一提。即使是"君子"，也要"君子无所争。必也射乎！"（《论语·八佾》）④，遑论"圣人"。因而，将"圣王"描绘成"抓住王位紧紧不放"（grasp 的意思）的人，一定是有问题的。究其原因，仍如上述，是没有走"极高明而道中庸"之路。

译文 30. Yao said, "Oh! you Shun! Heaven's order of succession now rests in your person. Hold fast devotedly to the center of it. If all within the four seas suffer hardship and poverty, heaven's blessings shall come to a perpetual end." / Shun also used the same language in issuing the decree to Yu. ⑤

"允执其中"的处理和上译例一样，而且还用了 devotedly（忠实地、一心一意地），特加突出。"天"则又回到采用 heaven 的老路上，且运用大写（或是因为置于句首）和小写。其他问题上文已提及，或无须再论。

译文 31. Yao said, "Ah, you Shun! The order of succession, by Heaven's calculation, falls on your shoulders. Hold faithfully to the middle [zhong] [, to rightness and that perfect balance]. If all within the four seas find themselves in a dire condition, Heaven will withdraw its blessings." Shun

---

① 辛志凤、蒋玉斌等：《墨子译注》，黑龙江人民出版社 2003 年版，第 421 页。
② 何晏（注）、邢昺（疏）：《论语注疏》（李学勤主编，《十三经注疏》之十），北京大学出版社 1999 年版，第 51 页。
③ 何晏（注）、邢昺（疏）：《论语注疏》（李学勤主编，《十三经注疏》之十），北京大学出版社 1999 年版，第 42 页。
④ 何晏（注）、邢昺（疏）：《论语注疏》（李学勤主编，《十三经注疏》之十），北京大学出版社 1999 年版，第 31 页。
⑤ Peimin Ni, *Understanding the Analects of Confucius: A New Translation of Lunyu with Annotations*, New York: State University of New York, 2017, pp. 422 – 423.

第二章　二帝授命之"心法"的语内释解及其跨文化传译的"中道之法"

instructed Yu with the same command.①

"天之历数"之"数",此译以许慎所释的"计也"② 出之,所以,此语在这里被译为:The order of succession, by Heaven's calculation, falls on your shoulders(继位之序,凭天的计算,落在你的肩上)。上文已经分析,如此处理如何会弱化"躬"的"身"之意向,因而,造成与经文的主题意涵不相一致的问题。"允执其中"被处理成:Hold faithfully to the middle [zhong] [, to rightness and that perfect balance](忠实坚持着中,[即正义和那完美的平衡])。显而易见,这是在以释义之法,通过解释并添加说明,来重构"中"的意涵。一般而论,在相应的表达方法在目的语之中尚且没有定名的情况下,是可以用这种方法来处理的。不过,若是二帝传位之"心法"还没有进入英文之中,是否儒家很多观念,也并没有进入其中?大而化之,中华文化的基本表达方式也并没有为英文所接受?而这意味着,在很多地方,我们都需要如此解释?

因而,我们认为,或许只有通过杜撰之法,在英文之中重构儒家观念,以期能使之以适宜的方式和手段在其中得到接受。否则,中华文化的基本思想仍然会像过去一样,被阻隔在异化或解释的坚实墙壁之外。

不过,要想真正"忠实"于经文,一个重要的要求是,需要适宜的系统化处理,而不是像此译这样,只是在一个"中"字上下功夫。"天"因在此译之中仍用 heaven,因而,最后一句之中的 blessing,就会让读者觉得,那是在歌颂上帝(Heaven 的一个意向)的丰功伟绩。因为,blessing 一词英语之中的意思是:God's help and protection, or a prayer asking for this,一般译为"祝福、好事、上帝的恩宠、祝颂"等。二词用在同一语境,也就意味着,"圣王"须依"上帝"之赏赐而努

---

① Annping Chin, *The Analects of Confucius*, Beijing: China Publishing House, 2019, pp. 389 – 390.

② 许慎:《说文解字校订本》,班吉庆、王剑、王华宝(点校),凤凰出版社 2004 年版,第 87 页。

力，否则，"祝福"和"恩惠"（blessings）就会被收回，最终造成一切归于结束。反过来再看此句的译文：If all within the four seas find themselves in a dire condition, Heaven will withdraw its blessings（如果四海之内所有的人其本身都处于可怕的境况，天就将收回它的恩赐之福）。那么，这是在说，"四海困穷"，就是因为"天收回成命"。因而，经文之中的"四海困穷，天禄永终"，既不是说尧训诫舜要体恤"四海的困穷"，勇挑重担，认真履行自己的责任，如此，"天禄"才会"持久"或"长久"；也不是说，尧提示舜，一旦"四海困穷"，上天就要收回它的"赏赐"（天禄），永远终止对舜的眷顾。相反，依此译，经文是在说，上帝不再赐福，所以，四海才会困穷；因而，四海要想不再困穷，就必须继续祈求上帝赐福。如此，"四海困穷"这一严重的困境是否走出，也就不是人为所能解决的，而是要靠一个"超越者"的力量。而且，这一超越者对准的并不是"圣王"之类的人，而是"四海之内所有的人"（all within the four seas）。那么，"圣王"也就无所谓责任、义务，甚至无所谓"仁人之心"。如此，在此译之中，"圣王"也就可能成为旁观者：似乎只是在冷眼看待"四海困穷"之起是否因"Heaven 动怒"而不再"眷顾"。经文之中的"天禄永终"自有特定对象，若是"四海之内所有的人"都可得到这样的"恩惠"，那一定是不可思议的。也就是说，在一个以"德性"为号召的社会之中，"美德"最能影响世人的那些人，才可能得到上天的"赐福"和"眷顾"，其余人等，"闵予小子"（《诗经·周颂·闵予小子》）[1] 或 "庶民小子"（《诗经·大雅·仰》）[2]，如何可能？

　　因而，将"天禄永终"译为"天就将收回它的赐福"，其中所含有的"平等"思想（上帝面前人人平等），并不是经文之中原有的。恰恰

---

[1] 毛亨（传）、郑玄（笺）、孔颖达（疏）：《毛诗正义》（李学勤主编，《十三经注疏》之三），北京大学出版社1999年版，第1343页。

[2] 毛亨（传）、郑玄（笺）、孔颖达（疏）：《毛诗正义》（李学勤主编，《十三经注疏》之三），北京大学出版社1999年版，第1168页。

第二章　二帝授命之"心法"的语内释解及其跨文化传译的"中道之法"

相反,那显然是一种基督教的观念。如果说,真正想要忠实于经文,那就有必要在这里找到下手处,以便有所扭转。不然的话,从理雅各到金安平,历史并没有发生变化,《论语》圣王的"心思"何曾传递出其真正的消息?

译文 32. Yao said: Attend! you Shun, heaven's calendar [sun under grain under cover] has now pulsed through in its count to take root in your personal strength, hang on to what it is all about, hand and foot (biceps and legs) if within the four seas there be dearth and exhaustion, the defining light of heaven [L. heaven's revenue] will come to perpetual end. / Shun gave the same sealed order to Yü. (T'ang, as in the Shu IV, iii, 3.) ①

"咨"在此译之中的对应词是 attend,他例未见运用。此词一般的意思是"出席、致力于"[be present at (meetings, church services, university), etc; take charge of or deal with] 等;此处用的意思是 give heed (to)(请注意)。莎士比亚戏剧之中有以下例子:《哈姆雷特》4.5:Attend! / Where are my Switzers? (听! 我的瑞士士兵呢?);《亨利八世》1.1:Attend(请听我说)②。因而,此词用在此处是适宜的。"天之历数"正文释为 heaven's calendar "天历",再加括号解之为 sun under grain under cover(隐蔽的谷物下的太阳),应是对"历"字字形做出的解释。字源学字典解释,此字"本义为巡视田禾"③;"甲骨文的'历'字,上部是双木构成的'林'字,下部是一个脚趾之形。两形会意,表示穿越树林而行。金文的'历'字变两'木'为'禾',上部加翻转符号'厂',表示穿越禾田时,禾谷被踩倒后形成的路径,以此表示超越、通过之义。"④《说文》解释:"历,过也。从止,历声。"⑤ 此译所

---

① Ezra Pound, *The Great Digest*; *The Unwoblling Pivot*; *The Analects*, London:New Directions Publishing Corporation, 1969, p. 286.
② 刘炳善:《英汉双解莎士比亚大词典》,河南人民出版社 2002 年版,第 61 页。
③ 谷衍奎:《汉字源流字典》,华夏出版社 2003 年版,第 50 页。
④ 唐汉:《图说字源》,红旗出版社 2015 年版,第 371 页。
⑤ 许慎:《说文解字校订本》,班吉庆、王剑、王华宝(点校),凤凰出版社 2004 年版,第 44 页。

用，乃"历"字自其金文形体而来的意义。如此，"天历"也就和"禾苗下的太阳"联系起来，画面不可谓不生动。进而，此译将"天之历数在尔躬，允执其中"释解为：heaven's calendar [sun under grain under cover] has now pulsed through in its count to take root in your personal strength（太阳之历 [隐蔽的谷物下的太阳] 现在已以其计算有节奏地跳动过去，进而在你个人的力量之中扎下根）。可以认为，此译说的是，体现"天"的"太阳"，与人（这里应是舜帝）的生命节奏的趋合。因为，译者用 pulse（expand and contract rhythmically；beat rhythmically 节律运动；脉跳）。"太阳之历"是以如此"脉动"的方式，按照它的计数（count），在"人的力量"之中"扎根"的。这便进一步凸显出译文的生动性。

"允执其中"则译为：hang on to what it is all about, hand and foot（biceps and legs）①［紧紧抓住有关它的一切不放吧，手脚（腿臂）并用］。显而易见，译者将"中"释为"天之历数"之"中"。这样，此译也就给人以"抓住王位不肯放手"的印象。如上所述，这样的解释是很难说得通的。尽管很是形象，但理解路线不正确，越是形象，便越是显得笨拙，比如说，为什么要"手脚（腿臂）并用"？

至于"四海困穷，天禄永终"，此译是以否定性的意向来迻译的：if within the four seas there be dearth and exhaustion, the defining light of heaven [L. heaven's revenue] will come to perpetual end（如果在四海之内出现匮乏和枯竭，天之起决定性作用的光芒［直译：天的收益］就将走向永久的终止）。"天禄"译为"天之起决定性作用的光芒"，的确是色彩浪漫，但与经文并不照应。

译文 33. Yao said, "Ah, Shun, the heavenly succession has fallen on you. Hold firm to the center. If the whole realm falls into dire straits, the heav-

---

① 所据版本这里不甚清晰，但 if 前断句：此词前应有逗号，比较合适，这里暂如此理解。

第二章　二帝授命之"心法"的语内释解及其跨文化传译的"中道之法"

enly stipend will disappear forever." Shun similarly instructed Yu.①

译文 34. Yao said,"Oh! you, Shun, the heavenly order of succession now rest in your own person. Faithfully hold fast the golden mean. If there shall be distress and want within the four seas, your heavenly gift will pass forever." / Shun also said the same words in giving his charge to Yu.②

因此二译之中的问题前文多已讨论，可将之置于一处略加说明。紧要处，"允执其中"，译文 33 译为 Hold firm to the center（坚执中心）；译文 34 译作 Faithfully hold fast the golden mean（忠诚地执守中道）。前者或将"中心"与"天的继任［安排］"联系起来，因而不通；后者是亚里士多德的用语，一样不可取。"天禄"，译文 33 用 the heavenly stipend（a sum of money allotted on a regular basis; usually for some specific purpose）（［尤指牧师的］薪俸）（天［赐］的俸禄），译文 34 则以 heavenly gift（天的礼物）出之。对"四海困穷，天禄永终"，二者都传译的是负面之意。

第三节　"执中"之"中"导向下的译解

从上引译例的分析可知，诸译之所以出现这样或那样的问题，一个关键的原因是，汉译未能明确"极高明"之意。可以认为，译者并没有沿循"中庸之道"传译经文的意向，英译更甚。两种类型译文的译者，似乎全无依照儒家思想"正轨"迻译经文的意识。而英译尽管跨出文化边界，却大多一味地在目的语之中直接选用现成的表达方式，所以每况愈下。正因为有关用词要么是现成的词语，如"天"的译文 heaven——其中所含有的既定观念，往往是经文之中所不可能具有的；要么，加以释义，如庞德所译的 heaven's calendar［sun under grain under

---

① A. Charles Muller, *The Analects of Confucius*（http://www.acmuller.net/con-dao/analects.html）.
② Pan Fuen and Wen Shaoxia, *The Analects of Confucius*, Jinan: QiLu Press, 1993, p.241.

cover]，却并不能传译经文意义，因为理解不到位，故而并不相应。这样，从抽象角度视之，英译有同化倾向；而就具象来看，则表现出散漫而不照应的趋势。合而观之，"不忠实"也就成了共同的问题。

应该再次强调，译者很少关注，如何从儒家思想之正轨着眼，所以，出现方向性问题。相反，若是把握好"中庸之道"，有关问题是可以得到相应的解决的。清时宋翔凤提出：

> 子曰："中庸之为德也，其至矣乎！民鲜久矣。"此孔子之微言也。尧曰："咨！尔舜！天之历数在尔躬，允执其中。四海困穷，天禄永终。"此尧之中庸也。由是受命有天下者，皆有中庸之道。故《礼·中庸》记曰："尧其大知也与！舜好问而好察迩言，执其两端，用其中于民。"《孟子》《孟子·离娄下》曰："汤执中，立贤无方不拘一格。"《洪范》曰："五、皇极。皇建其有极。"传曰："皇，大；极，中也。"凡此皆言中庸之德也。庸者，用也；能用中者，斯谓中庸。盖学问不出于中，则邪僻隐怪而不可用以为教；政法不出于中，则阻碍滞碍而不可用为治。是中庸知为德，乃自古圣王相传之大法而莫之可改，此其所以为至也。文、武既远，思理绝续，五德之运，将归素王，故孔子叹为民鲜久矣，而己当应其时也。故《尧曰》一篇，叙尧、舜、禹、汤及周，而继之以子张问从政，言"尊五美，屏四恶"，皆本执中之义而用之。复继之曰"不知名，无以为君子"。命者，天命。知天命之所与而受之，见素王之成功，遂发之于此，则孔子受命之事显然可知矣。[……]①

宋翔凤的解释的重心是：夫子作为"素王"，可继尧、舜、禹、汤、武王的"道统"之"大任"。因而，尽管他并没有土地、人民以及权力，但只要人类还能承载，这样的存在还需要文化和历史，他的崇高地位就

---

① 宋翔凤：《论语说义》，杨希（校注），华夏出版社2018年版，第217页。

第二章　二帝授命之"心法"的语内释解及其跨文化传译的"中道之法"

不可忽视。《淮南子·主术训》："孔子之通，智过于苌宏，勇服于孟贲[……]然而勇力不闻，伎巧不知，专行教道，以成素王。"① 王充《论衡·定贤》："孔子不王，素王之业在于《春秋》。"② 夫子的事业是一种文化事业。因而，我们可以理解"素王"之说乃是一种信念甚或信仰：在黑暗的时代，这样的信条有如一盏明灯，给人带来希望。

不过，在我们看来，若是仅止于对经文有关内涵的讨论，则可认为，夫子之所以具有如此无可比拟的崇高地位，就是因为，他以超前的洞见，把握到了宇宙最为可贵的真理。这便是，人如何以一己之心去体贴天道之心，而最终形成遍布天下、广博人间的仁爱之心。儒家将对这一最高原理的把握称为"执中"。之所以如此，是由人的存在论决定的。如牟宗三所指出的，述中国思想史必引的名句"民受天地之中以生，所谓命也"（《左传·成公十三年》）③，可以说明儒家的最高原理。牟宗三解释："'中'即天地之道，'命'不是命运之命，而是天命之命。天既然降命而成为人的性，形成人的光明本体，但是单有本体不足恃，仍须依赖后天的修养功夫，否则天命不能定住。"④ 也就是说，"天"赐予人以"中"，因而，人始终处于如此"天地之中"，那么，人必须"修养自身"才可不负天之所赐。而这意味着，人必始终以其心趋向天心，也就是真正成就人心天心合一之势。这种取向即为"执中"。

因而，宋翔凤的解释，可能漏掉了最为重要的一个关键：人心与天心相合所形成的那种"大心"，也就是前文所说的"仁爱之心"。相反，若是像他所说，"素王"就是夫子的追求，那么，会不会像上引某些译文一般，认定"执着于历数"或"紧紧抓住王位"，也就等于是"执

---

① 高诱（注）：《淮南子》（《诸子集成》第七册），中华书局1954年版，第149—150页。
② 引自王充《论衡译注》，袁华忠、方家常（译注），贵州人民出版社1993年版，第1705页。
③ 左丘明（传）、杜预（注）、孔颖达（正义）：《春秋左传正义》（李学勤主编，《十三经注疏》之七），北京大学出版社1999年版，第755页。
④ 牟宗三：《中国哲学的特质》，上海古籍出版社1997年版，第24页。

中",那岂不是说夫子一生"何为是栖栖者与"(《论语·宪问》)①,是"别有用心"或居心叵测的?因为,人若只是盯着现实之中的一切,而不计理想,何来高远的追求,因而,又何以说明夫子的哲思是值得关注和礼敬的?若是夫子并没有超越现实的伟大的理想,又如何能说明,他宗教般的信念对于中华文化具有历史性的影响力和特定的规约、规范和引领作用?可以说,若不能止步于"中",而不思其所指,便很难说明,"中"到底是什么意思。因此,或只有回到熊十力的解释,"以心释中",才可能为"中"定调。

那么,如此解之,有关经文的汉译也便应出新:

译文 35. 尧[在禅让其位时]说道:"来吧,你舜啊!上天所定的运数已降你身,你需[以一己之心敬奉上天之心以求]持守天之为中之道。怜恤四海可能之困穷,天所赐之福禄才会久长。"舜[逊位时]也对禹如是说。

译文 36. Yao [, when he ceded his throne] said, "Attend, you Shun! The line of succession that *Tian* (天) determines has fallen on your person. And so, you are to abide sincerely by the Middle and Right Way of *Tian* [with your own heart sticking respectively to that of the latter]. With heartened concerns given to the poverty and distress [possibly arising] within the four seas, what *Tian* will give as benefits and favors will last forever." Shun [, when abdicating the throne,] exhorted Yu in the same manner.

要说明的是,在关键点上,新译追求的是"极高明",即通过将事情推向其"极"的方式,来进行传译。"允执其中"之意,这里是通过"人心"、"天心"以及"仁心"三者的关系,来解释并传译的。的确,"执中"也就意味着,"人心与天心"所形成的"道心",亦即为"仁心"或曰"仁人之心"所体现出的"中"。而如此之"中"正是"民受天地之中以生"之"中"的回归和升华。因为,人以一己之心去体

---

① 何晏(注)、邢昺(疏):《论语注疏》(李学勤主编,《十三经注疏》之十),北京大学出版社 1999 年版,第 198 页。

第二章 二帝授命之"心法"的语内释解及其跨文化传译的"中道之法"

贴天地人生的至大不易之理,最终的结果必然是,回到原初的状态,体现原始的情调。不断追求、不断回归,必得自我修养的丰厚收获。这一取向的努力,便都是导向理想的人生存在。那么,人所要把握的,便不是什么高位,而是如此"执中而在"的精神命脉,亦即为维系人生的根本力量之所在。

还应指出,如论者所说,"性命天道相贯通也是中国哲学的中心观念,是了解儒家思想具有哲学与宗教双重意义的枢纽观念"[①],因而,这里的"允执其中"恰恰解释了,为什么"中"会成为对儒家如此重要或者说至关重要的观念:作为"道统"之所系,它的要义何在。

因此,"极高明"的办法,是要突出,如何以"三合一"的方式,将中庸之理运用于汉译和跨文化的英译之中。首先,如前文所不断强调的,我们在思想导向上最为关注的就是中庸之道,认为"四海困穷,天禄永终"之义,亦需依之传译;因而,应恢复其汉魏以前的意向,即肯定的、积极的:尧帝对舜帝要说的就是,一定要怜恤人民的疾苦,不能忘怀世间可能的困难和不幸,如此天赐的福禄就会长期延续或长久存在。告诫可解为督促、提醒和警示。因而,相反的意思已包含其中:若不能怜惜世人可能的困窘,也就无法保持天赐之久长,王位必遭夺、天赐恩惠必终止。如此,正面的意义的转译,隐含着反面的意义的在场,便可确保正反两面的合一,因而,也一样是一种"极高明"的整合,或者说,"(三)合一"。其次,如上文所述,对"允执其中"的传译,也一样关注的是,如何突出这样的"合一":唯"人心"的"中心"是赖,进而,依之趋向"天心",最终意图实现"仁心"的理想。这也是一种"三合一",且显现为一种过程:"执中之道",正乃理想的追求,而不是静态的"结构"。添加括号,是为了进一步说明,此亦为释义。但与上引诸译例不同,这里基本上不希望通过对应词的选用来体现中庸之理,而是期待凭借着重构表达再现"中庸"的实质指向究竟是什么。

---

① 罗义俊:《儒学与儒教——读牟宗三先生〈中国哲学的特质〉》,见牟宗三:《中国哲学的特质》(附录),上海古籍出版社1997年版,第116页。

第三章 "五美"之"求仁而得仁"与使"事物回归自身"之译

第一节 "惠而不费"的释解导向及其三层意蕴

往往是关键之处的经文的理解，因对"极高明而道中庸"毫无意识而不能落实于译文，因而，弱化或偏离成为普遍趋势。"五美"的疏解亦是这方面的显例。传统疏解如此，今译如是，跨文化英译亦如此。

"五美"是夫子对子张所问"何如斯可以从政矣"的回答。夫子指出"尊五美，屏四恶，斯可以从政矣"：

> 子张曰："何谓五美？"子曰："君子惠而不费，劳而不怨，欲而不贪，泰而不骄，威而不猛。"子张曰："何谓惠而不费？"子曰："因民之所利而利之，斯不亦惠而不费乎？择可劳而劳之，又谁怨？欲仁而得仁，又焉贪？君子无众寡，无小大，无敢慢，斯不亦泰而不骄乎？君子正其衣冠，尊其瞻视，俨然人望而畏之，斯不亦威而不猛乎？"（《论语·尧曰》）[1]

这段经文的注疏的问题，可从邢昺的正义之中见出端倪：

---

[1] 何晏（注）、邢昺（疏）：《论语注疏》（李学勤主编，《十三经注疏》之十），北京大学出版社1999年版，第269页。

第三章 "五美"之"求仁而得仁"与使"事物回归自身"之译

子曰:"因民之所利而利之,斯不亦惠而不费乎"者,此孔子为说其惠而不费之一美也。民居五土,所利不同。山者利其禽兽,渚者利其鱼盐,中原利其五谷。人君因其所利,使各居其所安,不易其利,则是惠爱利民在政,且不费于财也。"择可劳而劳之,且谁怨"者,孔子知子张未能尽达,故既答惠而不费,不须其问,即为陈其余者。此说劳而不怨者也。择可劳而劳之,谓使民以时,则又谁怨恨哉!"欲仁而得仁,又焉贪",此说欲而不贪也。言常人之欲,失在贪财。我则欲仁,而仁斯至矣,又安得为贪乎?"君子无众寡,无小大,无敢慢,斯不亦泰而不骄乎"者,此说泰而不骄也。常人之情,敬众大而慢寡小。君子则不以寡小而慢之也,此不亦是君子安泰而不骄慢乎?"君子正其衣冠,尊其瞻视,俨然人望而畏之,斯不亦威而不猛乎"者,此说威而不猛也。言君子常正其衣冠,尊重其瞻视,端居俨然,人则望而畏之,斯不亦虽有威严而不猛厉者乎?[①]

很明显,其释解的导向是:按照字义来铺陈,而不太关注"义理",因而,字面意义似乎成了解释的依据。

实际上,在"五美"之中,不妨先来看,"惠而不费"和"因民之所利而利之,斯不亦惠而不费乎"的注疏,便会明白,若脱开"中庸"之理,可能在理解上造成什么样的问题。何晏引王肃曰:"利民在政,无费于财。"[②] 邢昺疏:"'因民之所利而利之,斯不亦惠而不费乎'者,此孔子为说其惠而不费之一美也。民居五土,所利不同。山者利其禽兽,渚者利其鱼盐,中原利其五谷。人君因其所利,使各居其所安,不

[①] 何晏(注)、邢昺(疏):《论语注疏》(李学勤主编,《十三经注疏》之十),北京大学出版社1999年版,第269—270页。
[②] 何晏(注)、邢昺(疏):《论语注疏》(李学勤主编,《十三经注疏》之十),北京大学出版社1999年版,第269—270页。

易其利，则是惠爱利民在政，且不费于财也。"①

邢昺疏的主要意思是说，人民依"五土"②，即山林、川泽、丘陵、水边平地、低洼地而居，而得山川之利，因而，"所利不同"，也就是，他们所居的"地利"是彼此不同的；这里的"地利"指的是，人民所能利用的条件不相一致。因而，执政者有必要"因势利导"，而充分发挥其"地利"的优势，如此，便可"不费于财也"。但是，这一解释，只是在突出人民因其所居而得之所"利"，也就是，全然是在突出其物质条件的便利之"利"，而不及其他。此疏当然是对王肃之注的进一步解释。王肃从"政"的角度解释"惠而不费"。其注可理解为：执政者应以适宜的政策来利民，因后者之所利不同，所以就有必要依照其不同的利益，制定不同的政策，付诸实施。如此惠民利民，才可做到"不费财也"。如此解释，邢昺之疏或与之相符。不过，若是以《论语》之中夫子对"政"的解释来释义，情况可能就不同了。夫子强调："政者，正也。子帅以正，孰敢不正？"（《颜渊》）③又云："先之，劳之"，且突出"无倦"（《子路》）④。如此"以德治国"的观念，重在"德性"的培养，要显现的效果是"君子之德风，小人之德草。草上之风，必偃"（《颜渊》）⑤，而不一定是通过后世所说的行政手段或措施，来"利民"。易言之，在夫子那里，所谓"政"，首先是"人身之正"，最为重要的还是，如何确保人的内在之力的修养和强大，而不是"物质上的恩惠和利益"。因而，"利民在政，无费于财"主要说的是，执政者如何通过提升自身的"德性的修炼"来感染民众，如此"因德而惠"

---

① 何晏（注）、邢昺（疏）：《论语注疏》（李学勤主编，《十三经注疏》之十），北京大学出版社1999年版，第269—270页。
② 《孔子家语·相鲁》："于是定公二年以为司空，乃别五土之性，而物各得其所生之宜，咸得厥所。"（《孔子家语》，杨朝明（注说），河南大学出版社2008年版，第81页。）
③ 何晏（注）、邢昺（疏）：《论语注疏》（李学勤主编，《十三经注疏》之十），北京大学出版社1999年版，第166页。
④ 何晏（注）、邢昺（疏）：《论语注疏》（李学勤主编，《十三经注疏》之十），北京大学出版社1999年版，第170页。
⑤ 何晏（注）、邢昺（疏）：《论语注疏》（李学勤主编，《十三经注疏》之十），北京大学出版社1999年版，第166页。

第三章 "五美"之"求仁而得仁"与使"事物回归自身"之译

自然无所谓"费财",或者说,如此的"德惠"突出的是精神上的"惠",也就是"有德者"所可能带来的潜移默化的影响,并不局限于"费财"意义上的"惠",否则就可能指的是"恩惠",而后者的"赐予"当是对"受恩者"的能力的贬低或轻视。

因而,就王肃之注来看,至少夫子所说的"惠而不费"精神层面的意涵,传统注疏未及揭示?故而,"因民之所利而利之"之解,也就仅仅止步于人们所居之山川之"地利",而不及"心性培养"之"德惠之利"。若是对准精神层面,则夫子此语的意思应该是,"依人民之〔生存最大之〕利而行对之有利的事情",而这里的"添加"的"生存最大",其意向便是,人活下去的最大"利益"便是人生的"价值和意义",而不是或并不局限于物质收益。

还应注意,如何从儒家"义利之辨"的角度来解"惠而不费"之意。孟子强调:"王何必曰利,亦有仁义而已矣","王亦曰仁义而已矣,何必曰利!"(《孟子·梁惠王上》)[1] 在儒家看来,"义先利后",在"义"最大化的前提下,才会讲究"利"。所以,《礼记·礼运》之中强调:"〔圣人〕必知其情,辟于其义,明于其利,达于其患,然后能为之。"[2] 而这正是《礼记·大学》所讲的"民之所好好之,民之所恶恶之"的意思[3]。更应注意的是《礼记·大学》所讲的"仁者以财发身,不仁者以身发财","钱财之惠"是用来"修身养德"的,因而,"长国家而务财用者,必自小人矣","国家不以利为利,以义为利"[4]。如此视之,将"惠"聚焦于"利之施与"者,应是导向上出了问题。

从《论语》别处的论述当中,可以看到"惠"的精神维度的意义。

---

[1] 赵岐(注)、孙奭(疏):《孟子注疏》(李学勤主编,《十三经注疏》之十一),北京大学出版社1999年版,第2—3页。
[2] 郑玄(注)、孔颖达(疏):《礼记正义》(李学勤主编,《十三经注疏》之六),北京大学出版社1999年版,第688页。
[3] 郑玄(注)、孔颖达(疏):《礼记正义》(李学勤主编,《十三经注疏》之六),北京大学出版社1999年版,第1601页。
[4] 郑玄(注)、孔颖达(疏):《礼记正义》(李学勤主编,《十三经注疏》之六),北京大学出版社1999年版,第1603页。

《论语·公冶长》:"子谓子产:'有君子之道四焉:其行己也恭,其事上也敬,其养民也惠,其使民也义。'"①何晏引孔安国注曰:"子产,郑大夫公孙侨。"邢昺正义:"'其养民也惠'者,三也,言爱养于民,振乏赒无以恩惠也。"②《宪问》:"或问子产。子曰:'惠人也。'"③何晏引孔安国曰:"惠,爱也。子产,古之遗爱。"④《左传·昭公二十年》载:"及子产卒,仲尼闻之,出涕曰:'古之遗爱也。'"杜预注云:"子产见爱,有古人之遗风。"⑤

《论语·里仁》:"子曰:'君子怀德,小人怀土;君子怀刑,小人怀惠。'"⑥何晏引包咸注曰:"惠,恩惠。"邢昺疏云:"小人唯利是亲,安于恩惠,是怀惠也。"⑦《论语·阳货》:"子张问仁于孔子。孔子曰:'能行五者于天下,为仁矣。''请问之。'曰:'恭,宽,信,敏,惠。恭则不侮,宽则得众,信则人任焉,敏则有功,惠则足以使人。'"⑧这里的"惠",邢昺亦疏解为"恩惠"⑨。

实际上,对"惠而不费"和"因民之所利而利之"作解,本来就应坚持,物质和精神两方面的"利"的结合,而不是偏执于一个方面;

---

① 何晏(注)、邢昺(疏):《论语注疏》(李学勤主编,《十三经注疏》之十),北京大学出版社1999年版,第62页。

② 何晏(注)、邢昺(疏):《论语注疏》(李学勤主编,《十三经注疏》之十),北京大学出版社1999年版。赒,读为zhōu,意思是:接济、救济;如,赒济、赒急扶困。

③ 何晏(注)、邢昺(疏):《论语注疏》(李学勤主编,《十三经注疏》之十),北京大学出版社1999年版,第186页。

④ 何晏(注)、邢昺(疏):《论语注疏》(李学勤主编,《十三经注疏》之十),北京大学出版社1999年版,第186页。

⑤ 左丘明(传)、杜预(注)、孔颖达(正义):《春秋左传正义》(李学勤主编,《十三经注疏》之七),北京大学出版社1999年版,第1409页。

⑥ 何晏(注)、邢昺(疏):《论语注疏》(李学勤主编,《十三经注疏》之十),北京大学出版社1999年版,第50页。

⑦ 何晏(注)、邢昺(疏):《论语注疏》(李学勤主编,《十三经注疏》之十),北京大学出版社1999年版,第50页。

⑧ 何晏(注)、邢昺(疏):《论语注疏》(李学勤主编,《十三经注疏》之十),北京大学出版社1999年版,第235页。

⑨ 何晏(注)、邢昺(疏):《论语注疏》(李学勤主编,《十三经注疏》之十),北京大学出版社1999年版,第235页。

第三章 "五美"之"求仁而得仁"与使"事物回归自身"之译

如此，才可真正把握其精义。这不就是要求解释者遵照"中庸"之"叩其两端"（《论语·子罕》）①或"执其两端"（《礼记·中庸》）②吗？

注疏者不仅没有"极高明"的意识，甚至缺乏对儒家"虚我"指向上"以民为主"的认识。孟子说："民为贵，社稷次之，君为轻。"（《孟子·尽心下》）③夫子之"惠而不费"也一样有"以民为主"的思想倾向。若是，"惠"有"恩惠在民"之意，无关乎"我"；"不费"并非"我之财物之施与意义上的不耗费"，而应是"人民物质和精神两方面利益或利害指向上的不浪费"。也只有这样，才可说，夫子的"惠而不费"的确是"惠及于民"而"不见消耗"；或者说，"利在万民"，"我"乐观其成，因为"民"无所谓"耗费"而只有"获利"。

但皇侃的注却是："言为政之道，能令民下荷于润惠而我无所耗费。"④ 我们认为，即使这是正确的解释，也只能切中夫子最低层次的"惠民"之意。而这意味着，经文本来就有丰富的含义，不应仅仅局限在一个层面展开解释。还其以复杂，才可见其丰富，如此，解释也才能企及更高层次：

第一，为政者因民之所利而利之，但个人无耗费。如此解释，全然是站在执政者的立场，突出的是其个人的利益。即使这样的执政者想方设法要推动其"利民之策"，最终也可能不过是"一己私利"在发挥作用："我个人"无论如何既然都是"不费"或不用"耗费钱财"，那么，"监观四方，求民之莫"（《诗经·大雅·皇矣》)⑤与"我"何干？既

---

① 何晏（注）、邢昺（疏）：《论语注疏》（李学勤主编，《十三经注疏》之十），北京大学出版社1999年版，第115页。
② 郑玄（注）、孔颖达（疏）：《礼记正义》（李学勤主编，《十三经注疏》之六），北京大学出版社1999年版，第1425页。
③ 赵岐（注）、孙奭（疏）：《孟子注疏》（李学勤主编，《十三经注疏》之十一），北京大学出版社1999年版，第387页。
④ 皇侃：《论语义疏》，高尚榘（校点），中华书局2013年版，第521页。
⑤ 毛亨（传）、郑玄（笺）、孔颖达（疏）：《毛诗正义》（李学勤主编，《十三经注疏》之三），北京大学出版社1999年版，第1018页。

"中庸"视域下《论语·尧曰》跨文化英译方法研究

然民之幸福和痛苦与"我"并不关联,双方利益不相趋合,或并没有接合之处,"我"充其量只是一个"旁观者":一旦"民利"影响到"我"或有损"我"的利益,那就有可能改变"政策"而维护后者。抑或是,一旦"民利"因为"民之所利"受到损失,比如天灾人祸的发生,那么,"我之不费"还有可能吗?若是有关事件影响过大,"我"身为旁观者是否要加以回避,还是要"有所费"。故而,此解站在执政者的立场,几乎无论精神和物质的投入,一旦出现危机或突发事件,最终一定会形成夫子在本篇上一章所说的"有司之吝":"犹之与人也,出纳之吝谓之有司。"① 也就是说,本来该"给与的"、"施与的"或曰"出手援助的",却还是坚持依照心目中或者是在政策容许、许可的范围之内行事,照章办理,难免吞吞吐吐、犹豫不决,做过也会"后悔莫及"。前一章夫子刚刚批判的,在诸家的释解之中,重新出现,成为"惠而不费"之"我不费"而"民得惠"的导向。

第二,以民为主,但"我"并非"不费",而只是"费"之"不过"或"得宜"。"因民之所利而利之",使之得天地之宜;与此同时,"我"身为执政者,即令有所助益,也只是对个人的利益并不"耗费",或者说,即使"耗费",也不过是"不太耗费"。如此,"得宜"也便是"我"行事的规矩:对人有利之事固然可贵,但是在"我不太耗费"的前提下才是可行的。因而,"可行"的条件不是"可贵",而是"我的利益"。这样,很明显,"惠而不费"之"费"若指的是执政者的"不费"或"费",有关解释便仍然是站在后者的立场上说话,出发点是设在执政者这里,而真正的"利"只是以是否影响执政者为前提,因而,此解首先关注的是:执政者本身的"利",而不是万民之"利"是否真正实现。不过,与上一层面的解释相比,这一解释的优胜之处在于,执政者尚且能容忍自己略有贡献,或者有为人"谋利"而不怕自己有所损失的心态。不过,"可贵"仍置于"可行"之下,因为,"可行"仍

---

① 何晏(注)、邢昺(疏):《论语注疏》(李学勤主编,《十三经注疏》之十),北京大学出版社1999年版,第269页。

第三章 "五美"之"求仁而得仁"与使"事物回归自身"之译

是以"一己之利"的损失的多寡为前提的。如果损失过大,执政者当然不至于"惠而不费",由于是站在执政者立场上讲话,因此,"不费"根本上也就不能成立了。

第三,执政者放弃自己的利益,以其真正的"惠民"之意服务于民,而不惜"不费",也就是对"费与不费"采取无所谓的态度。这,当然是近乎不可能的政治理想。不过,那样的话,儒家的"虚我"在执政者这里却可真正得到体现:心目中只有他人,并没有自己,自然也就无所谓"一己之私利意义上的费与不费"。凡是能"惠民"的,都是可行的,也都是可贵的。如此,可贵与可行合二为一,精神上的追求压倒了物质索取之"利",执政者如此可成圣人。《论语·雍也》所记子贡与夫子的对话,很能说明,如此"无私奉献"的要义:

> 子贡曰:"如有博施于民而能济众,何如?可谓仁乎?"子曰:"何事于仁!必也圣乎?尧舜其犹病诸!夫仁者,己欲立而立人,己欲达而达人。能近取譬,可谓仁之方也已。"[1]

邢昺引孔安国曰:"君能广施恩惠,济民于患难,尧舜至圣,犹病其难。"[2] 之所以如此,是因为"人的无私"只有以"无我"为条件,才可能投入他人的生命之中,去体贴天地之大爱。因而,夫子强调"己欲立而立人,己欲达而达人",乃"近取譬",可称为"仁之方":"仁爱之心"依之可得体现和验证。

因而,只有投身于他人之生命之中的人,才可能真正做到放弃自己的"利益"或不再以一己之私为立场,在这里的确已近乎消解了物质的力量的纠缠,或者说,是在"民众"物质利益最大化的基础上,走

---

[1] 何晏(注)、邢昺(疏):《论语注疏》(李学勤主编,《十三经注疏》之十),北京大学出版社1999年版,第83页。
[2] 何晏(注)、邢昺(疏):《论语注疏》(李学勤主编,《十三经注疏》之十),北京大学出版社1999年版,第83页。

向自身精神利益的无限强化。也就是说，"博施广济"有了可能，就可趋向圣贤，企及人生理想境界。

那么，这三个层次，一是"守护一己之利并以之为利"，实则并无"民利民惠"之求；二是"顺应一己之利而以之为利"，但可适宜地"惠及于民"；三是"以利本身为利"，也就是，以民众之利为利，一切作为围绕着民众之利展开，所有措施以民众的利益为中心，所谓"仁爱广施"也就不仅是止于"让利与民"，而是将民众之利置于一切之上，并以之为执政导向。

实际上，若是我们肯提取"因民之所利而利之"的精华，则其中所蕴含的，已经能够支撑上述三个层次的意义："因民之所利而利之" = "因利而利之" = "利而利之" = "利利"。

依"仁爱之广大"之意，广而施之，"我"对所有的人，当然都应该是，"因其所利而利之"，所以"民"字可首先去掉，以显现此"利"之普遍化可能。故而，第一个层面，此语可解为"因利而利之"。再进一步，既然"利"是对一切人"发利"，或者说，是"希望或让一切人获利"；那么，这意味着，若局限于人，这是不可能的。易言之，只有再放开一步，将"获利"的对象设置或设定在所有存在者那里，才可说，"大爱无疆"而"普适万有"。故而，此一层次，应为"利而利之"，也就是，应该"得利获利"的，"我"必尽一己之力促成，使之达到目的。如此，在"我"这里，以"我"的眼光视之，这样才能做到真正的"利之益之"。不过，既然这是依照"我"的判断和体会，那么，视角有限，"普施恩惠"便可能局限为"个人的事情"，或不能成为"普天下"的共同追求。因而，需要进一步提升层次，而最终达到"利利"之境。"利利"的意思是，"以利本身为利"，"无我无他"，而只有关心他人且关怀系之于他人的那种"无私"。如此，这已经不是"利他"的问题了，而是全社会在"利他"的基础上的"仁爱普适"精神的显现。

那么，这里所说的第一层次重在守护"利"，第二层次有放开"利"之意，第三层次则是广施"利"。这样分析，则夫子的"惠而不

第三章 "五美"之"求仁而得仁"与使"事物回归自身"之译

费"决不是局限于物质利益,当然也不会止步于"博施"的物质层面的意义,而是更多地体现为"仁爱作为一种利"的"人间的施与"。当然,这也只有在"人人为尧舜"的前提下,才有可能如此的"无私的施与"。不过,既然"人皆可以为尧舜"(《孟子·告子下》)[1],善根在焉,又如何不去追求,不能实现?无论如何,既然"仁爱"作为"心源",人人具足,那么,"惠而不费"之意,当然也就不能止于物质上的奉献,而是更多地体现为精神上的追求导向上的那种"献身"甚或"献祭(于民)"。依夫子解释,"出门如见大宾,使民如承大祭"(《论语·颜渊》)[2],是"行仁"的要求,如此庄严而又恭敬,何至于思虑自身之"利"而不及万民之"惠"?又何以不普适广施?如果低估这方面的意涵,而将儒家的理想置于物质层面,或者说,将之固化在"物质利益的施与"上,其"利之为利"之解释便是行不通的。

在守、放之间,在超越了守、放之后,我们才可能见到"利向着自身回归的那种利",也就是我们所说的"利利"。而如此的自我回复,正是儒家所说的"自反"的体现。

第二节 不依"中道"的今译的问题

我们不妨沿着这一思路,看看现代汉语译文可能存在的问题,同时也相应地讨论其他"四美"的译解。

译文1. 子张道:"五种美德是些什么?" / 孔子道:"君子给人民以好处,而自己却无所耗费;劳动百姓,百姓却不怨恨;自己欲仁欲义,却不能叫做贪;安泰矜持却不骄傲;威严却不凶猛。" / 子张道:"给人民以好处,自己却无所耗费,这应该怎么讲呢?" / 孔子道:"就着人民

---

[1] 赵岐(注)、孙奭(疏):《孟子注疏》(李学勤主编,《十三经注疏》之十一),北京大学出版社1999年版,第321页。

[2] 何晏(注)、邢昺(疏):《论语注疏》(李学勤主编,《十三经注疏》之十),北京大学出版社1999年版,第158页。

能得到的利益之处因而使他们有利，这不也是给人民以好处而自己却无所耗费吗？选择可以劳动的［时间、情况和人民］再去劳动他们，又有谁来怨恨呢？自己需要仁德便得到了仁德，又贪求什么呢？无论人多人少，无论势力大小，君子却不敢怠慢他们，这不也是安泰矜持却不骄傲吗？君子衣冠整齐，目不斜视，庄严地使人望而有所畏惧，这不也是威严却不凶猛吗？"①

　　上文已讨论过"惠而不费"和"因民之所利而利之"的解释。值得再次强调的是，经文的多义性是不能通过"降格"或曰"降低层次"来处理的。因为，一旦触及底部，进而紧紧依附于此，解释得不到提升，就会距离"极高明"的要求越来越远。只有在高层次上着手，才可能拉开解释的层次，以此扩展空间，将各个层次的意义引入译文中。这一道理或原理看似简单，但并不容易达到要求，因为需要既定的哲学思想作为支撑。因而，也正是在这里，在最需要突出儒家思想导向的地方，我们发现有关译解往往是在低层次上游走，甚至是止步于此，而不思提升，最终的结果必然是不能及于经文的意向，甚至恰恰相反，导致思想的平庸化和常识化：让人难以体会到经文以其丰富的意涵所可能带来的回味的隽永，反倒是在一开始就斩断了多义性的营造的可能。而之所以如此，也就是因为，译解始终是漂浮在字面意义上，只及其表，而难入其内。

　　且说此译对"劳而不怨"以及夫子的解释"择其可劳而劳之，又谁怨"的处理："劳动百姓，百姓却不怨恨"，"选择可以劳动的［时间、情况和人民］再去劳动他们，又有谁来怨恨呢"。"怨"，《论语·里仁》"子曰：'放于利而行，多怨'"，何晏引孔安国曰"放，依也。每事依利而行，取怨之道"②；邢昺疏："言人每事依于财利而行，则是取怨之道也，故多为人所怨恨也"③；同篇载夫子之语"事父母几谏，

---

① 杨伯峻：《论语译注》，中华书局1980年版，第210—211页。
② 何晏（注）、邢昺（疏）：《论语注疏》（李学勤主编，《十三经注疏》之十），北京大学出版社1999年版，第50—51页。
③ 何晏（注）、邢昺（疏）：《论语注疏》（李学勤主编，《十三经注疏》之十），北京大学出版社1999年版，第51页。

第三章 "五美"之"求仁而得仁"与使"事物回归自身"之译

见志不从,又敬不违,劳而不怨",邢昺疏:"'劳而不怨'者,父母使己以劳辱之事,己当尽力服其勤,不得怨父母也"①;《公冶长》:"伯夷、叔齐不念旧恶,怨是用希",邢昺正义:"此章美伯夷、叔齐二人之行。不念旧时之恶而欲报复,故希为人所怨恨也"②;同篇"匿怨而友其人",何晏引孔安国曰:"心内相怨而外诈亲"③;《述而》:"求仁而得仁,又何怨",何晏引孔安国曰:"以让为仁,岂有怨乎";邢昺疏:"此孔子答言不怨也"④;《颜渊》:"在邦无怨,在家无怨",邢昺疏:"言既敬且怨,若在邦为诸侯必无人怨,在家为卿大夫亦无怨也"⑤;《宪问》载宪问请教夫子的问题"克、伐、怨、欲不行焉,可以为仁矣?",何晏引马融曰:"忌小怨",邢昺正义引《左传·僖公九年》:"忌则多怨"⑥;同篇又有"没则无怨言"及"贫而无怨难",对前者,邢昺疏:"至于终年亦无怨言";后者,其疏为:"言人贫乏,多所怨恨,而无怨为难"⑦;同篇还记"以德报怨"和"以直报怨",其中的"怨",邢昺疏解为"仇怨"⑧;"不怨天,不尤人"之"怨",何晏引马融和孔安国以及邢昺之疏等,都是直引而未作解⑨;《卫灵公》收

---

① 何晏(注)、邢昺(疏):《论语注疏》(李学勤主编,《十三经注疏》之十),北京大学出版社 1999 年版,第 52 页。
② 何晏(注)、邢昺(疏):《论语注疏》(李学勤主编,《十三经注疏》之十),北京大学出版社 1999 年版,第 66—67 页。
③ 何晏(注)、邢昺(疏):《论语注疏》(李学勤主编,《十三经注疏》之十),北京大学出版社 1999 年版,第 66—67 页。
④ 何晏(注)、邢昺(疏):《论语注疏》(李学勤主编,《十三经注疏》之十),北京大学出版社 1999 年版,第 90 页。
⑤ 何晏(注)、邢昺(疏):《论语注疏》(李学勤主编,《十三经注疏》之十),北京大学出版社 1999 年版,第 158 页。
⑥ 何晏(注)、邢昺(疏):《论语注疏》(李学勤主编,《十三经注疏》之十),北京大学出版社 1999 年版,第 182 页。
⑦ 何晏(注)、邢昺(疏):《论语注疏》(李学勤主编,《十三经注疏》之十),北京大学出版社 1999 年版,第 187 页。
⑧ 何晏(注)、邢昺(疏):《论语注疏》(李学勤主编,《十三经注疏》之十),北京大学出版社 1999 年版,第 198 页。
⑨ 何晏(注)、邢昺(疏):《论语注疏》(李学勤主编,《十三经注疏》之十),北京大学出版社 1999 年版,第 199 页。

夫子警句"躬自厚而薄责于人,则远怨矣",邢昺正义解"怨"为"怨疚"①;《阳货》之中的名言是"《诗》可以怨",何晏引孔安国曰:"怨刺上政"②;同篇"远之则怨",邢昺疏:"疏远之则好生怨恨"③;《微子》"不使大臣怨乎不以"④,何晏引孔安国曰:"怨不见听用"。

因是站在执政者的立场,以"实我"之"占有"为着眼点进行释义,因而,层次当然不高。不过,这样的释义,的确又是以传统注疏为"依据"的。只可惜,这样的"依据"坚持的是字面意义的解释,而不是义理上的洞见。实际上,无论是"劳而无怨"还是"择其可劳而劳之",因为汉语的灵活表达,都可"配置主语"。也就是说,"劳"的主事者既可是"君",亦能为"民",而"劳而无怨"二语也就是在"君民"之间展开。最低层次的,即为"君使民",而"得其劳";高一层次的当是,"民乐意为君所劳",但这仍然是"君使民",不过是"民因劳而乐而不怨"罢了。最高层次的当是,"君民同劳"而"可劳者劳之"。

传统的注疏,滞留于前两个层次。邢昺疏曰:"择可劳而劳之,谓使民以时,则又谁怨恨哉!"⑤ 如此之疏,仿佛是要说,只要是"君使民关注'时候'";也就是,只要在合适的时间,去"役使"或"劳动"民众,后者就会"不怨恨"。但是,这不正是说,"君子使民"为的是"君"?或者说,"劳"所产生的任何"利",都是为了一个"寡人"?那么,"民不怨"是"不敢怨",还是真的从内心里"不怨",不是昭然若揭了吗?皇侃义疏讲的就是这个意思:"言凡使民之法,各有等差,择其

---

① 何晏(注)、邢昺(疏):《论语注疏》(李学勤主编,《十三经注疏》之十),北京大学出版社1999年版,第213页。
② 何晏(注)、邢昺(疏):《论语注疏》(李学勤主编,《十三经注疏》之十),北京大学出版社1999年版,第237页。
③ 何晏(注)、邢昺(疏):《论语注疏》(李学勤主编,《十三经注疏》之十),北京大学出版社1999年版,第245页。
④ 何晏(注)、邢昺(疏):《论语注疏》(李学勤主编,《十三经注疏》之十),北京大学出版社1999年版,第254页。
⑤ 何晏(注)、邢昺(疏):《论语注疏》(李学勤主编,《十三经注疏》之十),北京大学出版社1999年版,第270页。

第三章 "五美"之"求仁而得仁"与使"事物回归自身"之译

可应劳役者而劳役之,则民各服其劳而不敢怨也。"① 这样,"劳而不怨",也就被疏解成"劳而不敢怨":一个"敢"字,其中含有多少不堪!"民"被如此"驱使",无论在什么情况下,只要满足了"可应劳役"者这唯一的条件,也就"不敢怨"了。那么,什么叫"可"? 什么又是"应"? 疏解者没有继续作解,似乎这一切就是"天经地义"的。

但是,《论语》之中不是也记载,夫子所说的"先之,劳之"吗?《子路》首章载:

> 子路问政。子曰:"先之,劳之。"请益。曰:"无倦。"②

何晏引孔安国曰:"先导之以德,使民信之,然后劳之。《易》曰:'说以先民,民忘其劳。'"③ 皇侃义疏随之:"先之,谓先行德信于民也。劳之,谓使劳役也。为政之法,先行德泽,然后可劳役也。"④ 这是在说,"君"之类的人,可以自己不做,甚至根本就不动"做"的心思,而只要"动动嘴皮",劝说"小民"就能达到"民信之"的目的,后者就会心甘情愿为之效力,甚至无所"怨恨"。皇侃的义疏不也是这样"先行德信",即为"德泽","德"是"泽"或可称为"泽"吗?"导之以德",《论语》之中又作"道之以德"(《为政》)⑤。借用之的话,可以说,"君"只要"满嘴道德",就能说动"小民"为之"劳役"而"不怨"。不过,夫子不是在很多地方都极力反对"巧言"吗:"巧言令色,鲜矣仁"(《论语·学而》及《论语·阳货》)⑥,"巧言乱

---

① 皇侃:《论语义疏》,高尚榘(校点),中华书局2013年版,第522页。
② 何晏(注)、邢昺(疏):《论语注疏》(李学勤主编,《十三经注疏》之十),北京大学出版社1999年版,第170页。
③ 何晏(注)、邢昺(疏):《论语注疏》(李学勤主编,《十三经注疏》之十),北京大学出版社1999年版,第170页。
④ 皇侃:《论语义疏》,高尚榘(校点),中华书局2013年版,第323页。
⑤ 何晏(注)、邢昺(疏):《论语注疏》(李学勤主编,《十三经注疏》之十),北京大学出版社1999年版,第15页。
⑥ 何晏(注)、邢昺(疏):《论语注疏》(李学勤主编,《十三经注疏》之十),北京大学出版社1999年版,第4、240页。

德"(《论语·卫灵公》)①? 既然是"鲜仁","民"内心如何会"不怨",即令"不敢怨"而缄默?既是"乱德","民"若"心服",最终岂不是要"天下大乱"!

因而,固执于执政者的视角,站在他的立场上来释解经文,必因其特定的狭隘而导致释解不通。那么,真正的儒家思路是什么呢?实际上,夫子要说的是,"君先行劳动","以身作则",才可"以道化人"、"以德感人",进而带动众人。此正夫子所谓:"其身正,不令而行。其身不正,虽令不从。"(《论语·子路》)② 执政者拿出自己的"引领"的本事和能力,才可使民众敬佩或曰"信服"进而"心服"(《孟子·公孙丑上》)③。因而,只有自己走在前边,才可能"道之以德",否则"德"在哪里显示出来,又落实于何处?而"劳而无怨"的传统疏解,实际上只是要求或在描述执政者在"嘴皮子"上下功夫,而不是真的付诸行动,故而,其中隐含有欲诱惑甚或诱骗世人之意,而不可能产生"君子之德风,小人之德草。草上之风,必偃"(《论语·颜渊》)④ 的"德风和畅"之效,当然也就无法实现"无为而治者,其舜也与?夫何为哉?恭己正南面而已矣"(《论语·卫灵公》)⑤ 的理想治理境界。这样,所谓"为政以德,譬如北辰,居其所而众星共之"(《论语·为政》)⑥,也便只能是一种幻想,而毫无意

---

① 《论语》之中"巧言"一词凡四见。《公冶长》亦载:"子曰:'巧言、令色、足恭,左丘明耻之,丘亦耻之。匿怨而友其人,左丘明耻之,丘亦耻之。'"(何晏(注)、邢昺(疏):《论语注疏》(李学勤主编,《十三经注疏》之十),北京大学出版社1999年版,第67页。)

② 何晏(注)、邢昺(疏):《论语注疏》(李学勤主编,《十三经注疏》之十),北京大学出版社1999年版,第173页。

③ 赵岐(注)、孙奭(疏):《孟子注疏》(李学勤主编,《十三经注疏》之十一),北京大学出版社1999年版,第87页。

④ 何晏(注)、邢昺(疏):《论语注疏》(李学勤主编,《十三经注疏》之十),北京大学出版社1999年版,第166页。

⑤ 何晏(注)、邢昺(疏):《论语注疏》(李学勤主编,《十三经注疏》之十),北京大学出版社1999年版,第208页。

⑥ 何晏(注)、邢昺(疏):《论语注疏》(李学勤主编,《十三经注疏》之十),北京大学出版社1999年版,第14页。

第三章 "五美"之"求仁而得仁"与使"事物回归自身"之译

义，夫子还要论及为的什么？

依夫子，"吾非斯人之徒与而谁与"（《论语·微子》）① 的修辞性质问，如孔安国注之中所指出的，"吾自当与此天下人同群"②，因而，当然不会舍弃"民"或曰"小人"，而是通过教育培养他们去自觉感悟其人生一世的意义和价值。故而，他平生的追求，就是唤醒人的"善念"，打造一己之德，以为社会服务。他强调："古之学者为己。"（《论语·宪问》）③ 因此，无论是"君"还是"民"，依夫子之思，必时时保持其"德性之智"，"以德待人"进而"以德服人"（《孟子·公孙丑上》）④。因而，若说"劳者无怨"的意思就是，"君治民，而劳役之，民必不敢怨"，那即使不是"愚民政策"，也便是无视"民"的"知性"所产生的结果。而这样的无视或"愚人"，亦必造成一个低智商、无活力的社会：自作聪明，一定是"耍小聪明"；自己懒惰，而要求他人行动，必然引不出积极的效果，反而会导致民众陷入无谓的僵化和疲软的应对。执政者面对这样的社会，一旦"智力"和"德性"两方面都不能集结力量，各方面的发展岂不陷入停顿，又何来"德之得（利）"？最终的结果必然是，执政者无法维持其执政局面。

因而，我们认为，还应脱出上述两个层次，再加提升，才能容纳"劳而无怨"的意涵。这便是，全社会各色人等作为必要的"劳者"，个个发挥其能，适时而动，而在你我的自选和他选之中充分展现一己之能，故而，乐于为之，当然无怨。也就是说，在终极的意义上，"劳而无怨"说的是，社会中人必可发挥一己（技）之长，各自尽力，为这个社会甚至整个天下的美好或更加美好而努力；在这样的情况下，人人

---

① 何晏（注）、邢昺（疏）：《论语注疏》（李学勤主编，《十三经注疏》之十），北京大学出版社1999年版，第250页。
② 何晏（注）、邢昺（疏）：《论语注疏》（李学勤主编，《十三经注疏》之十），北京大学出版社1999年版，第250页。
③ 何晏（注）、邢昺（疏）：《论语注疏》（李学勤主编，《十三经注疏》之十），北京大学出版社1999年版，第195页。
④ 赵岐（注）、孙奭（疏）：《孟子注疏》（李学勤主编，《十三经注疏》之十一），北京大学出版社1999年版，第87页。

乐而劳之，当然也就无所谓"怨尤"了。易言之，"劳而无怨"的最高层次，或可释为人间的社会理想：人人劳动，而自得其乐，且以劳动为乐。因为，只有如此，在没有任何前提条件的约束之下，真正的"无怨"才是可能的。换言之，任何前提条件的设置，都是在阻碍"无怨"的出现。或者说，只要有条件设置，"怨"就必然是在场的。"怨"① 的起因是，"人心郁结"而不得其自在。

那么，对比一下，最低层次，说的是，执政者"劳役民众颇有办法，因而，民众不怨"；第二层次是讲，执政者"役使民众，得其时、便其利，因而无怨"；最高层次则是要说，执政者"与民互动，不论何人都可自施其力、自尽其能，以劳动为乐，故而不怨"。

行文至此，理应再次强调，经文的释解，不当在低层次上游走。若是停步于字面意义，便不可能体现其层次感，营造出适宜的解释结构，真正扩容尽可能多的意涵，并最终突出最为重要的意向。

译文2. 子张说："何谓五美呢？"先生说："在上位的君子，第一须懂得惠而不费，第二是劳而无怨，第三是欲而不贪，第四是泰而不骄，第五是威而不猛。"子张说："怎样称作惠而不费呢？"先生说："你看人民在哪方面可以得利，便在哪方面诱导他们去得利，岂不是施了恩惠给人而不破费着自己吗？你只选择可以使人民服劳的事来使人民服劳，又谁来怨你呢？你自己所欲，只在推行仁道，那就要推行尽推行，岂不是有欲而无贪吗？一个在上位之君子，不论对方是寡是众，或大或小，总之自己无敢怠慢，那岂不极舒泰而并不矜持吗？一个在上位之君子，只要衣冠整肃，瞻视尊严，便见得俨然，别人望了他生敬畏之心，岂不就有威而不猛暴了吗？"②

依此译，"你看人民在哪方面可以得利，便在哪方面诱导他们去得

---

① 《说文》解释："怨，恚也。"（许慎：《说文解字校订本》，班吉庆、王剑、王华宝（点校），凤凰出版社2004年版，第306页。）"恚，恨也。"（许慎：《说文解字校订本》，班吉庆、王剑、王华宝（点校），凤凰出版社2004年版，第305页。）"恚"字从心，圭声。"圭"字"从重土"，本为古玉器名，指的是古代帝王或诸侯在举行典礼时拿的一种玉器。

② 钱穆：《论语新解》，生活·读书·新知三联书店2002年版，第510—511页。

第三章 "五美"之"求仁而得仁"与使"事物回归自身"之译

利",那就意味着,执政者有先见之明,而"民"则可能是"笨伯"或至少缺少"预见之力"或"没有见识",因而,在"利"上必须有人加以引导。很明显,此解分明未能突出"为己之学"的要义:只有人有了发自内在里的力量,才可有"获利"的能力。而夫子所提倡的"为己之能"岂止执政者才具备?实际上,如此作解,不免仍是站在执政者的立场来说话:"人民"能否"得利",端赖"你"是否能"看",是否能加以"诱导"。这样解释的确有违"中庸之道"。因为,"合外内之道也"的作用,也就流于外在:是来自执政者,而不是"人民"本身的能力,促使"获利"成为可能。而且,这样的"利"若仅限于物质导向上的,则固然可以确保"民之生计的条件创造",但是,过分注重外在所可能造成的依赖性,是否会进一步加剧可能的"愚化"倾向,使"民"对"利"的追求,始终定位在"一人"身上?另外,此译之中所用的"上位",虽然可能并不是"一人"或后世所说的"寡人",但最终身在最高位者,岂不是最具"诱导的能力"?因为,他可能比所有人更清楚,究竟是在什么地方,"人民的获利行为可以最大化"。如此推论,不可能绕过一个基本的倾向:既然"最高位置上的看"能引出最大的获利的便利条件,因而,"人民"的目光就会固执于此,而不思他求。这样,社会也就会形成一种"向上"之风,而不是一味地接受"诱导"即可行事。

如此,执政者"施了恩惠给人而不破费着自己",也就意味着,他根本不用考虑,如何动用自己可能的"利",而"以民之利为利"。果如此,他的追求,的确是高尚的、超越的,但是,这可能会造成另一种倾向:他只负有"诱导"之责,而不必思考其他。这样,风向所及,整个社会都如此指望"上位之人",人人争做"上位者",其他方面的能力也就无须再予培养。

进而言之,夫子对"劳而无怨"的解释"择可劳而劳之"译为"只选择可以使人民服劳的事来使人民服劳",人真的不会"怨"吗?那么,究竟什么才算是"可以使人民服劳的事"?又为什么要"使人民服劳",不是需要进一步推敲吗?若夫子说的是,只要是"人民",就一定要"服劳于君",那么,后者的"选择"的依据就仅仅是前者是"民"?两个阶层,完全分置甚或对立?抑或是,这属于两类人,故而,"劳心者治人,劳力者治于人"(《孟子·滕文公上》)①?即令如此,"民"不是也和身为"君"的人一样,必走"为己之学"之路,而致力于他们力所能及的事情,而且,最好是他们乐于为之的事情,而不是一定要"服劳",若此词的意思是"服务于君的劳作"?就德性的升华而言,如《孟子·滕文公上》所引颜回曰:"舜何人也?予何人也?有为者亦如是。"②既然"人皆可以为尧舜"(《孟子·告子下》)③,那么,为什么不能既"劳心又劳力",即"劳心与劳力"集于一身?而且,内在里的"德性之知"未能生成,何以求知"文章"的意义,沐浴于高岸的圣人如尧帝一般的德性光辉,进而去感受"巍巍乎,唯天为大,唯尧则之。荡荡乎,民无能名焉。巍巍乎,其有成功也。焕乎,其有文章"(《论语·泰伯》)④?的确,夫子说过:"唯上知与下愚不移"(《论

---

① 赵岐(注)、孙奭(疏):《孟子注疏》(李学勤主编,《十三经注疏》之十一),北京大学出版社1999年版,第145页。

② 赵岐(注)、孙奭(疏):《孟子注疏》(李学勤主编,《十三经注疏》之十一),北京大学出版社1999年版,第128页。

③ 赵岐(注)、孙奭(疏):《孟子注疏》(李学勤主编,《十三经注疏》之十一),北京大学出版社1999年版,第321页。

④ 赵岐(注)、孙奭(疏):《孟子注疏》(李学勤主编,《十三经注疏》之十一),北京大学出版社1999年版,第106页。等级社会自然有等级差别,夫子也自然会有对之的认识和表述。如《论语·阳货》载:"子之武城,闻弦歌之声。夫子莞尔而笑,曰:'割鸡焉用牛刀?'子游对曰:'昔者偃也闻诸夫子曰:"君子学道则爱人,小人学道则易使也。"'子曰:'二三子!偃之言是也。前言戏之耳。'"(何晏(注)、邢昺(疏):《论语注疏》(李学勤主编,《十三经注疏》之十),北京大学出版社1999年版,第233页。)"学道"是为了使"仁爱之学"更具普适性,而"易使"则分明是为了"更加便利地为人所驱使、役使"。二者界限清楚,分判明确。但这里所说的是理想的状态,即在最高境界之中,社会阶层的区别,会因为人的能力的增强,而趋向于无。而这样的能力的培养,在儒家看来,主要还是"内在的力量",即"德性"的"如切如磋,如琢如磨"(《诗经·卫风·淇奥》)(参见毛亨(传)、郑玄(笺)、孔颖达(疏):《毛诗正义》(李学勤主编,《十三经注疏》之三),北京大学出版社1999年版,第216页)。《论语·学而》子贡引(参见何晏(注)、邢昺(疏):《论语注疏》(李学勤主编,《十三经注疏》之十),北京大学出版社1999年版,第12页)。

第三章 "五美"之"求仁而得仁"与使"事物回归自身"之译

语·阳货》)①,但夫子自道所说的"好学"②,不是也可以说明,人是应该通过学习来提升自己的"德性之知"和"见闻之知"(张载《正蒙·大心》)③吗?故而,他在叙述自己的经历时说:"吾少也贱,故多能鄙事。君子多乎哉?不多也。"(《论语·子罕》)④自我努力和奋斗,才使之一步步成长起来,而且,学得各种技能和能力。

因此,我们认为,在对经文释义上,还是需要"极其高明"而"不离基底":提升境界以突出理想,同时又不脱离有关基础的支持。如此,坚持"极高明而道中庸",才可能把握其大义。

依照上文所述,应该强调,夫子本人对"劳而无怨"的解释"择可劳而劳之",与经文上文之"因民之所利而利之"以及下文的"欲仁

---

① 何晏(注)、邢昺(疏):《论语注疏》(李学勤主编,《十三经注疏》之十),北京大学出版社1999年版,第233页。

② 身为谦谦君子,夫子除了大加称赞颜回"好学"之外("哀公问:'弟子孰为好学?'孔子对曰:'有颜回者好学,不迁怒,不贰过。不幸短命死矣。今也则亡,未闻好学者也。'"(《论语·雍也》)(同上书,第71页。)"季康子问:'弟子孰为好学?'孔子对曰:'有颜回者好学,不幸短命死矣!今也则亡。'"《论语·先进》)(同上书,第144页。)唯有对他自己的"好学"加以肯定或认可:《论语·公冶长》:"子曰:'十室之邑,必有忠信如丘者焉,不如丘之好学也。'"(同上书,第69页。)他提出,如何才算是"好学":"君子食无求饱,居无求安,敏于事而慎于言,就有道而正焉,可谓好学也已。"(《论语·学而》)(同上书,第11页。)进而坚持:"笃信好学,守死善道。"(《论语·泰伯》)(同上书,第104页。)他解释说,"孔文子"之所以谥号为"文",一个原因就是"好学":"子贡问曰:'孔文子何以谓之"文"也?'子曰:'敏而好学,不耻下问,是以谓之"文"也。'"(《论语·公冶长》)(同上书,第62页。)夫子提出"六言六蔽",以突出"好学"的重要意义:"子曰:'由也!女闻六言六蔽矣乎?'对曰:'未也。''居!吾语女。好仁不好学,其蔽也愚;好知不好学,其蔽也荡;好信不好学,其蔽也贼;好直不好学,其蔽也绞;好勇不好学,其蔽也乱;好刚不好学,其蔽也狂。'"(《论语·阳货》)(同上书,第236页。)影响所及,子夏也坚持"好学":"子夏曰:'日知其所亡,月无忘其所能,可谓好学也已矣。'"(《论语·子张》)(同上书,第256页。)

③ 张载认为,"德性所知,不萌于见闻",而"见闻之知,乃物交而知"(参见张载《张载集》,张锡琛(点校),中华书局1978年版,第24页)。

④ 何晏(注)、邢昺(疏):《论语注疏》(李学勤主编,《十三经注疏》之十),北京大学出版社1999年版,第114页。

而得仁",其表达方式一致,而意向自然也相同①。因而,在这里,"择可劳而劳之"在最高层次,可抽象为"劳劳",亦即为"劳者复归于中而劳者自在"。在《荀子·大略》之中,见如此用语:

亲亲、故故、庸庸、劳劳,仁之杀也。贵贵、尊尊、贤贤、老老、长长,义之伦也。②

王先谦注曰:"庸,功也。庸庸、劳劳,谓称其功劳,以报有功劳者。杀,差等也。皆仁恩之差也。杀,所介反。伦,理也。此五者,非仁恩,皆出于义之理也。"③

译文1. 亲近父母亲、热情对待老朋友、奖赏有功劳的人、慰劳付出劳力的人,这是仁方面的等级差别。尊崇身份贵重的人、尊敬官爵显赫的人、尊重有德才的人、敬爱年老的人、敬重年长的人,这是义方面的伦理。奉行这些仁义之道能恰如其分,就是礼的秩序。(张觉译)④

译文2. The graduated scale of humane conduct is to treat relatives in a manner befitting their relation, old friends as is appropriate to their friendship, the meritorious in terms of their accomplishment, and laborers in terms of their toil. The gradations of position in moral conduct are to treat the noble as befits

---

① 儒家将"利"始终置于"仁义"之下。夫子提出:"仁者安仁,知者利仁。"(《论语·里仁》)(何晏(注)、邢昺(疏):《论语注疏》(李学勤主编,《十三经注疏》之十),北京大学出版社1999年版,第47页。)他强调:"放于利而行,多怨。"(《论语·里仁》)(同上书,第50页。)依之,"君子喻于义,小人喻于利"(《论语·里仁》)(同上书,第51页);故而,"子罕言利与命与仁"(《论语·子罕》)(同上书,第111页),指出"无欲速,无见小利。欲速,则不达;见小利,则大事不成"(《论语·子路》)(同上书,第177页),认为重要的是"见利思义"(《论语·宪问》)(同上书,第188页)。孟子继承了他的思想,总结性地提出:"君臣、父子终去仁义,怀利以相接;然而不亡者,未之有也。"(《孟子·告子下》)(参见赵岐(注)、孙奭(疏):《孟子注疏》(李学勤主编,《十三经注疏》之十一),北京大学出版社1999年版,第326页。)

② 王先谦:《荀子集解》(《诸子集成》第二册),中华书局1954年版,第324页。

③ 王先谦:《荀子集解》(《诸子集成》第二册),中华书局1954年版,第324页。

④ John Knoblock, *Xunzi*, Changsha: Hunan People's Publishing House & Beijing: Foreign Languages Press, 1999, pp. 860–862.

第三章 "五美"之"求仁而得仁"与使"事物回归自身"之译

their eminent position, the honorable with due honor, the worthy as accords with their worth, the old as appropriate to their age, and those senior to oneself as is suitable to their superiority.[①]

可以注意到,译解并没有关注,究竟为什么会出现如此众多的"重复",即单字复用,以形成一词。前四者,为"仁"之"杀",即其"差等"或曰区别。如此,释义应是:亲坚持为亲,故持之为故,庸(用者)依之为庸(用),劳者尊之为劳,这些可称为仁方面的等级差别。贵者敬之为贵,尊者礼之为尊,贤者奉之为贤,老者亲其为老,长者拜之为长,这些是义方面的伦序。

因而,即令此处的"劳劳"是"功劳"的意思,其一字复用的表达方式也意味着,如何使"有功劳者保持为有功劳者",也就是,不失其"功劳"的作用,而恒持之。其他表达类同,说的都是,如何"使事物回归其身"。也就是说,透过这里如此众多的相同表达,我们可以清楚地看到,儒家的一个思想倾向:事物之自我回归,在表达方式上,是通过某一字眼的复用来实现的。那么,这一用法,究竟是特别的,即偶尔为之的,还是具有重大意义,在关键处发挥作用的?

如这里所讨论的夫子对其"惠而不费"、"劳而无怨"之解释"因民之所利而利之"、"择可劳而劳之"的意涵所示,如果夫子对子张的"何如斯可以从政矣"的问题的回答,相应地提出的"尊五美"和"屏四恶"(《论语·尧曰》)[②],其中的"五美"又特别做出如此的解释,那么,我们便有理由认为,即使就此而论,已可判断,夫子的论断的高远与巧妙:尽可能趋向理想,而并不是局限在一般意义上的"从政"。也就是说,在夫子那里,既然是"从政",那就需要从最高理想着眼,同时又始终不脱离基底。故而,"利利"("利复归于利本身才能真正使

[①] John Knoblock, *Xunzi*, Changsha: Hunan People's Publishing House & Beijing: Foreign Languages Press, 1999, pp. 861–863.

[②] 何晏(注)、邢昺(疏):《论语注疏》(李学勤主编,《十三经注疏》之十),北京大学出版社1999年版,第268—269页。

利成为利进而再行获利")和"劳劳"(劳者归入自身进而以此为基础而体现自身之能,才能发挥起作用,成为真正的劳者)。

在另外一些关键之处,我们或更能看出夫子运用如此的表达的导向性作用。例如,对"仁"的解释及其为"正名"(《论语·子路》)[①] 所举的特例。

首先是"仁"字。《论语·颜渊》载:"樊迟问仁。子曰:'爱人。'问知。子曰:'知人。'"[②] "二人"相与、相向而立,而成为"仁",如此的因缘际会即为"爱"。"仁"即"爱",反过来说,"爱"亦即"仁";更确切地说,无爱,也就无所谓人;有人,必有爱,或曰仁爱。这一点,在《礼记·中庸》之中表述为:"仁者,人也,亲亲为大"[③],《孟子·尽心下》则为:"仁也者,人也。合而言之道也。"[④] 郑玄《中庸》注:"人也,读如相人偶之人。以人意相存问之言。"孔颖达疏:"言行仁之法,在于亲偶。欲亲偶疏人,先亲己亲,然后比亲及疏,故云'亲亲为大'。"[⑤]

也就是说,"仁"只有取向"爱"才能成就其自身;而也只有如此,才可能形成"仁者,爱人"的局面,进而确保"人即为人的根本"。如此,"仁=爱=人"三者合一,而构成一种不可分割的关系。"仁"的这种自我回还,也就是人本身的自我回归的体现。因此,"亲亲为大"也就有了哲学基础:就像人必回到为人的原点——仁(爱)——一样,必使"亲"本身回到"亲",那才真正能构成"亲之为亲的根本"。也就是说,"亲亲"的构成,模拟的也就是"仁人"的

[①] 何晏(注)、邢昺(疏):《论语注疏》(李学勤主编,《十三经注疏》之十),北京大学出版社1999年版,第171页。

[②] 何晏(注)、邢昺(疏):《论语注疏》(李学勤主编,《十三经注疏》之十),北京大学出版社1999年版,第168页。

[③] 郑玄(注)、孔颖达(疏):《礼记正义》(李学勤主编,《十三经注疏》之六),北京大学出版社1999年版,第1440页。

[④] 赵岐(注)、孙奭(疏):《孟子注疏》(李学勤主编,《十三经注疏》之十一),北京大学出版社1999年版,第389页。

[⑤] 郑玄(注)、孔颖达(疏):《礼记正义》(李学勤主编,《十三经注疏》之六),北京大学出版社1999年版,第1440—1441页。

第三章 "五美"之"求仁而得仁"与使"事物回归自身"之译

存在论结构：在自我回还之中，见证自身的回归。因此，夫子之所以提倡"为己之学"，在这里，我们可以发现思路和表达方式上的奥秘：人之"为己"，是因为这是一种必要的心灵回归之途，易言之，离开了这样的回归，事物就不能进入存在。再换言之，事物的存在，其样态便是自我回还：自我守护，进而从自身走出，最终形成"自反"。

其次，"君君，臣臣，父父，子子"（《论语·颜渊》）①。对此的表达，一般的理解是：君像君的样子等。我们认为，这还不是此语的基本内涵。因为，此语首先说的是，有如人只有回到人才能真正成为人一样，"父子也只能回归其自身"才能"葆有其自身"。而且，这首先并不是社会意义上伦理学导向上的身份问题，因而，不应理解为，作为人君，理应像人君一般行事，而是要理解为：身为君，只有不断保持自我的回复，才可能真正体现君的存在意义。之所以作此解，是因为，"仁"作此解，任何别的存在者的意义，也一定依之作解，才能说，那是儒家的思想导向。同时，还应强调，这一解释符合"一阴一阳之谓道"（《周易·系辞上》）②的意涵："生生之谓易"，即一切可以运动的，便都是"生之所有"，故而，此"道"所见，乃是"生而又生"、"生而复生"（《周易·系辞上》）③。但无论是"生而又生"或是"生而复生"，其基本的态势必然首先是："生回到它本身的那种生"，在支持着"此道的自我运动"④。

---

① 何晏（注）、邢昺（疏）：《论语注疏》（李学勤主编，《十三经注疏》之十），北京大学出版社1999年版，第163页。

② 王弼（注）、孔颖达（疏）：《周易正义》（李学勤主编，《十三经注疏》之一），北京大学出版社1999年版，第268页。

③ 王弼（注）、孔颖达（疏）：《周易正义》（李学勤主编，《十三经注疏》之一），北京大学出版社1999年版，第271页。

④ 一般认为，"正名"的意义就是"正名分，正名实"，如方可立主编的《中国哲学大辞典》就是如此解释："辨证名称、名分，使名实相等。"如其中所说，儒家、法家、名家以及墨家都讲"正名"，但性质各自不同，而"正名"始于孔子，因他在《论语·子路》之中提出"必也正名乎"（方克立主编：《中国哲学大辞典》，中国社会科学出版社1994年版，第171页）。此著进而认为，孔子之所以要"正名"，那是因为，"孔子认为春秋末期社会的混乱是由名实散乱引起的，应该用宗法制度的名分去矫正'实'。'君君，臣臣，父父，子子'是孔子正名的主要内容。他认为，处于君、臣、父、子地位的人（'实'），必须合于君、（转下页）

明乎此，则"惠而不费"、"劳而不怨"以及"求仁得仁"之抽象精简版的表达方式，也便有了哲学根据。相比而言，有关译解的导向的问题，也就变得愈发明显起来。《论语·述而》亦见"求仁而得仁"①。之所以能做得到，是因为，如夫子所说，"仁远乎哉？我欲仁，斯仁至矣"（《论语·述而》）②：人的"本质构成即仁"，因而，必回复其中，才可"做人""成为人"并造成"成人"（成就完人）。

（接上页）臣、父、子的'名'，不应有所紊乱。他的目的是用'正名'维护宗法制度"（方可立（主编）：《中国哲学大辞典》，中国社会科学出版社1994年版，第179页）。《中国儒学百科全书》也持同一观点，认为"孔子提出正名，意在纠正现实社会中的名分混乱，从名实关系上，企图用'名'改变'实'的问题"；因而，"正名"即"匡正社会等级名分"，此一思想"对后世维护封建等级制度和正统观念，产生深远影响"（李锦全：《正名》，《中国儒学百科全书》，中国大百科全书出版社1997年版，第362页）。如此理解，或可引出两点疑问：一、"名"若仅是"形式"或曰因为相应的制度而设置的"位置"，而作为"实"的"相应的人"似乎就成了填充之物，如此，才可"名实相副"？抑或是，因制度而设置的那种"名"不可更易，因而，"实"必应和或迎合之，才可成此"名"，因而，"名"限定人的一切，故而，"名分"极端重要，甚至重于生命？但夫子本人讲的却是，"志士仁人，无求生以害仁，有杀身以成仁"（《论语·卫灵公》）（何晏（注）、邢昺（疏）：《论语注疏》（李学勤主编，《十三经注疏》之十），北京大学出版社1999年版，第210页）。但并没有见到他留下"为名舍生"的遗训？他倒是有"《书》云：'孝乎惟孝，友于兄弟，施于有政。'是亦为政，奚其为为政？"（《论语·为政》）（同上书，第22页。）的论断，说的是，如果能做到"孝悌"，也就等于是在"为政"，因而，重要的当是"人之正"或"为人之正"，而不是贪恋什么"名分权位"。二、若将"名"解为"理"，那么，守护此"理"，才可确保"实"之可贵及其可行。那么，这样的"理"也就不能止于"礼义"和"礼乐"的"人事化"或"人世化"理解，而应该再提升一步，结合"天人相合"的意向解之。因为，只有如此，也才可说，"名分"不变，"实"需应之。不过，这样也就形成了对上引政治—伦理学观点解释的解构。至于对所谓"封建社会制度"的"影响"，爱新觉罗·毓鋆认为："'君臣'，是秦汉以后的思想，君在前面。《礼记》是秦汉以后成书的。先秦以前，'夫子'是在'君臣'之前。专制时代强调君臣，乃将君臣置于首位。今天虽无君臣，但仍有主从。"（爱新觉罗·毓鋆（讲述）、陈䌹（整理）：《毓老师说中庸》，上海三联书店2015年版，第94页。）但是，如论者所指出的，"君君"这样的表达，实际上也仍含有对内德打造的突出这种意向，因为，"'像君主一般行为'［引者按，英译这里用To act as a lord来译'君君'］意味着，要履行君主权位（rulership）的道德要求：谨慎自己的行为，以便为民众提供一个可贵的模式，使之在其道德的自我修炼之中加以遵照"（Paul R. Goldin, "Introduction: Confucius and Confucianism", ed. Paul R. Goldin, *A Concise Companion to Confucius*, Hoboken: John Wiley & Sons Ltd., 2017, p. 5）。

① 何晏（注）、邢昺（疏）：《论语注疏》（李学勤主编，《十三经注疏》之十），北京大学出版社1999年版，第90页。

② 何晏（注）、邢昺（疏）：《论语注疏》（李学勤主编，《十三经注疏》之十），北京大学出版社1999年版，第95页。

第三章 "五美"之"求仁而得仁"与使"事物回归自身"之译

不消说,人的构成与道的运动规律当然是一致的。所以,"仁人"的表达,亦即为"生生"的存在方式,也就是顺理成章之事。

因此,若不依此理来译解经文,岂能找到正确道路?故而,有关译文的问题当然是内在的:译者并未意识到,该如何提升思想,从哲学入手,解决儒家问题。仅仅依赖文字上的疏解,比如,将一字扩展为二字词组,又如用一字替换另一字,等等,不过是变换表达,最终的结果必定不通。

"五美"之中的"三美"已是如此,其余"二美"又会如何?我们还是通过对有关的译文的分析,来看看结果。

译文3. 子张问道:"什么是五美?"孔子说:"君子给人以恩惠自己却又不须破费,役使人民却又使人民没有怨恨,有欲望却不贪心,雍容大方却不骄傲自大,威严却不凶猛。"子张又问道:"什么叫给人恩惠却又不须破费?"孔子说:"借着人民能够得利的事情使他们得利,这不就是给人以恩惠却又不须破费吗?选择可以役使人民的事情和时机来役使人民,这不就是役使人民又能使人民没有怨恨吗?想得到仁便得到仁,又有什么可贪心的?君子无论人多人少,事大事小,从不敢怠慢,这不就是雍容大方却不骄傲自大吗?君子把衣冠穿得整整齐齐,把供人瞻视的仪表修饰得十分高贵,严肃可敬让人望而生畏,这不就是威严却不凶猛吗?"①

译文4. 子张问:"什么叫五种美德?"/孔子说:"君子施恩惠,但并不花费;役使人民,但并不被怨恨;有欲望,但并不贪婪;庄重,但并不骄傲;威严,但并不凶猛。"/子张问:"什么叫施恩惠但并不花费?"/孔子说:"根据人民的利益而去做,这不就是施恩惠而不花费吗?选择可以役使的来役使,又谁会怨恨?自己希望得仁便得到了仁,又贪什么?君子不管人多人少,不管事大事小,从不怠慢,这不就是庄重而不骄傲吗?君子衣帽整洁,正目而视,俨俨然人看见有所畏惧,这不就是威严而不凶猛吗?"②

---

① 孙钦善:《论语本解》,生活·读书·新知三联书店2009年版,第254页。
② 李泽厚:《论语今读》,中华书局2015年版,第368页。

"惠而不费"、"劳而不怨"与"求仁得仁"三种要求逐次升级,直至"求仁得仁"达到高潮。也就是在这里,可以说,执政者"优位"的解释学观点难以成立。因为,"仁"本身既然就是"二人成仁"之事,也就是,只有在具体的社会的民众之中,才可能存在"仁性"的显露与生发,那么,"仁"立足于"人心之仁",必与"关乎我者"形成互动,而互动的前提,并不是"我",或者说,并不在"我"这里。

因此,如上所述,传统注疏违背了儒家的基本思想导向和精神实质:将焦点集中在从政者或执政者,根本就是错误的。正确的处理应该是,将理解的重心放在与从政者或执政者相对而立的人身上。而且,不能将有关问题视为单方面的,而是应突出"两端"及其相互作用的关系。第一点,要突出的是,人的存在是以他人为中心的;第二点,要强调,"执其两端"。人的生存端赖"两端"(人我),而"人"比"我"更为重要,故而,"我"必以谦卑之心为之效力,以期对之有所奉献。就此而论,夫子所说的"从政",实则首先是存在的问题。正是因为传统注疏对此没有意识,所以才会认为,从政者或执政者要以"一己(之利)"为切入点来审视,究竟如何在个人"不耗费"的前提下,"让人获利",是为"惠而不费";又如何站在自己的立场上,"可劳而劳之",让人为自己服务、劳役,或役使他人。而正常的儒家思路则是,如何先行走出自身,为天下人谋福利,而确保"利之归入永远首先有利于人(民)";又如何不计个人所得,而"先之,劳之"(《论语·子路》)①,即身先士卒,而身体力行②,"力行近乎仁"(《礼记·中庸》)③。设若只是抱定自己具有特别的"引导"能力,而身为观望者,那么,"舜其大知也与?舜好问以好察迩

---

① 何晏(注)、邢昺(疏):《论语注疏》(李学勤主编,《十三经注疏》之十),北京大学出版社1999年版,第170页。

② 《淮南子·泛论训》:"圣人以身体之。"(参见高诱(注):《淮南子》(《诸子集成》第七册),中华书局1954年版,第216页。)

③ 郑玄(注)、孔颖达(疏):《礼记正义》(李学勤主编,《十三经注疏》之六),北京大学出版社1999年版,第1442页。

第三章 "五美"之"求仁而得仁"与使"事物回归自身"之译

言"(《礼记·中庸》)①，又从何说起？

实际上，有了对从政者"求仁得仁"的最后一个要求，那么，视角定在了"求仁"之路上，也就可以进一步说明，无论是"惠而不费"还是"劳而无怨"，都不能站在从政者或执政者的立场并以之为中心，否则背离"人我之间人为上"的儒家存在论要义，也就远离了"取与相交与更贵"的儒家伦理学的思想倾向。应该再次强调，最重要的是，这一切，也都是在说，只要不遵守"中庸之道"，解释便是不可行的。原因就在于，存在论意义上的"仁"是要求，以人为主，以人为上，自己则尽可能保持低的姿态；如此，才可在互动之中求得最大可能的"利好"，充分发挥他人的能力，也就等于是在低姿态之中发挥个人的作用。所谓"己欲立而立人，己欲达而达人"(《论语·雍也》)②，讲的就是这样的意思。因此，以"我"为出发点甚至思想的中心，既违背存在论的基本原则，又影响到"无可为人"，其解自然不通。

故而，在夫子所提出的这第三个要求，正可纠正注释者的偏颇：只是关注从政者的"我"这"一端"，当然也就无所谓作为"另一端"的"民"，如此，何来他们的"利"，又哪里能谈得上他们是否"乐于劳而不怨"？

"仁远乎哉？我欲仁，斯仁至矣。"(《论语·述而》)③ 正是由于夫子关注，如何把人的内在力量生发出来，使之真正成为"仁人"，所以，"仁"在从政者与"民"之间，才会呈现双向互动之态。如此，和"惠而不费"及"劳而无怨"一样，"求仁得仁"的意向亦为：人与我，共同走向"仁路"，保持互为与互持，自得其所，并与时共进，而时时葆有内心强大的力量。如此，"二人之仁"既能显现其特有的力量，人

---

① 郑玄（注）、孔颖达（疏）：《礼记正义》（李学勤主编，《十三经注疏》之六），北京大学出版社1999年版，第1425页。
② 何晏（注）、邢昺（疏）：《论语注疏》（李学勤主编，《十三经注疏》之十），北京大学出版社1999年版，第83页。
③ 何晏（注）、邢昺（疏）：《论语注疏》（李学勤主编，《十三经注疏》之十），北京大学出版社1999年版，第95页。

生存于此精神资源不断的供养之中，又如何会贪求其他？故而，"焉得贪"的意思是，还用得着"贪图别物"，而不顾及根本吗？反过来说，若是"大本大源"已在"与民"（共利同劳）的情况下，得以确立，那么，还有什么别的值得去"追求"？若是不计或忽视了"大本大源"的培植，那样的追求不是"贪婪之心"的显现，又是什么？

因此，"求仁得仁"的确可以充分说明，（一）单方面的"我"只能形成"一端"，若是"民"不在场，这一端实则也是不可能存在的。（二）要想使之真正构成"一端"，必应突出"另一端"，而后者取决于"民"的力量的消长。（三）因为存在论意义上的"人我"，"人"具优位，故而，若是依理，"我"必以谦和而又卑贱之态，迎候之、服侍之。（四）因而，需要对传统的注疏的错误视角加以拨正。（五）如此的纠偏，是要使译解走上儒家思想正轨，即中庸之道。（六）依后者，突出"执两用中"才是基本要求。而夫子所说的第三个要求，也就是，"第三美"实则是在帮助我们厘清，究竟以什么样的视角，才可领悟"仁"的实质导向，进而通过什么样的方式对之做出合理的解释。（七）这样的解释，进而可以说明，"仁"的自我回归，是其"社会化的互动的回归"。也就是说，"人的在世化"意味着，它作为发自"心源"本身的至高无上的力量，是需要到实际的具体的活动之中加以检核和实验的。再进一步来说，也就是，"仁"来自"人与人之间"，当然还要不断"回到人与人之间"去验证它作为推动社会进步和稳定的动力的那种力量。因而，"仁人"才是"求仁得仁"的最终目的。显而易见，若是固执于从政者这一方面而无视对方的存在，或者说，注意到了"民"的存在，但并没有将之提升到相应的高度，那么，有关解释不能促成"两端"的平衡，哪里又会有"互动"出现，所谓的"利民"何以可能？"民"的"不怨"又如何能出现？进而言之，"求仁得仁"的可能性又在哪里？

据上，已可将夫子对"三美"或曰"三句教"的解释译为：

以民之利为利，则必利于民，不就是恩惠，何来［耗费与］不

第三章 "五美"之"求仁而得仁"与使"事物回归自身"之译

耗费？各劳其劳[，各显其能，]何人心起怨恨？[人我同心共仁，]求仁之时，仁心自来，怎么心贪？

不过，似乎并没有人关注，如何从儒家思想正轨，亦即中庸之理入手解之，因而，我们看到的译文仍然是：

译文 5. 子张说："什么叫五种美德？"孔子说："君子使百姓得到好处，自己却无所耗费；安排劳役，百姓却不怨恨；希望实行仁义，而不贪图财利；安舒矜持，而不骄傲放肆；庄重威严，而不凶猛。"子张说："怎样能使百姓得到好处，自己却无所耗费呢？"孔子说："顺着能使百姓所能得到利益之处而让百姓去获得利益，不就是使百姓得到好处而自己却无所耗费吗？选择百姓能干得了的劳役让他去干，谁还怨恨呢？希望实行仁义而得到了仁义，还贪求什么财利呢？君子无论人多人少，势力大势力小，都不敢轻慢，这不就是安舒矜持而不骄傲放肆吗？君子衣冠端正整齐，目光神色都郑重严肃，使人望而敬畏，这不就是庄重威严而不凶猛吗？"①

"百姓得到好处"，"自己无所耗费"，这正是从从政者自我中心出发解释经文，如此，自私既在，那么，"不耗费"岂非是"不拔一毛"，又如何"利天下"②？"选择百姓干得了的劳役让他去干"，为什么就没有"怨恨"？这样的"百姓"就是一群不知如何表达自己，甚至是不知痛痒的人，如此麻木不仁、心灵不敏，不正需矫正？如果真的还有"贪图之念"，"希望实行仁义而得到了仁义，还贪求什么财利呢"，能够成立吗？即令能够成立，为什么"仁义"还要"实行"？夫子不是强调"道之以政，齐之以刑，民免而无耻"（《论语·为政》)③吗？如此，

---

① 徐志刚：《论语通译》，人民文学出版社1997年版，第256页。
② 《孟子·尽心上》："杨子取为我，拔一毛而利天下，不为也。"（参见赵岐（注）、孙奭（疏）：《孟子注疏》（李学勤主编，《十三经注疏》之十一），北京大学出版社1999年版，第366页。）
③ 何晏（注）、邢昺（疏）：《论语注疏》（李学勤主编，《十三经注疏》之十），北京大学出版社1999年版，第15页。

"实行"的"仁义",如何算得上是"仁义"?

译文 6. 子张问:"什么是五种美好德行?"孔子说:"君子给百姓施以恩惠而自己却无所消耗,役使百姓而百姓无所怨尤,向往仁义而不贪求财利,庄重矜持而不骄纵傲慢,威严肃穆而不凶猛粗暴。"子张又问:"什么叫给百姓施以恩惠而自己无所消耗?"孔子说:"顺随百姓能获利的方面去引导,使百姓获利,这不就是给百姓施以恩惠而自己无所消耗吗?选择在适当的条件下役使百姓,又会有谁发出怨尤呢?自己向往仁义便得到了仁义,还贪求什么呢?君子待人接物,无论人员多少和事情大小,都不敢怠慢,这不就是庄重矜持而不骄纵傲慢吗?君子服装整齐,眼神尊严无邪,端庄正派使人望而生畏,这不就是威严肃穆而不凶猛粗暴吗?"①

"施以恩惠"正可说明,从政者居高临下,或者说,气势凌人,因而,他的"施与"若是"百姓"拒绝接受,那么,又如何算是"恩惠"?至于他"自己无所耗费",正说明,他是"小气"甚至是"贪婪",因而,"自私自利"?仅仅"选择在适当的条件下役使百姓",就可使后者不"发出怨尤",那可能是因为,从政者"残暴至极",人民"不敢言而敢怒"(杜牧《阿房宫赋》)。如此之人,当是"贪婪"之徒,他明白什么是"求仁",又能"求得仁"吗?

译文 7. 子张问:"什么叫五种美德?"/孔子说:"君子施予百姓恩惠而并不耗费;使百姓劳作而并不抱怨;追求仁义而并不贪心;从容大度而并不骄傲;庄重威严而并不凶猛。"/子张又问:"什么叫做施予百姓恩惠而并不耗费呢?"/孔子回答道:"让民众从能够得到的事情上去获得利益,这不也就是施予恩惠而并不耗费吗?选择合适的时机和事情来役使百姓,谁会抱怨呢?自己追求仁德而得到了仁德,还有什么可贪求的?不论人多人少,人大人小,君子都一视同仁,不敢怠慢,这不就是从容大度而并不骄傲吗?君子衣冠整齐,仪表高贵,其庄严持重令人

---

① 《四书辞典》,吴量恺(主编),崇文书局 2012 年版,第 171 页。

第三章 "五美"之"求仁而得仁"与使"事物回归自身"之译

望而生畏,这不也就是威严而并不凶猛吗?"①

"惠而不费"指的若是"让民众从能够得到的事情上去获得利益"而"并不耗费",那么,读者就会追问,从政者明明知道,本来还有其他"民众能够得到的事情",也就是"利益方面的资源",而他有意加以隐瞒,因而,才会"并不耗费"?若是不予隐瞒,他就要"耗费",但对"百姓获得利益"有利?那么,这样一个人物,他所"选择合适的时机和事情来役使百姓",一定也一样别有用心?因此,他是一个彻头彻尾的"个人中心主义者":一旦触及"利",他就不予"耗费";一旦涉及"劳",他就特地"选择时机"。他既不怨"耗费"因而自私,既"役使百姓"而他本人从来无所作为,对待他人却是高高在上、指手画脚,那么,如此人物,又何以会想到"追求仁义"?他的这种追求若是可信,那又会是什么"仁义"?

译文 8. 子张问道:"五种美德是什么呢?"/孔子说:"君子给百姓好处,而自己却并不耗费;役使百姓,而百姓却不怨恨;追求仁德,并不贪婪;坦然处置一切,却并不傲慢;威严庄重却并不凶狠。"/子张问道:"给百姓好处,而自己却不耗费,这是什么意思呢?"/孔子说:"让百姓作对他们有利的事,不就是使百姓得到好处而自己不耗费吗?选择百姓能干的事情让他们去干,百姓有谁会怨恨呢?自己追求仁德而得到了,还贪求什么呢?凡君子,不管人多少,势力大小,都不敢怠慢,这不就是泰然处置一切,并不傲慢吗?君子衣冠整整齐齐庄重严肃,让人看见就敬畏,这不就是威严庄重却并不凶狠吗?"②

若"让百姓作对他们有利的事,而自己却不耗费",或者说,"给百姓好处,而自己却不耗费",就是"惠而不费"的意义,那么,(一)"百姓"不知自己给自己好处,因而,需要有人——这里是指从政

---

① 彭亚非:《论语选评》,岳麓书社2006年版,第264页。
② 邹憬:《论语通解》,译林出版社2014年版,第295页。

者——的引导、点拨和确认。如此，从政者身在"百姓"①之外，并不归属其中，在一个"宗法制"的社会之中，他如何"从政"，岂不成为问题？（二）有关"百姓"很可能是对"利"没有深刻认识的人，因而，自己才不知如何做"对他们有利的事"。而下一句的译文"选择百姓能干的事情让他们去干，百姓有谁会怨恨呢"，疑问也包括两个方面：（一）为什么"选择百姓能干的事情"，他们就不"会怨恨"？二者之间的关系就是，只要是"选择"了这样的"事情"，"百姓"就不会怨恨，还是说，若是"不"做这样的"选择"，一味劳动"百姓"，他们就会"怨恨"？那么，和对上一句的译文的疑问一样，身为高于"百姓"之上的人，才有"能力"做出"选择"，而"百姓"无此能力。如此，这不是进一步在说，"百姓"皆为"愚氓"，因而，才会"不知去做自己能干的事情"。（二）相反，若是"选择"他们不能"干的事情"，"百姓"是否"会怨恨"？这一疑问，要追问的是，这样的"百姓"假若不知道自己要做什么事情，他们能够了解、是否做得来"他们做不了的事情"吗？

二者合一，就会质疑，如此迻译经文，先是在描写从政者"让百姓作对他们有利的事，而自己却不耗费"，其意向是：这样的从政者有意只是让"百姓"着眼于眼前、看得到的"利害"，而不是长久的、久远的"利益"。因为，若一味去做"对他们有利的事"，那一定是，近在手边的，而如此的"利民之举"是否遮掩了根本性的"利"，不管那是什么，"自己不耗费"，其用意是否与此有关？另外，要"百姓"承担劳役，美其名曰"他们自己能干的事情"，而从政者则无所谓"劳"的表示，还希望百姓"无怨"，如此"任其劳又任其（无）怨"，的确是

---

① 《尚书·泰誓中》："百姓有过，在予一人。"孔安国（传）、孔颖达（疏）：《尚书正义》（李学勤主编，《十三经注疏》之二），北京大学出版社1999年版，第277—278页。）孔颖达疏曰："此'百姓'与下'百姓懔懔'皆谓天下众民也。"（同上。）《论语·颜渊》："百姓足，君孰与不足？百姓不足，君孰与足？"此处邢昺的疏将"百姓"解为"百姓家"。（何晏（注）、邢昺（疏）：《论语注疏》（李学勤主编，《十三经注疏》之十），北京大学出版社1999年版，第161页。）

第三章 "五美"之"求仁而得仁"与使"事物回归自身"之译

在强调,"百姓"地位低于从政者,必须服从之、听命之,但若这样的"命"是强制性的甚至是要强迫人的,"无怨"如何可能?

有此二者,还要再说,"自己追求仁德而得到了,还贪求什么呢?",或已无意义。首先,这样的从政者懂得什么叫"仁德"吗,若对"己所不欲,勿施于人"(《论语·颜渊》)① 一无所知?

仲弓问仁。子曰:"出门如见大宾,使民如承大祭。己所不欲,勿施于人。在邦无怨,在家无怨。"仲弓曰:"雍虽不敏,请事斯语矣!"②

孔颖达疏曰:"大祭,禘郊之属也","使民失于骄易,故戒之如承奉禘郊之祭"。③ 在"使人"时抱着这样诚恳、虔诚到如同"祭祀"一般待人的态度,才能达到"劳而无怨"这种效果。因为,其中含有不可移易的"怨道":要想做成一件事,必站在他人立场上做出考量,而不能以"我"为主。如此"有人无我",才可"我不愿做的",当然也就"不会强加于人"。那么,对"择可劳而劳之,又何怨",仅仅出之以"选择百姓能干的事情让他们去干,百姓有谁会怨恨呢",其中还含有"仁爱之心"吗?如果没有"己所不欲"的意向,何来这样的"仁心"?

最后两个问题要质疑的是,后文之中的"求仁得仁",无论如何表达,还有"仁"包含其中吗?

译文 9. 子张说:"是哪五种美德呢?"/孔子说:"君子施予恩惠而不浪费,使百姓劳动而不怨恨,有欲望而不贪婪,安详而不骄傲,威严

---

① 何晏(注)、邢昺(疏):《论语注疏》(李学勤主编,《十三经注疏》之十),北京大学出版社1999年版,第158页。
② 何晏(注)、邢昺(疏):《论语注疏》(李学勤主编,《十三经注疏》之十),北京大学出版社1999年版,第158页。
③ 何晏(注)、邢昺(疏):《论语注疏》(李学勤主编,《十三经注疏》之十),北京大学出版社1999年版,第158页。

而不凶猛。"/子张说："什么叫做施予恩惠而不浪费呢？"/孔子说："就着百姓有利的地方去给他们利益，不就施予恩惠而不费力了吗？择取能够使百姓劳动的时候去劳动他们，又有谁怨恨呢？希求仁而得到了仁，还贪婪什么呢？无论多少，无论大小，君子都不敢怠慢，不就安详而不骄傲了吗？君子端正自己的衣冠，庄重自己的仪态，严肃地使人望而生畏，不就威严而不凶猛了吗？"①

"就着百姓有利的地方去给他们利益"，一定是"封藏利益"之意，所以，从政者才会"自己不浪费"？将"不费"解释为"不费力"，可能比其他译文更进一步带来负面的东西：若是从政者如此"不费力"，靠什么来指点"百姓有利的地方"？无所作为或者说慵懒，就是这样的从政者的特色？对"择可劳而劳之"，依"时间"来释义，问题依然：即令是在合适的时候，"劳动"民众，若是强迫性的，他们岂能"不怨"？的确，夫子讲过："道千乘之国，敬事而信，节用而爱人，使民以时。"（《论语·学而》）②但显然，他所说的前提是，"敬事而信"和"节用而爱民"，若加以参照来解"劳而无怨"，一定会说，"使民以时"是首先要求"敬、信、爱"，此译显然并不能体现出来。

而且，若仅仅是按照"时令"的意思来解"择可劳而劳之"，那么，便仍是在说，从政者"使民"是着眼于"物理时间或曰时候的适宜"，而不是"心中之时是否合宜"，而后者意味着，在"民"乐意从事的时候"择可劳"，那一定才是"无怨"的。那么，这样的"时"只有在"先之，劳之"（《论语·子路》）③的意向上，才可成就：从政者行事在前，与"民"一起"劳"，甚至是奋不顾身，才可能达到一般要求。而这意味着，"时"是"民"之"得意之时"，也就是，"民"能听到"此心"之呼唤、能得知"天命"之要求的情况下，才真正出现

---

① 金良年：《论语译注》，中华书局2016年版，第318—319页。
② 何晏（注）、邢昺（疏）：《论语注疏》（李学勤主编，《十三经注疏》之十），北京大学出版社1999年版，第4—5页。
③ 何晏（注）、邢昺（疏）：《论语注疏》（李学勤主编，《十三经注疏》之十），北京大学出版社1999年版，第170页。

第三章 "五美"之"求仁而得仁"与使"事物回归自身"之译

"不怨"。因为,只有这样,他们的人生价值才可趋向实现。如此之"适时而劳",当然也就会成为"乐而劳之",也就是,"劳即为乐"。如此提升,或能预先阻止"劳而无怨"所带来的解释学问题,以比较周备地回应"择"什么、如何"择",才能"无怨"。因而,仅仅关注"择取能够使百姓劳动的时候去劳动他们",仍然是不足以说明"劳而无怨"的意涵的。

下录译文,大致也是如此,或已无须详论,容当略加点评:

译文 10. 子张说:"什么是五种美德?"孔子说:"君子给百姓好处,却没有浪费;劳役百姓,却没有怨恨;有欲望却不贪婪;安泰却不骄傲;威严却不凶猛。"子张说:"什么叫给百姓好处,却没有浪费呢?"孔子道:"按照百姓应得的利益而给他们好处,这不就是给百姓以好处而没有浪费吗?按照时令让人民劳动,谁会怨恨呢?想得到仁时而得到了仁,又怎么会贪求呢?君子无论人多人少,无论势力大小,都不怠慢他们,这不就是安泰却不骄傲吗?君子衣冠端正,目不斜视,神态庄严,使人望而生畏,这不就是威严却不凶猛吗?"[①]

依此译,"因民之所利而利之"的意思是:"按照百姓应得的利益而给他们好处。"但是,这里的"应得的利益"所指为何,不甚了了。就"利益"的"增益"而论,若今年的"利益"不多于往年的,则很难说,那种份额才是其"应得的"。而且,以此为限,来确定"百姓应得的利益",不过说是物质层面的,因而,很可能与精神导向上的建立不起关系。这样,物质利益,也就是一种欲望,今年的若只是去年的额度,已经难以满足。如此解之,实则突出从政者为满足自己而怂恿人的贪欲。如此,从政者"不浪费"的是物质,而"百姓"在精神层面的损失,是否已构成一种"浪费":对于从政者期盼成为无谓,有关希望变为奢望,而且,力图实现的生命价值在等待之中悄然流逝?

从"时令"角度来解"择可劳而劳之",上文已经讨论其中存在的

[①] 张其成:《张其成全解论语》,华夏出版社 2017 年版,第 385 页。

问题。至于"求仁得仁"以"想得到仁时而得到了仁"出之,若前二者都不可能,这"第三美"又如何可能?

译文 11. 子张问道:"什么叫作五种美德?"孔子说:"君子给百姓恩惠却又不破费;役使百姓却又使百姓没有怨恨;有欲望却不贪心;安舒大方却不骄傲;仪态威严却不凶猛。"子张又问道:"什么叫作给百姓恩惠却又不破费?"孔子说:"凭借百姓能得到利益的地方而使百姓得到利益,这不就是给百姓恩惠却又不破费吗?选择百姓能干的活儿和时机,让他们去干,谁还会有怨恨呢?想要得到仁德便得到了仁德,又怎么能贪求财利?君子无论人多人少,也无论势力大小,都不敢怠慢,这不就是安舒大方却不骄傲吗?君子将衣帽穿戴整齐,使观瞻庄重,严正的仪态使人望而生畏,这不就是威严却不凶猛吗?"①

"凭借百姓能得到利益的地方",才使之"得到利益",那么,从政者有可能是没有办法创造条件,让他们"得到利益"。"择可劳而劳之",添加了"能干的活儿和时机",但仍然不能满足"劳而无怨"的要求,因为,按照上文所说,"无怨"更关乎的是"心怨"之"心"。在这种情况下,"想要得到仁德"如何可能,更遑论"得到了仁德"? 下例思路与上例趋同:

译文 12. 子张问道:"什么是五种美德?"/孔子说:"君子给人以恩惠却并不须破费,役使人民却不会让人民心存怨恨,有欲望却不贪心,安详坦然却不骄傲自大,威严却不凶猛。"/子张又问道:"什么叫给人恩惠却不须破费?"/孔子说:"借着人民能够得利的事情使他们得利,这不就能做到给人恩惠却不须破费吗?选择可以役使人民的事情和时机来役使人民,这不就是能做到役使人民却不会让人民心存怨恨吗?想得到仁就得到了仁,又有什么可贪求的?君子无论人多人少,事大事小,从不敢怠慢,这不就能做到安详坦然却不骄傲自大了吗?君子衣冠整齐,仪表高贵,别人瞻视的时候,矜持庄重让人望而生畏,这不就做

---

① 朱振家:《论语全解》,上海古籍出版社 2014 年版,第 317 页。

第三章 "五美"之"求仁而得仁"与使"事物回归自身"之译

到威严却不凶猛了吗?"①

译文 13. 子张说:"什么叫'五美'?"孔子说:"君子施惠于人,自己却没破费;役使百姓,百姓却不怨恨;希望获得,却又不是贪婪;矜持自负,却不盛气凌人;威仪堂堂,却不凶猛吓人。"/子张说:"您说的'惠而不费'等等,是什么?"/孔子说:"顺应大众的利益而使他们得利,这不是施惠于人自己却没有破费吗?选择可以役使的时机去役使百姓,又能怨恨谁呢?追求仁德又得到了仁德,还贪求什么呢?无论人多人少,无论势力大小,都不怠慢他们,这不就是虽然矜持自负却不盛气凌人吗?君子衣冠整齐,目不邪视,庄严地使人望之顿生敬畏之心,这不是威严而不凶猛吗?"②

"顺应"而不是"创新",的确省事省心,不仅不用"自己破费",情况甚至是:"大众"本来就心知肚明的,从政者也要予以"顺应";但是,这也未免太"破费"——思想——了吧?如此,把"大众"视为"群氓",最终也就可以"选择可以役使的时候"去"役使"他们;因而,也就促成了"追求仁德又得到了仁德"?这样的从政者,真的是在"享受生活":不仅享受"大众"的"劳动",还能享受他们的自然的取向,因而,也就用不着"道之以德",进而与之共同进入一个"德性"的世界。如此,这样的从政者,是不可能长期保持其所欲治理的社会的秩序的。

译文 14. 子张说:"五种美德是什么呢?"孔子说:"在上位的君子要做到:给百姓施惠却能不致太耗费,劳动了百姓却能不致招致怨恨,表现了欲望能不致贪婪,神情舒适却不骄傲,态度威严却不凶猛。"子张又问:"什么是给百姓施惠却能不致太耗费?"孔子说:"顺着百姓所向往的利益,能引导他们得利,不就是给百姓施惠却能不致太耗费吗?选择可以让百姓劳作的时候,才让百姓从事劳作,谁还会生怨恨之心

---

① 《文白对照〈四书〉》,王国轩、张燕婴、蓝旭、王丽华(译),中华书局 2007 年版,第 101 页。

② 杨逢彬:《论语新注新译》,陈云浩(校),北京大学出版社 2016 年版,第 385 页。

呢？自己想要行仁，又得到了以仁爱待百姓的机会，还要再贪求什么呢？不管人数多少，势力大小，君子对他们都不敢怠慢，这不也是神情舒坦却不骄傲吗？君子穿戴整齐，重视自己的神态；别人见了他的威仪能心生敬畏，这不也是态度威严而不吓唬人吗？"①

"施惠却能不致太耗费"，"耗费只要一丢丢"；如此，也就是说，这样的"在上位的君子"是不太吝啬的人，或者说只要表现得不太吝啬，也就行了。因而，他做事的原则是："不致太耗费"？同样地，只要能"劳动百姓"同时又"不招致怨恨"，那就是可行的，因而，也就能满足"择可劳而劳之"的要求。不过，这是否仍然是一种"吝啬"，即自己不劳动，还要强使他人为之劳动，同时又害怕会"招致怨恨"？如此，心理上的担心或畏缩，呈现的可能是一种"猥琐"。而"顺着百姓所向往的利益"，去"引导他们得利"，若是后者并不"向往"，又该如何？一味"顺着"，若那是"现成的"，那么，从政者只需"察言观色"，抓住"百姓"表现出来的欲求之"向往"，就能不"耗费"自己的利益，而同时又使百姓"得利"：如此一举两得，如果仅仅满足于物质之"利"，进而止步于此，百姓并不见"心"系于此，或者说，"志不在此"，不见得是什么好事。若是"百姓"在从政者眼光所及之处，并没有兴起"向往"之思，又该如何？

译文 15. 子张又问："什么是五种美德？"孔子回答说："施惠于百姓而自己却没有什么损耗，劳役百姓但他们却毫无怨言，追求仁德却没有贪婪，安泰却不骄傲，仪表威严但不凶猛。"/ 子张说："什么叫施惠于百姓而自己却没有什么损耗？"孔子说："鼓励百姓做对他们有利的事，这不就是施惠于百姓而自己却没有什么损耗吗？在百姓合适的条件下，让他们干力所能及的事，又有谁会怨恨呢？追求仁德便得到仁德，又贪求什么呢？无论人多人少，势力大小，都不怠慢他们，这不就是安泰矜持而不骄傲吗？君子衣冠整齐，目光严肃端正，令人望而生畏，这

---

① 刘君祖：《新解论语》（下篇），中信出版集团2016年版，第260页。

第三章 "五美"之"求仁而得仁"与使"事物回归自身"之译

不就是威严但不凶猛吗？"[1]

仅仅是"鼓励百姓去做对他们有利的事"，难道说，（一）"百姓"自己不懂得如何去"做对他们有利的事"；也就是，那样的人已经"麻木不仁"，甚或昏庸无能，因而，才需从政者在这方面也要进行"鼓励"？（二）难道相反的推论成立，若"百姓"一向是在做"不利于他们的事"，因需"反向鼓励"？那一定是一种惩戒，而与夫子之"民免而无耻"（《论语·为政》）[2]之训不合。因此，这也就说明，仍需从"德性的培养"入手，来释解此章经文，比较合适。这意味着，译者并没有关注如何"从内在"入手解之，因而，我们读到的，也就是不能成立的对物质利益和其他外在的因素的强化。这样，"在百姓合适的条件下，让他们干力所能及的事"，也一样是一种外在的强制：若"百姓"从事于此，并不是自愿自觉，也就是，并不是"发自内心"，如何求知他们会"无怨"？

译文16. 子张说："五种美德是什么？"/孔子说："君子要做到的是：施惠于民，自己却不耗费；让百姓劳动，却不招来怨恨；表现欲望，但是并不贪求；神情舒泰，但是并不骄傲；态度威严，但是并不凶猛。"/子张说："施惠于民，自己却不耗费，这是什么意思呢？"/孔子说："顺着百姓所想要的利益，使他们满足，这不是施惠于民，自己却不耗费吗？选择适合劳动的情况让百姓劳动，又有谁会怨恨？自己想要的是行仁，结果得到了行仁的机会，还要贪求什么呢？不论人数多少以及势力大小，君子对他们都不敢怠慢，这不也是神情舒泰却不骄傲吗？君子服饰整齐，表情庄重，严肃得使人一看就有些畏惧，这不也是态度威严却不凶猛吗？"[3]

此译之中的有关问题，上文都已讨论，因为此译指向与上引诸例几

---

[1] 杨朝明：《论语诠解》，山东友谊出版社2013年版，第357页。

[2] 何晏（注）、邢昺（疏）：《论语注疏》（李学勤主编，《十三经注疏》之十），北京大学出版社1999年版，第15页。

[3] 傅佩荣：《人能弘道：傅佩荣谈论语》，东方出版社2012年版，第413页。

乎是一致的。

上文所提的最后"二美"的问题尚未解答，留待对英译的讨论。

第三节 全无"中道"意识的英译及其问题

译文 17. Tsze-chang said, "What are meant by the five excellent things?"/The Master said, "When the person in authority is beneficent without great expenditure; when he lays tasks *on the people* without their repining; when he *pursues what he* desires without being covetous; when he maintains a dignified ease without being proud; when he is majestic without being fierce."/Tsze-chang said, "What is meant by being beneficent without great expenditure?"/The Master replied, "When *the person in authority* makes more beneficial to the people the things from which they naturally derive benefit; is not this being beneficent without *great* expenditure? When he chooses the labours which are proper, and makes them labour on them, who will repine? When his desires are set on benevolent *government*, and he secures it, who will accuse him of covetousness? Whether he has to do with many people or few, or with things great or small, he does not dare to indicate any disrespect; is not this to maintain a dignified ease without any pride? He adjusts his clothes and cap, and throws a dignity into his looks, so that, thus dignified, he is looked at with awe; is not this to be majestic without being fierce?"①

子张问的"何如斯可以从政矣"，也就是，如何才能"从政"，易言之，开始从政需要注意的问题是什么，或者说有关要求是什么。夫子以"尊五美、屏四恶"答之。因而，此章的主题，可以归结为"从政之要"。理雅各将此句译为：In what way should a person in authority act in order that he may conduct government properly?（权威之人应该以什么方式

---

① James Legge, *The Analects*, Nanjing: Yilin Press, 2010, pp. 194–195.

第三章 "五美"之"求仁而得仁"与使"事物回归自身"之译

采取行动,以便他有可能适宜地组织政府?),这一处理,是将"从政(者)"直接释为 person in authority,其意为:当权人物、权威人物。这实际上是在将"从政者"视为"当权者",因为 authority 的意思是:power to influence or command thought, opinion, or behavior(影响或命令思想、意见或行为的权力)。以《论语》的语境视之,这样的人可能是偏重于为君王服务的人,甚至是诸侯,而不是那些汲汲以求,争取为人臣、积极干政的人物。也就是说,如此翻译,可能封堵了众多因时代关系而丧失了贵族身份但又在争取为国家或邦国效力的人物,以及那些本来出身不高但有一定的政治抱负而志在天下的人物。后一类人物的存在才可说明,中国古时的政治才是有前途和未来的。因此,我们认为,理应照顾到这一类的"从政者",因而,有必要将之译为:How should a person start his political career in the correct way?(人如何以正确的方式开始其政治生涯?)。这里所用的 the correct way,虽不无与 How 重复之嫌,但通过对之的强调,要突出的是,夫子"政者,正也"(《论语·颜渊》)[①] 之意。相反,若是译文固执于眼前的"从政者",亦即,此译所说的"在位者"(a person in authority),那么,便有可能引向夫子极力贬低的那种人物:

曰:"今之从政者何如?"子曰:"噫!斗筲之人,何足算也?"(《论语·子路》)[②]

而对"正"的强调,势必突出夫子所说的"苟正其身矣,于从政乎何有?不能正其身,如正人何?"(《论语·子路》)[③]。"从政者"其

[①] 何晏(注)、邢昺(疏):《论语注疏》(李学勤主编,《十三经注疏》之十),北京大学出版社 1999 年版,第 166 页。

[②] 何晏(注)、邢昺(疏):《论语注疏》(李学勤主编,《十三经注疏》之十),北京大学出版社 1999 年版,第 178 页。

[③] 何晏(注)、邢昺(疏):《论语注疏》(李学勤主编,《十三经注疏》之十),北京大学出版社 1999 年版,第 175 页。

身份本身意味着，人若"从政"，必从自身做起，而首先思考，如何做到"正己"。儒家"为己之学"本来就是要培养人的内在之力的。因此，如此设计人物，也一定会体现"为学者"的入世关怀的导向。

这样，若依此译，将"从政者"直接视为"在位者"或"权威人物"，不仅"正己"心态不复存在，"学"的意向亦随之消失，那么，又如何以谦卑的态度，去对待民众？儒家"谦谦君子，卑以自牧也"（《周易·谦卦·象传》）①的风度，就可能被挡在释义之外。而"言念君子，温其如玉"（《诗经·秦风·小戎》）②，因而，"如切如磋，如琢如磨"（《诗经·卫风·淇奥》）③（《论语·学而》子贡引）④，可能也

---

① 王弼（注）、孔颖达（疏）：《周易正义》（李学勤主编，《十三经注疏》之一），北京大学出版社1999年版，第82页。
② 毛亨（传）、郑玄（笺）、孔颖达（疏）：《毛诗正义》（李学勤主编，《十三经注疏》之三），北京大学出版社1999年版，第415页。
③ 毛亨（传）、郑玄（笺）、孔颖达（疏）：《毛诗正义》（李学勤主编，《十三经注疏》之三），北京大学出版社1999年版，第216页。
④ 《淇奥》之句，郑玄笺："治骨曰切，象曰磋，玉曰琢，石曰磨。道其学而成也。听其规谏而自修，如玉石之见琢磨也。"（同上书，第216页。）《论语》所引，邢昺正义："此《卫风·淇奥》之篇，美武公之德也。治骨曰切，象曰瑳，玉曰琢，石曰磨，道其学而成也。听其规谏以自修，如玉石之见琢磨也。"（参见何晏（注）、邢昺（疏）：《论语注疏》（李学勤主编，《十三经注疏》之十），北京大学出版社1999年版，第12页。）朱熹注："《诗·卫风·淇奥》之篇，言治骨角者，既切之而复磋之；治之已精，而益求其精也。子贡以为无谄无骄为至矣，闻夫子之言，又知义理之无穷，虽有得焉，而未可遽自足也，故引是诗以明之。"（朱熹：《四书章句集注》，中华书局1983年版，第53页。）《礼记·大学》传之中亦引此句云："'如切如磋'者，道学也。'如琢如磨'者，自修也。"（郑玄（注）、孔颖达（疏）：《礼记正义》（李学勤主编，《十三经注疏》之六），北京大学出版社1999年版，第1593页。）孔颖达正义云，前者"论道其学也"，后者"谓自修饰矣，言初习谓之学，重习谓之修，亦谓《诗》本文互而相通也"（同上书，第1597页）。朱熹注："切以刀锯，琢以椎凿，皆裁物使成形质也。磋以鑢锡，磨以沙石；皆治物使有滑泽也。言治骨角者，既切而复磋之；治玉石者，既琢而复磨之。皆言其治之有绪，而益致其精也。"（朱熹：《四书章句集注》，中华书局1983年版，第6页。）张居正解释："曾子引诗而解释其义说道：'所谓如切如磋者，是说卫武公勤学的事，他将古人的书籍与古人的行事，既自家探讨，又与人辩论，务要穷究到极精透的去处然后已。便与那治骨角的，既切了又磋的一般，所以说如切如磋。所谓如琢如磨者，是说卫武公自修的事，他省察自己的身心，或性情偏与不偏，或意念正与不正，或行事善与不善，务要见得分明，治得干净，不肯有一些瑕玷，便与那治玉石的，既琢了又磨的一般，所以说如琢如磨。[……]盖言卫武公尽学问自修之功，[……]由是德极全备而为盛德，善极精纯而为至善'[……]。"（《张居正讲述〈大学·中庸〉》，陈生玺（译解），上海辞书出版社2007年版，第15—16页。）

第三章 "五美"之"求仁而得仁"与使"事物回归自身"之译

就无从联想。越是跨文化的语言翻译，或许，越是需要在出发点上关注如何迻译，才可忠实传译经文的丰富意涵。

"惠而不费"，此译解释：When the person in authority is beneficent without great expenditure（在位者慷慨大度，又无大耗费），似是要强调"从政者"的"善行义举"，因为 beneficent（慈善的、善行的）之意就是：doing or producing good（做好事、行善），generous in assistance to the poor（帮助穷人很慷慨，慷慨救助穷苦）。如此"慷慨大度"的人物施恩于人，或是为巩固其"权势地位"。因而，如此处理或能突出其"向善"之心或"行善"之意，但算得上"仁"吗？而 without great expenditure（无大耗费），其中的 expenditure（支出，花费；经费，消费额）意为：money paid out（付出的钱款），the act of spending money for goods or services（为货物或服务而消费金钱的行为），或 the act of consuming something（消费某物的行为）。这样，一方面说这样的"在位者"是"慷慨的"，另一方面又讲他"很少耗费"，那么，如何说明，他的"大度"，他的"慈善"是"有心"的，岂非已成问题？那么，此译对夫子对"惠而不费"的解释"因民之所利而利之，斯不亦惠而不费乎"的译文：When the person in authority makes more beneficial to the people the things from which they naturally derive benefit; is not this being beneficent without great expenditure?（在位者使人民从其本来可从中获取利益的事物之中更多获利；——这不就是不多破费而有了恩惠了吗？），显而易见，是站在这样的"在位者"的立场，所形成的解释。有关问题，上文已有评论。这里要说的是，若是译解没有走儒家思想正轨，就有可能像目前这一译文一样，将本来正面的处理为负面的，那么，所谓的"从政者"也就成了小气、狭隘、贪恋其位的人物，哪里会有"惠而不费"的"君子"的影子？

这样，依此译，"劳而无怨"，也就进一步强化了以自我为中心的这位"在位者"的用意：when he lays tasks on the people without their repining（他为人民分派任务，而他们并未抱怨）。其中的 repine 意为：

express discontent（表达不满），或 feel or express dejection or discontent（感到或表达沮丧或不满）。这里的 task（任务、工作）意为：a usually assigned piece of work often to be finished within a certain time（通常是指一般要在某一时间之内完成的分派的工作），something hard or unpleasant that has to be done（很难或令人不快但必须做成的某件事）。那么，这样的"在位者"的权威人物，分配如此的"工作"，不得不做的人，竟然没有"抱怨"？那是不是说，后者已经麻木，只要能活得下去，就已满足，也就没有必要再抱怨，因为那有可能影响到生存。这样，即使再怎么令人不快或艰苦的"工作"，也是应该完成的。这种情况下，千万不能"发牢骚"、"讲怪话"，甚至是"抱怨命不好"等，当然也就更不能"怨恨"有关人物。否则，会有什么样的结果，做此"工作"者会不清楚吗？因而，如此处理，再与"择可劳而劳之"这一解释的译文结合起来，就会发现更多问题：When he chooses the labours which are proper, and makes them labour on them, who will repine?（若他选择适宜的劳动，并且使之依之而劳动，谁会抱怨呢？）。的确，是不会有人抱怨的，如果这意味着人的生命安全，或者说，生存问题的话。因为，译文可能暗示，"在位者"握有"生杀大权"。为什么要为"人民"（the people）"分派任务"，而后者又不加"抱怨"？是因为前文所说的"给人以恩惠"但又"不太耗费"？凭着小小的"恩惠"，"人民"就能"服其劳"① 而毫无"抱怨"之心，因而，再一次说明，即使如此"负重"甚或"屈辱"，他们也有所忌讳而"无怨言"。这，究竟是什么样的生活？

在这样的语境之中，"求仁得仁"被处理为：when he pursues what he desires without being covetous（他追求他所欲求的，但并没有贪婪），充其量意思不过是：这样的"从政者"也要追求自己之所欲，但并不过度。如此释解，"第三种美"是和"第一种"相当，或是重复表达。

---

① 借用《论语·为政》："子夏问孝。子曰：'色难。有事，弟子服其劳；有酒食，先生馔，曾是以为孝乎？'"（何晏（注）、邢昺（疏）：《论语注疏》（李学勤主编，《十三经注疏》之十），北京大学出版社 1999 年版，第 17—18 页。)

第三章 "五美"之"求仁而得仁"与使"事物回归自身"之译

至于夫子对此语的解释"欲仁而得仁,又焉贪",译文则是:When his desires are set on benevolent government, and he secures it, who will accuse him of covetousness?(如果他的欲求是建立慈善的政府,而且,确保其成,谁又会指责他贪婪呢?),如此解释,是说,"从政者"是将自己的追求或"欲望"放在"慈善的"(benevolent)的经营上。因为此词的意思就是:doing or producing good(做善事),intending or showing kindness(有意为善或显示善意),having or showing or arising from a desire to promote the welfare or happiness of others(具有或显示或起自某种欲望,以求推动他人的福祉或幸福)。很明显,此词与 beneficent 为同一词根(bene 意为:好)[1]。这样,"仁"之意向就变成了"好人的慈善之心",而且,不免与"惠而不费"之"惠"相重叠?而按照我们的理解,"第一美"讲的是,"从政者"与民应最终互惠,如此才可说,恩惠本身体现其终极价值,因而,也就永远不至于"费";而"劳而无怨"则强调,"从政者""先之,劳之"(《论语·子路》)[2],与"民"共同劳作,各尽其能,如此才会不至于招致"心怨"。因而,这二者对作为"第三美"的"求仁得仁"来说,是一种铺垫,也就是说,前"二美"都应包含在"第三美"之中。如此,才可突出"求仁得仁"的要义。这也说明,"仁"作为人的"全德",理应包揽一切"美德"。而理雅各以不无重复的方式,传译"第三美"显而易见是没有顾及"五美"的层次感及其相互关系。另一个重要问题是,像诸多其他观念一样,"仁"在英文之中并没有"对应词"。易言之,被视为儒家最高原则或观念的"仁",因为在目的语之中并没有与之对应的表达方式,其意不能得到相应的适宜传达。而此译的有关处理,加剧了问题的严重性:与其他几种"美"一样,这里的"仁"的处理也自然是以释义之法进行,

---

[1] benevolence 与 beneficence 本是同义词(2020 年 2 月采集,引自 *The Free Dictionary*)(https://www.freethesaurus.com/benevolence)。

[2] 何晏(注)、邢昺(疏):《论语注疏》(李学勤主编,《十三经注疏》之十),北京大学出版社 1999 年版,第 170 页。

也就是说，翻译不是在界定此词的含义，而是在释解它包容的某一方面的意义，并试图以某一个对应的表达加以"稀释"；或曰，抓住某一个方面或几个方面，而试图以语境化的手段，将其中的一个或几个相应的意向付诸目的语之中。因而，实际上，我们在这里也便只能看到，"仁"作为一个关键字眼，其意向已被挥洒或弥散于其他词语之中。这意味着，此词本身在这里并没有真正成为一个"大词"。由此可见，"仁"作为儒家的最高原则，并没有真正进入英文。而理雅各的处理，尽管不失为一种方法，但是，其代价正是：最为关键的，被稀释、被分散、被弱化，同时也就被融化到别的观念之中。在这里，是以"善"为中心，在传译"惠而不费"和"求仁得仁"，故而，也就有了 beneficent 和 benevolent 的重叠。

由于在处理"惠而不费"和"劳而无怨"时，译文并没有取向"极高明"，因而，其解释也就降低在最低层次，也就是字面意义上。因而，我们读出的，有可能也就不是作为"以仁爱为己任"的"君子"的"从政者"，而是一种吝啬而又别有用心的人，虚情假意，而且，咄咄逼人，因而，人才"有怨而不敢声言"。如此，后文的 benevolent 可能就有了反讽的意味：译者似乎正面"赋义"的，读者会读出负面的意向，而且，是与这一人物在经文之中完全相反的意向：以仁人之心待人的"从政者"，在这里，已经蜕变为另一种人物，貌似在讲"慈善"，事关"政府的管理"；而且，这位"在位者"一力坚持"善意"的表达，致力于"慈善的政府"，因而，也就不会有人指责他"贪婪"。

但是，正是因为译者要把"惠而不费"之"惠"、"劳而无怨"之"怨"以及"仁"本身，与具体的事端紧密结合起来，因而，它们精神层面的意涵，也就不断消减。最终，这样的"从政者"似乎便只是在应对物质追求，无论对他自己、对民众还是对政府，莫不如此。这样，儒家"为己之学"的核心目的，即人的内在世界的打造，或曰内德的培养和壮大，在此译之中，始终见不到多少暗示。也可以说，译文走的是外在化的路径，因而，不能对准"利利"之自我回归、"劳劳"之自

第三章 "五美"之"求仁而得仁"与使"事物回归自身"之译

身归入,并最终呈现"仁仁"的理想状态,也就是自然的事情了。

理雅各译文之中所引出的问题,今日依然。因此,导向上与经文的背离,已经形成一种历史倾向:似乎只要能表达"从政者"的"善举",就等于是传译出了经文之中所欲见出的"善意",尽管前者是行为,后者是一种"心意",那是需要认真体贴和推敲的。

译文 18. "What are the five good principles to be respected?" asked the disciple. / Confucius replied, "First, to benefit the people without wasting the resources of the country; Secondly, to encourage labour without giving cause for complaint; Thirdly, to desire for the enjoyment of life without being covetous; Fourthly, to be dignified without being supercilious; Fifthly, to inspire awe without being severe." / "But," again asked the disciple, "What do you mean by 'To benefit the people without wasting the resources of the country'?" / "It is," replied Confucius, "to encourage the people to undertake such profitable labour as will benefit them, without its being necessary to give them any assistance out of the public revenue; that is what is meant by, 'To benefit the people without wasting the resources of the country'." / Confucius then went on to say, "In the employment of the people in forced labour on works for the public good, if you select those who are most able to bear it, who will have any cause for complaint? Make it your aim to wish for moral well-being and you will never be liable to be covetous. A wise and good man, whether dealing with a few people or with many, with great matters or with small, is never presumptuous and never regard anything as beneath his notice or unworthy of serious and careful attention: that is what is meant by being dignified without being supercilious. And finally, to inspire awe without being severe, a wise and good man has only to watch over every minute detail connected with his daily life, not only of conduct and bearing, but even in minor details of dress, so as to produce an effect upon the public mind, which, without these influences, could only have been produced by fear."①

此译因过多关注"政府"及其"税收"之类，而进一步加大外化倾向，因与儒家内德的打造要求渐行渐远；同时，也正因有关字眼的无端运用，而使译文的视角转向现代"国家"的治理活动，而不是夫子所欲说的，"从政者"该如何培养自己的"内德"。此外，因为过度解释，而使译文累赘且又啰唆。

比如，子张之问只有四字："何谓五美"，而此译则出之以：What are the five good principles to be respected?（要尊重的五种好的原则是什么?），"惠而不费"的译文则是：to benefit the people without wasting the resources of the country（利民则又不浪费国家的资源），而原文的意向仅仅是"不耗费"，可作多解，但重点并不在"国家资源"，否则那便意味着，是"国家"要"利民"，而且，用的是"国库的资源"。而这和"从政者"修德的关系未免太过遥远。"五美"讲的既是"五德"，直接以 principle 出之，此词的意思是：a comprehensive and fundamental law, doctrine, or assumption（包容和基础的法则、教义或假定），the laws or facts of nature underlying the working of an artificial device（支撑某种人为的设置运作的本质的法则或事实）等，一般译为"原理，原则；主义，道义；本质，本义；根源，源泉"等。因而，很明显，此词的主要意向当是外向的，即指向事物，而不是"人心"，故而与"五美"之"美"的内在化取向背道而驰。而后文对这些"原则"的解释，又是在说，各种事务的处理，要依据这样的"规则"。这便加剧了"客观化"的倾向，而与"人心"的取向更为遥远。

这样，"从政者"并不"动心"与人相处，其"美（德）"何在，显然已经有了问题。而事务的渗入，势必加大问题的严重性。因此，作为"第二美"的"劳而无怨"的解释"择可劳而劳之"的译文：In the employment of the people in forced labour on works for the public good, if you

---

① Hongming Ku, "The Discourses and Sayings of Confucius", ed. Huang Xingtao, *Gu Hong Ming Wen Ji*, Haikou: Hainan Publishing House, 1996, pp. 502–504.

第三章 "五美"之"求仁而得仁"与使"事物回归自身"之译

select those who are most able to bear it, who will have any cause for complaint?（在为公共利益所建工程的强制性劳动之中役使人民时，如果你选择最有能力承担的，谁又会有什么抱怨的理由呢？）。且不说，"最有能力"纯属译者个人的理解：若是最具能力的人"与劳"，这便可能意味着，他人较少能力，可以旁观。如此，"有能力的"做事，而"无能力的"或"较少能力的"，自可悠闲生活。两相对比，"任事者"岂不"抱怨"，或者说，岂不产生"怨心"？且只说，如此的"选择"是针对所谓"公共利益的工程"，这是经文之中并没有的意涵，而且，其目的是让"最有能力的人"去承担工程任务；但问题在于，这样分派的劳动，如译文所说，毕竟是"强制性的劳动"（forced labour）。既是"强制"，"民"岂能"无怨"？夫子告诫，"道之以政，齐之以刑，民免而无耻；道之以德，齐之以礼，有耻且格"（《论语·为政》）[1]。显而易见，"强制"与"道之以德"的导向相去千里。

"从政者"本已掌握资源优势，因而，他需要设身处地为他人考虑，故而不能不对自己提出苛刻的要求。若是他的措施，不为人认同，那一定起不到应有的作用，因而，"怨"便会不可避免地出现。由于译者并没有理解"劳而无怨"的"心德"意向，故而，译文所用的"强制"字眼，其本身适足使"劳者怨"。

"欲仁而得仁，又焉贪"的译文 Make it your aim to wish for moral well-being and you will never be liable to be covetous，意思是：把道德上的康乐的欲求作为你的目的，你就永远也不至于贪婪。这显然是一种解释，而且，也一样导向的是外在，而不是内在。因为，道德是社会性伦理化的约束机制，属于外来"施加"性质的力量，而不是发自人内心的精神趋势。如此，即令追求"道德康乐"，而 well-being（康乐）意为 a contented state of being happy and healthy and prosperous（幸福、健康和发达的某种满足状态），由此而来的"幸福感"是道德上的，是人为的而不

---

[1] 何晏（注）、邢昺（疏）：《论语注疏》（李学勤主编，《十三经注疏》之十），北京大学出版社1999年版，第15页。

是自发的，是社会的而不是纯然个体的，是强加的而不是"心甘情愿的"。如此，如何可能形成真正的"幸福"或"康乐"？

译文 19. Tzu-chang said, What are they, that you call the Five Lovely Things? The Master said, A gentleman "can be bounteous without extravagance, can get work out of people without arousing resentment, has longings but is never covetous, is proud but never insolent, inspires awe but is never ferocious"./ Tzu-chang said, What is meant by being bounteous without extravagance? The Master said, If he gives to the people only such advantages as really advantageous to them, is he not being bounteous without extravagance? If he imposes upon them only such tasks as they are capable of performing, is he not getting work out of them without arousing resentment? If what he longs for and what he gets is Goodness, who can say that he is covetous? A gentleman, irrespective of whether he is dealing many with persons or with few, with the small or with the great, never presumes to slight them. Is not this indeed being "proud without insolence"? A gentleman sees to it that his clothes and hat are put on straight, and imparts such dignity to his gaze that he imposes on others. No sooner do they see him from afar than they are in awe. Is not this indeed inspiring awe without ferocity? [1]

"五美"被译为 Five Lovely Things（五种可爱之物），其抽象的意涵可能影响传达。毕竟，"德美"之说才是基本意向。"惠而不费"之"惠"译为 bounteous（giving or disposed to give freely 乐于施与或大方施与的；liberally bestowed 慷慨赏赐的），"费"译作 extravagance（excess or prodigality 奢侈、浪费、过度）。这样，"慷慨施恩于人，而又不过分、不破费"，也就成为此译的重心。但是，若只是高高在上"施恩"、"赏赐"或"赐予"人，那还是要有所破费的。而 without extravagance 的提示，不过是说，只要"表示一下"就行。因而，一方面，那并不是

---

[1] Arthur Waley, *The Analects*, Beijing: Foreign Language Teaching and Research Press, 1998, pp. 265 – 267.

第三章 "五美"之"求仁而得仁"与使"事物回归自身"之译

"施恩",而可能是一种"表现"甚或"表演"。另一方面,还可认为,那是不得已而为之的举动,因而,才不至于"太奢侈"。前一个疑问,可能会使读者认为,这样的"从政者"可能是"伪善";后一个则引人质疑:人如此作为,到底算是小气,还是大方?夫子对"惠而不费"的解释的译文,其处理为:If he gives to the people only such advantages as really advantageous to them, is he not being bounteous without extravagance?(如果他给与人民的只是对之有利的利益,他不就是慷慨而又不浪费?)。此译意向至少是悖论性的。既然"他"的确是"给与人民好处"(advantages),总是要有所舍弃的;设定限制的目的,是强调"不费",而译文说的是,"不浪费",那么,这是在说,施与恩惠的人,"施恩"应适可而止。这样,"不费"也就被理解成物质上的"交易"或曰"交涉"、"交接",当然说不上心灵的"惠而不费",比如,对他人的关系,永远是一种"惠而不费"的活动。有时候,一句问候的话语,也足以让人感到温暖。这样,不走"心路"的译文,也就停滞于"物欲"的施与和满足的"争执"之中,如何会造成"惠",又何以"不费"?

既然上述两个方面的迻译都有问题,那么,译者并没有"极高明"的意识,也就是自然的事情了。因而,"劳而无怨"之处理,can get work out of people without arousing resentment(能让人民工作而不至于引起怨恨),便也存在相应的问题。夫子对之的解释"择可劳而劳之"的译文是:If he imposes upon them only such tasks as they are capable of performing, is he not getting work out of them without arousing resentment?(如果他强派给他们以其能执行的任务,那不就是他使之工作,而没有引起怨恨?)。对于"择",此译以 impose 出之,其意为 compel to behave in a certain way(强加、强迫)。如此之"择",岂能不引发 resentment(怨恨)?此词的意思是:a feeling of indignant displeasure or persistent ill will at something regarded as a wrong, insult, or injury(对被视为错误、侮辱或伤害的事情的愤怒的不快或持续的恶感)。若是不会引发,译文要说明的就是,有关人等麻木不仁,故而,已经对"他人对自己的伤害和侮

"中庸"视域下《论语·尧曰》跨文化英译方法研究

辱"毫无反应？

因此，"二美"不走"心"的结果是，"惠而不费"之"惠"纠缠于物质，而"劳而不怨"之"劳"，其"强加"之势足以使人"麻木"，因而，才会失去正常的"心怨"的反应。在这样的情况下，作为"第三美"的"求仁得仁"被译为：If what he longs for and what he gets is Goodness, who can say that he is covetous? （若他所渴望的和他所得到的就是善，谁又能说，他是贪婪的？）。但是，我们在上面两个方面看不到这种 Goodness①，是如何出现的，而前"二美"的缺席，所能形成的，可能是相反的印象。

译文 20. Zi-zhang said, "What is meant by the five excellent practices?"/ The Master said, "The gentleman is generous without costing him anything, works others hard without their complaining, has desires without being greedy, is at ease without being arrogant, and is awe-inspiring without looking fierce."/ Zi-zhang said, "What is meant by 'being generous without its costing him anything?'/ The Master said, "If a man benefits the common people by taking advantage of the things around them that they find beneficial, is this not being generous without its costing him anything? If a man, in working others hard, chooses burdens they can support, who will complain? If, desiring benevolence, a man attains it, where is the greed? The gentleman never dare neglect his manners whether he be dealing with the many or the few, the young or the old. Is this not being a case without being arrogant? The gentleman, with his robe and cap adjusted properly and dignified in his gaze, has a presence

---

① 若无论 Goodness 的后缀-ness，单以 Good 视之，词源学字典告诉我们：此词可译为："良好的，令人满意的，正当的，适宜的，令人愉快的；有用的，合适的，有益的；好的；新鲜的；有效的；漂亮的，有吸引力的"，"来源于史前日耳曼语 gath-（使相合，统一），其语义变化轨迹为'相合，统一'→'合适，适宜'→'满意'→'好的'。在古英语中为 god，荷兰语为 goed，德语为 gut"，其同源词有：gather, together（2020年2月，《youdict 优词》）（https: //www.youdict.com/ciyuan/s/good/））。因而，Goodness 所带来的"善好"意向，可以突出人与人交往之中的"共同感受导向的好"或"人会聚一处所产生的共同美好的感受"。但若是此译之中的前"二美"已未见其"善好"，"求仁得仁"何以可能？

· 118 ·

第三章 "五美"之"求仁而得仁"与使"事物回归自身"之译

which inspires people who see him with awe. Is this not being awe-inspiring without looking fierce?"①

"五德"以 the five excellent practices（五类卓越的实践活动）出之：excellent 意为 of the highest quality（卓越的、杰出的、优秀的、太好了）；practice 意为 a customary way of operation or behavior（习惯性的操作或行为方式），一般可回译为"实践"。因而，此译重在"行"，而不是"德"。"惠而不费"译为 The gentleman is generous without costing him anything（君子大方但并不耗费他任何东西），generous（willing to give and share unstintingly, 乐于毫不吝啬地给予和分享），的确是"慷慨、大方"。不过，without costing 这一词组又有可能说的是，"并不花费他任何东西"。如此，这样的"大方"的确又是让人怀疑的。好在对夫子的"因民之所利而利之"的解释的处理告诉我们：If a man benefits the common people by taking advantage of the things around them that they find beneficial, is this not being generous without its costing him anything?（如果一个人利用对普通人民认为其周围有利的东西而对之有利，这难道不是大方但又不花费他任何东西吗？），似乎可以解释说，此人"心地善良"、"乐善好施"。但是，仔细审视，便会提出疑问说，此人"一毛不拔"，已可视为"自私"，他"大方"得起来吗？至于看到人民周围有利的东西，便要加以利用，以使之对人民有利，那完全可能是在说，他为人"狡黠"。因为，既然人民"周围"诸多东西对之有利，而且，若已发现其有利，竟然自己没有能力加以利用，这位"绅士"指点或点拨，既可以说，此人"洞察秋毫"，也可以认为，他太过"聪明"。

至于"劳而无怨"的译文 works others hard without their complaining，也一样会让读者觉得不可思议："使他人努力工作，而他们又不抱怨"，究竟用的是什么"手段"？夫子的解释"择可劳而劳之"，其处理为：If a man, in working others hard, chooses burdens they can support, who will

---

① D. C. Lau, *Confucius: The Analects*, Beijing: China Publishing House, 2008, pp. 373–375.

complain?，意思是：如果一个人，在促使他人努力工作过程中，选择他们可以支持的任务，谁将抱怨？但问题是，只要能满足"他人能够负重"这一要求，也就是，有能力"去做如此分派的劳役"，人们就不至于抱怨？进而言之，这位"绅士"自己不动手，偏偏要"役使"他人，又满心欢喜：这些人"不抱怨"。这样的局面，是在描述"绅士"的"德之美"，还是在反讽他的"用心之险恶"或曰"心之诈"？

那么，"求仁得仁"及其解释的译文 has desires without being greedy（有欲望但并不贪婪），If, desiring benevolence, a man attains it, where is the greed？。其中，benevolence 意为 disposition to do good（做善事的倾向），an act of kindness（善意的行为）或 a generous gift（慷慨的礼物），一般译为"慈善、仁慈、乐善好施"。因此，此词的意向似乎是，施恩者单方面的"善意"或"善举"，与"二人成仁"的意涵相比，明显缺少了"一端"及其可能的互动。因而，以此词来译"仁"，充其量可以说是单方面意涵的替代之词。若此语可译为："如果，一个人欲求慈善，而又得到了慈善，哪里有贪婪？"（attain：to reach as an end，达到某个目的），那么，即使是正面的，也不过是说，当事人是力图做些善事，而且，目的也已达到。因而，这还是在强调人的"善举"，而不是"善意"及其对"仁"可能的促成。而且，依此译，若是欲求行善，也已达到了这一目的，那么，贪婪何在？这是否可解为"求仁得仁，故而无贪"的意义？比如说，假若从地上拾起一片纸，也算行善之举，因而，也已达到目的。但是，这算得上夫子所说的"求仁得仁"吗？因而，向着"极高明"努力，才可触及"仁"的真意；与此同时，还有必要创造新词，以便真正突出"仁"之"求"的路径何在。因为，那是英文之中原本没有的。故而，任何解释，都不能到位；只有通过新的创造，才可趋近"仁"。但上文的分析显示，不对应的解释已成趋向。

译文21. "What do you mean by the five virtues?" asked Zizhang. / The Master answered, "The man of honor is generous without excesses. He makes people work without causing them to complain. He is ambitious without being

第三章 "五美"之"求仁而得仁"与使"事物回归自身"之译

greedy. He is self-possessed without being arrogant. He is awe-inspiring without being fierce. " / "What do you mean by being generous without excesses?" / The Master answered, "If you let the common people do what is beneficial for them, isn't it being generous without excesses? If you make people work on tasks they are capable of accomplishing, who will complain? If your ambition is to attain humaneness, there would be no place for greediness. The man of honor puts the many on a par with the few, the high on a par with the low and dares not to be negligent, isn't that being self-possessed without being arrogant? The man of honor dresses properly and looks dignified, his solemnity causing fear. Isn't he awe-inspiring without being fierce?①

此译以 virtue 传译"美（德）"的意义。此词现行意思主要是：Moral excellence and righteousness（道德高尚与正义性），goodness（善好）；An example or kind of moral excellence（道德高尚的例子或种类），一般译为"美德、优点、贞操、功效"。据词典，此词来自拉丁语 *virtus*，词根是 vir（男人），同根词有 virile（男性的、有男子气概的）。virtue 的基本含义是"男人具有的能力和功效"。其隐含之意为：男性是世界的创造者，因为，男人创造世界凭借的就是这种 virtue。英语短语 by virtue of（凭借）用的正是 virtue 的本意，即"功效"。除此之外，virtue 还往往被译为"美德"、"德性"，主要指"英勇、勇敢、刚毅"等与男人气概相关的道德品质，其实归根到底还是指男人气概的"功效"。它还可用来表示女性的美德，但主要指"贞操"，即"忠诚于男性"。所以，不妨把 virtue 理解为"男性的品德"。在古罗马，有一个广受崇拜的神祇维尔图斯（Virtus），即为 virtue 的人格化和神化②。就词源学意义来看，此词主要是表现男人外向性的力量所产生的效力或效果；而从现代英语的角度视之，则其意仍是"道德"层面上的，注重

---

① Lin Wusun, *Getting to Know Confucius—A New Translation of The Analects*, Beijing: Foreign Language Press, 2010, p. 353.
② 2020 年 2 月，《youdict 优词》（https://www.youdict.com/ciyuan/s/virtue）。

"中庸"视域下《论语·尧曰》跨文化英译方法研究

的是外显和争斗①。如此，在倾向性上，它可能就与儒家追求的"美德"不相符合。但是，毕竟，与 virtue 一样，"德"总是要有所表现的，尽管儒家注重"谦德"②，强调"衣锦尚䌹"（《礼记·中庸》）③。很明

---

① 刘小枫指出："大体而言，古代希腊的伦理经历了三大历史阶段：所谓'贵族制'政治伦理、民主制政治伦理和雅典民主政制衰微后流行的廊下派政治伦理。/所谓'贵族制'政治伦理原意指高贵伦理，'贵族政制'（Aristocracy）在词源上源于动词 aristenein（希腊上古时代的古风），荷马史诗是古风希腊智慧的结晶，在《伊利亚特》中，已经有争当出类拔萃者的理想：总争当第一，要比别人出色。"（引自《凯诺斯——古希腊语文教程》（上册），刘小枫（编），华东师范大学出版社 2005 年版，第 151 页。）阿伦特也强调："卓越（excellence）一词本身（希腊语 arete，罗马语 virtue）一直被用来与公共领域（在那里，一个人能胜过他人，能与众不同）相连。"她认为，公共领域是人的卓越得以实现的条件。卓越总是存在于能使一个人卓然而立，并将自身同其他一切人区别开来的公共领域。阿伦特指出："公共条件下所从事的每一项活动，都能达到私人条件下永远无法比拟的卓越境界。显而易见，为了达到卓越境界，总是要求其他人的在场，而这种在场又需要由与自己的地位同等的人所构成的公共的礼节，但那不可能是与自己地位平等或低下的人偶然的、随意的在场。"（引自 Hannah Arendt, *The Human Condition*, Chicago: University of Chicago Press, 1958, p. 49.）阿伦特在此页的注释之中把这一点说得更加清晰：荷马有一个常为人引用的思想，此即，当某天有人遭到奴役，宙斯就夺走了他一半的卓越（arete）。在社会领域中，卓越不得不匿名，而使人卓越的成就伟业和讲伟辞的行动及言语被放逐到私人领域，就是说，失去了成为可能的条件。阿伦特认为，将古希腊的城邦（polis）翻译为社会（society），将卓越（arete）翻译成德性（virtue），不仅是曲解希腊精神，还导致了公共领域堕落为公私不分的"社会"，而这是城邦公共领域精神的衰落。阿伦特强调："如果世界并不为它的操作提供一个适宜的空间，没有任何活动可以变得卓越。"（同上。）因而，显而易见，她所说的可视为"美德"的"卓越"，其导向是社会化：在对比和竞争之中，才存在使之可能的条件；因而，它趋向程序、规矩以及约束力，故而，具有特定的道德化的特色。因此，就其外在化的倾向而论，与儒家所说的"内德"的培养，在方向上是相互反动的。论者提出，阿伦特"对卓越（arete）的阐释有画龙点睛的作用"（参见浦永春：《古希腊哲学家与奥运会》，《世界哲学》2008 年第 5 期，第 19 页）。

② 论者指出，孔子所述之《易传》及后儒的注解认为，以卦象推及人道，谦卦大致有谦退、谦让、谦虚三德：有而不居谓谦退，其意在提醒禄位尊盛之人勿居有持傲，而应以卑退获得最终的善果；虚怀若谷谓谦虚，其意在启迪进取之君子于大世界前保持敬畏的心态，以广大的胸襟容纳万物，从而获得不断的进益；外柔内刚谓谦让，其意在劝诫普通民众，在群体社会中彼此让出弹性的空间，以达到和谐的共处。以上三方面的谦德已经成为中华传统伦理道德教化体系的重要组成部分（详见江净帆：《论〈周易〉"谦"卦之谦德教化意蕴》，《重庆师范大学学报》2011 年第 1 期，第 42—45 页）。

③ 郑玄（注）、孔颖达（疏）：《礼记正义》（李学勤主编，《十三经注疏》之六），北京大学出版社 1999 年版，第 1461 页。《诗经·卫风·硕人》实作"硕人其颀，衣锦褧衣"。孔颖达疏："锦衣之所以加褧衣者，为其文之大著也，故《中庸》云'衣锦尚䌹，恶其文章之大著'，是也。"（毛亨（传）、郑玄（笺）、孔颖达（疏）：《毛诗正义》（李学勤主编，《十三经注疏》之三），北京大学出版社 1999 年版，第 221—222 页。）

第三章 "五美"之"求仁而得仁"与使"事物回归自身"之译

显,很多情况下,直接以目的语现成的词语作为对应词甚或对等词,来替代始发语文本之中的词语,美其名曰,再现其意,实则已是取而代之。因而,在这里,二词的意向所呈现出的相反趋势,似乎也就可以在所不论。这意味着,若欲传译,尤其是儒家经典,就须考虑如何传译,而不是想当然通过替代之法以释义的手段来处理,否则,也便会像"德"一样,勉强表达了某个或某些方面的意思,但实则在取向上背道而驰。试想,迻译儒家经文的目的,不就是要思考,如何突出其思想的独特之处及其在目的语之中可能的功效吗?如果如此迎合目的语,而不思创造新词而解之,最终的结果势必是,所有的儒家思想观念,在目的语之中早已有了现成的、既定的表达,因而,太阳底下无新物,跨文化而来的,原本就是目的语之中原有的。就此结果而论,这,还算是翻译吗?

对"德"或"美德"的跨文化英译处理,一个妥协的办法是,将之译为 the inner virtue,通过添加 inner(innermost or essential 内心的、精神的或本质性的)作为一种规定,来引导 virtue 的归向,尽管此词本身有"本质主义"的意味。

再来看前三种"美"。第一种"惠而不费",译文是 The man of honor is generous without excesses(正派或讲信义的人,是慷慨而又不过分的)。译文看似在讲"适度",即如此人物虽然"慷慨",但并不过度。不过,这就是"惠而不费"吗?是谁要得此"惠"?若是焦点集中在 the man of honor 身上,那么,以之为中心的译文,岂不是在说,他是在向他人施加恩惠,而自己却不破费,因而,仍在重蹈覆辙,因为并没有"另一端"的出现,而突出一己之利,或者说,这本身就可能意味着自私?夫子对之所作的解释的译文:If you let the common people do what is beneficial for them, isn't it being generous without excesses?(如果你让普通民众去做对他们有利的事情,那不就是慷慨而不过度吗?),因为还是以作为"从政者"的这位"正派人"为中心,所以,如此的译文也一样有贬低"普通民众"的意向。既然如此,所谓的"惠"即令有物质上的"惠"的含义，就精神来看，仍会对人形成莫大的伤害，故而便会形成对它本身的自我否定。即，"惠"的出现，有可能是以人的价值为代价的："从政者"越是希望能以之来表达他的"善意"，被施与此"惠"的，就越是没有拒绝的可能。而被动甚至被迫的接受本身，就很能说明，如此之"惠"所造成的究竟会是什么。因而，若是"一端"似乎是在发善心，而"另一端"并没有条件启动自己的"心"去回应，那么，无论如何，这样的"惠"也会因为其物质化的畸变或者说它原本的物质性的导向，而造成对人的进一步的贬低。因此，若要使"惠"回归其自身，的确是需要"心的回应"的。而这也就意味着，"两端"并存，才有可能真正出现回应，此谓"心心相感"，而"恩惠自在"。译文似乎并不能传达这样的消息，于是，我们读到的，也就是板结过了的冷冰冰的 what is beneficial（有益的东西），似乎那早已是既定的，因而，不用"动心"直接接受也就行了。但上文的分析或可告诉我们，正是因为这个原因，译文才是不通的。

第二种"美"——"劳而无怨"的译文：He makes people work without causing them to complain（他使人民工作，但又没有造成他们发牢骚）；夫子对之的解释，其处理为：If you make people work on tasks they are capable of accomplishing, who will complain?（如果你使人民去做他们能够完成的任务，谁会发牢骚呢？）。的确，"从政者"只能驱使他人去做力所能及的事情，但是，一旦是单方面的驱使，而且，只有这位"正派的人"具有这方面的权力，那么，这位发号施令的人物，应该也有惩戒的权力。如此，拿出自己的能力工作的人也就敢怒而不敢言，也就是"不发牢骚"。

因此，转向第三种"美"，译文将"欲而不贪"处理为：He is ambitious without being greedy（他是有雄心的，但并不贪婪）。其中的 ambitious，意思是 having a strong desire for success or achievement（有获得成功或成就的强烈的愿望），requiring full use of your abilities or resources（要求整个运用你的能力或资源），一般译为"有雄心的、有抱负的、

第三章 "五美"之"求仁而得仁"与使"事物回归自身"之译

有野心的"。而经文之中仅仅是单纯的"欲而不贪",而"欲"在《论语》之中,如"七十而从心所欲"(《为政》)① 之"欲"所示,当是指人"心"自然而又淳朴的追求,来自天性,而又不加掩饰,未经社会可能的污染,因而,难能可贵。《礼记·乐记》中说:"感于物而动,性之欲也。"② 这样的"欲"是"人性"遇到"物"而产生的自然反应。因而,它一般不会强烈到"雄心壮志"的情态。也就是说,此译未用一般的表达方式 desire(an inclination to want things,欲求事物的倾向,亦即欲望),而是代之以 ambitious,太过拔高,可以说是不适宜的。至于夫子对之的解释,译文则是:If your ambition is to attain humaneness, there would be no place for greediness(如果你的雄心是要获得仁慈,也就根本不会有贪婪存在的地方)。这里的关键词是 humaneness,其意为 the quality of compassion or consideration for others(people or animals)[对他者(人或动物)的怜悯或考虑的素质]。此词一般译为汉语的"深情、慈悲"。以之译"仁",自有其道理。因为,其形容词形式 humane,来自 human 的拼写变体,并在 18 世纪开始产生词义的差别;也就是,到 18 世纪早期,开始成为一个不同的词,并且有"具有适宜人类存在者的素质"的意涵③。若认同这样的词源学的意义,那么,如此行文可能会造成一定的疑问:人本来就是人,怎么会在这方面"树立起雄心",而且,其目的是"实现人适宜于人的素质"?当然,或可辩解说,翻译本来就是一种妥协,既然"仁"的观念目的语文化之中原本没有,也便只能寻找一"代用品",这又有什么可奇怪的?

不过,我们认为,既然目的语文化不存在儒家以之为思想关键的"仁",那么,也就不宜运用既定、现有的表达方式,而是应杜撰或曰创造新的表达,才可能有条件趋近经文的主题意蕴。不然的话,认真推

---

① 何晏(注)、邢昺(疏):《论语注疏》(李学勤主编,《十三经注疏》之十),北京大学出版社 1999 年版,第 15 页。
② 郑玄(注)、孔颖达(疏):《礼记正义》(李学勤主编,《十三经注疏》之六),北京大学出版社 1999 年版,第 1083 页。
③ 2020 年 2 月,《youdict 优词》(https://www.youdict.com/w/humane)。

敲，总是会存在偏离原文的情况："人性之原有"固然包含着"仁心起自内在"的意义，但是，由此建立起"雄心"，并且努力去"实现这一目的"，的确也是非常奇特的表达。人，还没有真正成为人吗？夫子曰："政者，正也。子帅以正，孰敢不正。"（《论语·颜渊》）① 那么，作为"从政者"的这位"正派人"，又如何"正己"？易言之，若他连"从政"的基本素质都是缺乏的，何以期其"求仁得仁"？

译文 22. "What are the five virtuous policies?" asked Zizhang. / "A superior man should render benefits at little of his expense, employ the people without causing complaints, pursue what he desires without being greedy, maintain a dignified ease without looking arrogant, and look majestic without being fierce." / "But," asked Zizhang again, "what do you mean by rendering benefits at little expense?" / The Master replied, "It is to guide the people to take advantage of whatever will benefit them. Isn't it what we call rendering benefits at little expense? It is to employ the labor force at due time, and then who will repine? It is to pursue and attain to moral perfection, and there will be no room for greedy desires. A superior man does not slight any subordinate, whether he belongs to the majority or the minority, to the powerful or the powerless. Isn't it to maintain a dignified ease without arrogance? A superior man dresses himself decently and wear dignified looks, so as to be looked at with awe. Isn't it to be majestic without being fierce?"②

和上例一样，此译亦将"五美"视为具体的事物，这一次，则是处理为 the five virtuous policies（五种德性的政策）。我们的疑问仍然是，如此"外化"甚或"物化"，如何"成德"？更何况，policy 英文之中的意义是 a plan of action adopted by an individual or social group（个体或

---

① 何晏（注）、邢昺（疏）：《论语注疏》（李学勤主编，《十三经注疏》之十），北京大学出版社 1999 年版，第 166 页。
② Wu Guozhen, *A New Annotated English Version of The Analects of Confucius*, Fuzhou: Fujian Education Press, 2015, pp. 503-504.

第三章 "五美"之"求仁而得仁"与使"事物回归自身"之译

群体所采用的行为计划）。依此译，人的"德性"的培养需要付诸行为，而且，需要周到的安排和规划，那么，它便可能不是源自"天性"，也只能说，而是后天的培养的结果。而且，它不是时时处处都要打造的，而是刻意而为才可造成。这样通过计划培养出来的，还是"美德"，还有"美"吗？因而，这样处理显然不通。

"惠而不费"译为 A superior man should render benefits at little of his expense（一个高素质的人应该施与恩惠而他很少花销）。其中问题，上文已加讨论。夫子对之的解释"因民之所利而利之"的译文 It is to guide the people to take advantage of whatever will benefit them，回译的话，意思是：那是要引导人民去利用任何有利于他们的东西，无论是什么。这位身在高位的人物（superior man 的一个意向），"从政"的作用，就是"引导"。那么，如此高高在上，而且，时见也一样高人一等。不过，问题的症结仍在于，这样的人物，只需点出门径，也就可以自己无所消费，就能达到"执政为民"而自己无所"消费"这样的目的？消极地看，这一方面是在说，他可能整天指手画脚，而置身事外，一旦出了问题，比如，他所说的"有利可图之处"并没有发现，便可以不承担甚或推卸责任？另外，他的"不消费"，明确说明，他个人的"利益"不受影响，因而，"惠"本身已经"在场"，至少不是他本人原意倾囊的，若是遭遇危机事件？那么，这是在塑造一个"自私"的人吗？

"劳而无怨"以 employ the people without causing complaints（役使人民而并不导致牢骚）出之。夫子的解释的译文则是：It is to employ the labor force at due time, and then who will repine（那是要在适宜的时间役使人民，谁又会抱怨）。上文已引用《论语》说明，"使民以时"需要付出的是什么。实际上，也只有首先付出，才可能"使民而无怨"。译文的意向或与之相反。至于"欲而不贪"，其译 pursue what he desires without being greedy，意思是：追求他所欲求的东西，并不贪婪。若"欲"本身就在那儿，或许是无须追求的？若是追求，一般是外在于人的。因而，这里的导向仍然是外向的。夫子的解释"求仁得仁"，译作

It is to pursue and attain to moral perfection, and there will be no room for greedy desires,其意是：那是要追求并且达到道德完美，因而，将不会为贪婪的欲望存在任何空间。将"仁"译为"道德完美"，一样是将内在至美的心源之立，畸变为社会化的约束，因而，取向既反，就会否定作为"全德之仁"的自发生成和成就。

返回来看，仍可审视的还有"君子"的处理：a superior man，其中的形容词 superior 的确既有"位高之人"亦有"高素质的人"（one of greater rank or station or quality）的意味①。这与"君子"的"以位言"和"以德言"有一致之处。不过，如此 superior 是否因含"显赫"之意，而有违"谦谦君子"之求？而且，是否太过外在，甚至并不触及"人心之德"？因而，此一词组，可能也是对"君子"的一个暂时的"替代性"的英文表达。

"君子"另一个常见的英文译文是 gentleman，亦含两方面的意义：man of good family（出身高贵的人、有身份的人、绅士）；a man of refinement or courteous man（彬彬有礼的人、有教养的人）。还有一个选择是 an honorable man，此语之范例乃《裘力斯·凯撒》（3.2）之中 Caesar 好友 Antony 以不断重复的方式讥讽刺杀 Caesar 的 Brutus 时，所用的反讽之语：

Here, under leave of Brutus and the rest—
For Brutus is an honorable man;
So are they all, all honorable men—
Come I to speak in Caesar's funeral.
He was my friend, faithful and just to me:
But Brutus says he was ambitious;

---

① 14世纪晚期，此词已有"地位较高"的意义；15世纪时，有关证据表明，它已有"职位高、尊贵"的意向（2020年2月，《youdict 优词》（https://www.youdict.com/w/superior））。

第三章 "五美"之"求仁而得仁"与使"事物回归自身"之译

And Brutus is an honorable man.①

译文 1. 现在我得到勃鲁托斯和他的同志们的允许——因为勃鲁托斯是一个正人君子,他们也都是正人君子——到这儿来,在凯撒的葬礼中说几句话。他是我的朋友,他对我是那么忠诚公正;然而勃鲁托斯却说他是有野心的,而勃鲁托斯是一个正人君子。②

译文 2. 今天,在布鲁特斯及其他诸位准许之下,——因为布鲁特斯是一位尊贵的人,所以他们也当然是尊贵的人,——我来到此地在西撒的葬礼中演说。他是我的朋友,对我忠实而公正;但是布鲁特斯说他野心勃勃;而布鲁特斯是个尊贵的人。③

莎士比亚剧中的有关表达也有不同的翻译:《无事生非》(5.1)Here stand a pair of honuorable men(这里站着一对高贵的人物);《哈姆雷特》(2.2) As of a man faithful and honourable(一个忠实而正直的人);有关表达有:《亨利六世(第一部)》(3.4) My gracious prince, and honourable peers(我的仁慈的君主,诸位高贵的勋戚们);《罗密欧与朱丽叶》(3.3) If that bent of love is honourable(如果你的爱情的意图是纯正的);《奥赛罗》(5.2) An honourable murderer, if you will(如果你愿意,就说我是一个正直的凶手);《无事生非》(3.4) Is not marriage honourable in a beggar?(就是对一个叫花子来说,结婚不也是光明正大的事吗?);《亨利四世(第二部)》(2.1) You call honourable boldness imoudent sauciness(你把正直的大胆叫作厚颜无耻);《驯悍记》(1.1) He bear himself with honourable action(他的一举一动要端庄大方)④。莎士比亚剧中还有 child of honour 的表达:《亨利八世》(4.1)

---

① William Shakespeare, "The Tragedy of Julius Caesar", eds. Jonathan Bate and Eric Rasmussen, *William Shakespeare Complete Works*, Beijing: Foreign Language Teaching and Research Press, 2008, p. 1836.

② [英] 威廉·莎士比亚:《裘力斯·凯撒》,《莎士比亚全集》(增订本)(第5册),朱生豪(译)、沈林(校),译林出版社1998年版,第238页。

③ [英] 威廉·莎士比亚:《朱利阿斯·西撒》,中英对照《莎士比亚全集》(第30册),梁实秋译,中国广播电视出版社2001年版,第119—121页。

④ 刘炳善:《英汉双解莎士比亚大词典》,河南人民出版社2002年版,第536页。

Didst thou not tell me, Griffith, as thou led'st me, / That the great child of honour, Cardinal Wolsey, / Was dead?（葛利菲斯，你刚才搀着我的时候，是不是告诉我说，那位天之骄子，沃尔西红衣主教，死了?）①。此外，honour 一词在莎剧之中亦可指代"人"，如《麦克白》（3.4）Here had we now our country's honour roofed（现在我们全国的显贵都会聚在这个屋顶之下了）②。不过，既然 honourable 的名词形式意为"名誉"或"美誉"，那么，其外在性倾向明显，或亦与儒家谦谦君子之意不合。因为，尽管夫子也强调"君子疾没世而名不称焉"（《论语·卫灵公》）③，但他更注重的是"不患人之不己知，患不知人也"（《论语·学而》）④及"君子病无能焉，不病人之不己知也"（《论语·卫灵公》）⑤，"为己之学"要求的首先是自我打造，因而，他提出"不患莫己知，求为可知也"（《论语·里仁》）⑥，最重要的还是如何"如切如磋，如琢如磨"（《诗经·卫风·淇奥》及《论语·学而》子贡引）⑦，"见贤思齐焉，见不贤而内自省也"（《论语·里仁》）⑧、"内自讼"（《论语·公冶长》）⑨，而不是"名利"。如此，"内德"的锻造是儒家

---

① 刘炳善：《英汉双解莎士比亚大词典》，河南人民出版社 2002 年版，第 535—536 页。
② 刘炳善：《英汉双解莎士比亚大词典》，河南人民出版社 2002 年版，第 535 页。
③ 何晏（注）、邢昺（疏）：《论语注疏》（李学勤主编，《十三经注疏》之十），北京大学出版社 1999 年版，第 214 页。
④ 何晏（注）、邢昺（疏）：《论语注疏》（李学勤主编，《十三经注疏》之十），北京大学出版社 1999 年版，第 13 页。
⑤ 何晏（注）、邢昺（疏）：《论语注疏》（李学勤主编，《十三经注疏》之十），北京大学出版社 1999 年版，第 213 页。
⑥ 何晏（注）、邢昺（疏）：《论语注疏》（李学勤主编，《十三经注疏》之十），北京大学出版社 1999 年版，第 51 页。
⑦ 何晏（注）、邢昺（疏）：《论语注疏》（李学勤主编，《十三经注疏》之十），北京大学出版社 1999 年版，第 12 页。
⑧ 何晏（注）、邢昺（疏）：《论语注疏》（李学勤主编，《十三经注疏》之十），北京大学出版社 1999 年版，第 51—52 页。
⑨ 何晏（注）、邢昺（疏）：《论语注疏》（李学勤主编，《十三经注疏》之十），北京大学出版社 1999 年版，第 68 页。

第三章 "五美"之"求仁而得仁"与使"事物回归自身"之译

追求的核心,人生的价值也就体现在是否见乎"成人"之"美"①。而这些都不是 honour 一词所能负载的。

译文 23. Zi Zhang asked, "May I know in which five aspects?" The Master said, "An intelligentleman should do good without waste, make people work without complaint, have desire without greed, uphold justice without pride and inspire respect without awe." Zi Zhang asked, "How could a man do good without waste?" The Master said, "If a ruler only does what will profit the people, is it not doing good without waste? If he orders people to do what they can, how could they complain? If he desires only to do good, how could he become greedy? If he treats all equally, whether there are many people or few, in great matter or small, is it not justice without pride? If he adjusts his clothes and hat and looks dignified, would he not inspire respect without awe?"②

"君子"一词可以接着上文继续讨论。此例将之译为 intelligentleman = intelligent + le + man 或 intelli + gentleman,依词源词典解释,intelligent(明智的、聪明的、有才智的),词根词缀:intel-之间、中间 + -lig-诵读 + -ent 形容词词尾;ntel-在中间,来自 inter-的变体;-leg 选择、选出,词源同 collect、eligible。引申词义:智力、才智,即聪明的、有才智的。③ 如此杜撰出的"新词",其意应是"有才智的人"。很明显,这是就"才智"之意入手,创出的新词。不过,"君子"的重心并不在"知性"或曰"智",而是在于"世道人心"之合于天道之"在我者"。

---

① 《论语·宪问》载:"子路问成人。子曰:'若臧武仲之知,公绰之不欲,卞庄子之勇,冉求之艺,文之以礼乐,亦可以为成人矣。'曰:'今之成人者何必然?见利思义,见危授命,久要不忘平生之言,亦可以为成人矣。'"(何晏(注)、邢昺(疏):《论语注疏》(李学勤主编,《十三经注疏》之十),北京大学出版社 1999 年版,第 187—188 页。)或可依之来对 honour 所具有的意义做一对比。

② Xu Yuanchong, *Thus Spoke the Master*, Beijing: China Intercontinental Press, 2012, pp. 140 – 141.

③ 2020 年 2 月,《youdict 优词》(https://www.youdict.com/ciyuan/s/intelligent)。

如《论语·学而》最后之所说,"人不知而不愠,不亦君子乎"①,人不理解自己,心中也并无愠怒之情,而是一如既往地追求理想,这不是君子吗?这里的"知"突出的,是他人对"我"的"不知",也可认为,他人的"知"的无谓——在"我"这里,本就应该感悟众人,而使之关注一己之内德打造,若是没有达到效果,正需自我反省,而继续努力;因而,不能因为人之"不知己"而自寻烦恼,影响追求。由此可见,"知"相比于"情的内敛"之"内德"的打造,处于次要的位置。当然,夫子在叙述自己的人生经历之时,特地提及"五十知天命"(《论语·为政》)②。但可以解释,这里的"知"并不是"知性"导向上的"知",而是"体知"之"知",即全身心投入天地之道的那种"智"。因而,我们认为,既然"君子"或"以德言",或"以位言",若以"知"言,则是新的解释,是一定要找到释义学的依据,才可拿出的。此译既不依传统注疏,也不尊重经文意向,因而,其传译往往是不对应的解释。

这样,"惠而不费"的译文就成了:An intelligentleman should do good without waste(一个知性的绅士应该做善事,而不浪费),而夫子对之的解释"因民之所利而利之",则变成:If a ruler only does what will profit the people, is it not doing good without waste?(如果一个统治者只做有利于人民的事,那不就是做善事而不浪费吗?),如此处理显然并不是经文意向。在经文之中,子张问的是"从政"之中的"德性"要求,夫子答以"五美",当然可以给出两种解释,一是如何开始"从政"生涯,二是"行政"之中如何葆有"美(德)"。因而,重心并不在于"统治者",而是在于"美"的"内化"。若以"统治者"为着眼点,则可能会引发这样的怀疑:夫子在说,他那个时代的"统治者"是

---

① 何晏(注)、邢昺(疏):《论语注疏》(李学勤主编,《十三经注疏》之十),北京大学出版社1999年版,第2页。

② 何晏(注)、邢昺(疏):《论语注疏》(李学勤主编,《十三经注疏》之十),北京大学出版社1999年版,第15页。

第三章 "五美"之"求仁而得仁"与使"事物回归自身"之译

"不论"甚至"不计""美德"的,因而,他才有此议。而这是与谦谦君子的夫子之"春秋笔法"[①]不相吻合的:只有在基础层面上,培植新的力量,充实政治队伍,未来邦国才可能见出希望。这,才是夫子的主旨。而这样的"生力军"是要经过"德性化"的,故而,深知百姓疾苦,而能设身处地,以"人之为人"的"恕道"精神,去营造一个更为美好的文化空间。夫子之"五美"应是为未来人们能朝着这样的目的前进,而提出的"美德"。因而,大而化之,普泛地说"行善"或曰"做善事"(do good),即令再解释为"只做对人民有利的事情",也是于事无补的:人生于世,没有特殊的情况,谁都会心怀善意,但"从政者"要做到的,就是身在其位,"即谋其政"[②],故而,如何发动所有的力量,造就最大可能的"惠",才是他的终极目的。而这不是一般所说的"行善"所能企及的。这样,依此例,既然是"统治者",竟然"只是"在"行善":这如何可能是"从政者"的"惠而不费"?

此例以简化的方式迻译经文,追求的可能是"解释"。这样,"劳而无怨"也被处理为:make people work without complaint(使人民工作而不抱怨),夫子对之的解释则译为:if he orders people to do what they can, how could they complain?(如果他命令人民去做他们能做的事情,他们怎么会抱怨?),也是这样简单化的处理。不过,疑问也就随之产生:若是作为"统治者",只是"下命令"甚至是以此方式,驱使人民劳作,即令是后者力所能及的事情,长此以往,又如何不引发牢骚和怨声甚至是怨声载道?

[①] 《左传·成公十四年》:"《春秋》之称,微而显,志而晦,婉而成章,尽而不污,惩恶而劝善,非圣人,谁能修之?"(左丘明(传)、杜预(注)、孔颖达(正义):《春秋左传正义》(李学勤主编,《十三经注疏》之七),北京大学出版社1999年版,第765页。)《史记·孔子世家》:"孔子在位听讼,文辞有可与人共者,弗独有也。至于为《春秋》,笔则笔,削则削,子夏之徒不能赞一词。孔子曰:'后世知丘者以《春秋》,而罪丘者亦以《春秋》。'"(司马迁(撰)、裴骃(集解)、司马贞(索隐)、张守节(正义):《史记》,中华书局2005年版,第1564页。)

[②] 《论语·泰伯》:"子曰:'不在其位,不谋其政。'"(何晏(注)、邢昺(疏):《论语注疏》(李学勤主编,《十三经注疏》之十),北京大学出版社1999年版,第105页。)

至于 have desire without greed 可以视为对"欲而不贪"的直译，而夫子对之的解释"求仁得仁"也一样是一种简单化的释义：If he desires only to do good, how could he become greedy?（如果他只是欲求去做善事，他如何会变得贪婪？）。因为，果如此，那便是说，这位"统治者"类如一个试图避开尘世喧哗而在山泉间修行的世外高人，因而，一心为善，故而，他也只是在做善事？但是，心心念念为善，也就"不贪婪"？而且，即令如此，也与"仁"之理想不是太遥远了吗？夫子一向不以"仁"许人①，《论语》之中有多处记载，就是因为，真正的理想之中的"仁"是很难企及的。如《里仁》有载："夫子曰：'有能一日用其力于仁矣乎？我未见力不足者。盖有之矣，我未之见也'"②；《宪问》之中记："宪问耻。子曰：'邦有道，谷。邦无道，谷，耻也。''克、伐、怨、欲不行焉，可以为仁矣？'子曰：'可以为难矣，仁则吾不知也'"③；《卫灵公》录："子曰：'民之于仁也，甚于水火。水火，

---

① 《论语·公冶长》："孟武伯问：'子路仁乎？'子曰：'不知也。'又问。子曰：'由也，千乘之国，可使治其赋也，不知其仁也。''求也何如？'子曰：'求也，千室之邑，百乘之家，可使为之宰也，不知其仁也。''赤也何如？'子曰：'赤也，束带立于朝，可使与宾客言也，不知其仁也。'"（何晏（注）、邢昺（疏）：《论语注疏》（李学勤主编，《十三经注疏》之十），北京大学出版社1999年版，第58页。）同篇："子张问曰：'令尹子文三仕为令尹，无喜色；三已之，无愠色。旧令尹之政，必以告新令尹。何如？'子曰：'忠矣。'曰：'仁矣乎？'曰：'未知。焉得仁？'崔子弑齐君，陈文子有马十乘，弃而违。至于他邦，则曰："犹吾大夫崔子也。"违之。之一邦，则又曰："犹吾大夫崔子也。"违之。何如？'子曰：'清矣。'曰：'仁矣乎？'曰：'未知。焉得仁？'"（何晏（注）、邢昺（疏）：《论语注疏》（李学勤主编，《十三经注疏》之十），北京大学出版社1999年版，第64页。）《雍也》："子曰：'回也，其心三月不违仁，其余则日月至焉而已矣。'"（何晏（注）、邢昺（疏）：《论语注疏》（李学勤主编，《十三经注疏》之十），北京大学出版社1999年版，第73页。）但他盛赞管仲："桓公九合诸侯，不以兵车，管仲之力也。如其仁，如其仁。"（《宪问》）（何晏（注）、邢昺（疏）：《论语注疏》（李学勤主编，《十三经注疏》之十），北京大学出版社1999年版，第191页。）并且强调"博施"高于"仁"："子贡曰：'如有博施于民而能济众，何如？可谓仁乎？'子曰：'何事于仁！必也圣乎！尧、舜其犹病诸！夫仁者，己欲立而立人，己欲达而达人。能近取譬，可谓仁之方也已。'"（《雍也》）（何晏（注）、邢昺（疏）：《论语注疏》（李学勤主编，《十三经注疏》之十），北京大学出版社1999年版，第83页。）

② 何晏（注）、邢昺（疏）：《论语注疏》（李学勤主编，《十三经注疏》之十），北京大学出版社1999年版，第49页。

③ 何晏（注）、邢昺（疏）：《论语注疏》（李学勤主编，《十三经注疏》之十），北京大学出版社1999年版，第182页。

第三章 "五美"之"求仁而得仁"与使"事物回归自身"之译

吾见蹈而死者矣,未见蹈仁而死者也。'"① 他对自己的评论则是:"若圣与仁,则吾岂敢? 抑为之不厌,诲人不倦,则可谓云尔已矣。"(《论语·述而》)② 因而,一般性的"行善",如何比得了"仁"的高岸与极致?

译文 24. Zi-zhang requires: "What are the five virtues?" / Confucius answers: "A perfect gentleman in a high position grants kindness and favors to others without expenditure; he drives people to work without causing grudges and resentments against him; he pursues what he wishes to attain, without insatiable desires; he is serene and solemn without showing arrogance; he looks dignified and majestic without being fierce and violent. These are the five virtues." / Zi-zhang further inquires: "What do you mean by 'granting kindness and favors to others without expenditure?" / Confucius answers: "Isn't this an act of granting them kindness and favors without expenditure if a gentleman helps the populace to work at places where they can gain benefits? If he chooses a suitable time and suitable things for the populace to work on, who on earth will show grudges and resentments towards him? If he longs for benevolence and gets benevolence, what else does he desire for? Is he serene and solemn without showing ignorant arrogance if a perfect gentleman indicates no disrespect whether he is dealing with many people or only a few people and people with great power or no power? A perfect gentleman wears his garments and hats in a proper manner, looks steadily forward, which inspires awe in others when they see him. Does he appear dignified and majestic without being fierce and violent?"③

---

① 何晏(注)、邢昺(疏):《论语注疏》(李学勤主编,《十三经注疏》之十),北京大学出版社 1999 年版,第 217 页。

② 何晏(注)、邢昺(疏):《论语注疏》(李学勤主编,《十三经注疏》之十),北京大学出版社 1999 年版,第 97 页。

③ Shi Zhikang, *Confucius's Analects: Translation & Critical Comments*, Shanghai: Shanghai Foreign Language Education Press, 2019, pp. 395–396.

"美"在这里是以"德"迻译的,因而,直接用了 virtue 一词。有关问题上文业已讨论,此处不赘述。"君子"的译文比较独特:A perfect gentleman in a high position(身在高位的完美的绅士),大概既是要强调"在位",又要突出其"德性"。"惠而不费"出之以:grants kindness and favors to others without expenditure(施与恩赐和好处给人,但又未花费),夫子之解"因民之所利而利之"的译文是:Isn't this an act of granting them kindness and favors without expenditure if a gentleman helps the populace to work at places where they can gain benefits?(如果一个绅士帮助民众在其可以获利的地方工作,这不就是施与他们以恩赐和好处,而又未花费吗?),因而,这是一般性的解释,也可说是与上引诸译一样,是止步于字面意义的传译。取向如此,下文的处理也是一样的。"劳而无怨"的译文 he drives people to work without causing grudges and resentments against him(驱使人民工作,但并没有造成对他的怨恨和憎恶),"择可劳而劳之" if he chooses a suitable time and suitable things for the populace to work on, who on earth will show grudges and resentments towards him?(如果他选择合适的时间和合适的事情让民众去工作,究竟有谁会对他表现出怨恨和憎恶呢?)。若上文分析有道理的话,如此处理也一样只是触及最低层次的意义。至于"欲而不贪"的译文 he pursues what he wishes to attain, without insatiable desires(他追求他所欲求要实现的东西,但并没有不可餍足的欲求),及其解释之语的处理 If he longs for benevolence and gets benevolence, what else does he desire for?(如果他渴望善意,而且也得到了善意,别的还要欲求什么?)。这里用的 benevolence,上文也已讨论。

译文 25. Tzu-chang said:"What are the five graces?" / The Master said:"A gentleman is kind, but not wasteful; he burdens, but does not embitter; he is covetous, but not sordid; high-minded, not proud; he inspires awe, and not fear." / Tzu-chang said:"What is meant by kindness without waste?" / The Master said:"To further what furthers people, is not that kind-

第三章 "五美"之"求仁而得仁"与使"事物回归自身"之译

ness without waste? If burdens be sorted to strength, who will grumble? To covet love and win love, is that sordid? Few or many, small or great, all is one to a gentleman: he dares not light any man. Is not this to be high-minded and not proud? A gentleman straightens his robe and settles his face. He is stern, and men look up to him with dread. Is not this to inspire awe, and not fear?"[①]

此译以 grace 来传译"美",此词确有 elegance and beauty of movement or expression（运动和表达的优雅和美）的意思,但却又含有 a state of sanctification by God（上帝之恩典）或 a virtue coming from God（上帝所赐之美德）之意。此译既不分人之"恩赐"与上帝之"恩典"的关系,那么,迻译《论语》经文,在很多方面,都会有问题。例如,"惠而不费"译为 kind, but not wasteful（好心,但并不浪费）,"劳而无怨"译作 he burdens, but does not embitter（他使人负重,但并没有遭人怨恨）,"欲而不贪"处理为 he is covetous, but not sordid（他有渴望,但并不是利欲熏心）,如此直接转译字面意思,与上引诸例类同,不过是变换字眼罢了。可以说,若是将焦点对准文字,而未能对经文主题意蕴加以疏解,那么,译文所能经过的转化,不过是一种转换,即更易为另一种文字系列的铺排。但这样的铺排,因为并没有思考如何在哲学层面上加以提升,故而,始终停留在较低层次,也就是不可避免的了。如此,无论如何处理,转换还是没有办法趋近转化的。显而易见,转化需要的是,如何在关键处下功夫,通过适宜的创造,而使译文见出精彩,带动经文的主题的迻译,最终促成它整个向着最高的层次展开。如此展开的,才可能是有层次、有深度的一个多维的结构,因有能力容纳最大量的内涵而体现其高远和伟岸。

因此,如果我们继续对此译评价,也就会说,"因民之所利而利之"之译文 To further what furthers people, is not that kindness without

---

① James R. Ware, *The Sayings of Confucius*, New York: Bartley Com., 2001, p. 54.

waste（促进能促进人民的东西，不就是那种没有浪费的好心吗）。在这里，further 一词确为精彩运用。此词的意思是：promote the growth of（促进增长）；contribute to the progress or growth of（助长、增进）。此词，在语源学上说，是 forth 的比较级形式，起初的意思不过是单纯的"前面更多"（more forward）；其更具隐喻性的意义，in addition（此外）和 to a greater extent（在更大程度上）是次要的发展①。重复运用 further，如此句式，可以说，乃"利利"、"劳劳"和"仁仁"在目的语之中的显现。只可惜，译文并没有"一以贯之"（《论语·里仁》及《论语·卫灵公》）②，而将之坚持到底。

不过，这也只是对译文的"形式"做出的评论，若是论其意义，则很难说"推动民之所可推动者"究竟是否符合经文"因民之所利而利之"的意向。因为，further 毕竟也是泛泛的"推进"，或不牵涉到"利害"，尤其是可能并不涉及"心灵"的问题？

至于"劳而无怨"之译 he burdens, but does not embitter（他施以负担，但并未造成怨恨），其中的 burden 作为动词意为：impose a task upon, assign a responsibility to（施加任务于人、分派责任于人），weight down with a load（负重），embitter 意思是 arouse bitter feelings in（导致痛苦的感受），make (a person) resentful or bitter（使人怨恨或痛苦）。显而易见，这种释义的处理，旨在突出"痛苦"（bitter）。不过，因为，burden 明白地表明，这是在"使人负重"，因而，并没有出现在译文之中的"人"、"人民"和"民众"，其本身因其隐身，已变得无足轻重。情况或许是，这位"从政者"地位显赫到使人无法在场。这也就意味着，所谓的"无怨"或"无痛苦的抱怨"，在这里也只是敢怒而不敢言罢了？夫子对之的解释"择可劳而劳之"，被处理为：If burdens be sorted to strength, who will grumble?（如果所施的负担归向力量，有谁会发牢

---

① 2020 年 2 月，《youdict 优词》（https://www.youdict.com/w/further）。
② 何晏（注）、邢昺（疏）：《论语注疏》（李学勤主编，《十三经注疏》之十），北京大学出版社 1999 年版，第 51、207 页。

第三章 "五美"之"求仁而得仁"与使"事物回归自身"之译

骚?）。其中的 sort 意为：arrange according to characteristics（根据特点来安排）；grumble 意思是：complain in a surly manner; mutter discontentedly（以阴沉的方式抱怨，不满、发牢骚）。不过，"从政者"所施加的任务，被"归向力量"，这是什么样的"力量"：是 the quality or state of being strong（强壮、强大的素质或状态），还是 power to resist force（抵御力量的强力）? 意义并不明确。

以 he is covetous, but not sordid（他有渴望，但并不贪得无厌），来译"欲而不贪"，这里的 covetous 现在的一般意思是：marked by inordinate desire for wealth or possessions or for another's possessions（贪念财富或他人所有），having a craving for possession（对拥有财产有强烈欲望）；而 sordid 的意思是：selfish and grasping（自私而又贪婪）。就现在的用法而论，covetous 多用于消极的意义。也就是说，此词本身就意味着贪婪。因而，从一般的角度视之，此词的选择是不适宜的：它与 sordid（meanly avaricious）应是同义词，可能后者程度更为强烈一些。故而，此译没有正负之分，不见消极积极之别? 而夫子对之的解释"求仁得仁"，其译文 To covet love and win love, is that sordid，或可回译为："渴望爱而又赢得了爱，那是贪婪吗?"。其中的 covet 一词，意思是：wish for earnestly。这里倒是可以显示，covetous 与 sordid 还是有区别的。不过，若依此译，则"爱"并不是内在的、自发的，而是存在于别处，不在"我这里"，因而，需在他人那里寻觅。这是与儒家的那种"仁爱"取向截然相反的。"子曰：'仁远乎哉? 我欲仁，斯仁至矣。'"（《论语·述而》）[①]"求仁得仁"之所以能够当下成就，就是因为，在儒家看来，人人"仁爱"具足而天性美好，故而，后天的生存的价值的寄托就在于如何打造、强化这一固有的德性，而在社会之中与人共享天赐的这一内在之美。而此译前"二美"都是站在"从政者"的立场铺排词语，而对第三种"美"，则是将"从政者"的内在世界"虚化"，

[①] 何晏（注）、邢昺（疏）：《论语注疏》（李学勤主编，《十三经注疏》之十），北京大学出版社 1999 年版，第 95 页。

如此，才需走向别处去"渴望爱"？

这样，反过来再看，To further what furthers people, is not that kindness without waste：若是"推动者"本身就缺乏内在之力，他何以发起这样的"推动"，是否预先就已成问题？那么，"推动"、"进展"和"再进一步"，又从何说起？

下引译例，将简化分析，以避重复。

译文 26. Zizhang asked, "What are the five virtues?" / The Master replied, "The gentleman is benevolent without being wasteful, imposes labor upon the people without incurring their resentment, desires without being covetous, is grand without being arrogant, and is awe-inspiring without being severe." / Zizhang asked, "What does it mean to be benevolent but not wasteful?" / The Master replied, "Benefiting the people based on an understanding of what is truly beneficial to them — is this not 'benevolent without being wasteful'? Imposing labor upon the people only at the right times and on the right projects — who will resent it? Desiring Goodness and attaining it — what is there left to covet? Whether he is dealing with a few or with many, with the great or with the humble, the gentleman does not dare to be casual — is this not 'grand without being arrogant'? The gentleman straightens his robe and cap, adopts a respectful gaze, and is so dignified in appearance that people look upon him with awe — is this not 'awe-inspiring without being severe'?"[1]

依上文所论，此译问题依然。此译独特之处是，将"因民之所利而利之"译为：Benefiting the people based on an understanding of what is truly beneficial to them（在对真正对人民有利的东西的理解的基础上，来利民）。这等于说，"利民之事"先需"理解"什么才是"利民之事"。但这本来就是常识，何需如此强调？"择可劳而劳之"的处理是：Im-

---

[1] Edward Slingerland, *Confucius Analects: with Selections from Traditional Commentaries*, Indianapolis & Cambridge: Hackett Publishing Company, Inc., 2003, pp. 233 – 234.

第三章 "五美"之"求仁而得仁"与使"事物回归自身"之译

posing labor upon the people only at the right times and on the right projects（在恰当的时间，因恰当的工程，而强加劳动给人民）。其中的 project，意为：any piece of work that is undertaken or attempted（任何一件承担或力图做的工作），一般译为"工程"或"项目"。据词源词典，此词 a plan、draft、scheme 的意思大约是在 15 世纪形成的，scheme、proposal、mental plan 则形成于 17 世纪。因而，这是一个意义比较现代的词语。而以之传译"择可劳而劳之"的"可劳"对象，显然是"现代意识"太过。"求仁而得仁，焉得贪"译为：Desiring Goodness and attaining it—what is there left to covet?（欲求善好，而抵及之——余下还有什么去贪的？），似是将"贪婪之心"挡了出去。或者说，因为，有了"求善之意"，所以，也就"逼走了"贪婪。那么，与"善好"相比，"贪婪"本来就在人心之中，不过是因为人"欲求善好并抵及之"，也就是，人"追求善好"这种行为，因而，才会"逼走贪欲"，或者说，才使之不再"居于人心"。此译的另一个解释是，因人"求善"，而又达到了目的，因而，没有什么值得再去"贪婪"的。但是，歧义仍在：Goodness（善好）本身就是"可欲的"（desirable），故而，亦即为"可贪的"（covetous）。

译文 27. Zizhang asked, "What are the five beautiful traits?"/The Master said, "A gentleman is generous but is not wasteful. He works the people hard but does not incur their resentment. He has desires but is not covetous. He has breadth of character but is not arrogant. He is dignified but is not fierce."/Zizhang asked, "What does it mean to be generous but not wasteful?"/The Master said, "Benefit the people by letting them understand how they can best take advantage of their situation — is this not being generous without being wasteful? Push people to work harder on projects they are capable of carrying out — who will be resentful? Desire humaneness and obtain it — how is this covetous? The gentleman dares not be disrespectful whether he is dealing with a few or with many, with people big or small — is this not having breadth of character without being arrogant? The gentleman straightens his

· 141 ·

robe and cap and takes on a thoughtful gaze, and, seeing his stately presence, people are in awe — is this not being dignified without being fierce?"①

"五美"之"美"被译为 trait, 此词意为: a particular quality in your personality (人个性之中的特殊的素质), 一般译为"特点、特征、特质"。这是将一般或普遍的"美德"特殊化为个体的"特色", 显然是在迎合个体主义的追求, 而与儒家的人全身心献身于社会的理想不相符。此译用词的另一个与众不同之处是, "劳而无怨"的译文之中的 incur, 意思是 cause oneself to suffer (sth bad); bring upon oneself, 一般译为"遭受、招致、引起、带来"。如此, 如果能做到 He works the people hard but does not incur their resentment (他役使人民努力工作, 但又未造成怨怒), 的确是"从政者"的高手? 但是, 如上所述, 以一己之私利为中心, 站在自己立场, 去统治民众, 而役使他们, 很难说, 后者会没有"抱怨"或"怨心"。有可能是这样的"从政者"太过强势, 而惩戒众人亦不乏手段, 故而, 民众"敢怒而不敢言"罢了?

译文 28. Tze-chang said: How do you define the five excellences? / He said: The proper man [*here*, man-in-authority] is considerate without being extravagant, energetic (or even urging) without grumbling, desires without greed, is honourable without hauteur, and boldly protective without ferocity. / Tze-chang said: What do you mean by being / considerate not extravagant? He said: Cause the people to profit by what he profits by (their cut of grain), isn't that being considerate without extravagance? When he picks out the right work for them, they work, who will grumble; desiring manhood and attaining it, is that greed? Whether he is dealing with many or few, with small matter or great, the proper man does not venture to be churly, is not that being honourable and not haughty? The proper man adjusts his robe and cap, honours

---

① Annping Chin, *The Analects of Confucius*, Beijing: China Publishing House, 2019, p. 393.

第三章 "五美"之"求仁而得仁"与使"事物回归自身"之译

what is clearly worthy of honour,〔*Occhio per la mente. If a strict stylist is distinguishing chien*（4）860 M *and' shih*（4）5789, *the former wd / be eyesight and the latter*, *I take it*, mind-sight, intellectual clarity〕with dignity so that others look up to him and even fear him, isn't that severity without ferocity?①

与其他引例相比，此译在很多方面都很独特。"君子"先以 the proper man 出之，加括号解以"当权人士"，这便直接排除了"以德言"的"君子"，因而，不可能再现"修德"的指向。而 considerate without being extravagant（为人着想但不过度），如何会是"惠而不费"，"惠"在哪里？energetic（or even urging）without grumbling〔精力充沛（甚或强烈要求）而又不抱怨〕，若能传译"劳而无怨"的意向，"劳"之意向何在？"利民之所利而利之"，出以 Cause the people to profit by what he profits by（their cut of grain）〔造成人民（依其谷物的收割）凭着他可利的而去得利〕。如此处理的疑问是，"现成的利益"已经存在，原不需此人"造成"（cause）：他不过是"促使"民众如此而为罢了；但是，若是民众自身有此自觉，又何需"劳"之？而这意味着，身为"从政者"的这位"当权人士"是无所谓的，如果民众不至于如此"愚昧"。"求仁而得仁，焉得贪"的译文 desiring manhood and attaining it, is that greed, 或可回译为："欲求人性，而实现了它，那是贪婪吗？"。这是在以 manhood 一词，来迻译"仁"。此词的一般意思是 the quality of being human（成为人类所具有的素质），the status of being a man（成为人所具有的地位）。这样的意向又可解为"成年"。而更多情况下，它的意思则是：manly qualities，可译为"男子汉"、"男人气概"等。

译文 29. Zizhang said, What are the five desirables? / The Master said, The gentleman is bountiful but not extravagant, exacts labor but rouses no resentment, has desires but is not covetous, is self-possessed but not arrogant,

---

① Ezra Pound, *The Great Digest*; *The Unwobbling Pivot*; *The Analects*, London: New Directions Publishing Corporation, 1969, pp. 287 – 288.

dignified but not oppressively so. / Zizhang said, What do you mean by bountiful but not extravagant? /The Master said, In bestowing benefit, go by what benefits the people — is this not what is meant by bountiful but not extravagant? Select those appropriate for the task and exact labor from them — then who can feel resentment? Desire humaneness, and you will achieve humaneness — how can you be called covetous? The gentleman does not discriminate between the many and the few, the little and the big, and would never be overbearing — is this not what is meant by self-possessed but not arrogant? The gentleman straightens his clothing and cap and is careful how he looks at others, so that just viewing him from a distance, people are impressed — is this not what is meant by dignified but not oppressively so? ①

"五美"之"美"以 desirable 出之,此词以形容词形式加定冠词用为名词,其意为 a thing worth having or seeking or achieving（值得拥有或追求或获得之物）。此词之用,可见此译的基调:尽可能以通俗的释解之法,满足读者的理解需求。因而,"君子"出以 the gentleman,"惠而不费"译为 bountiful but not extravagant（慷慨但又不过度）(bountiful 意为 given or giving freely 自由地被给予或给予);"劳而无怨"译作 exacts labor but rouses no resentment（迫使劳动但并未引发怨恨）。后者之中的 exact 的意思是:to demand and get sth from sb（强求、急需、要求）。"因民之所利而利之"的译文是：In bestowing benefit, go by what benefits the people（在施与恩惠时,应依有利于人民的东西而行）。这样的译文,如同上引很多译例一样,的确是"没话找话说的时候,所说的大白话"？而"俨然人望之而畏之",其中的"畏"字以 impressed（留下印象）出之,显然是不到位的。

译文 30. Dž-jāng said, What are the Five Beauties? The Master said, The gentleman is kind but not extravagant, toils them but does not cause re-

---

① Burton Watson, *The Analects of Confucius*, New York: Columbia University Press, 2007, p. 141.

第三章 "五美"之"求仁而得仁"与使"事物回归自身"之译

sentment, desires but not covet, is serene but not haughty, is impressive but not alarming. Dž-jāng said, What does "kindly but not extravagant" mean? The Master said, To use what people find profitable to profit them, is this not "kindly but not extravagant?" If he chooses what can be toiled at and makes them toil at it, who would be resentful? If he desires rýn and gets rýn, what should he covet? If the gentleman does not distinguish between many and few, between small and great, if he dares not to be dismissive, is he not "serene but not naughty"? And if the gentleman puts in order robe and cap, and conveys elevation in gaze and glance, so that men seeing him in his dignity from afar will regard him with awe, is he not "impressive but not alarming"[①]?

此译的独特的直译风格值得注意。比如,"五美"译为 the Five Beauties,这是将作为抽象名词的 beauty 变为复数使用,或许不可数的也就变为可数的了。"仁"音译为 rýn。但"君子"以 gentleman(绅士)出之。另外,此译注重如何简练表达。比如"欲而不贪"译为 desires but not covet。不过,有时不免出问题,如"劳而无怨"的译文 toils them but does not cause resentment 之中的 them,所指就有些模糊。在主导倾向上,此译和上引诸例一样,未依"极高明"之道,故而,在紧要处,是不能传译经文主题意蕴的。

译文 31. "What are the five virtues?" asked Zizhang. / The Master replied, "Exemplary persons (*junzi* 君子) are generous and yet not extravagant, work the people hard and yet do not incur ill will, have desires and yet are not covetous, are proud and yet not arrogant, and are dignified and yet not fierce." / "What does it mean to be generous and yet not extravagant?" / The Master replied, "Give the common people those benefits that will be beneficial to them — is this not being generous without being extravagant? If you select those projects which the people can handle and make them work at

---

① K. Bruce Brooks and A. Taeko Brooks, *The Original Analects: Sayings of Confucius and His Successors*, New York: Columbia University Press, 1998, p. 195.

them, who will feel ill will? Desire to be authoritative (*ren* 仁) and become authoritative — how is this being covetous? Exemplary persons, regardless of whether dealing with the many or the few, the great or the small, do not dare to neglect anyone. Is this not being proud and yet not arrogant? Exemplary persons wear caps and robes correctly, and are always polite in their gaze. With such an air of dignity, persons seeing them from afar hold them in awe. Is this not being dignified and yet not fierce?"①

此译与其他诸例不同之处在于，译者声言，他们是在走哲学的路子。其英译书名副标题即为 *A Philosophical Translation*。因而，值得对有关问题再做相应的讨论。

首先应该指出，此译采用与上引诸例一样的手法进行传译，因而，也并没有解决上文所论的问题。

"君子"和"仁"之译比较别致，分别是以 exemplary persons 和 authoritative 出之。Exemplary 意为 worthy of imitation（值得效仿的），being or serving as an illustration of a type（典范的、典型的、示范的）。《论语·述而》载夫子之语："圣人，吾不得而见之矣。得见君子者，斯可矣。"② 邢昺正义曰："君子为行善无怠之君也。"③ 说明"君子"乃夫子心目中仅次于"圣人"的理想人格，故而，对于人群确有"典范"作用。"仁"的翻译，亦循此一思路：既然"君子"为人"典范"，那么，"仁者爱人"④，当然也就会成为"人间的权威"。Authoritative 的意思包括：having authority or ascendancy or influence（有权威的、有优势

---

① Roger T. Ames and Jr. Henry Rosemont, *The Analects of Confucius: A Philosophical Translation*, New York: Ballantine Books, 1998, pp. 228–229.

② 何晏（注）、邢昺（疏）：《论语注疏》（李学勤主编，《十三经注疏》之十），北京大学出版社1999年版，第93页。

③ 何晏（注）、邢昺（疏）：《论语注疏》（李学勤主编，《十三经注疏》之十），北京大学出版社1999年版，第93页。

④ 《论语·颜渊》："樊迟问仁。子曰：'爱人。'"（同上书，第168页。）《孟子·离娄下》："孟子曰：'君子所以异于人者，以其存心也。君子以仁存心，以礼存心。仁者爱人，有礼者敬人。爱人者，人恒爱之。敬人者，人恒敬之。'"（赵岐（注）、孙奭（疏）：《孟子注疏》（李学勤主编，《十三经注疏》之十一），北京大学出版社1999年版，第233页。）

第三章 "五美"之"求仁而得仁"与使"事物回归自身"之译

的、有影响力的）；of recognized authority or excellence（属于被认可的权威性的或优越性的），sanctioned by established authority（为既定权威机构认可的）。译者解释，作为一个新的选择，authoritative conduct、to act authoritatively 或 authoritative person，是要突出，作为一个"仁人"，他便已经"在其自身之中通过对礼仪的遵守而体现出传统的价值和习惯"，"'权威性的'可确保这样一种人物逐渐在共同体之中所代表的这种'权威'"①。因而，"仁人"也就意味着"权威"。他们还强调，"仁者乐山"（《论语·雍也》）② 之喻，可以见出"仁者"之"地位突出和引人注目"："沉静、庄严、高尚、忍耐，是地方文化和共同体的一种地标。"③

这是译者根据自己的理解而进行的传译。不过，一个值得注意的现象是，这样的处理可能突出的是"结果"或"效果"："君子"以其"德行"感染众人并行善于社会，才会成为伟人所尊崇的"典范人物"；"仁人"再进一步，人格魅力之所至，常人受其影响加以仿效，以回应内心自发的趋善之意，如此才可成就心甘情愿加以听从、听命和信赖的"权威"。

同样的思路，也表现在译者对"德"的处理上。如其所论，"德"一般译为 virtue 或 power，此章他们也是如此传译。但他们强调，"这一汉语术语更近似于 dharma［法］，意指我们可能之所做和可能之所是，如果我们作为特别的共同体之中的一员从我们的个人的素质和生涯之中所'知'（realize）最多。我们将'德'译为 excellence，表达的意思是，优于成为人自己（excel in becoming one's own person）"④。显而易

---

① Roger T. Ames and Jr. Henry Rosemont, *The Analects of Confucius: A Philosophical Translation*, New York: Ballantine Books, 1998, pp. 49 – 50.
② 何晏（注）、邢昺（疏）：《论语注疏》（李学勤主编，《十三经注疏》之十），北京大学出版社1999年版，第79页。
③ Roger T. Ames and Jr. Henry Rosemont, *The Analects of Confucius: A Philosophical Translation*, New York: Ballantine Books, 1998, p. 50.
④ Roger T. Ames and Jr. Henry Rosemont, *The Analects of Confucius: A Philosophical Translation*, New York: Ballantine Books, 1998, p. 57.

见，这也是在说，"德"的译文 excellence 也是"见于外"的人格魅力的显现。

但在我们看来，这也正是儒家所比较轻视的。因为，这样做，定位于"外在表现"而忽视了两方面的因素。一是"内德"打造的"内向性"。如夫子所不断强调的，"见贤思齐焉，见不贤而内自省也"（《论语·里仁》）①、"已矣乎！吾未见能见其过而内自讼者也"（《论语·公冶长》）②，儒家特别重视如何"向内"或曰通过不断打造锤炼自身，以求建造出一个强大的内心世界，最终造就自己。孟子后来则直接用"自反"③和"反求诸己"（《孟子·公孙丑上》）④而论之。《孟子·尽心上》强调："万物皆备于我矣。反身而诚，乐莫大焉。"⑤二是内外合一。有了精神世界的树立，以此为根基，还要关注如何"合外内之道也"（《礼记·中庸》）⑥。Excellence 的意思包括 the quality of excelling（优秀的素质）、possessing good qualities in high degree（具有高度的好的素质）、an outstanding feature（突出的特色）、something in which something or someone excels（某事或某人优于的某种东西）等。因而，相比

---

① 何晏（注）、邢昺（疏）：《论语注疏》（李学勤主编，《十三经注疏》之十），北京大学出版社1999年版，第51—52页。

② 何晏（注）、邢昺（疏）：《论语注疏》（李学勤主编，《十三经注疏》之十），北京大学出版社1999年版，第68页。

③ 《孟子·离娄下》："孟子曰：'君子所以异于人者，以其存心也。君子以仁存心，以礼存心。仁者爱人，有礼者敬人。爱人者，人恒爱之；敬人者，人恒敬之。有人于此，其待我以横逆，则君子必自反也；"我必不仁也？必无礼也？此物奚宜至哉。"其自反而仁矣，自反而有礼矣，其横逆由是也；君子必自反也："我必不忠？"自反而忠矣，其横逆由是也，君子曰："此亦妄人也已矣。如此，则与禽兽奚择哉？于禽兽，又何难焉？"'"（赵岐（注）、孙奭（疏）：《孟子注疏》（李学勤主编，《十三经注疏》之十一），北京大学出版社1999年版，第233页。）《孟子·公孙丑上》："昔者曾子谓子襄曰：'子好勇乎？吾尝闻大勇于夫子矣。自反而不缩，虽褐宽博，吾不惴焉；自反而缩，虽千万人，吾往矣。'"（《孟子注疏》，第74页。）

④ 赵岐（注）、孙奭（疏）：《孟子注疏》（李学勤主编，《十三经注疏》之十一），北京大学出版社1999年版，第96页。

⑤ 赵岐（注）、孙奭（疏）：《孟子注疏》（李学勤主编，《十三经注疏》之十一），北京大学出版社1999年版，第353页。

⑥ 郑玄（注）、孔颖达（疏）：《礼记正义》（李学勤主编，《十三经注疏》之六），北京大学出版社1999年版，第1450页。

第三章 "五美"之"求仁而得仁"与使"事物回归自身"之译

而言,依之能见出的,主要还是"外在"的"德的功效"或曰"德的外倾之得"。这样,以此传译"德",难免偏于一端,而不能使另一端进入在场。其原因就是没有关注如何"叩其两端"(《论语·子罕》)①或"执其两端"(《礼记·中庸》)②。译者将其《论语》的英译称为《孔子的〈论语〉:一个哲学译本》(*The Analects of Confucius: A Philosophical Translation*)。而从其迻译的实际情况来看,他们可能还没有做到,如何依照儒家思想来传译其主题意蕴,因而,在关键处,基本原理亦未见遵守。

至于此章的诸多表达,也并没有超乎上引诸例的水平之上。因而,我们可以看到,有关词语的处理仍是字面意义的传译:比如,"惠而不费"出以 generous and yet not extravagant(慷慨而不奢侈),"劳而无怨"译为 work the people hard and yet do not incur ill will(驱使人民努力工作但并没有招致恶怨),都是这样。"因民之所利而利之",不过仍是 Give the common people those benefits that will be beneficial to them(给予一般民众对之有利的那些利益),似乎不能不给予"有利的益处",更显得这样"利益"因为"给予"才能成为"利益"?在"从政者"的这种"给予"成为"赐予"或"恩赐"之后,"惠"也就成为他单方面的赏赐,而不是"两端"的互动之结果。因而,"普通民众"不仅缺少"创造利益"的能力,而且,一味地接受引出的后果可能是:若这样的"民众"连回应的"恩赐之惠"的"鉴赏力"也不复存在,如何知道那就是"恩惠"?再进一步,如果"择可劳而劳之,有谁怨?"的意思就是:If you select those projects which the people can handle and make them work at them, who will feel ill will?(如果你选择人民可以应对的那些工程,进而使之对之工作,谁又会生出恶意?),那么,此译的意思便可能

---

① 何晏(注)、邢昺(疏):《论语注疏》(李学勤主编,《十三经注疏》之十),北京大学出版社1999年版,第115页。
② 郑玄(注)、孔颖达(疏):《礼记正义》(李学勤主编,《十三经注疏》之六),北京大学出版社1999年版,第1425页。

是：这样的"民众"已经麻木不仁到"不会怨"的程度。另一个解释是，因为，"你选择"的是他们"可以工作的工程、项目或事业（projects）"，因而，就能"驱使之工作"（make them work）；但是，如此强制性的劳动，说明这位"在位者"手握大权，容不得"民众"提出异议，因而，即使"心里有怨"，这样的"民众"也"不敢出声"。那么，"惠"所带出的"利"，可能并不是"民众"所能享受或享有的。"民众"之"劳"，只是其听命顺从之因而不得已而为之的"劳"。这样，其精神世界不无被清空之虞。如此没有"内在储存的能力"归入自身的"民众"，夫子还会说"吾非斯人之徒与而谁与"（《论语·微子》）①吗？

因此，站在"从政者"的立场，突出如此的"典范人物"，也便只能因滞留于这"一端"，而将"另一端"视为早就被确定为异己的"异端"（《论语·为政》）②，分离、隔离出去。在将之描绘为"另类"或"非我族类，其心必异"（《左传·成公四年》）③ 的人物的同时，读者所能体贴的"人格典范"，在前台上表演的，就是这样一种"阶层歧视"的悲剧？而译者之所出，要证明的究竟是夫子的"民本"思想，还是其一向或早就被定格为所谓"封建糟粕"的"贱民"观，不是昭然若揭了吗？

如此，下文接续的"欲仁而得仁，又焉贪"译为：Desire to be authoritative and become authoritative — how is this being covetous，若依字面意思回译，则"欲求成为权威，而又成了权威——这如何是贪婪呢？"，可能因"仁"之"爱心"既未见于"利惠之与人"，因而不"自私"，亦未见"先之，劳之"（《论语·子路》）④ 的启发作用不能发挥，而使

---

① 何晏（注）、邢昺（疏）：《论语注疏》（李学勤主编，《十三经注疏》之十），北京大学出版社1999年版，第250页。

② 何晏（注）、邢昺（疏）：《论语注疏》（李学勤主编，《十三经注疏》之十），北京大学出版社1999年版，第20页。

③ 左丘明（传）、杜预（注）、孔颖达（正义）：《春秋左传正义》（李学勤主编，《十三经注疏》之七），北京大学出版社1999年版，第717页。

④ 何晏（注）、邢昺（疏）：《论语注疏》（李学勤主编，《十三经注疏》之十），北京大学出版社1999年版，第170页。

第三章 "五美"之"求仁而得仁"与使"事物回归自身"之译

这位"权威人物"(an authoritative person)只能充当"威权人物"(an authoritarian person):高高在上,权力集中在一人之身,要求民众绝对服从。

那么,究竟该如何传译经文"利"、"劳"以及"仁"之"三美"?还容对最后一个译文进行分析之后,再行论述。

译文 32. Zizhang said, "What are the five excellences?" / The Master said, "Exemplary persons are beneficent without being wasteful, they put people to work without causing resentment, they have desires but are not greedy, they maintain dignified ease without being arrogant, and they are commanding without being fierce." / Zizhang said, "What is meant by being beneficent without being wasteful?" / The Master replied, "To benefit the people where they can be benefited, is this not beneficent without being wasteful? To choose those who can labor to put to work, who will have resentment? To desire human-heartedness and obtain human-heartedness, how is this being greedy? Exemplary persons, whether in dealing with many people or few, or with things great or small, dare not to take them lightly, is this not having dignified ease without being arrogant? Exemplary persons dress their robes and caps correctly and are dignified in their looks, is this not being commanding without being fierce?"①

因为上文已对有关问题进行了讨论,而此译可能存在的问题与上引诸例不相出入,故而,已经没有必要重复。

这里要做的是,如何回应上文提出的两个话题:一是其他"两种美"如何思考和传译;二是到底上文所论的"三美"如何进行跨文化英译,才合乎儒家思想正轨?

第一个问题,可就此译的处理展开讨论。"泰而不骄"出以 they maintain dignified ease without being arrogant(他们坚持尊严的安适但并不

---

① Peimin Ni, *Understanding the Analects of Confucius: A New Translation of Lunyu with Annotations*, New York: State University of New York, 2017, p. 426.

傲慢）。这里的 ease，英文意思是 the state of being comfortable and without worries or problems，即"心境舒服因无担忧或难题"。此词可证，"君子"之"泰然处世"之心态，是不骄不躁，心中坦然。这是从其内心世界着眼所做的翻译，与邢昺的正义所解的"安泰"① 之意是相吻合的。"威而不猛"译之以：they are commanding without being fierce（他们是威严的但并不凶恶）。其中，commanding 英文的意思是：powerful and making people admire and obey you（有权威因而使人羡慕并服从），一般译为"权威的、威严的"；fierce 意思是，angry and aggressive in a way that is frightening，一般译为"凶猛的、凶狠的、凶残的"。

夫子对此"二美"的解释，一方面可以反过来证明，上引译文并没有认真思考，如何加以参照，来处理"惠而不费"等；另一方面，也再一次见出，儒家思想正轨之所向。

君子无众寡，无小大，无敢慢，斯不亦泰而不骄乎？
Exemplary persons, whether in dealing with many people or few, or with things great or small, dare not to take them lightly, is this not having dignified ease without being arrogant?

这是在说，身为君子，无论对什么人，都不应因其人多人少、势力大小，而对之"敢慢"。而这意味着，既然面对的是"人"，是"我之同类"，因而，没有任何理由轻视之、怠慢之。正是这种尊重和礼遇，会让人强烈地感觉到，返回来看，夫子所说的"惠而不费"，并不是"君子"单方面发起的"赐予"，而是受惠者必有反应也必加报答，才可使之成为"恩惠"的那种"惠而不费"：只有双方共同感到了"惠"之所为"惠"的要义和作用，"惠"才可落实。故而，最为合宜的解释，一定不是"君子"这"一端"的单独的给予、施与，而是"给人玫瑰，手留余香"的

---

① 何晏（注）、邢昺（疏）：《论语注疏》（李学勤主编，《十三经注疏》之十），北京大学出版社 1999 年版，第 270 页。

第三章 "五美"之"求仁而得仁"与使"事物回归自身"之译

那种温暖彼此的质感或直感,所产生的"互惠"之"惠"。因而,"因民之所利而利之",突出的一定是,"利"的首先是"利之为利"的"利",也就是如何"使利成为利";再换言之,如何"使利回归于利本身",进而,在此基础上,将"此利还之于民"。首先是,"使利"成为"真利",也就是,厘清并强化"利",进而,才可能促成"还之于民"。故而,以上诸例的第二个缺陷便是,没有注意到,如何"以利为利",而是直接就"跃"至"还民之利"的"利",但这已是作为结果的"利":假若未能对"利本身有所把握",何来"因民之所利"?这也就是我们上文不断强调的,若是以字面意义来传译,往往会遗漏最为重要的东西:一方面,"从政者"的"在位之权威"的独一,使双向互动缺席;如此,"利之本"未见于"人心",也就造成了,另一方面,"利"之真义被遗落在"民之所利"这一次要意义之外。

正是由于"君子"在面对"人"的时候,无论是在什么样的情况下,无论是什么人,他都要做到"一视同仁"(韩愈《原人》),而毫无区别,因此,考古学家才会强调,夫子主张的是,人人平等,因而是一位"反种族主义者"。他们所据的是"有教无类"(《论语·卫灵公》)[1]。其中的"类"不仅是阶级或社会阶层之间的那种"类别",而且还包括种族的"类别"[2]。李济在研究安阳殷墟出土的"人骨"时进一步指出:"安阳遗址出土的人骨材料来看,就远不是一个人种的。[……]这一组颅骨有极不同的来源。"[3] 苏秉琦在他的著作《中国文明起源新探》中引用李济的后一段论述,进而指出:"虽然时代越近,人种差别越小,但孔子时代,中原地区的人种差别仍然很大,所以'有教无类'主要不是指社会贫富

---

[1] 何晏(注)、邢昺(疏):《论语注疏》(李学勤主编,《十三经注疏》之十),北京大学出版社1999年版,第218页。

[2] 详见李济《中国文明的开始》(华盛顿州立大学出版部1957年英文版;商务印书馆1980年中文版),引文见李济(著):《安阳》之《附录》,河北教育出版社2000年版,第468页。

[3] 参见李济《再论中国的若干人类学问题》,《李济考古学论文选集》,文物出版社1990年版,第288页。

等级差别，而是种族特征差别，孔子的教育思想是要平等待人，反对种族歧视，这当然是很先进的思想。由于面对的是多文化且复杂的民族传统社会，所以他讲课的内容也是包罗万象，兼容并举。[……]至于'罢黜百家，独尊儒术'，那是汉武帝以后的事。"①

还应指出，"君子"之"安泰无骄"说的正是其强大的精神世界，具有一种定力，一方面是"安舒"，另一方面则是"自自然然"。正是由于这样起自于中的力量，使人可以"安然故我"的姿态处世，成为"他自己"。易言之，无此"安于一己之心的那种泰然"，人又何以为人？因此，如上文所述，安乐哲与罗思文的译解，与其他诸例一样，都未能关注，如何从人的内心世界入手，来传译经文，致使"内力"未立，"外内之互动"无法形成，如此，也就导致了译文的倾向发生逆转：向着与经文截然相反的方向转移。既然出现这样的方向性的问题，跨文化传译如何会不出错？这也更能说明，只有沿着儒家思想正轨前进，译文才可能是适宜的：适乎经文之指向和主题意蕴的。夫子对"泰而不骄"的解释，实际上在说，"君子"对人的态度之所以如此这般的内在根据或基础。

因此，译文之中的 ease（the state of feeling relaxed or comfortable without worries, problems or pain，无忧无虑的放松、舒适之心境），一定是起自内在之力。故而，此词可以显现出"君子"之"安泰"之其来有自，是不可忽视和回避的。也正是因为这一原因，我们可以说，译文就此词的选择来说，的确要比其他译文要好。

至于"君子正其衣冠，尊其瞻视，俨然人望而畏之，斯不亦威而不猛乎"，要强调的是，人对自己"仪表"的重视。《诗经·卫风·硕人》有句"硕人其颀"，郑玄笺："言庄姜仪表长丽俊好，颀颀然。"②"仪表"指的是，人的外表，即容貌、姿态、风度。在这里，夫子特地予以

---

① 苏秉琦：《中国文明起源新探》，生活·读书·新知三联书店1999年版，第5页。
② 毛亨（传）、郑玄（笺）、孔颖达（疏）：《毛诗正义》（李学勤主编，《十三经注疏》之三），北京大学出版社1999年版，第222页。

第三章 "五美"之"求仁而得仁"与使"事物回归自身"之译

点明，诗句要说的是，"君子"既需"以人待人"，同时亦需"以人待己"。只有这样，这个世界才是"人的世界"。在这里，我们又一次看到，儒家的"正人君子"（《旧唐书·崔胤传》）对自己的容貌和风度的关怀。因而，假若没有内在之力，假若没有对人本身的尊重，何来如此"望而生畏"的感受、"威而不猛"的风姿？

若是再返回来看"五美"，就会发现，（一）"惠而不费"即是说，"君子"爱人如己（借用《圣经·旧约·利未记》、《圣经·新约·马可福音》及《圣经·新约·马太福音》之句），因而，对人的"恩惠"即是要予之以"惠"。正所谓"己欲立而立人，己欲达而达人。能近取譬，可谓仁之方也已"（《论语·雍也》）①。"行仁之方"就在于如何先对人，如何先人后己，而不是站在一己立场上，考虑什么"施恩"。相反，要想"惠及于人"，首先必须保证此"惠"是真正的"惠"，而且，可以抵及"受惠者"，并且成就他们的"心感之诚"。易言之，首先是他们心目中的"惠"才可能是"真正的惠"。如此，"从政者"终极意义上的"惠"，便只能是，"由被施惠者而来"或"起自于受惠者"的那种"惠"。故而，以"从政者"为着眼点或中心解释这样的"惠"，倾向相反，所得结论当然是全然错误的。

沿着这一思路，（二）"劳而无怨"则再进一步，要求"从政者"放下"自己的身段"及其地位，而投身于"利民之劳"之中，彰显一己德性的魅力和力量，如此，感染世人，而使"君子之德风，小人之德草。草上之风，必偃"（《论语·颜渊》）②成为可能。易言之，"君子"理应争先"为劳"。有了这一前提，"择劳"便首先不是"民众"之"择选"，即不宜解为"民众之劳"的"时机"与"方法"、"形式"或"地点"的"选择"，而是，"君子"对自己的"择选"，即"自我争

---

① 何晏（注）、邢昺（疏）：《论语注疏》（李学勤主编，《十三经注疏》之十），北京大学出版社1999年版，第83页。

② 何晏（注）、邢昺（疏）：《论语注疏》（李学勤主编，《十三经注疏》之十），北京大学出版社1999年版，第166页。

先"的选择。有了这样的选择,"君子"的"为人之德"的自愿与自觉体现在实际行动之中,才能说明,那是真正的"体人之劳之君子"。如此,"惠而不费"与"劳而无怨",其解释应一脉相承:都应将"内德"的支撑和持重确定为基础。

有了这"二美"在"君子"身上的体现,经文之中下文所说的"欲而不贪"也就顺理成章,有了释义的稳固条件。那是在说,"求仁得仁",无私而给与人以"恩惠",同时,自己也得到了"心感之诚"之"惠"。有此"德惠"之烛照,再加上"劳而无怨"之坚韧和承担,随之而来的,也便是夫子总结之中的提升——"求仁得仁"。后面"二美"则强化"为人"的导向:一是"正视所有的人",无论是什么样的人,不论多寡,不论有无势力;二是"端正自己的仪表","亦须还我堂堂正正地做个人"(《陆九渊集》卷三十五)①。

可以再次强调,若是"惠而不费"和"劳而无怨"并没有突出"内德",那么,"求仁得仁"找不到条件,无可进入在场,后"二美"即使传译,也不过是在再塑一种"外强中干"的人物,甚至是"稻草人":空有一副架子,就是没有内涵,吓唬"鸟类"尚可,对人则不会产生什么作用。若是那样,"威而不猛"岂不是在说,那是一个"人造"的设置,比如"变形金刚"之类的玩物,而不是真的人?

因而,我们认为,以一般表达在不忌重复的情况下,可以适当的方式,直接点出"心",以便突出"内向"的意向,比如,可在"泰而不骄"英译之中的 dignified ease 后添加 out of within。

第四节 "五美"的新译:"君子"与"仁"的英文处理何以体现"中庸"精神

经过上述比较冗长的举例分析,或已可说明,夫子所说的"五美"

---

① 陆九渊:《陆九渊集》,钟哲(点校),中华书局1980年版,第447页。

第三章 "五美"之"求仁而得仁"与使"事物回归自身"之译

的处理，其原则究竟是什么，在手段上又应如何应对。这样，我们也就可以推出新译：

Zizhang asks, "What are the five inner virtues?"

The Master answers, "A flock-head should benefit without wasting, labour without complaint, express desires without greed, have dignified ease without arrogance, and be commanding without being fierce."

Zizhang asks again, "But, what do you mean by 'benefit without wasting?'"

The Master replies, "To benefit (the) benefit itself, and then benefit your people, is this not to benefit without wasting? To choose to labour (the) labour yourself first before attracting your people to labour with you, who will complain? To seek to turn man to what man is in his man-ing and win it, how is this being greedy? The flock-head, whether in dealing with many people or a few, or with small or great things, dare not to slight them, is this not having dignified out of within without being arrogant? The flock-head dresses his robe and cap in a proper way and is dignified in his looks, is this not commanding without being fierce?"

此译之中几个地方需要说明。第一，"君子"出之以 flock-head，字面意思是"群众之首"。Flock 一词英文意思包括：a group of animals (such as birds or sheep) assembled or herded together（一群动物，比如，鸟儿或羊，集解或被放牧在一起）、a group under the guidance of a leader（某个领袖领导之下的一群人）、a large number（一个大的数目），一般译为"群、群聚、（鸟）群、（兽）群"等。尽管此词不乏基督教的意向，因为此词平常情况下也指涉 a church congregation guided by a pastor（牧师指导下的教堂会众），但是，置于《论语》的语境之中，读者或可理解，此处并没有基督教的那种指向。也就是说，选择 flock 是有意以之为"群"的对应词。

《说文》解释:"君,尊也,从尹;发号,故从口。"① 本义是"掌管治理能发号施令之人"②。《诗·大雅·公刘》有句"君之宗之",郑玄笺"为之君"③,其中的"君"用为动词,意即主宰、统治之人;或者说,"君"乃"群之主"。此后,"以位言"的"君子"也就保持了这一基本意向。

英文 flock 和汉语的"群",在义项上不无相应之处。依《辞源》,"群"有五个义项:

(一) 禽兽聚合。《诗·小雅·无羊》:"谁谓尔无羊,三百维群。"《国语·周》上:"兽三为群,人三为众。"(二) 人群,朋辈。《礼·檀弓》上:"吾离群而索居,亦已久矣。"《注》:"群为同门朋友也。"参见"群辈"。(三) 种类。《逸周书·周祝》:"用其则必有群。"《注》:"群,类。"《易·系辞》上:"方以类聚,物以群分。"(四) 合群。《荀子·非十二子》:"一统类而群天下之英杰。"《注》:"群,会合也。"《文选》汉班孟坚(固)《西都赋》:"总礼官之甲科,群百郡之孝廉。"(五) 犹诸、众。《左传哀》五年:"置群公子于莱。"④

"君子",据《辞源》,则有三个义项:

(一) 对统治者和贵族男子的通称,常与被统治的所谓小人或野人对举。《书·酒诰》:"越庶伯君子。"《传》:"众伯君子长官大夫统庶士有正者。"《诗·魏风·伐檀》:"彼君子兮,不素餐

---

① 许慎:《说文解字校订本》,班吉庆、王剑、王华宝(点校),凤凰出版社 2004 年版,第 35 页。
② 谷衍奎:《汉字源流字典》,华夏出版社 2003 年版,第 313 页。
③ 毛亨(传)、郑玄(笺)、孔颖达(疏):《毛诗正义》(李学勤主编,《十三经注疏》之三),北京大学出版社 1999 年版,第 1116 页。
④ 《辞源》(第三册),商务印书馆编辑部(编),商务印书馆 1979 年版,第 2499 页。

第三章 "五美"之"求仁而得仁"与使"事物回归自身"之译

兮。"（二）泛称有才德的人。《论语·子路》："故君子名之必可言也，言之必可行也。"《荀子·劝学》："故君子结于一也。"（三）妻称夫。《诗·王风·君子于役》："君子于役，不知其期。"①

这样，flock 因有"兽群"、"鸟群"以及"人群"的意思，或可与汉语的"群"相互对应。至于 flock-head 这一杜撰之词，也就是取"群"和"首"的两词的合成意向："群中之长"或"群众之首"。这一杜撰的学理依据，可在夫子所说的话之中直接找到佐证：

> 长沮、桀溺耦而耕，孔子过之，使子路问津焉。长沮曰："夫执舆者为谁？"子路曰："为孔丘。"曰："是鲁孔丘与？"曰："是也。"曰："是知津矣。"问于桀溺。桀溺曰："子为谁？"曰："为仲由。"曰："是鲁孔丘之徒与？"对曰："然。"曰："滔滔者天下皆是也，而谁以易之？且而与其从辟人之士也，岂若从辟世之士哉？"耰而不辍。子路行以告。夫子怃然曰："鸟兽不可与同群，吾非斯人之徒与而谁与？天下有道，丘不与易也。"（《论语·微子》)②

夫子的救世之举，不仅没有得到隐逸之士的赞同，相反得到的却是讥讽。在这样的情况下，夫子依然意志坚定，道出自己的心声："鸟兽不可与同群，吾非斯人之徒与而谁与？天下有道，丘不与易也。""同群"的不是"鸟兽"，而是"人"。"与人同群"，这不就是 flock 的意义？而且，夫子"求道"之志显而易见："天下有道，丘不与易也。"正是因为天下无道，所以才要如此"栖栖遑遑"，周游列国，奔走四方，以求见用于当世，实现自己的理想。即使努力没有成功，也一样要

---

① 《辞源》（第一册），商务印书馆编辑部（编），商务印书馆1979年版，第486页。
② 何晏（注）、邢昺（疏）：《论语注疏》（李学勤主编，《十三经注疏》之十），北京大学出版社1999年版，第249—250页。

坚持,故而,"君子谋道不谋食","君子忧道不忧贫"(《论语·卫灵公》)①。因此,不仅不能放弃救世之道,还要奋勇争先,而成为民众的"首脑",或曰,"智慧的宝库"。

"君者,群之首。致其身,以身许国。"② 而上引一章之中夫子所说的最后两句话足以说明,杜撰 flock-head 与之意向相对应:"不可与鸟兽同群",是因为"非我同类","我必与人同群";不仅如此,"我"还要站在"人群前列",致身于道,而为民众寻找出路,以"变易此世"为己任。这种历史性的承担,既是夫子为自己所确定的使命,同时,亦应为一般意义上的"君子"的抱负之所向;没有人脱得开"为群之首"的责任,也就没有人丢得下"斯人之徒"而"求道以移易世风"的义务。"子曰:'圣人,吾不得而见之矣。得见君子者,斯可矣'"(《论语·述而》)③;又曰:"若圣与仁,则吾岂敢?抑为之不厌,诲人不倦,则可谓云尔已矣。"(《论语·述而》)④ 积极投身于世,修道救世,致力于伟大理想的追求。夫子的一生,本身就是一个君子奋进不已的一生:虽屡经磨难,但坚韧不拔,而毫不动摇。他的这种形象,正乃"群中之首"。故而,"君子"一词,以 flock-head 出之,岂不宜乎?

至于"因民所利而利之"和"择可劳而劳之",依上文,可简略并提纯为"利利"和"劳劳"。因而,新译分别以 benefit (the) benefit 和 labour (the) labour 出之,尽管或与一般的语法要求不合,英文之中或亦无这样的表达方式。不过,或许可以说,这样的表达,毕竟有同样的句式如 sleep your sleep、smile your smile 等表达方式,可以作为先例。之所以括号之中添加定冠词,为的是突出,那是"君子"自身所应投入的

---

① 何晏(注)、邢昺(疏):《论语注疏》(李学勤主编,《十三经注疏》之十),北京大学出版社1999年版,第216页。
② 爱新觉罗·毓鋆:《毓老师说论语》,陈䌹(整理),中信出版集团2016年版,第20页。
③ 何晏(注)、邢昺(疏):《论语注疏》(李学勤主编,《十三经注疏》之十),北京大学出版社1999年版,第93页。
④ 何晏(注)、邢昺(疏):《论语注疏》(李学勤主编,《十三经注疏》之十),北京大学出版社1999年版,第97页。

第三章 "五美"之"求仁而得仁"与使"事物回归自身"之译

"利"和"劳"。也只有先将"利"视为"利",也就是,"对利施以利"[benefit (the) benefit],才可进而将这样的"利"转化为"利民之利"。同样地,只有先行亲身投入"劳"之中,才可影响、感染"民"效而仿之,而投入其中。"惠而互惠"需要人认同、接受此"惠";故而,先需"利惠之自身归入"。而"劳"亦需先行致身,才说得上"择劳"而"无怨"。设若是认为,那是"择选他人而劳",如上文所说,则不可能得到儒家的义理支持。"子曰:'躬自厚,而薄责于人,则远怨矣。'"(《论语·卫灵公》)① 这样的夫子,会强调"逼迫民众"、"劳役人民"吗?通过 benefit 和 labour 的重复,新译试图做到的是,强化"利惠"和"劳"的"自我复归",以期再现"利利"和"劳劳"的主题意蕴。因为,这一主题意蕴,正是"仁"的取向。

有了"利利"和"劳劳"的处理,就可进一步突出"仁"的取向:使人回到人,才可凸显"利者利人"和"劳者自乐"的意旨;同时,引出后"二美"的"人"的形象的刻画的"心性"不可或缺的前提:"爱人"。

因而,"仁"的处理,也就是进一步加大"利利"和"劳劳"的形式化:"人"之"自我回归",其表现应在于,有如"生生"(亦即"生而又生")的态势之下,所能蕴含或呈现的那种生机。《礼记·中庸》有云:"仁者,人也,亲亲为大。"② 正体现出"二人成人,才可回还到人"的意向,而成为"成人"的儒家思想对"人"的塑造定格的版本。在动态过程中,"仁"之"为人、成人"之意非常显豁。

因此,我们提出,以 man-man-ing 这一杜撰,来迻译"仁",以求最大限度地应和"人之成人"的基本导向。上引诸例表明,此前的有关处理,我们认为,是不对应的。比如,译文 32 之中的 human-hearted-

---

① 何晏(注)、邢昺(疏):《论语注疏》(李学勤主编,《十三经注疏》之十),北京大学出版社 1999 年版,第 213 页。
② 郑玄(注)、孔颖达(疏):《礼记正义》(李学勤主编,《十三经注疏》之六),北京大学出版社 1999 年版,第 1440 页。

ness，第二部分意为 earnestness、sincerity、heartiness（真诚、诚实、热心），在组合之中亦可表示"具有一种特别类型的心"。比如，cold-heartedness（冷漠的心）、light-heartedness（轻松愉快的心情）、warm-heartedness（温情）、kind-heartedness（仁爱之心）、pure-heartedness（正直、诚恳）等。如此，"人心之化"或"归化为人心之所至"，或是此词的意向，而与儒家"内向"、"内倾"或曰"内在化"的倾向是相符的。内德打造本就是要求如此走向人的精神世界。

不过，既然"仁"是在说，"二人以爱成就世界"，也就是"人的相互关爱"才是儒家"天下人"的取向，那么，其中的一个重要问题就是，人如何"走回自身"。而依上文，"仁者，人也"清楚地道出"仁"以"人"解说的"重复"之"形式化"，而"亲亲"进一步突出了如此的"形式化"。仍如上文所论，此一表达体现的正是"生生之谓易"（《周易·系辞上》）① 的哲思。易言之，"生生"已形成一种特定的模态，而可为儒家的"天人合一"追求定位：事物向着自身的不断走出和归入，亦即为"天道"之"阴阳变化"的模式。因此，此一"形式化"也就是"一阴一阳之谓道"（《周易·系辞上》）② 的另一种表达。"天道"，人必仿效之，故而，"仁"亦如此，其跨文化英译就需依之杜撰译文。

这样，坚持"仁"的如此"重复"的"形式化"，不仅是"仁召唤人回归人自身"，同时亦有"使仁本身体现自身"的意向，而且，也一样能应和"天道之自我归入"的旨趣。"天地之大德曰生。"（《周易·系辞下》）③ 若是我们能首先将此"生"的"意绪"通过合宜的方法，引入英文之中，是否可以说明，那才是真正的"跨文化"的翻译，即

---

① 王弼（注）、孔颖达（疏）：《周易正义》（李学勤主编，《十三经注疏》之一），北京大学出版社1999年版，第271页。

② 王弼（注）、孔颖达（疏）：《周易正义》（李学勤主编，《十三经注疏》之一），北京大学出版社1999年版，第268页。

③ 王弼（注）、孔颖达（疏）：《周易正义》（李学勤主编，《十三经注疏》之一），北京大学出版社1999年版，第297页。

第三章 "五美"之"求仁而得仁"与使"事物回归自身"之译

虽然跨出了中华文化的语言边界,但精神仍在,且"形已成式"?

第五节 余论:"尊尊、贤贤、亲亲"与"生生本本"之秘

"仁仁"与"生生"的表达方式之所以如此重要,需要在英语之中加以杜撰,不仅是因为儒家的思想深入人心,在中华文化思想史上起到了无可比拟的作用,所以,可将之视为一种思想导向和模式。而且,实际上,在夫子之前或当世,我们就可以看到周朝文化的成就,在历史的书写之中的这种形式化总结。

王国维在其名文《殷周制度论》之中指出:"欲观周之所以定天下,必自其制度始矣。周人之制度大异于商者,一曰立子立嫡之制,由是而生宗法及丧服之制,并由是而有封建子弟之制、君天子臣诸侯之制;二曰庙数之制;三曰同姓不婚之制。此数者,皆周之所以纲纪天下。其旨则在纳上下于道德,而合天子、诸侯、卿、大夫、士、庶民以成一道德之团体,周公制作之本意,实在于此。"① 他强调:"以上诸制,皆由尊尊、亲亲、贤贤,此三者治天下之通义也。周人以尊尊、亲亲二义,上治祖祢,下治子孙,旁治昆弟,而以贤贤之义治官。"②

显而易见,这是在以"尊尊、亲亲、贤贤"描述周朝政治制度的特色。依之可见,在夫子生活时代之前或当世,如此的"人回归自我"的思想导向,已与"生生"之天人相合之导向,在思想表达方式上取向一致,以至于在人际关系的各个方面形成了特定的趋势。易言之,不以这样的表达方式,也就无法突出夫子理想之中的"礼乐制度"的主要特质。

实际上,如论者所指出的,"孔子认为,尊尊亲亲是周礼中最重要

---

① 王国维:《观堂集林》(上册),彭林(整理),河北教育出版社2001年版,第288—289页。
② 王国维:《观堂集林》(上册),彭林(整理),河北教育出版社2001年版,第299页。

的原则"：前者是"政治原则"，后者为"宗法原则"①。形式亦即内容。经王国维总结为后世所认同的"尊尊亲亲"作为原则适足说明，它们不仅起到的是规范人的言行举止的"礼"的导向的作用，经由孔子的倡导，亦被后世视为人间最为美好的政治制度的思想取向。而且，就我们的论题而论，最为重要的是，如此表达所揭示的"自然"追求，此即，既然事物的存在就是它们自身的存在，也就是自我归入的存在，因而，无论在什么情况下，它们亦都需经由自身而回归其中，或曰以自身为出发点，而在不断出发之中，不断达到自身。如此的自我回归，被孟子直接命名为"自反"，恰恰可以印证人的存在，就是事物存在的一个范例：人的自我修炼，最终突出的仍然是，"学问之道无他，求其放心而已矣"(《孟子·告子上》)②，"行有不得者，皆反求诸己"(《孟子·离娄上》)③，"仁者如射，射者正己而后发，发而不中，不怨胜己者，反求诸己而已矣"(《孟子·公孙丑上》)④；或曰，"君子必自反也"，"其自反而仁矣，自反而有礼矣"(《孟子·离娄下》)⑤。言辞描述与事物之所是，俨然一致。而儒家之"以自己之存在的自反为然"的这种"自然"趋向，是树立人、建构人的内在之力的关键。《论语》之中之所以要提醒人们应"三省吾身"(《学而》)⑥、"内自省"(《里仁》)⑦

---

① 夏传才：《十三经讲座》，广西师范大学出版社2006年版，第290页。
② 赵岐（注）、孙奭（疏）：《孟子注疏》（李学勤主编，《十三经注疏》之十一），北京大学出版社1999年版，第310—311页。
③ 赵岐（注）、孙奭（疏）：《孟子注疏》（李学勤主编，《十三经注疏》之十一），北京大学出版社1999年版，第192页。
④ 赵岐（注）、孙奭（疏）：《孟子注疏》（李学勤主编，《十三经注疏》之十一），北京大学出版社1999年版，第96页。
⑤ 赵岐（注）、孙奭（疏）：《孟子注疏》（李学勤主编，《十三经注疏》之十一），北京大学出版社1999年版，第233页。
⑥ 何晏（注）、邢昺（疏）：《论语注疏》（李学勤主编，《十三经注疏》之十），北京大学出版社1999年版，第4页。
⑦ 何晏（注）、邢昺（疏）：《论语注疏》（李学勤主编，《十三经注疏》之十），北京大学出版社1999年版，第51页。

第三章 "五美"之"求仁而得仁"与使"事物回归自身"之译

以及"内自讼"(《公冶长》)①,其原因昭然。

如此的倾向,理应在跨文化的翻译之中充分体现,如此,才可"忠实再现"。但是,显而易见,在如此重大的关节上,面对如此重大的问题,历史地看,翻译家们几乎无所作为。

夫子自称:"述而不作,信而好古。"(《论语·述而》)② "周文"始终是他追求的政治理想。因而,他曾感叹:"甚矣,吾衰也!久矣,吾不复梦见周公。"(《论语·述而》)③ 他还强调:"夫召我者,而岂徒哉!如有用我者,吾其为东周乎?"(《论语·阳货》)④ 这是在表达,若是能见用,则要"克己复礼"(《论语·颜渊》)⑤,也就是恢复周的礼乐制度。因为,那是周公这样的圣人的"制作"。子畏于匡,曰:"文王既没,文不在兹乎?天之将丧斯文也,后死者不得与于斯文也。天之未丧斯文也,匡人其如予何?"(《论语·子罕》)⑥ "周文"的理想政治制度,就体现在如此的"重复"的"事物之自我回还"之中。因而,无怪乎,在《论语》之中,我们能读到夫子所举的"正名"(《子路》)⑦ 的特例"君君,臣臣,父父,子子"(《颜渊》)⑧。过去一般将之释为:人既已被规定扮演特殊的社会角色,因而,应据之坚守,而不可更易。如此,"君臣界限森严",诚如"父子不能越轨",否则伦理大

---

① 何晏(注)、邢昺(疏):《论语注疏》(李学勤主编,《十三经注疏》之十),北京大学出版社1999年版,第68页。
② 何晏(注)、邢昺(疏):《论语注疏》(李学勤主编,《十三经注疏》之十),北京大学出版社1999年版,第84页。
③ 何晏(注)、邢昺(疏):《论语注疏》(李学勤主编,《十三经注疏》之十),北京大学出版社1999年版,第85页。
④ 何晏(注)、邢昺(疏):《论语注疏》(李学勤主编,《十三经注疏》之十),北京大学出版社1999年版,第234页。
⑤ 何晏(注)、邢昺(疏):《论语注疏》(李学勤主编,《十三经注疏》之十),北京大学出版社1999年版,第157页。
⑥ 何晏(注)、邢昺(疏):《论语注疏》(李学勤主编,《十三经注疏》之十),北京大学出版社1999年版,第113页。
⑦ 何晏(注)、邢昺(疏):《论语注疏》(李学勤主编,《十三经注疏》之十),北京大学出版社1999年版,第171页。
⑧ 何晏(注)、邢昺(疏):《论语注疏》(李学勤主编,《十三经注疏》之十),北京大学出版社1999年版,第163页。

乱。实际上，还有一个解释是一向不为人所重甚或注意的。这就是，"父父，子子"说的是，"父亲要回归自身"，这样才能成为"父亲"，"为人子者，亦需不断回归自己的'本分'"，才可称得上"人子"。这样的"正名"突出的是，人之"名位"的"先天"之"自然性"，就表现在人相应于他人的位置，即使是已定的，但也只是关系之中的或曰网络之内的。因而，"为父者"昔日必"为人子"，而"为人子者"未来有可能成为"人父"。"君臣"的关系虽然比较固定，但其中的一个导向仍然是，"以君王的姿态回归自身"才可成就"君王之所为君王的成就"。这看上去似乎是"累赘"的"绕口令"式的表达，但可以表达的是，"君子自我回归"，不仅是回归自身，以求对之不断强化，而且，这也是生存本身的那种"生生之谓易"的体现。没有这样的体现，人本身已不存在，何来其他？因而，如此的表达方式，之所以深得儒家的喜爱，就是因为它体现了宇宙、人生存在以及伦理学的规律，以及所有这些的一体化思想导向。

我们可以《荀子》之中的一句话作为一个例子，稍作分析，看看儒家的思想导向是否如此。《荀子·非十二子》有云："信信，信也；疑疑，亦信也。"王先谦注曰："信可信者，疑可疑者，意虽不同，皆归于信。"① "使信回归信"，才是"真正的信"；同样地，"将疑复归于疑"，也才称得上"疑"。如此，"信信"是"信"，因为"疑疑"是说，"对可疑之物加以疑惑"，故而，也是"信"。这不仅是在以重复的形式化表达，来凸显"信信"之为"信"的奥秘，而且，也一样是在应和"生生之谓易"的意向：论生不言死。如此，才可"生生不息"（戴震《孟子字义疏证·道》）②。

还有一个历史书写的例证。和王国维总结性地追溯周朝政治制度一样，汤用彤在总结"魏晋玄学"的成就时，如此立论：

---

① 王先谦：《荀子集解》（《诸子集成》第二册），中华书局1954年版，第61页。
② 戴震：《孟子字义疏证》，何文光（整理），中华书局1982年版，第43页。

第三章 "五美"之"求仁而得仁"与使"事物回归自身"之译

然谈玄学者,东汉之于魏晋,固有根本不同。[……] 亦此所谓天道,虽颇排斥神仙图谶之说,而仍不免本天人感应之义,由物相之盛衰,明人事之隆污。稽察自然之理,符之于政事法度。[……] 魏晋之玄学则不然,已不复拘拘于宇宙运行之外用,进而论天地万物之本体。汉代寓天道于物理,魏晋黜天道而究本体,以寡御众,而归于玄极(王弼《易略例·明象章》);忘象得意,而游于物外(《易略例·明象章》)。于是脱离汉代宇宙之论(Cosmology or Cosmogony)而流连于存存本本之真(ontology or theory of being)①。

这显然是在以儒家或《周易》"生生"的模式为据,在迻译西方的 ontology 之名。"存存本本"之中的"存存",见于《周易·系辞上》:"生性存存,道义之门。"王弼注曰:"物之存成,由乎道义也。"孔颖达疏云:"既能成性存存,则物之开通,无之得宜,从此易而来,故云'道义之门'。"② 我们认为,"易道"之见,由乎"存存"。因而,可以说,这是在强调,"道义"之所"出",端赖"存存"或曰"存而又存"这一模式。汤用彤依之来迻译 ontology,而并没有运用学界通用或常用的"本体论"、"存在论"或"万有论"等名目③,而是直接以"生生之法"论之,的确能体现出魏晋玄学的精神,当然也就能联系上周朝经过夫子的思想打造之后所形成的《周易》之中的那种"生意盎然"的思想生发之道和表达方式。

"本"字如此连用,查《辞源》,并没有发现先例④。但是,作为一

---

① 汤用彤:《魏晋玄学流别略论》,收入汤用彤《汤用彤选集》,天津人民出版社 1995 年版,第 232—233 页。
② 王弼(注)、孔颖达(疏):《周易正义》(李学勤主编,《十三经注疏》之一),北京大学出版社 1999 年版,第 274 页。
③ 他在《言意之辨》一文之中论为:"夫玄学者,谓玄远之学。学贵玄远,则略于具体事物而究心抽象原理。论天道则不拘于构成质料(Cosmology),而进探本体存在。"详见《汤用彤选集》,天津人民出版社 1995 年版,第 280 页。
④ 《辞源》(第二册),商务印书馆编辑部(编),商务印书馆 1979 年版,第 1501—1504 页。

种依照既定模式而创发的特定表达,"本本"之"由本回归本"、"让本回归自身"或者是"以本为本"的基本意向,在这里能得到充分展现。《礼记·乐记》之中有云:"乐者,音之所由生也,其本在人心之感于物也。"① 此一意向之下,"本"原为"本源"或"本原"之意,而"本本"之"由此本回复此本",更见其力量,即令无"存存"与之搭配,也一样能体现"生生"之意。

不过,应该指出,以典型的正规哲学方法处理,将 ontology 译为"存存本本"仍是有问题的。作为西方哲学的关键部门之一,ontology 探究的,就是"存在"的学问,也就是专注于存在是什么以及如何存在的问题。如此词所示,on-即希腊文的"存在"或曰"是",因而,此词近年来学界多主张直接译为"存在论"。因而,又可以说,将 ontology 译为"存存本本"是有问题的。这是因为,在西方哲学之中,依柏拉图,存在论应该追求的是"不变"的"理念",而如此的 Form(亦作"理式"),才是探究"存在之真"的终极目标。如此对比,就会发现,这是与儒家思想完全不同的一种系统。而且,儒家也并不真正醉心于如此"玄远"的思想。至于魏晋玄学,既承接先秦哲学求真之理路,也并不那么注目于"不变之理"。相反,正是因为如此的"玄理"是变易不住的,因而,汤用彤才会用"存存本本"以为其终极追求。故而,我们认为,二者是不相应的。不过,汤用彤的借用,很能说明,"生生之谓易"的"易理哲思"影响是历史性的,后世的哲学探讨无法回避,甚至连表达方式也不得不采取相似的词语的形式。

因此,"利利"、"劳劳"与"仁仁"的重要性,或已无须再论。我们需要做的是,如何将此译表达方式引入英语之中,以显示中国哲学的追求的"变易不住"和"本源复归"的导向。易言之,以尽可能直接处理的方式,加以复制,是最为有效的方法。更何况,这样的处理合乎中庸之理。

---

① 郑玄(注)、孔颖达(疏):《礼记正义》(李学勤主编,《十三经注疏》之六),北京大学出版社 1999 年版,第 1075 页。

第四章 "三知"与"天命"、"礼"和"言"

第一节 问题的提出：消极阐释有效吗？

一、"言"的指向究竟何在

对儒家经文，消极阐释，即从负面入手，将经文之所指释为消极的，这种阐释有效吗？回答应该是否定的。易言之，只有积极阐释在儒家那里，才有正面的效果，否则便很难说得通。这里便牵涉对"不知言，无以知人也"的解释。这是《论语·尧曰》章的最后一句，也是《论语》的最后一句[①]。《杨树达论语疏证》录两部著作，皆为消极阐释：

《易·系辞下》篇曰：将叛者其辞惭，中心疑者其辞枝，吉人之辞寡，躁人之辞多，诬善之人其辞游，失其守者其辞屈。

《孟子·公孙丑上》篇曰："敢问：'夫子恶乎长？'曰：'我知言，我善养浩然之气。''何谓知言？''诐辞知其所蔽，淫辞知其所陷，邪辞知其所离，遁辞知其所穷。'"[②]

[①] 何晏（注）、邢昺（疏）：《论语注疏》（李学勤主编，《十三经注疏》之十），北京大学出版社1999年版，第270页。

[②] 杨树达：《杨树达论语疏证》，吉林人民出版社2013年版，第408页。

先看《系辞下》。同样是在《系辞下》，我们可以读到"变动以利言，吉凶以情迁"①。此语可释为，"变易便可言利，反之则否；凶吉端赖情势而转变，进而一定会最终走向'吉利'"。就此"可言"而"言"来看，"言"最终显现的是，变易不住之中的那种"利"。大而化之，也就是"生生"之"大易"。因而，在儒家看来，既然事物是在"大化流行"之中存在，那么，其"生生"之义最为重要，故而，"消极"之物早就涌入"积极"的动态变化之中，而消减其力量；或者说，"积极"的动态变化隐没（同时也会隐含）"消极"的因素，而使这个世界显得生机勃勃，而运动不息。儒家的宇宙论如此，其解释学亦必朝着这个方向展开，才可把握到经文的主题意蕴。因而，《系辞下》又云："夫易彰往而察来，而微显阐幽。开而当名，辨物正言，断辞则备矣。"②"正言断辞"，既可说是《周易》要求的那种"判断"，同时亦可视为依儒家思想正轨要做出的判断的态度："正言"而不是负面之言，不能以"消极"的态度审视事关人生存在的课题。易言之，在关乎"人"的问题上，无论是其存在，还是其伦理价值，都应持"积极向上"的态度，才可触及事物之真。

故而，《系辞下》里所说的，是针对人的特殊情况，而不是"人本身"的问题。而紧接着抄录之文，上文有云："凡易之情，近而不相得则凶。或害之，悔且吝。"③说的就是，对"凡是有关'卦象'可见的情势，若是趋近，而不相'得宜'，则必然产生凶兆，最终或许会造成害人的结果，使人痛悔不已，因为事物朝着不好的地方发展"。这意味着，只有"相得"，也就是把握住"正面"的"规律性"的东西，才可能真正看清问题的实质，而最终得到"相宜"的解释。

---

① 王弼（注）、孔颖达（疏）：《周易正义》（李学勤主编，《十三经注疏》之一），北京大学出版社 1999 年版，第 321 页。
② 王弼（注）、孔颖达（疏）：《周易正义》（李学勤主编，《十三经注疏》之一），北京大学出版社 1999 年版，第 311—312 页。
③ 王弼（注）、孔颖达（疏）：《周易正义》（李学勤主编，《十三经注疏》之一），北京大学出版社 1999 年版，第 321 页。

第四章 "三知"与"天命"、"礼"和"言"

再说《公孙丑上》。此篇论"知言养气",强调"辨别语言文辞是非美丑的能力"的培养,是与"养气"一体两面,突出的是人的"品德"的"充实之谓美"(《孟子·尽心下》)①,即"内德"打造的有益和魅力。孟子自称,对片面、过分、歪曲、闪烁的言辞,都能察知其蒙蔽、沉溺、叛离、词屈理穷的实质所在。《孟子·离娄下》亦云:"言无实不祥。"② 正面要求语言有真实丰满的内容。虽然对"知言"和"养气"之间的关系,孟子并没有具体讨论,但是,可以推论,"知言"之根基在于"养气",或者说,也是为了人的"养气的不断进益";再换言之,"知言"最终的落实仍是在"内德"的打造上。故而,孟子之"知言"对"消极之言"的辨识,最终引向的仍是"积极的养生"之果。或者更准确地说,"养气"即为"养心","知言"突出的是"养心"的正面的、积极的成就。杨树达未引的此章紧接着的下文是:

生于其心,害于其政;发于其政,害于其事。圣人复起,必从吾言矣。(《孟子·公孙丑上》)③

这分明是在提示,若是上述的"言"起自于"心",其害甚大,因而,必加避免。也就是说,只有警惕如此之"言"的危害性,在"心源"之处,就予以规避,才可不对"政"和"事"形成"害"。这还是在讲"言"与"心"的关系:在"心源"的动力始发之处,克制进而消解"陂辞、淫辞、邪辞和遁辞",使之胎死腹中,不仅可以使人"心性"成长的健康保持,而且,也"无害"于"政"于"事"。

而紧接着的下一章,更能说明孟子的有关"言"的思想导向:

---

① 赵岐(注)、孙奭(疏):《孟子注疏》(李学勤主编,《十三经注疏》之十一),北京大学出版社1999年版,第394页。
② 赵岐(注)、孙奭(疏):《孟子注疏》(李学勤主编,《十三经注疏》之十一),北京大学出版社1999年版,第222页。
③ 赵岐(注)、孙奭(疏):《孟子注疏》(李学勤主编,《十三经注疏》之十一),北京大学出版社1999年版,第77页。

"宰我、子贡善为说辞,冉牛、闵子、颜渊善言德行,孔子兼之,曰:'我于辞命则不能也。'""然则夫子既圣矣乎?"(《孟子·公孙丑上》)①

这里说的是,"言"与"行"理应合一。因而,一方面是"善言"("善为说辞"),另一方面是"善言德行",也就是不仅要有"雄辩"或"善于说辞"、"长于论理"的能力,而且,还应"以嘉言论说体现美德的行为"。这样,"心""言"与"行"便是一体的,而"德"自"心"起,说辞论及,更为显豁地体现于"行"之中:人践行的,正是由"心"而来的这种"内德"。孟子强调:"君子所性,仁、义、礼、智。根于心,其生色也,睟然见于面,盎于背,施于四体。四体不言而喻。"(《孟子·尽心上》)② 这是在突出,人皆有善的本性,对之的打造亦即为"内德"的强化,"充实"之后,其结果一定是"'含章可贞',以时发也"(《周易·坤卦·象传》)③。

孟子曰:"尽其心者,知其性也。"(《孟子·尽心上》)④ 那么,人"言"之"言"既是来自"心"之"所性",而如《礼记·中庸》所说"天命之谓性"⑤,此"性"源自"天之所命",故而,真正的"言"应是"天之言",或者更准确地说,是"天通过人而发出的那种大言"。辨析至此,我们也就不能不再次强调,这样的"言"的确是不能从"消极"的角度释之的。《论语·阳货》载:

---

① 赵岐(注)、孙奭(疏):《孟子注疏》(李学勤主编,《十三经注疏》之十一),北京大学出版社1999年版,第77页。

② 赵岐(注)、孙奭(疏):《孟子注疏》(李学勤主编,《十三经注疏》之十一),北京大学出版社1999年版,第362页。

③ 王弼(注)、孔颖达(疏):《周易正义》(李学勤主编,《十三经注疏》之一),北京大学出版社1999年版,第29页。

④ 赵岐(注)、孙奭(疏):《孟子注疏》(李学勤主编,《十三经注疏》之十一),北京大学出版社1999年版,第350页。

⑤ 郑玄(注)、孔颖达(疏):《礼记正义》(李学勤主编,《十三经注疏》之六),北京大学出版社1999年版,第1422页。

第四章 "三知"与"天命"、"礼"和"言"

子曰:"予欲无言。"子贡曰:"子如不言,则小子何述焉?"子曰:"天何言哉?四时行焉,百物生焉,天何言哉?"①

讲的正是,天的"无言之言"才是"大言",因而,才可体现为"四时之行"和"百物生焉"。毫无疑问,这样的"大言"就是"天道"的体现,也可认为,"此言即天道"。

"君子成人之美,不成人之恶。"(《论语·颜渊》)②"不成人之恶"包括"不言人之恶",故而,《礼记·中庸》载夫子称道舜帝之语:"子曰:'舜其大知也与?舜好问而好察迩言,隐恶而扬善,执其两端,用其中于民。其斯以为舜乎!'"③ 因此,儒家,如孟子所强调的:"言人之不善,当如后患何!"(《孟子·离娄下》),孙奭正义曰:"此章指言好言人恶,殆非君子。"④

对第三句话,刘宝楠正义曰:"言者心声。言有是非,故听而别之,则人之是非亦知也。"下引《周易·系辞下》有关论断,此处不复再引⑤。"故言,心声也。"(扬雄《法言·问神》)⑥ 但"言为心声"究竟为何意,未及解释,此一正义已转向一般人的"日常言语"之"言",进而断定其中"有是有非"或"是是非非"。如此解释,其问题在于,(一)"言"既起自"心",来自最为可靠、最可信赖的"心源",为什么其中之所出,因人而异,而出现"是是非非"?这是需要再做相应的说明的。否则,便会使之对"心"产生疑问:此"心"还可信赖或以之为依赖吗?(二)若是"你之所言"其中有是有非,"我之所说"也

---

① 何晏(注)、邢昺(疏):《论语注疏》(李学勤主编,《十三经注疏》之十),北京大学出版社1999年版,第241页。
② 何晏(注)、邢昺(疏):《论语注疏》(李学勤主编,《十三经注疏》之十),北京大学出版社1999年版,第165页。
③ 郑玄(注)、孔颖达(疏):《礼记正义》(李学勤主编,《十三经注疏》之六),北京大学出版社1999年版,第1425页。
④ 赵岐(注)、孙奭(疏):《孟子注疏》(李学勤主编,《十三经注疏》之十一),北京大学出版社1999年版,第219页。
⑤ 刘宝楠:《论语正义》(《诸子集成》第一册),中华书局1954年版,第419页。
⑥ 李守奎、洪玉琴:《扬子法言译注》,黑龙江人民出版社2003年版,第67页。

是如此，那么，究竟"何人之言"不见"是非"，而可为校准，检查对错或正误？若是"你我皆有是非"，是是非非的检测一定也是有问题的，那么，也就要找到可以依赖的"标准"？这二者显然都可突出，"心源"之"大中至正"才可能是衡量的标尺，能让人信赖之、依据之。而这样的"心"，当然也就不再可能是"你我分别之心"，因为二者的差异先在地打破"同一"之预设。因此，此"心"应为"你我共有之心"。也就是说，"人言"之所以可以检测，能够判断，首先是因为，还有一种"大言"，先在地为"你我"所共有：我们依之可以衡量"你我之言"的"是是非非"。反过来说，这样的"言"，正需"我们的共感之同心"去体贴和呵护。原因无他：这一"言"，正是"天道"之所寄。

故而，夫子才会感叹："天何言哉？四时行焉，百物生焉。天何言哉？"（《论语·阳货》）① 如此，"天之不言"，是为"大言"，人依之而"言"才能"言"。也才有"言"。夫子旨在"则天"②，故而，才有这样的论断。

故而，"人言"应分三个层次："天之言"之"在人者"，即"天"向人所显示的可体悟的"不言之言"；"人言应天者"或曰"应天之人言"，即人应和天道"无言之言"而成一己之言；你我因为人间社会的喧嚣而产生的是是非非之言。第一个层面可谓真正的"言"，第二个层面则是人"效天则天之言"，趋近完美。第三个层面才是注释者所说的那种或许并不总是"合宜"的"言"。由此可知，刘宝楠以及诸多注者之所论，的确是远离经文之真义，而不无误导读者之嫌。

实际上，也只有以天道与人道相合之"大言"，也就是第一个层面的"言"解之，"不知言，无以知人也"，才是可能的：只有在"天"

---

① 何晏（注）、邢昺（疏）：《论语注疏》（李学勤主编，《十三经注疏》之十），北京大学出版社1999年版，第241页。

② 《论语·泰伯》："子曰：'大哉，尧之为君也！巍巍乎，唯天为大，唯尧则之。荡荡乎，民无能名焉。巍巍乎，其有成功也。焕乎，其有文章。'"（李学勤主编，《十三经注疏》之十，北京大学出版社1999年版，第106页。）

的"一端"的存在相呼应的前提下，人这"另一端"才可能存在。如此，"两端"才会相应、相成，也才谈得上天人之趋合。由于"人心"对"天之大言"的琢磨和体会，并不一定总是正确的，而且，也总是会因为时机和场合而产生变化，因而，对"天言"的呼应，不免会出现意外和变形；如此，不断回归内心，检测其顺应天道的能力，也就成为人生存在是否最终促成"成人"的一个主要条件。这也就是经文上文所说的"不知命，无以为君子"的意向。君子受命于天，探求"礼乐"的大义，进而接续先贤，而承担起"制礼作乐"的使命，这也就是"不知礼，无以立"的意涵。

因而，《论语·尧曰》也就是《论语》本身最后一章的三句经文，其主题意蕴显豁，而呈现出特定的"一以贯之"（《论语·里仁》及《论语·卫灵公》）[①] 的态势。这样，很明显，如果不沿循"极高明"（《礼记·中庸》）[②] 的儒家思想正轨，这样的解释便是不可能的。对比而言，似乎前贤所作的疏解，并没有关注此意。

二、"命"的三个层次的意义

杨树达和陈大齐都辑录《韩诗外传》和董仲舒的《对策》之中有关"不知命"一句的解释：

《韩诗外传·卷六》曰：子曰："不知命无以为君子。"言天之所生，皆有仁义礼智顺善之心，不知天之所以命生，则无仁义礼智顺善之心，无仁义礼智顺善之心，谓之小人。故曰："不知命，无以为君子。"小雅曰："天保定尔，亦孔之固。"言天之所以仁义礼智保定人之甚固也。大雅曰："天生蒸民，有物有则。民之秉彝，好是懿德。"言民之秉德以则天也。不知所以则天，又焉得为君子乎！[③]

[①] 何晏（注）、邢昺（疏）：《论语注疏》（李学勤主编，《十三经注疏》之十），北京大学出版社1999年版，第51、207页。

[②] 郑玄（注）、孔颖达（疏）：《礼记正义》（李学勤主编，《十三经注疏》之六），北京大学出版社1999年版，第1455页。

[③] 参见杨树达《杨树达论语疏证》，吉林人民出版社2013年版，第406页；陈大齐《论语辑释》，周春健（校对），华夏出版社2010年版，第265页。

这里对"命"的看法是,"人命"是"天之所生",故而,有"顺善之心""仁义礼智"乃人之"天生之性"。人知自己有此命,便会"顺善"而修炼,以"仁义礼智""保定人"其基"甚固",尚需在葆有基础上不断锻造,如此,才可成为"君子"。同时,又需"秉德"而"则天",也就是"以天为则";再换言之,以天为法。如此,人天相持而相成,人必以"天之所命"为根基,自我修炼,并不断回归此"命",求知之、体悟之,进而身体力行,以求成就"君子"人格。董仲舒的思路与之相一致:

《汉书·董仲舒传》曰:董仲舒对策曰:天令之谓命,[……]人受命于天,固超然异于群生,入有父子兄弟之亲,出有君臣上下之谊,会聚相遇,则有耆老长幼之施,粲然有文以相接,欢然有恩以相爱。此人之所以贵也。生五谷以食之,桑麻以衣之,六畜以养之,服牛乘马,圈豹槛虎,是其得天之灵贵于物也。故孔子曰:"天地之性人为贵。"明于天性,知自贵于物;知自贵于物,然后知仁谊;知仁谊,然后重礼节;重礼节,然后安处善;安处善,然后乐循理;乐循理,然后谓之君之。故孔子曰"不知命,亡以为君子",此之谓也。①

董仲舒的解释重在"人为贵"。曹操诗《度关山》有句"天地间,人为贵"。"人为贵"的思想观念,由来已久。这是中国古人对"人"的宇宙论存在定位的认识决定的。如上文所引牟宗三所说的"述中国思想史必引的名句"②——《左传·成公十三年》中录刘康公之所语"民受天地之中以生,所谓命也","民""生于天地之中",而此"中"之定位很能说明,其上下连接的宇宙论的重要性,故而此"命"也就自有其特别的意义。

而董子之所论,也一样强调,人乃"天生",而且,"天"赐予其充足的生存条件,供其养生,故而"超然异于群生",因而,理应

---

① 参见杨树达《杨树达论语疏证》,吉林人民出版社 2013 年版,第 406 页;陈大齐《论语辑释》,周春健(校对),华夏出版社 2010 年版,第 265 页。
② 牟宗三:《中国哲学的特质》,上海古籍出版社 1997 年版,第 24 页。

第四章 "三知"与"天命"、"礼"和"言"

"明于天性,知自贵于物",秉持"天生之善"而明"贵"之价值,进而"知仁谊""重礼节""安处顺""乐循理",如此,才能成为"君子"。

因此,无论是《韩诗外传》还是董子的对策,"天命"都包含着几层意义:(一)那是人与生俱来的"性命"之"命",近乎于物理或生理意义上的"生命"之"命";(二)此"命"既是天之所赐,已赋予以美好,故而,"善性"自在其中;(三)人需秉持此一"善性"之"命",不断打造,以求成就"君子人格"。因而,"知命"的要义在于,"知天之所命"的可贵,进而葆有之、锻炼之。三个层次,一为自然生命,二作天赋善命,三乃君子之命。

因而,儒家所说的"知命",就是"君子"所能成就的"君子之命",亦即为人的社会"使命"之"命"。陈大齐抄录的焦循《论语补疏》之中的解释,可以充分说明此解的对应性:

> "不知命,无以为君子也",《注》:"孔曰:命为穷达之分。"循按:《论语》言"五十而知天命","不知命,无以为君子。"又云:"死生有命。"又云:"道之将行也与,命也。道之将废也与,命也。"至于命之为命,则《孟子》详言之云:"夭寿不二,修身以俟之,所以立命也。莫非命也,顺受其正。是故知命者,不立乎岩墙之下,尽其道而死者,正命也。桎梏死者,非正命也。"又云:"口之于味也,目之于色也,耳之于声也,鼻之于臭也,四体之于安佚也,性也。有命焉,君子不谓性也。仁之于父子也,义之于君臣也,礼之于宾主也,知之于贤者也,圣人之于天道也,命也,有性焉,君子不谓命也。"皆发明孔子"知命"之说也。死生穷达,皆本于天命。宜死而营谋以得生,命宜穷而营谋以得达,非知命也。命可以不死,而自致于死;命可以不穷,而自致于穷,亦非知命也。故子畏于匡,回不敢死。死于畏,死于桎梏,死于岩墙之下,皆非命也,皆非顺受其正也。知命者不立岩墙之下,然则立于

岩墙之下，与死于畏，死于桎梏，皆为不知命。味色声臭安佚，听之于命，不可营求，是知命也。仁义礼智天道，必得位，乃可施诸天下。所谓道之将行，命也。不得位，则不可施诸天下。所谓道之将废，命也。君子以行道安天下，天下之命造于君子。孔子栖栖皇皇，不肯与沮溺、荷蒉同其辟世者，圣人与天道不谓命也。百姓之饥寒囿于命，君子造命，则使之不饥不寒。百姓之愚不肖囿于命，君子造命，则使之不愚、不不肖。口体耳目，已溺已饥者操之也；仁义礼智之命，劳来匡直者主之也。故己之命听诸天，而天下之命任诸己，是知命也。[……]知天下有道，丘不与易之故，乃知道行道废之命。第以守穷任运为知命，非孔子所云知命也。①

仍如上引牟宗三所说："天既然降命而成为人的性，形成人的光明本体，但是单有光明本体不足恃，仍须倚赖后天的修养功夫。"② 因此，"君子知命"应该有"顺命""正命"和"造命"的分别和过程显现。"顺命"是承顺"天之所命"，而适其势；"正命"要求体知"贞正天命之义"而时依其宜，所谓"平心持正"（《汉书·李广苏建传》），而合其义；"造命"则欲营谋"新势"而促人应，以成"新命"。"顺命"之后，达至"正命"，才谈得上"立命"，因为，"顺其势"，一方面是已经了解"天命"之约束和局限；也就是说，"顺"必导致人之"知"之深入解悟，心知其势不可抗拒，而必顺承之；另一方面，则需再进一步，而有所作为，欲求突破。在限定和超越之间，人"立一己之命"，而思"与天合"。故而，夫子自述其"五十而知天命"（《论语·为政》），何晏引孔安国曰："知天命之始终。"③ 说的正是，在"始"与"终"或者说"限制"和"自由"之间，夫子得其自在，而可趋向

---

① 陈大齐：《论语辑释》，周春健（校对），华夏出版社2010年版，第265—266页。
② 牟宗三：《中国哲学的特质》，上海古籍出版社1997年版，第25页。
③ 何晏（注）、邢昺（疏）：《论语注疏》（李学勤主编，《十三经注疏》之十），北京大学出版社1999年版，第15页。

第四章 "三知"与"天命"、"礼"和"言"

"与天相合"之势。

因此,儒家之"知天",就《论语》而言,充溢着雄健的精神,勃发着"生生不息"的魅力。"知天",正可体现《周易·乾卦·象传》所说的"天行健,君子以自强不息"① 之大义,而见"君子"的追求。

夫子"知其不可而为之"(《论语·宪问》)②,其奋发有为的人生历程,演绎的正是这样的"造命"精神。故而,论者指出:

> 讲儒家,就先要说孔子,——孔子是奠定中国儒家的思想的人,也是把中国民族所有的优长结晶为一个光芒四射的星体而照耀千秋的人。但是许多人并不真正了解孔子。在当时人心目中的孔子,不过是一个经多见广的百科全书式的人物,明白说,佩服他的,不过是他的知识。其实孔子的真价值,却无宁在他刚强、热烈、勤奋、极端积极的性格。这种性格却又有一种极其特殊的面目,即是那强有力的生命力并不是向外侵蚀的,却是反射到自身来,变成刚强而无害于人,热烈而并非幻想,勤奋而仍然从容,极端积极而丝毫不计成败的伟大雄浑气魄。倘若作为一种艺术看,可说从来没有这样完美无缺的雕像;倘若作为一种剧本看,也可说从来没有这种精彩生动的脚〔角〕色!③

因此,面对"厄运",夫子保持的是乐观的态度而精进不已。故而,郭店楚简《穷达以时》记其所云:"遇不遇,天也。"④ 《孔子家

---

① 王弼(注)、孔颖达(疏):《周易正义》(李学勤主编,《十三经注疏》之一),北京大学出版社1999年版,第10页。
② 何晏(注)、邢昺(疏):《论语注疏》(李学勤主编,《十三经注疏》之十),北京大学出版社1999年版,第200页。
③ 李长之:《中国文化传统之认识(上):儒家之根本精神》,见李长之《迎中国的文艺复兴》,商务印书馆2013年版,第114页。
④ 李零:《郭店楚简校读记》(增订本),中国人民大学出版社2009年版,第112页。

语·在厄》和《荀子·宥坐》此句作:"夫遇不遇者,时也。"①《孔子家语·在厄》亦录夫子之所言:"且芝兰生于深林,不以无人而不芳,君子修道立德,不谓穷困而改节。"②的确,"人的穷达自己无法决定",但是,"人的德行则完全取决于自己"③。夫子通过个人的努力,既显现他对"命"的顺应,亦显示他对之的不服及其与之的抗争。故而,他能成就空前的历史事业,也就不是没有原因的了。最重要的是,他"确立开创教化的历史文化思想的精神"④,正是与其"造命"的努力密不可分的。

在《论语》之中,可以清楚地感受到,"天命"或"命"的意义。很明显,这样的意义是天人关系上的意义,离开了天人,无论是哪"一端",意义都是不能成立的。《泰伯》记曰:

子曰:"大哉,尧之为君也!巍巍乎,唯天为大,唯尧则之。荡荡乎,民无能名焉。巍巍乎,其有成功也。焕乎,其有文章。"⑤

"效法",孔安国曰:"则,法也。美尧能法天而行化。"⑥ 此解可联系上《周易·系辞上》的"崇效天,卑法地"⑦。另一解则是"准"、"等"。朱子曰:"则,犹准也。言物之高大,莫有过于天者,而独尧之德能与之准。"⑧ 不过,若是"人以为准",必加以"效仿"。因此,二

---

① 参见王先谦《荀子集解》(《诸子集成》第二册),中华书局 1954 年版,第 345 页;杨朝明(注说)《孔子家语》,河南大学出版社 2008 年版,第 206 页。
② 《孔子家语》,杨朝明(注说),河南大学出版社 2008 年版,第 206 页。
③ 《孔子家语》,杨朝明(注说),河南大学出版社 2008 年版,第 357 页。
④ 南怀瑾:《论语别裁》,载《南怀瑾选集》(第1卷),复旦大学出版社 2014 年版,第 781 页。
⑤ 何晏(注)、邢昺(疏):《论语注疏》(李学勤主编,《十三经注疏》之十),北京大学出版社 1999 年版,第 106 页。
⑥ 何晏(注)、邢昺(疏):《论语注疏》(李学勤主编,《十三经注疏》之十),北京大学出版社 1999 年版,第 106 页。
⑦ 王弼(注)、孔颖达(疏):《周易正义》(李学勤主编,《十三经注疏》之一),北京大学出版社 1999 年版,第 274 页。
⑧ 朱熹:《四书章句集注》,中华书局 1983 年版,第 107 页。

第四章 "三知"与"天命"、"礼"和"言"

解是相通的。

这是在强调,只有尧帝能够做到仿效天之所为,依之为则;故而,才会焕发出德性之光("文章"),令人敬慕。"天"在这里被夫子视为最为崇高的人格力量,是所有人,包括圣人效法的榜样;因而,尧帝加以效仿,才会体现出他异乎寻常或曰独一无二的精神力量。

安乐哲与郝大维提出,应从双向互动和内德修造两方面来释"命":

> [……]与一般将"命令"(command)理解为单边的(unilateral)和决定论的(deterministic)相反,"命"应在 mandate(命令)倾向性的意义上得到理解——亦即,"置于另一个人的手中","托付"。下命令即"托付"。在此意义上,命令的行为在命令者与命令接受者之间建立起一种维系(bond)。
>
> 命令也有一种恭顺的(deferential)和非强制的意义:在这里,人凭着自己的性格或成就"博得"(command)美德,同时从可能与此一模态相争胜的人那里引发恭顺。[1]

"以天为法",故而,很多事情需交给"天"来审视定夺,当然包括行为。所以,夫子的自我辩解,也是以"天"为对象的:

> 子见南子,子路不说。夫子矢之曰:"予所否者,天厌之!天厌之!"(《论语·雍也》)[2]

"天"在这里成为终极的依准,似乎这个时候一切都要依赖之来确定。

---

[1] Roger T. Ames and David L. Hall, *Focusing the Familiar: A Translation Philosophical Interpretation of the Zhongyong*, Honolulu: University of Hawai'i Press, 2001, p. 28.
[2] 何晏(注)、邢昺(疏):《论语注疏》(李学勤主编,《十三经注疏》之十),北京大学出版社1999年版,第82页。

人和"天"一样具有生命,"天行健",君子效之,必"自强不息"(《周易·乾卦·象传》)①。"以天为则",亦必在艰难困苦之时,要以之为裁决。故而,《论语》有载:

　　颜渊死。子曰:"噫!天丧予!天丧予!"(《论语·先进》)②

　　这是夫子对不幸早死的颜回的痛苦呼叫,无奈而又难知的"天"成为呼号倾诉的对象。似乎冥冥之中,"天"在掌握着生杀大权,既可使人生,复可令人死。而困厄之时,只有德性的力量所支撑的文化事业,以其生命的寄托,而见出希望:

　　子畏于匡,曰:"文王既没,文不在兹乎?天之将丧斯文也,后死者不得与于斯文也。天之未丧斯文也,匡人其如予何?"(《论语·子罕》)③

　　人就是以心中之"文德"与"天"相沟通,因得其支持,而使祖先文化基业之"斯文"得以延续和传承。故而,"文脉不绝",而有"天"在焉。而人之"德"当然是"天"之所赐,故而,承担使命者,可以无所畏惧:

　　子曰:"天生德于予,桓魋其如予何?"(《论语·述而》)④
　　子曰:"莫我知也夫!"子贡曰:"何为其莫知子也?"子曰:

---

　　① 王弼(注)、孔颖达(疏):《周易正义》(李学勤主编,《十三经注疏》之一),北京大学出版社1999年版,第10页。
　　② 何晏(注)、邢昺(疏):《论语注疏》(李学勤主编,《十三经注疏》之十),北京大学出版社1999年版,第145页。
　　③ 何晏(注)、邢昺(疏):《论语注疏》(李学勤主编,《十三经注疏》之十),北京大学出版社1999年版,第113页。
　　④ 何晏(注)、邢昺(疏):《论语注疏》(李学勤主编,《十三经注疏》之十),北京大学出版社1999年版,第93页。

第四章 "三知"与"天命"、"礼"和"言"

"不怨天，不尤人；下学而上达。知我者其天乎！"（《论语·宪问》）①

故而，真正的君子总是以"天"为最高的人格境界，修己而欲企及之。如此，"知我之天"才有可能存在。既然"天"的存在标志着人的追求的趋向及其历史责任之所系，因而，人必以虔诚的"敬天"之心待之，故而，

孔子曰："君子有三畏：畏天命，畏大人，畏圣人之言。小人不知天命而不畏也，狎大人，侮圣人之言。"（《论语·季氏》）②

仿效"天"的行为，在夫子那里的表现在《论语》之中有清楚的记录：

子曰："予欲无言。"子贡曰："子如不言，则小子何述焉？"子曰："天何言哉？四时行焉，百物生焉。天何言哉？"（《论语·阳货》）③

这当然是意欲企及圣人之境的最好见证。"获罪于天，无所祷也。"（《论语·八佾》）④ 是说，不能"逆天而动"，而应顺之而行。而"知我者其天乎"，是要强调，人最终归其"知"于"天"，也就是，最为

---

① 何晏（注）、邢昺（疏）：《论语注疏》（李学勤主编，《十三经注疏》之十），北京大学出版社1999年版，第199页。
② 何晏（注）、邢昺（疏）：《论语注疏》（李学勤主编，《十三经注疏》之十），北京大学出版社1999年版，第228页。
③ 何晏（注）、邢昺（疏）：《论语注疏》（李学勤主编，《十三经注疏》之十），北京大学出版社1999年版，第241页。
④ 何晏（注）、邢昺（疏）：《论语注疏》（李学勤主编，《十三经注疏》之十），北京大学出版社1999年版，第36页。

神秘的知必归之。故而，对"极高明"(《礼记·中庸》)① 的追求，意味着，最终必要求得"天"的感应，否则一切都无从谈起；因为，那样的话，一切都会在一开始就失去效力，并最终丧失其价值和意义。这样，在"无言"之中，"天"在时刻体现它的"生生"之向，而人效仿之，以之为法，则必以其"生生"之求见出此一倾向的"天道"精神。这也便是"人天对话"的本质取向，亦即为人的生命的定位之所在。反之，若是无此对话，则人便可能被悬置于一个空荡荡的所在：没有"天"的"一端"而只剩下"人"的"一端"，造成的只能是万物的庸俗化和世故化。而这，竟然已经成为现代人对经文的译解的基本特性。

为什么"不知命，无以为君子"？原因很明显：若是"不知"甚或不能"求知""天之所命"，那就一定意味着，人未达最高境界，即未能"与天成为知己"②。也就是说，在"极高明"(《礼记·中庸》)③ 的导向上，人必趋向"可以赞天地之化育，则可以与天地参矣"(《礼记·中庸》)④ 的局面，才可能说，人的"君子人格"有条件形成。怀抱理想者，才能成为"君子"，而这样的理想并"不局限于人间"，但亦"不离人间"。出离自身的人，其向往之想，必在远方。因而，其"命"之所系，应该是最高端。在那里，无限风光，会启示着他不断进取。设若止步于"人间"或曰"人与人之间"，"下学而上达"(《论语·宪问》)⑤ 之思便是不可能的，甚至"学"之"上达"的特定指向也一样是不可能的。既然宇宙论的设计，呈现出人的存在的意义取向，那么，人必抱"化俗为圣"之心，才可走向"极高明"。

---

① 郑玄（注）、孔颖达（疏）：《礼记正义》(李学勤主编，《十三经注疏》之六)，北京大学出版社1999年版，第1455页。
② 牟宗三：《中国哲学的特质》，上海古籍出版社1997年版，第35页。
③ 郑玄（注）、孔颖达（疏）：《礼记正义》(李学勤主编，《十三经注疏》之六)，北京大学出版社1999年版，第1455页。
④ 郑玄（注）、孔颖达（疏）：《礼记正义》(李学勤主编，《十三经注疏》之六)，北京大学出版社1999年版，第1448页。
⑤ 何晏（注）、邢昺（疏）：《论语注疏》(李学勤主编，《十三经注疏》之十)，北京大学出版社1999年版，第199页。

第四章 "三知"与"天命"、"礼"和"言"

另外,"天命"即令是要突出其"上天发出的命令"之意,也一样需有"听命者"的反应、思考和行动,来作为体现它的形式或内容。易言之,没有这样的听命者,很难说,"命"在哪里,其存在能够得到印证。而且,既然儒家宣扬的是"为己之学",来自上天之"命"亦必认真体会和施行,才可说明,那是真正与天趋合,而"不逾矩"(《论语·为政》)①。故而,在二者的相持、相合之中,其互动本身即是"心心相印"的对话。因此,王符《潜夫论·卜列》有云:"孔子称'筮之德圆而神,卦之德方以智'。又曰:'君子将有行也,问焉而以言,其受命而向。'"② 这虽是在说,君子在行动开始之前,通过占卜来咨询上天消息,以为预判;但是,儒家那种谨慎小心,最为重要的是,与其将"天命"化作行动力量和支持的意向是完全一致的。而"向"即令只有"回响"的意义,其"回应"的意向也是十分清楚的:只有加以回应,"天命"才因其"可应"而得见人间。如此,在"天命"之"到达",与其得到"回应"的过程中,人与天的对话得以展开;而且,在"君子"的行动之中,这样的"天命"方可显示出它空前的力量或魅力:君子能够聆听到天命,并加以践履,最终必能凭着如此的对话,而见出天道在人间的实现。怀抱这样的理想,儒家如夫子者,才可能"知命"。

第二节 纠缠于人事的今译

经文:孔子曰:"不知命,无以为君子也。不知礼,无以立也。不知言,无以知人也。"(《论语·尧曰》)③

---

① 何晏(注)、邢昺(疏):《论语注疏》(李学勤主编,《十三经注疏》之十),北京大学出版社1999年版,第15页。

② 王符(著)、王继培(笺):《潜夫论笺校正》(《新编诸子集成》第1辑),彭铎(校正),中华书局1985年版,第291页。

③ 何晏(注)、邢昺(疏):《论语注疏》(李学勤主编,《十三经注疏》之十),北京大学出版社1999年版,第270页。

译文 1. 孔子说:"不懂得命运,没有可能作为君子;不懂得礼,没有可能立足于社会;不懂得分辨人家的言语,没有可能认识人。"①

最后一句,上文已有探讨。"知"译为"懂得",容当后文再推论。这里分析的是"命"的译文"命运"。这样处理,一方面可以说是以现代汉语的"二字成词"的通行用法,来释"命"之意;另一方面,如此处理,也可说是,造成了"时代问题"——类似于推出解释"命"本身的意涵,即不对准此字本身作解,而直接以"增补"的方式来译解。这有可能掺入夫子或经文所撰的时代并不具备的意涵。

时至清代,"命运"亦可分用,尽管二者密切关联。《红楼梦》第一回"命运"分用,有"有命无运"一语②。《辞典》依照民间"算命"加以解释:"将人出生的年、月、日、时,按天干、地支依次排成八个字;再用干支所属的金、木、水、火、土来推断一生的境遇好坏,称为'命'。《易·乾》:'乾道变化,各正性命。'疏:'命者,人所秉受,若贵贱夭寿是也。'在'命'之下,用干支排列推断一段时间的遭际,称为'运'。所以,'命'和'运'还是有区别的。'有命无运'(第一回)指英莲生于书香门第,'命'还不错,而平生'行运'乖逆,遭际悲惨。"③ 依此,"命"是天定的,"运"在"命"之"下",为之所支配,因而,也是预定的。故而,只要通过这样的"命相卜筮术",就可把握到人"此生的贵贱夭寿"。那不是很容易找到"破"的方法吗?也就是说,"有命无运"之"命运"就可得到改变,至少是改善?比如,英莲只要能"卜卦",不就不那么悲惨?但是,我们并没有在《红楼梦》中看到香菱如此变好的结局。这意味着,算命之术只是一种"增补"性的安慰:只要能找到一种说辞,则"命"便有改变的可能。

---

① 杨伯峻(译注):《论语译注》,中华书局1980年版,第211页。

② 一僧一道游至姑苏,见甄士隐怀抱英莲,"那僧便大哭起来,又面向士隐道'施主,你把这有命无运累及爹娘之物抱在怀内作甚?'"(引自曹雪芹(著):《红楼梦》(《八十回石头记》),周汝昌(汇校),人民出版社2006年版,第7页。)

③ 详见《红楼梦大辞典》,冯其庸、李希凡(主编),文化艺术出版社1990年版,第403页。

第四章 "三知"与"天命"、"礼"和"言"

因而，与其以幻想来改变未来，不如打造好自己，而首先尽心在内在里培植强大的力量，以求应对各种挑战，使生命过程变得更有意义。显而易见，后者可使人生价值得到充分体现和实现。而这，正是儒家思想的导向。与英莲相反，甄士隐的丫鬟倒是"命运两济"（《红楼梦》第二回）①。辞典解释：此语与"有命无运"相对，"谓命好运好。济，成功。娇杏被贾雨村收作二房，只一年便生一子，又半载被扶为正室。故称她'命运两济'"②。不过，"八字算命"的风俗起自唐代，因而，"孔子的时代，还没有用八字来算命的事"；"严格说来，早一点在南北朝才有，中间加上了印度传过来的文化，如子、丑、寅、卯等十二地支的动物生肖，是由印度传来的，我们原来只有地支，没有配上这些动物，东汉以后印度传来了这一套，到唐代才形成算命的学问"③。因而，若是"命运"二字连用成词，形成特定的"命数"观念，一定是晚起的；与夫子所说的"知命"之"命"不能对应④。《辞源》给出"运"五个义项："（一）运动。《易·系辞》上：'日月运行，一寒一暑。'（二）搬运。《三国志·蜀·诸葛亮传》：'（建兴）九年，亮复出祁山，

---

① 曹雪芹：《红楼梦》（《八十回石头记》），周汝昌（汇校），人民出版社2006年版，第15页。
② 《红楼梦大辞典》，冯其庸、李希凡（主编），文化艺术出版社1990年版，第404页。
③ 南怀瑾：《论语别裁》（《南怀瑾选集》第1卷），复旦大学出版社2014年版，第770页。
④ 以当下的理解，来为过去的事体释义，也就是对之加以现代化，这种不计"时乱"的解释学倾向，若是一般情况下则便于知解之"本土化"，即信息当下收悉。但是，若是词典释义，则似需谨慎。对儒家经更是如此，因为毕竟是儒家的思想，并不是解释者的思想。但有时，连权威工具书，也不免走现代化的路子，而造成"时代难分"甚或"时代错乱"。如《辞源》之中对"命"的解释，一共给出八个义项，其中的第三个分明就是如此："（一）差使。《书·尧典》：'乃命羲和，钦若昊天。'《左传·恒》二年：'宋殇公立，十年十一战，民不堪命。'（二）命令，教令。《易·垢》：'后以施命诰四方。'（三）命运，天命。《易·乾》：'乾道变化，各正性命。'《注》：'命者，人所秉受，若贵贱夭寿之属是也。'（四）生命。《论语·先进》：'有颜回者好学，不幸短命死矣！'（五）道。《诗·周颂·维天之命》：'维天之命，於穆不已。'《疏》：'言天道转运，无极止时也。'（六）名，命名。《管子·法法》：'政者，正也，正也者，所以正定万物之名也。'《史记》溜溜《伍子胥传》：'因命曰胥山。'（七）帝王统治者按官职等级赐给臣下的仪物如玉圭和服饰等。《国语·周》上：'襄王使邵公过及内史过，赐晋惠公命。'《注》：'命，瑞命也，诸侯即位，天子赐之命圭，以为瑞节也。'又'襄王使太宰文公及内史兴赐晋文公命'。《注》：'命，命服也。'"（引自《辞源》（第一册），商务印书馆编辑部（编），商务印书馆1979年版，第501—502页。）

"中庸"视域下《论语·尧曰》跨文化英译方法研究

以木牛运,粮尽退军。'(三)运用。三国·魏·嵇康《嵇中散集》四《答难养生论》:'或运智御世,不婴祸故。'(四)地之南北距离曰运。《国语·越》上:'勾践之地,……广运百里。'《注》:'东西曰广,南北曰运。'(五)气数,运气。《汉书·高帝纪赞》:'汉承尧运,德祚已盛。'参见'运命'。"①而"运命"的解释则是:"命运。《宋书·羊玄保传》:'太祖尝曰:"人仕宦非唯须才,然亦须运命,每有好官缺,我未尝不先忆羊玄保。"'《文选》著录有三国·魏·李萧远(康)《运命篇》。"②

如此,将"命"释解为"命运",也就等于是"天之所命",拉向"人之或运",亦即人可能的"运会"和"遭际"。这样,"天之主导",化作"人通过某种推测在其心目中所预想出的未来之行动的运作规律性的东西",也就是,拉向"人为的导向",并依之作为"命"的准绳。因是几近没有依据的推测,故而,"命运"更多的是含有,人对自身未来走向的无可把握,甚至是无可奈何。而这意味着,人可能会将自己行动的主动性甚至是意志力,交付出去,任由外在的某种超验之力支配、指使,而且,这样的支配之外在化可能完全是幻想之中的东西甚至是臆想出来的,几近毫无来由的自我安慰。如此的意向,正与夫子"知其不可而为之"的态度和奋发精进的有为进取之心,完全背离。若以他为典范,则会认为,这样的解释充其量是为了迎合一般的知解,而不是真正需要全身心投入的那种践履。也就是说,将经文之所论,与人生实在相结合,进而,认真体贴夫子及其高弟形象的"入德"意义之"在我者",最终才能促成经文之大义之"在握"。

"懂得"也一样属于外在化的解释,而无关人的"身心"之"知"。《辞源》解释:"懂,明白。《古今小说》四十:'老门公故意道:"你说的是甚么说话,我一些也不懂。"'"③《汉语大字典》加了一个解释

---

① 《辞源》(第三册),商务印书馆编辑部(编),商务印书馆1979年版,第3072页。
② 《辞源》(第三册),商务印书馆编辑部(编),商务印书馆1979年版,第3072页。
③ 《辞源》(第二册),商务印书馆编辑部(编),商务印书馆1979年版,第1168页。

第四章 "三知"与"天命"、"礼"和"言"

"了解",同时也加了一个例子:鲁迅《伪自由书·"有名无实"的反驳》:"其实究竟是谁'有名无实',他是始终没有懂得的。"①《现代汉语词典》仍以这两个意思解"懂",同时给出"懂得"的组词,并解释:"知道(意义、做法等)understand;know:grasp(meaning, method, etc.): ~规矩 know the rules/你~这句话的意思吗?Do you understand the meaning of this sentence?"②

显而易见,在译者所营造的"命"的释义语境之中,我们已经回到了现代,也就是说,似乎是回到了"人为"或"人欲做出的努力"的氛围之中。但是,惜乎有关努力只是一种没有多少依据的推测之辞,甚至是将这样的推测本身规定为"人的命",尽管那是"来自于天"起自于"神圣而又庄严的命"!面对世上这本来最可珍惜的"命",如此的推测之辞,却将之释为一种预想,并在其中沉涵着相关的出路和破解的方法,尽管这样的出路和破解全然是想象之中的事情。

而在这里,将"知"释为"懂得了",因"了"的添加,似乎轻松愉快,或至少是那么惬意而又干脆。不过,这样的"懂得"却是远离"人本身"的,无论那是指"人身"抑或是"人心"。因为,若是"懂得"的是"人"的行为、言语和某种特定的情况等,这与,比如说,"天命"有何关系?或者说,这与"礼"本身的"在身化"或者说"人性化"走向,即"因为人而设而内置于人的倾向",又有何关联?因而,"懂得了"之于"知",一方面是大白话的"通俗"的"限于俗",另一方面是"知天"之"雅言"③的"之于雅",二者岂不是相去千里?而如此的译文,在其现代化的道路上走得越远,就越是远离经

---

① 《汉语大字典》,《汉语大字典》编辑委员会(编),四川辞书出版社1986年版,第985页。
② 《(汉英双语)现代汉语词典》,中国社会科学院语言研究所词典编辑室(编),外语教学与研究出版社2002年版,第465页。
③ 《论语·述而》:"子所雅言,《诗》、《书》、执《礼》,皆雅言也。"(何晏(注)、邢昺(疏):《论语注疏》(李学勤主编,《十三经注疏》之十),北京大学出版社1999年版,第91页。)

文的那种庄严和高岸。实际上，以此"俗化"的风格，或许也就真的不能再现经文之大义。因为，这样行文，已使"天"的庄严丧失其威力，同时也使人的生存的严肃失去其雅致①。

译文2. 先生说："不知命，便无以为君子。不知礼，便无以立在人群中。不知言，亦就知不得人了。"②

经文的句式是"不知，无以"，译文除最后一句，无大的改变。这样，什么是"不知"，或者说，如何加以理解？相反，什么又算得上"知"？"知"与"不知"关系如何？都真的是"不得而知"。"不知礼"经文如此，译文亦如之。那么，"礼"指的是什么？为什么"不知礼"就"无以立在人群中"，而不是，比如说，"立在社会中"？那么，"人群"所指为何？为什么"立在人群中"，可以界定"知礼"，或者说是"知礼"的表现？同样地，"不知言"亦未做任何形式的处理或释义。"不知言，亦就"，为什么这样"顺滑"，直接加以利用也就联系起来？"知不得"等于"不知"吗？二者之间为什么可以画等号？

因为译文未见多少改易，几乎是原文的抄录，不得已的地方才"易言之"，因而，作为读者，我们当然会有很多疑问，而且，也会因此感觉，此译的确是"译犹为译"。

译文3. 孔子说："不懂得命运，没法做君子。不懂得礼制，没法自建立。不懂得语言，没法判断人。"③

"不知"更易为"不懂得"，有关问题上文已加讨论。"无以为"，译为"没法"，或是强调，找不到相关的"办法"或手段应对。"立"

---

① 2020年2月，《360百科》（https://baike.so.com/doc/6299363-10438443.html）对"懂得"的释义及其所举例子，也可看出有关倾向："懂得，谓了解其事或其意。《儿女英雄传》第十六回：'邓九公哈哈大笑说："老弟台！我说句不怕你思量的话，这个事可不是你们文字班儿懂得的。"'《二十年目睹之怪现状》第二回：'我虽不懂得风鉴，却是阅历多了，有点看得出来。'周而复《上海的早晨》第一部二九：'他说完了，暗暗看了徐义德一眼，那意思是说："凡事要提高一步来看，用旧眼光来办厂，现在是吃不开了。"徐义德懂得他眼光的意思。'"最后一个例子引自一部当代小说。这里对"意思"的"懂得"，说的只是，对"目光"表现出的"意思"的知晓，因而几乎与"人心"无涉？

② 钱穆：《论语新解》，生活·读书·新知三联书店2002年版，第512页。
③ 李泽厚：《论语今读》，中华书局2015年版，第369页。

第四章 "三知"与"天命"、"礼"和"言"

则译作"自建立"。那么,为什么一定是"自"?"建立"等同于"立"吗?或与上文"立在人群中"取向相反,这里的译文是"自建立",为什么会出现这么大的"区别"或根本的"不同"?最后一句,"不知言"被处理为"不懂得语言","言"直接界定为"语言"。不过,这指的是,人类的语言、中国人的语言,还是"他人"的语言?"不懂得"这样的"语言",就"没法判断人",究竟原因何在?

如此处理,只能说明,若是译文并没有用心呈现出它本应揭示出的内涵,则无论如何"增补",便都会止步于某种替换或替代,而不能形成真正的"释义":将经文的大义揭示出来,以放开尽可能多的、适宜的意涵。也就是说,真正的释义,应该要么是揭示出,与经文相合、相配的主题意蕴,要么是尽可能保持其丰富性,也就是,使之呈现某种多义的结构。

但是,上述二例显然只是在以"易言之"之法,甚至"一言之"之法(亦即,未加解会),推出所谓的译文。

译文 4. 孔子说:"不知晓命运,便没有条件成为君子;不懂得礼,便没有依据立身;不辨知言语,便没有凭借了解人。"[①]

此译并没有像上引二例那样,运用几乎一贯的表达方式,而是多有变化。"不知"分别译为"不知晓""不懂得"和"不辨知";三个"无以为",则译作"没有条件""没有依据"和"没有凭借"。就文字处理而论,不可谓不妙。不过,问题在于,为什么"不知"一处是"不知晓",另外两处是别的形式?如此,"不知晓"的意向,等同于"不懂得"和"不辨知"吗?果如此,译文只是为了"修辞"的方便,而不愿重复,因而,才有如此的设计。但是,问题是,"不知晓"究竟是指涉什么,也就是说,运用这样的表达方式,将"不知"改为"不知晓",这里是多加了一字,从"不知"到"不知晓",是要说明,夫子所处的时代或《论语》编纂的年代的"不知",已与译者所在时代的

---

① 孙钦善:《论语本解》,生活·读书·新知三联书店 2009 年版,第 255 页。

"不知晓"可以等同其意？抑或是，"不知晓"可以超越时代，与"不知"相趋同，因而，可以替换之？

之所以提出这些问题，想说明的是，如果不依经文的哲思揭示其大义，译文可能会将修辞变为"巧言"，而那正是夫子所极力加以批评的①。但是，究竟有没有依之而行的译文呢？我们还需要继续考察。

译文5. 孔子说："不懂天命，就无法做君子；不懂礼，就无法立足于社会；不懂分析辨别别人的言论，就无法了解认识他人。"②

此译仍将"不知"译为"不懂"，从"不知"到"不懂"，或只有时代言语的区别，而经文的大义并未揭示？同样地，"无以为君子"，不过是更易为"就无法做君子"，"无以立"改作"就无法立足于社会"，"不知人"改为"就无法了解认识他人"罢了。如此处理，仅仅表现为对经文用词、用语的置换，而不是真正的释义？或者说，只是一种总是不能到位的"增补"，而不是使意义在场的解释？

译文6. 孔子说："不知晓命运，便不能成为君子；不知晓礼的内涵和表现，便不能立足于人世间；不知晓如何分别言论的是非，便不能认清人的善恶邪正。"③

此译基本倾向与上引诸例并无不同。不过，此译的一个特色值得注意：经文之中的"礼"，译文的处理是"礼的内涵和表现"，的确有兼顾"内外"的趋向；"不知言"译为"不知晓如何分别言论的是非"，亦见正确错误"两端"，"不知人"更译作"便不能认清人的善恶邪正"，同样也注意到，如何突出"善恶邪正"截然相反的"两端"。那么，这样做，无疑就是遵循中庸之道？我们的回答是，情况并非如此。

---

① 这里不妨再次抄录《论语》中夫子对之的否定："巧言令色，鲜矣仁。"（《学而》、《阳货》）[何晏（注）、邢昺（疏）：《论语注疏》（李学勤主编，《十三经注疏》之十），北京大学出版社1999年版，第4、240页。]"巧言、令色、足恭，左丘明耻之，丘亦耻之。"（《公冶长》）（同上书，第67页。）"巧言乱德。"（《卫灵公》）[何晏（注）、邢昺（疏）：《论语注疏》（李学勤主编，《十三经注疏》之十），北京大学出版社1999年版，第215页。]

② 徐志刚：《论语通译》，人民文学出版社1997年版，第257页。

③ 《四书辞典》，吴量恺（主编），崇文书局2012年版，第172页。

第四章 "三知"与"天命"、"礼"和"言"

因为,夫子连说"不知",建构成特定的前提,因而,不将之推向它们本应有的极致,是很难将释义拉上正确的路径的。易言之,若不能"极高明",则一定不能"道中庸"(《礼记·中庸》)[1]。不妨以最后一句为例,稍加说明。依此译,"不知言"意为"不知晓如何分别言论的是非",那么,疑问难免丛生:"不知"之于"不知晓"的关系,作为一个问题,上文已提出;"不知"为什么要扩展为"不知晓如何分别"?"言"又为何要稀释为"言论",进而再拉长成"言论的是非"?如此之"言论是非"起自于人,无疑是人的"言论","知晓"并且"分别清楚其是非",就能"认清人的善恶邪正"?为什么"不知人",意思就是,"不能认清人的善恶邪正"?经文明明说的是"人",添加"善恶邪正"意欲何为?是要说,人"本身"就不仅"善恶",而且,亦有"邪正"之别,还是说,"人的言论"透露出,人的"不正不善";易言之,通过对之的"知晓"和"分别",就能断定对应的人的"恶"和"邪"?这,不还是在说,人"本身"就是"恶"或"邪"的,抑或是,他们的"言论"透露出特定的"恶"或"邪",或者说,他们是一时出了问题,因而,表现出特定环境、场合之中的"邪"或"恶",通过对其"言论"的"知晓"和"分别",将之揭示出来,就能加以应对?那么,是以"以毒攻毒"[2]之法,还如夫子本人所说,"以直报怨,以德报德"(《论语·宪问》)[3]?在这里,因为最后一句的"不知",无论是作为条件的不知,还是结果的不知,译文都呈现的是否定的一面,因而,我们便很容易认为,这是在说"以暴易暴"(《史记·伯夷传》),

---

[1] 郑玄(注)、孔颖达(疏):《礼记正义》(李学勤主编,《十三经注疏》之六),北京大学出版社1999年版,第1455页。

[2] 词典解释:"以毒攻毒:用毒药来治疗毒疮等疾病 fight poison with poison; use poison as an antidote for poison;〈比喻 fig.〉利用恶人来制恶人或利用不良事物本身的矛盾来反对不良事物 use evil people to check evil people; use the contradiction in an evil thing to oppose it."(引自《(汉英双语)现代汉语词典》,中国社会科学院语言研究所词典编辑室(编),外语教学与研究出版社2002年版,第2267页。)

[3] 何晏(注)、邢昺(疏):《论语注疏》(李学勤主编,《十三经注疏》之十),北京大学出版社1999年版,第198页。

采取的仍是"暴";也可说是"以战去战"(《商君书·画策》),启用的还是"战";更可说是,"以火救火,以水救水"(《庄子·人间世》),最后的结果一定是:火势更猛,水势益甚①。如此否定他们的"言论",并依之为判断方法,来断定他们"善恶邪正",无疑是说,"我"即为裁判,因而,拥有这样的权力,去裁断他人,而且,有关判断牵涉到的是"为人"的"德性"。因而,这样的"是非"判断,意义如此重大,"我"又如何有此等能力?而且,夫子强调:"我欲仁,斯仁至矣。"(《论语·述而》)②正是人的"心源"之中培养的"仁爱",在特定的时刻,可以升腾而出,而使人见出特别的力量。人既有如此"性本善"的涵养,会那么否定性地判断他人吗?而且,儒家坚持,君子不扬人恶,故而,舜帝"隐恶而扬善"(《礼记·中庸》)③。夫子强调:"见贤思齐焉,见不贤而内自省也。"(《论语·里仁》)他说的是,看到不太"贤良"的表现,要多思己过,多加"内省",既没有讲"人性本恶",也不会说"怀疑"甚至判定他人的"为人之不正"或"恶"甚或"邪恶"?

因而,不就"极高明"入手,的确是很难在出发点上,取向中庸之理的。

译文 7. 孔子说:"不知道天命,就不能做君子;不懂得礼节,就不能立身处世;不会判别他人的言论,就不能了解他人。"④

就释义方法来说,此例无疑还是一种"增补",即以不同于其他译文的文字作为替代,来稀释经文,并以之为翻译。因而,两方面的"否定"倾向明显,与"生生"之义截然相反。若在细节上加以分析,就

---

① 此三说,参见《辞源》(第一册),商务印书馆编辑部(编),商务印书馆1979年版,第167页。

② 何晏(注)、邢昺(疏):《论语注疏》(李学勤主编,《十三经注疏》之十),北京大学出版社1999年版,第95页。

③ 郑玄(注)、孔颖达(疏):《礼记正义》(李学勤主编,《十三经注疏》之六),北京大学出版社1999年版,第1425页。

④ 邹憬:《论语通解》,译林出版社2014年版,第295页。

第四章 "三知"与"天命"、"礼"和"言"

会质疑:"不知道天命,就不能做君子",为什么?二者的关系究竟如何,前者需要作为后者的条件?或者说,"做君子"的目的,就是要"理解天命"吗?那么,"天命"所指究竟是什么?为什么一定要"知道"?而且,既然是"天命","君子"有能力"知道"吗?没有这样的"能力",也就做不了君子?因而,这是一种"认识事物"的"能力",还是人之为人其"求知欲"之必至的目标的一般能力表现?那么,这二者,又如何指向"知道天命",具体的途径是什么?如此等等,此译会引出很多问题。而最重要的当是,我们读者或许会将"知天命"全然解释为现代意义上"知识"的求索,或曰"理性"的探索。因而,依此推测,译文才需要用这方面的用词用语,来传递经文之"知"。同样地,此译后文的"不懂得"和"不会判别",也一样表现为"分解之知":人与天分置,人与"礼"有别,人与他人当然也大为不同。

因而,显而易见,无论如何处理,此译和上引诸例都一样,因为"知"的解悟未能走上儒家思想正轨,而早已将原文之中的"趋合"之势,化解为"分离"。也就是说,经文的"人天""人礼"和"人我"是合一的,因为都是生命的表现形态,故而,拒绝"分而析之"。而现代汉语译文所能呈现的,则往往正是这样的结果。

译文8. 孔子说:"不懂得命运,就不能够成为君子;不懂得礼貌,就不能够立身行事;不懂得分辨别人的言语,就不可能了解人。"①

译文9. 孔子说:"不知晓命运无法成为君子,不知晓礼仪无法处身立世,不知晓言谈无法了解别人。"②

译文10. 孔子说:"不懂命运,不可能成为君子;不懂得礼,不可能立足社会;说话不得体,没办法了解别人。"③

---

① 《文白对照〈四书〉》,王国轩、张燕婴、蓝旭、王丽华(译),中华书局2007年版,第103页。
② 金良年:《论语译注》,中华书局2016年版,第319页。
③ 杨逢彬:《论语新注新译》,陈云浩(校),北京大学出版社2016年版,第388页。

上引三例都将"命"译为"命运",上文已经讨论了其中存在的问题。"不懂得""不懂"以及"不知晓"的外在化倾向,对经文的背离也已分析。译文10,比较独特的地方是,译者在译文后的考证之中指出,"'知言'在先秦典籍出现若干次,已有成词倾向,应当做整体理解"。而据《左传·襄公十四年》"秦伯以为知言,为之请于晋而复之",及《孟子·公孙丑上》"我知言,我善养浩然之气","知言"就是"得体"的意思。那么,"得体"又是什么意思?《礼记·仲尼燕居》有云:"官得其体。"孔颖达疏曰:"体谓容体,谓设官分职,各得其尊卑之体。"① 这是在说,"在位之体",即人在某个职位,应有适合此一位置的行为方式。不过,就大的取向上来看,"得体"应是"体之合宜于时的得",也就是,言行举止与所处的时机、情景或环境之相宜。因此,"得体"必"得时而显体",亦即,在"把握时机之所宜,而其体应之顺之,而坚守分寸"。因此,"得体"赖于"时",而"时"之最大者当是"天时"(《孟子·公孙丑下》)②。因而,从根本上看,人趋"天时"才可"得体";易言之,"天时"决定人是否"说话得体",或者是,该不该"说话"。那么,释义的指向,也就不应该是"人的说话",恰恰相反,而是"天的无言"。这也正是夫子所说的"天何言哉?四时行焉,百物生焉。天何言哉"(《论语·阳货》)③ 命意之所在。

译文11. 孔子说:"不懂得天命,就不能成为君子;不懂得礼,就不能立足于社会;不懂得分析别人的言语,就不能了解别人。"④

如上所述,"懂得"可能意味着,"天命"遥远,要想"懂得",必

---

① 郑玄(注)、孔颖达(疏):《礼记正义》(李学勤主编,《十三经注疏》之六),北京大学出版社1999年版,第1383页。
② 赵岐(注)、孙奭(疏):《孟子注疏》(李学勤主编,《十三经注疏》之十一),北京大学出版社1999年版,第101页。
③ 何晏(注)、邢昺(疏):《论语注疏》(李学勤主编,《十三经注疏》之十),北京大学出版社1999年版,第241页。
④ 杨朝明:《论语诠解》,山东友谊出版社2013年版,第358页。

以"理性的认知"态度。同样地,"礼",无论是何物或何所指,亦需如此待之,才可把握到"立足于社会"的条件。因为,外在的,也就是"可持有的"?最后,对待"别人的言语",一定要加以"分析",也就是将之"解剖"开来,甚至是"揭破内底",以理性的眼光审视其中的问题,以确定怀疑、困惑或者是否定性的判断,最后如何定位。那么,对"天命"是要"懂得",为的是"成为君子",但这样的"懂得"能将"化此命为性",以充盈内在吗?不如此,要"懂得"的对象,不是外在于人的某种力量,又是什么?若它就是这样的超越的力量,人如何"懂得"或"求知"其真其实?真与实,尚且不能"懂得"或求得,如何"为人",不是很有问题吗?同样地,若在此译之中仍不知何所指的"礼",是外在于人的,那么,人的"视听言动"赖之,是否会畸变为机械的动作,或者说,看似人在支配,实则是"礼"本身在"遥控"?如此,这里所说的"懂得礼",岂不就是对某种"机器"的"工作原理"的理解、把握,而不是夫子高弟有子所说的那种"礼之用,和为贵"(《论语·学而》)[1]。由此所导致的,可能正是他特地点明的"知和而和,不以礼节之,亦不可行也"(《论语·学而》)[2]?因此,凭借大白话,而不是试图揭示出"礼"与"立"之间的密切关系,如何能"知礼之立"?而二者的关系,因为又牵涉"君子或人之立"的那种"智",而需相应的深入思考才可企及其理。这一问题,留待后文再论。

译文12. 孔子说:"不懂得天命,就不可能成为君子;不懂得礼仪,就不可能在社会立足;没有留下有价值的言论,后人就不会记得你。"[3]

---

[1] 何晏(注)、邢昺(疏):《论语注疏》(李学勤主编,《十三经注疏》之十),北京大学出版社1999年版,第10页。

[2] 何晏(注)、邢昺(疏):《论语注疏》(李学勤主编,《十三经注疏》之十),北京大学出版社1999年版,第10页。

[3] 张其成:《张其成全解论语》,华夏出版社2017年版,第387页。

译者认为,"知言"之"言"的意思,与"三不朽"①之中的"立言"之"言"是同一的,故有此译。我们的疑问是,"立"的什么样的"言",才会企及此境?回答一定是,人必"立"与天道相合的"大言",或者说,是"天道之无言"之言与人对天道之追求过程中所体悟出的那种"无言"之"在我者"。比如,夫子所领悟的"天之无言"之"百物生"和"四时行"之"言"。"天道无言"之"生意"若能体现于如此的"言"之中,则"大言"成矣,人亦知焉。易用此译之中的意思,便可说,是为后世所铭记。这也正是夫子所说的"君子疾没世而名不称焉"(《论语·卫灵公》)②。"称名于世",得益于"立言",岂不宜乎?因而,"没有留下有价值的言论",仍是不到位的解释。原因在于,和上引诸例一样,此译未走"极高明"之路。

再返回来看"礼"之"礼仪"的译文。这也一样是有问题的。论者以《左传·昭公五年》之事为例指出,"礼"的意义很复杂,其中包括礼意、礼仪、礼制以及礼法等③。《左传》所记,可以说明:"礼"与"仪"是有别的④。

或可将"礼"分为几个层次。《礼记·仲尼燕居》录夫子之语曰:"礼也者,理也,乐也者,节也。君子无理不动,无节不作。"⑤ 这是以

---

① 《左传·襄公二十四年》:"太上有立德,其次有立功,其次有立言,虽久不废,此之谓不朽。"[左丘明(传)、杜预(注)、孔颖达(正义):《春秋左传正义》(李学勤主编,《十三经注疏》之七),北京大学出版社1999年版,第1003—1004页。]

② 何晏(注)、邢昺(疏):《论语注疏》(李学勤主编,《十三经注疏》之十),北京大学出版社1999年版,第214页。

③ 杨逢彬:《论语新注新译》,陈云浩(校),北京大学出版社2016年版,第388页。

④ 《左传·昭公五年》载:"公如晋,自郊劳至于赠贿,无失礼。晋侯谓女叔齐曰:'鲁侯不亦善于礼乎?'对曰:'鲁侯焉知礼!'公曰:'何为?自郊劳至于赠贿,礼无违者,何故不知?'对曰:'是仪也,不可谓礼。礼所以守其国,行其政令,无失其民者也。今政令在家,不能取也。有子家羁,弗能用也。奸大国之盟,陵虐小国。利人之难,不知其私。公室四分,民食于他。思莫在公,不图其终。为国君,难将及身,不恤其所。礼之本末,将于此乎在,而屑屑焉习仪以亟。言善于礼,不亦远乎?'君子谓:'叔侯于是乎知礼。'"[参见左丘明(传)、杜预(注)、孔颖达(正义)《春秋左传正义》(李学勤主编,《十三经注疏》之七),北京大学出版社1999年版,第1215—1217页。]

⑤ 郑玄(注)、孔颖达(疏):《礼记正义》(李学勤主编,《十三经注疏》之六),北京大学出版社1999年版,第1387页。

第四章 "三知"与"天命"、"礼"和"言"

后世所谓音训之法释"礼"。而这里的"理"可以等同于"天地之理",亦即为天经地义之物,是不可违逆的;人只能依之生存。《左传·昭公二十五年》中讲:"夫礼,天之经也,地之义也,民之行也。"① 杜预注曰:"经者,道之常。义者,利之宜。行者,人所履。"② 孔颖达正义云:"夫礼者,天之常道,地之宜利,民之所行也。天地之有常理,人民实法则之。"③ 又云:"礼,上下之纪,天地之经纬也。"孔颖达正义曰:"言礼之于天地,犹织之有经纬。得经纬相错乃成文,如天地得礼始成就。"④ 如此,"礼即理",亦即为"天地之常道之于万事万物之规范"。此为第一个层次的"礼"。

第二个层次的"礼"应是社会制度意义上的"礼制"和"礼法"。所谓"礼仪三百,威仪三千"(《礼记·中庸》)⑤:"礼仪三百"指"经礼",恒常不变。人生老病死都有相应的一套礼仪,而国家的政治活动、祭祀、外交以及征战等,也都有相应的礼仪。"威仪三千"说的是,小的行为的规范。《礼记·明堂位》载:"武王崩,成王幼弱,周公践天子之位,以治天下。六年,朝诸侯于明堂,制礼作乐,颁度量,而天下大服。"⑥ 周公通过礼乐制度,规范社会秩序,奠定周代的制度基础。而夫子提倡"克己复礼"(《论语·颜渊》)⑦,所欲"复"之"礼"正乃周公"制礼作乐"之"礼"。他将周朝礼制视为政治理想,故而感

---

① 左丘明(传)、杜预(注)、孔颖达(正义):《春秋左传正义》(李学勤主编,《十三经注疏》之七),北京大学出版社1999年版,第1447页。
② 左丘明(传)、杜预(注)、孔颖达(正义):《春秋左传正义》(李学勤主编,《十三经注疏》之七),北京大学出版社1999年版,第1447页。
③ 左丘明(传)、杜预(注)、孔颖达(正义):《春秋左传正义》(李学勤主编,《十三经注疏》之七),北京大学出版社1999年版,第1448页。
④ 左丘明(传)、杜预(注)、孔颖达(正义):《春秋左传正义》(李学勤主编,《十三经注疏》之七),北京大学出版社1999年版,第1455页。
⑤ 郑玄(注)、孔颖达(疏):《礼记正义》(李学勤主编,《十三经注疏》之六),北京大学出版社1999年版,第1454页。
⑥ 郑玄(注)、孔颖达(疏):《礼记正义》(李学勤主编,《十三经注疏》之六),北京大学出版社1999年版,第934页。
⑦ 何晏(注)、邢昺(疏):《论语注疏》(李学勤主编,《十三经注疏》之十),北京大学出版社1999年版,第157页。

叹："甚矣，吾衰也！久矣，吾不复梦见周公。"（《论语·述而》）① 有志再造"周文"："夫召我者，而岂徒哉！如有用我者，吾其为东周乎？"（《论语·阳货》）② 以"礼制"为"法"，可成"德治"。《礼记·仲尼燕居》记夫子之语云："礼者何也？即事之治也。君子之有事，必有其治。治国之无礼，譬犹瞽之无相与！"③

"礼"的第三个层次的意义，表现在它对人的言行的日常化和内在化影响和约束之中。"子曰：'礼云礼云，玉帛云乎哉？乐云乐云，钟鼓云乎哉？'"（《论语·阳货》）④ 因而，只有外在约束的，不过是形式主义的东西，甚至只是摆设。而真正的"礼"与人的生命是一体的。夫子强调："非礼勿视，非礼勿听，非礼勿言，非礼勿动。"（《论语·颜渊》）⑤ 有了这样内化的"礼"，也就是"化礼为仁"之爱，人约束自身的行动，对他人保持"己所不欲，勿施于人"（《论语·颜渊》）⑥ 的态度，才能实现"礼之用，和为贵"（《论语·学而》）⑦ 的社会和谐。夫子强调"齐之以礼"，强调"礼"之守，需发自于内；"内德"之充盈，可确保"守礼"之分寸的把握。故而，《礼记·缁衣》录夫子之语："夫民教之以德，齐之以礼，则民有格心。教之以政，齐之以刑，则民有遯心。"⑧

---

① 何晏（注）、邢昺（疏）：《论语注疏》（李学勤主编，《十三经注疏》之十），北京大学出版社1999年版，第85页。
② 何晏（注）、邢昺（疏）：《论语注疏》（李学勤主编，《十三经注疏》之十），北京大学出版社1999年版，第234页。
③ 郑玄（注）、孔颖达（疏）：《礼记正义》（李学勤主编，《十三经注疏》之六），北京大学出版社1999年版，第1384页。
④ 何晏（注）、邢昺（疏）：《论语注疏》（李学勤主编，《十三经注疏》之十），北京大学出版社1999年版，第238页。
⑤ 何晏（注）、邢昺（疏）：《论语注疏》（李学勤主编，《十三经注疏》之十），北京大学出版社1999年版，第157页。
⑥ 何晏（注）、邢昺（疏）：《论语注疏》（李学勤主编，《十三经注疏》之十），北京大学出版社1999年版，第158页。
⑦ 何晏（注）、邢昺（疏）：《论语注疏》（李学勤主编，《十三经注疏》之十），北京大学出版社1999年版，第10页。
⑧ 郑玄（注）、孔颖达（疏）：《礼记正义》（李学勤主编，《十三经注疏》之六），北京大学出版社1999年版，第1502页。

第四章 "三知"与"天命"、"礼"和"言"

明乎此,即可以说,诸多译文对"礼"原文保留,也就是有充分原因的了。不过,这是否说明,周公的"制礼作乐"到了今天已经全然失效?但是,《论语·泰伯》所记的曾子去世前的那一幕——"曾子有疾,召门弟子曰:'启予足!启予手!《诗》云:"战战兢兢,如临深渊,如履薄冰。"而今而后,吾知免夫。小子!'"① ——至今不仍让人感动?因为,其中所承载的"全受全归"的大义,突出的"夫孝,天之经也,地之义也,民之行也"(《孝经·三才章》)②。与上引《左传·昭公二十五年》相比,只是将"礼"改作了"孝"。而这意味着,"孝"就等同于"礼"本身。因而,《论语·学而》所记的有子之论"孝弟也者,其为仁之本与"③,说的正是,"行仁之本"即在"行孝"。如此之"礼"是难以割舍的,正如父母之恩不可忘怀一样。因此,"生,事之以礼;死,葬之以礼,祭之以礼"(《论语·为政》)④,这便是"孝"的表现。仅就"孝"与"礼"的关系来看,"礼"之不可违,至今仍是一大伦理课题,值得认真思考。

另外,"礼"即使蜕尽表皮,而丧失了"法"和"制"的意涵,也可说明,它的"深入人心"的一面,早已成为内化于中的精神力量,甚或心灵的支撑。如此,也便能说明,"内在化的礼"实为"德"的重要构成,或者说,就是内德的打造的主要导向,因为,只有如此,所谓"善心"的显发,才有既定的方向。如此,我们便不能不佩服中国古人的思想设计:天—人—心三者的关系,始终是"礼"的运作的框架。在这里,天之"礼",造就"天地不易之理",也就是"天道";而此"理"趋向人,内行于人心,形成特定的"德",充盈其中,而表露于

---

① 何晏(注)、邢昺(疏):《论语注疏》(李学勤主编,《十三经注疏》之十),北京大学出版社1999年版,第101页。
② 李隆基(注)、邢昺(疏):《孝经注疏》(李学勤主编,《十三经注疏》之十二),北京大学出版社1999年版,第19页。
③ 何晏(注)、邢昺(疏):《论语注疏》(李学勤主编,《十三经注疏》之十),北京大学出版社1999年版,第3页。
④ 何晏(注)、邢昺(疏):《论语注疏》(李学勤主编,《十三经注疏》之十),北京大学出版社1999年版,第16页。

外，进而构成社会的和谐之力及对人群的约束机制，体现为"礼仪"和"礼法"。

因此，"礼"之译语，在现代是否可能成为一个不折不扣的问题：究竟那是什么样的"礼"，如何释义，才是"可解"的，最终能走进我们的"现代汉语"？若以"理性的知解"，而不是生命的投入之"悟"，那还是对"礼"的"理解"吗？但问题在于，我们还有这样的"全身心投入的悟解"能力吗？

译文 13. 孔子说："不懂得命运，便没有条件成为君子；不懂得礼制，便没有根基立足社会；不懂得辨别别人家的言语，便没有依据来了解人。"①

译者解释，礼制"是指贵族等级制的社会准则和道德规范"②。不过，《礼记·乐记》："天高地下，万物散殊，而礼制行矣。"孔颖达疏曰："礼者，别尊卑，定万物，是礼之法制行矣。"③ 又云"是故先王之制礼乐，人为之节"④，说的也是，"礼制"即"约束、规范人的行为之礼法制度"。因而，明显不是人心自发与之互动的那种"节文之礼"⑤。因此，礼制，如孔颖达之疏所解，一般指的是，等级制度之中，决定人的位置的"节制之礼"，其外在性显然。或许，近乎于夫子所说的"礼云礼云"之中的那种"礼"：形式化，但又具强制性，而人不得加以逾越，否则就要予以惩处。因此，这样的"礼"更像是夫子所说的"道之以政，齐之以刑，民免而无耻。道之以德，齐之以礼，有耻且格"

---

① 朱振家：《论语全解》，上海古籍出版社 2014 年版，第 318 页。
② 朱振家：《论语全解》，上海古籍出版社 2014 年版，第 318 页。
③ 郑玄（注）、孔颖达（疏）：《礼记正义》（李学勤主编，《十三经注疏》之六），北京大学出版社 1999 年版，第 1093 页。
④ 郑玄（注）、孔颖达（疏）：《礼记正义》（李学勤主编，《十三经注疏》之六），北京大学出版社 1999 年版，第 1084 页。
⑤ 《礼记·檀弓下》："辟踊，哀之至也。有筭，为之节文也。"孔颖达疏："孝子丧亲，哀慕至懑，男踊女辟，是哀痛之至极也。若不裁限，恐伤其性，故辟踊有筭，为准节文章。"（李学勤主编，《十三经注疏》之六，北京大学出版社 1999 年版，第 269 页）。《史记·刘敬叔孙通列传》："礼者，因时世人情为之节文者也。"（司马迁（撰）、裴骃（集解）、司马贞（索隐）、张守节（正义）：《史记》，中华书局 2005 年版，第 2101 页。）

第四章 "三知"与"天命"、"礼"和"言"

(《论语·为政》)①之中的"政刑",而不是"德礼"。"礼"沉入"无意识"化为其中的力量,才可促成"非礼勿视,非礼勿听,非礼勿言,非礼勿动"(《论语·颜渊》)②的强大的"抵御机制"在心中的形成。如此,将"礼"化约为"礼制"只反映出"制度"的外在强制,而不能抵及"人心"?

译文 14. 孔子说:"不明白天命的意涵及其意义,就没有办法成为一个有德行的君子。不明白礼的意涵及其意义,人格就没有办法卓然挺立。不明白圣人的话及其重要性,就没有办法懂得这位立言的人。"③

"意义",《汉代汉语词典》的解释是:"1. 语言文字及其他信号所表示的内容 meaning; sense; significance, 2. 价值;作用 value, effect: 革命的～ revolutionary significance/人生的～ meaning of life/一部富有意义的影片 a film with high educated value; a very educative film。"④《辞源》亦未见"意涵"条目⑤。我们倒是可以如此作解:"意涵"指的是"意志含蕴"或"内涵",亦即,"人的心意内涵于中",因而,属内向之隐;而"意义"则是指"人在心意之宜",也就是"适时而动",可归外向之显。二者一内一外。故而,把握到"天命的意涵及其意义",就意味着掌握到其"两端",因而,此译是以"中庸之理",在释解"无以为君子"和"无以立"的前提。不过,问题在于,若是"天命"本身到底何所指并不清楚,"礼"的导向何在亦未加以明确,如此释解在关键处仍然是有问题的。

最后一句之中的"言"被译作"圣人的话","人"也随之被解为

---

① 何晏(注)、邢昺(疏):《论语注疏》(李学勤主编,《十三经注疏》之十),北京大学出版社1999年版,第15页。
② 何晏(注)、邢昺(疏):《论语注疏》(李学勤主编,《十三经注疏》之十),北京大学出版社1999年版,第157页。
③ 刘君祖:《新解论语》(下篇),中信出版集团2016年版,第261页。
④ 《(汉英双语)现代汉语词典》,中国社会科学院语言研究所词典编辑室(编),外语教学与研究出版社2002年版,第2280页。
⑤ 《辞源》(第二册),商务印书馆编辑部(编),商务印书馆1979年版,第1141—1144页。

"圣人"。那么，很明显，圣人的"普遍化"便指的是人本身，或者说，圣人因其作为人的典范而可代表人最为优秀的德性。而这样的德性必依"心力"而达"通天"之境。因而，可以认为，圣人之"言"，其要点就是"天道无言之言"，而"圣人"作为"人间完人"，当可释解为"最具代表性的人"。只有抵及"天道之无言"之境，身体力行之，才可真正成为"人"，并且当然有能力"知人"。

译文 15. 孔子说："不了解命的道理，没有办法成为君子；不了解礼的规范，没有办法在社会上立足；不了解言辞的使用，没有办法了解别人。"①

此译"命""礼"未做解释，因而关键问题和上例一样。除此之外，第三句的译文，将"言"处理为"言辞的使用"。这样做，一方面，"言"的解释，与"命"和"礼"形成特别大的不平等：前者可能是"命"和"礼"本身，而后者则趋向"使用"。但是，"言"为什么应理解为实用层面的"言"，或者说，可以"它的使用"？进而言之，若"不了解言辞的使用"，就"没有办法了解别人"，原因何在？那岂不是说，"言本身"就意味着，它是"人的存在的条件"，或者也可以说，"言造就了人"？如此，"言为心声"其要义，就需首先肯定，因而，应在译文之中加以突出。只有承认了"言"的"大用"，也就是，它之于"人本身"的构成性的力量，也才可以说，从它的"实用性"之中能看出，他人的"心态或思想动向"。因此，此译和上引诸例一样，未走"极高明"之路，我们看到的，仍是"未及极致"的译文？何休《〈春秋公羊注疏〉序》："昔者孔子有云：'吾志在《春秋》，行在《孝经》。'此二学者，圣人之极致，治世之要务也。"② 此处所记夫子之"言"，作为其最高要旨，的确需要认真领会。而且，也只有如此，"治世"之"要务"才可成就，而释解之"要点"才能突出。

---

① 傅佩荣：《人能弘道：傅佩荣谈论语》，东方出版社 2012 年版，第 414 页。
② 公羊寿（传）、何休（解诂）、徐彦（疏）：《春秋公羊传注疏》（李学勤主编，《十三经注疏》之八），北京大学出版社 1999 年版，第 3 页。

第四章 "三知"与"天命"、"礼"和"言"

译文 16. 孔子说:"不知天命,就无法成为君子。不懂礼仪,就无法立足身。不明辨言论是非,就无法识别人。"①

和上引二例一样,"不知"仍保留为"不知","命"加字释为"天命"。但二者具体所指,仍悬而未决。"礼"解为"礼仪",情况亦复如是。如上所述,这样简化,很可能并没有把握到"礼"之实质。而"立"译为"立足身",的确是一种异乎寻常的表达;因为,一般而言,"立足"意义已可呈现。至于最后一句,"明辨言论是非"作为"识别人"的前提,无疑是在说,只有知晓这样的"是非",才可"识别人之优劣"或"好坏"?这是否定两方面的积极因素或可能:一是人性本善,二是心与言(声)通因与天道相通。如此,"明辨"意味着"分判",也就是区别、区分,将彼此区分开来,划界而"待之"或"治之"?而阻断了"言"与"天"的联络,则意味着,斩断了此"言"之"向好"的可能性。也就是说,人言本应发自内心,而内心之言又是"天道"之"无声"的蕴含和显露,因而,人时时需要"天之德(得)"的滋润、滋养,才能使"心言"葆有其根本上"善"的特质。如此双重否定,既断绝了人我之间的"亲善"之和谐关系,而且,最重要的是,也切断了"天人"之间的"资源"上的供应渠道。如此,人岂不是已经被丢在彼此设界、相互节制甚或怀疑、"争斗"的"社会"的"胡言乱语"之中?

第三节 并不期许"高明"的英译

译文 17. The Master said, "Without recognising the ordinances of Heaven, it is impossible to be a superior man. Without an acquaintance with the rules of Propriety, it is impossible for the character to be established. Without knowing the force of words, it is impossible to know men."②

---

① 何新:《论语新解:思与行》,北京工业大学出版社 2007 年版,第 261 页。
② James Legge, *The Analects*, Nanjing: Yilin Press, 2010, p. 195.

在句式上，此译试图以 without …it is impossible …一以贯之，来传递经文"无以"的消息。不过，句式上的这种形式的统一，与译文"知"的处理并不一致。因为，后者分别译为 recognising、an acquaintance、knowing 以及 know；"知"在经文之中四次出现，译文之中四次变化。

"命"译作 the ordinances of Heaven（天的命令）。其中的关键词 ordinance 意为：an authoritative decree or direction（权威的命令或指示），something ordained or decreed by fate or a deity（由命运或某个神祇所下或判定的某种东西），一般译为："法令、训令、条令。"而以此词的复数形式，将"命"传译为"天之所有命令"，大有"优秀人物"（a superior man："君子"的对应表达）有能力抵及"天堂"（Heaven）而接受"上帝之命"的意味。就基督教的教义来看，这几乎是在消解"人天相互隔阂"的倾向。但是，以 Heaven 来传译"天"，就不是能够对应的了。

经文第二句"不知礼，无以立"，译文出之以 Without an acquaintance with the rules of Propriety, it is impossible for the character to be established，回译或为：没有对适宜性的法则的了解，也就不可能让性格立起来。此译的一个疑问是，从 it is impossible for sth to be 这一句式来看，在英文之中似乎并没有什么可挑剔的，但这里所用的被动语态值得怀疑：人之"立"是不得已的，或被"建立"的，而不是人主动的行为的结果。第二个疑问是，以大写的 Propriety 传译"礼"。上文已经讨论过"礼"的复杂意绪。从 propriety 来看，此词的基本意思是 the quality or state of being proper or suitable（适宜或合适的素质或状态），conformity to what is socially acceptable in conduct or speech（与行为和言语之中社会上可接受的东西的一致性），或 correct or appropriate behavior（正确的或适宜的行为），一般译为："适当、正当、妥当、合适、得体"以及"礼貌、礼节、规矩"等。以一般的词语，来传译"礼"，无疑是"不适宜"的。我们不妨看一下莎士比亚剧中的两个用例：

第四章 "三知"与"天命"、"礼"和"言"

Silence that dreadful bell: it frights the isle / From her propriety.① (《奥赛罗》2.3)

这里的 propriety 意为 natural state (of peace and order) "正常的（和平而又有秩序的）状况"②。

译文 1. 叫他们不要打那可怕的钟，它会扰乱岛上的人心。③

译文 2. 停住那可怕的钟！它把全岛的人都吓坏了。④

译文 3. 停住那可怕的钟声，它惊扰了全岛的正常秩序。⑤

Alas, it is the baseness of thy fear / That makes thee strangle thy propriety.⑥ (《第十二夜》5.1)

此处的 propriety 意思则是：proper state, identity "真正的地位、身份"⑦。

译文 1. 唉！是你的卑怯的恐惧使你否认了自己的身份。⑧

译文 2. 哎呀！这必是你的下流的恐惧心使得你否认你自己。⑨

译文 3. 唉，是你的卑怯的恐惧使你否认了自己的身份。⑩

从上文所说的 propriety 的意思以及莎士比亚的这两个用例来看，此

---

① William Shakespeare, "The Tragedy of Othello, The Moor of Venice", eds. Jonathan Bate and Eric Rasmussen, *William Shakespeare Complete Works*, Beijing: Foreign Language Teaching and Research Press, 2008, p. 2111.
② 刘炳善：《英汉双解莎士比亚大词典》，河南人民出版社2002年版，第848页。
③ 引自[英]威廉·莎士比亚：《奥瑟罗》，《莎士比亚全集》（增订本）（第5册），朱生豪（译）、沈林（校），译林出版社1998年版，第442页。
④ 引自[英]威廉·莎士比亚：《奥瑟罗》，中英对照《莎士比亚全集》（第34册），梁实秋（译），中国广播电视出版社2001年版，第93页。
⑤ 刘炳善：《英汉双解莎士比亚大词典》，河南人民出版社2002年版，第848页。
⑥ William Shakespeare. "Twelfth Night, Or What You Will", eds. Jonathan Bate and Eric Rasmussen, *William Shakespeare Complete Works*, Beijing: Foreign Language Teaching and Research Press, 2008, p. 691.
⑦ 刘炳善：《英汉双解莎士比亚大词典》，河南人民出版社2002年版，第848页。
⑧ 引自[英]威廉·莎士比亚：《第十二夜》，《莎士比亚全集》（增订本）（第2册），朱生豪（译）、辜正坤（校），译林出版社1998年版，第261页。
⑨ 引自[英]威廉·莎士比亚：《第十二夜》，中英对照《莎士比亚全集》（第13册），梁实秋（译），中国广播电视出版社2001年版，第177页。
⑩ 刘炳善：《英汉双解莎士比亚大词典》，河南人民出版社2002年版，第848页。

词是一个多义词，最主要的意向应为"适宜"。不过，从词源来说，propriety（适宜的性格、倾向）15 世纪源自古法语的 *proprieté*（12 世纪），意为个体性、特别性、特性或财产（individuality, peculiarity; property），而后者又来自 *proprietatem*（主格 proprietas），意思是"合宜性"（appropriateness），以及"所有权"（ownership）。"合适、适宜性"（fitness, appropriateness）可从 1610 年起找到证据；"顺从礼貌"（conformity to good manners）则可从 1782 年找到证据①。因而，就其词义生成的历史发展视之，此词的重要性，也大大不如"礼"。这也就意味着，在目的语之中选择此词作为"礼"的对应表达方式，也只是权宜之计，而不是"定译"。不过，值得追问的是，又有多少汉语经典之中的用语，尤其是固定的表达方式，在英语之中已经找到可以定名的表达？又有多少儒家经文之中的用词，在英文之中找到了合适的定译？如果回答是否定的，那么，另一个问题就是，如何加以解决？或者说，既然跨文化交流是要将一种思想传入另一种文化，如果这样的思想在进入目的语之时，已被"取代"，那么，这样的局面不是亟须改变吗？

如果说，这就是历史的现实，那么，我们面临的首要任务就是，如何回到儒家思想正轨，以便有针对性地解决问题。就此译的用语及其习惯性的表达而论，最为值得关注的是，译者所重视的，只是一种"概念"，即上升到"一概而论的那种念头"或者说"能够概括众多事物而掩盖其分别的某种观念"。这样，处于某一种或某一类事物的"制高点"上的"概念"，毫无疑问是静态的。因为，只有如此，其抽象的倾向，才可见出其"概括"的力量。不过，这样的倾向却与儒家乃至中国古人思想之中动态过程的取向不相吻合；或者更准确地说，二者恰相反动，因而，经文跨文化传译只有通过再造新词，才可在英文之中再现有关思想。

第三句的译文 Without knowing the force of words, it is impossible to

---

① 2020 年 2 月，《youdict 优词》（https://www.youdict.com/etym/s/propriety）。

know men，回译或为："不了解词语的力量，就不可能了解人。"人对应的词 men 用的是复数，因而，应指他人之"人"。若此意成立，则经文此句通过英文应传递的消息是，对"词语之力"的"求知"，亦即为对"人"的"求知"，或者说，后一方面的"可能性"是建立在前一方面之上的。再换言之，若不能"求知词语之力"，也就不能"求知人"。其中的 force 一词，汉语可译为："武力，暴力，力量，影响力；力量大的人或（事物）；权力；（为某目的组织起来的）一群人；军队；部队；武装力量；警察部门；力"等。词源词典告诉我们，此词的终极来源是拉丁语 *fortis*（strong，强壮的、有力的），英语之中诸如 comfort（安慰）、effort（效力）以及 fort（堡垒）等，亦源自此词。在后古典时期，此词之中产生出一个名词 *fortia*（strength，力量、力气），经由古法语 *force* 一词进入英语①。

如此，此语的回译或为："若不知词语之强力，便不可求知众人。"那么，为什么"词语之强力"之"求知"，可以"等同于"对"众人"之"求知"？那不是在说，"词语"成就了这个世界，因而，也就造就了"人"本身吗？如此推论，这里的"强力"，也就是 force 一词的运用，岂非多余？而且，"多词语"之"词语"（words），"多人"之"人"（men），其中的复数，不也是无关紧要的吗？依此，也就可判断，和现代汉语诸多译文一样，此译亦因未行中庸之道而不能企及译文本应有的高度。故而，我们读到的，也就是这样的解释："不知道诸多词语的力量，也就不可能知道诸多人等。"即令此句的意思就是，要了解人，就需有能力理解他们说话的意向、用意以及隐含意义，要朝着根本去理解，那么，这也仍然是一般人都会明白的"道理"，《论语》编纂者将这样的"大白话"甚或"大俗话"置于经文末章，作为最后一句，其目的到底何在？或者可以说，如此"嘱咐"人（比如说，叮嘱的对象就是"君子"），要他认真思考他人说话的表情、样态以及可能含而不

---

① 2020 年 2 月，《youdict 优词》（https：//www.youdict.com/etym/s/force）。

露的意旨。但是，如此"揣摩"别人，所为何来？

因而，在低层次上着眼，也只能这样再现出字面意思，而与经文的"微言大义"难相牵合。但是，如上所述，这一现象却有着相当的历史普遍性，说明经文自被传译到西方以来，一直徘徊于目的语的"低俗"迷谷。

译文 18. Confucius remarked, "Without religion a man cannot be a good and wise man; without knowledge of the arts and of the principles of art, a man cannot form his judgment; without the knowledge of the use of language, a man cannot judge of and know the character of men."[①]

此译比较别致，因未依经文意向处理，其思想导向几乎与之截然相反。若是回译，或可见其一斑："没有宗教，人就不可能成为一个善良的和智慧的人；没有对诸艺和艺术的各种原理的知识，人就不可能形成他的判断；没有语言的运用的知识，人就不可能对［他］人的性格做出判断和了解。"

而在中国古代，乃至现代和当代，"宗教"，无论是指作为对某种超自然的力量或控制人的命运的一种强烈的信仰（a strong belief in a supernatural power or powers that control human destiny），还是对某种神圣的力量表达信仰的一种建制（institution to express belief in a divine power），国人对之的关心，都远远不如西方那么强烈。因而，religion 并不能作为夫子"不知命"之"命"的对应表达，应该是没有疑问的。这样，将之用在这里，弊大于利也就成为不争的事实。

进一步来看，在两个方面，"宗教"不能传译"命"之寓意。一是，"宗教"所托出的那种"信仰"的支撑，是一种超验的存在者。它与人是分离的。也只有这样，才可确保其权威和神秘。但这种倾向和中国哲学之中的天人相合的观念，截然相反。二是，若退一步，即令可用 religion 来传译"命"，因为它毕竟包含"控制人命运的力量"的意思，

---

① Hongming Ku, "The Discourses and Sayings of Confucius", ed. Huang Xingtao, *Gu Hong Ming Wen Ji*, Haikou: Hainan Publishing House, 1996, p. 504.

第四章 "三知"与"天命"、"礼"和"言"

我们也会认为,那是与夫子所说的"命"全然反动的力量。上文已引《周易·乾卦·象传》之中的"天行健,君子以自强不息"①,说明的是,人法天,而效仿其健动不息。如此,一方面是,高高在上、难以企及的"超验存在者",人只能仰望之、崇拜之,而不能亲近之;另一方面则是,时时需"则"之、效法之因而"如在"② 目前的"天"。所谓"下学上达""知我者其天乎"(《论语·宪问》)③,在儒家那里,若没有可以人天相互沟通的办法,则天人便不可能彼此趋合。因而,此译之处理,是对儒家"天人"观念适足的异化。如此,儒家之求道,也就被拉上类如基督教的路向,人便不能安置在其应有的儒家或中国的宇宙论框架之中。

译文第二句 without knowledge of the arts and of the principles of art 之中的 the arts 指的是"人文诸艺",不同时代应有不同的所指。如中世纪时的文法学、修辞学、辩证法(逻辑学)、算术、几何学、天文学和音乐,被称为"七艺",是西欧中世纪早期学校中的七种主要学科。而在现代,它可涵盖"文科"的学习内容,亦是包揽广泛的诸多学科的总称。而 art 一词一般理解为"艺术",包括绘画、音乐和戏剧演出等,甚或垂钓亦可归入其中。而以 art 与 principles 连用,而且后者用的还是复数形式,要说明的是"艺术的所有原理",则有艺术创作或欣赏的原理、原则的意义;甚至可以认为,其中包含"生活的艺术"的"原理"。不过,就此句表达来看,后者并未明确。因而,以 the arts and the principles of art 来传译"礼"的意义,显然也是相距遥遥,甚至指向也恰恰相反。因为,西方人文及其艺术,要突出的是作为个体的人的所谓

---

① 王弼(注)、孔颖达(疏):《周易正义》(李学勤主编,《十三经注疏》之一),北京大学出版社1999年版,第10页。
② 《论语·八佾》:"祭如在,祭神如神在。子曰:'吾不与祭,如不祭。'"[何晏(注)、邢昺(疏):《论语注疏》(李学勤主编,《十三经注疏》之十),北京大学出版社1999年版,第35页。]这是在说,对家族之"神"的"祭奠"。但"天"的存在,也应该是这样的"如在"。
③ 同上书,第199页。

· 211 ·

"创造"精神,也就是个性之于被创造物的印记。故而,"艺术家"与作为结果的产品的关系,类如"上帝"与"人"的关系。而"礼"之"法"所呈现出的人的形象与此相反:那是一个整全集体之中依照特定的伦理规则行事的人,其个体性思想和特征并不突出。

还应指出,因为无论是作为"人文(诸艺或学科)"的 arts,还是作为"艺术"的 art,其特定的"创造"意味,突出的是西方现代文学意义上的"虚构"。支撑"文学"的观念之历史性变化的,就是"想象力"。文学理论家伊格尔顿指出,现代意义上的"文学"是以"事实与虚构的区分"作为判断基础的。"文学范畴狭隘化为'虚构的'或'想象性的'作品"是自浪漫主义时期才逐渐形成的观念。而"'想象性的'[imaginative]这个词语包含歧义,意味着这样一种态度:它具有描述性的术语 imaginary 的回响,意思是'决然不真实的';但它当然也属于一个评价性的术语,意思是'有创见的'[visionary]或'有发明才能的'[inventive]"①。这种"虚构"观念,不仅囿于文学领域,而且,渗入文化各个层面。比如,西方的图书就一概被分为"虚构"和"非虚构"两大类别。

而这种"虚构"与儒家所认同的世界,是截然不同调的。到了子思的时代,其《中庸》的论题之一便是"诚",朱熹释之为"真实无妄"②。而在夫子时代,仅以"如在"为例,就可说明,用"虚构"支撑的"艺"来传译"礼"如何荒谬。《论语·八佾》曰:"祭如在,祭神如神在。子曰:'吾不与祭,如不祭。'"何晏引孔安国云:"言事死如事生。"邢昺疏:"'祭如在'者,谓祭宗庙必致其敬,如其亲存。"③因此,"在"的意思就是"存"。而"如"字之意,皇侃解之曰:"神

---

① Terry Eagleton, *Literary Theory: An Introduction*, Beijing: Foreign Language Teaching and Research Press, 2004, p. 16.
② 朱熹:《四书章句集注》,中华书局 1983 年版,第 31 页。
③ 何晏(注)、邢昺(疏):《论语注疏》(李学勤主编,《十三经注疏》之十),北京大学出版社 1999 年版,第 35 页。

第四章 "三知"与"天命"、"礼"和"言"

不可测,必心期对之,如在此也。"① 戴望释之曰:"'如在',谓容貌颜色如见所祭者然。"② 此为《礼记·玉藻》的改写:"凡祭,容貌颜色,如见所祭者。"郑玄注"如睹其人在此"③。康有为解释:"'如在'者,事死如事生,思其居处言语饮食,所以致其诚也。"④《礼记·中庸》有更详尽的描写:"洋洋乎,如在其上,如在其左右。"孔颖达正义:"言鬼神之形状,人想像之,如在人之上,如在人左右,想见其形也。"⑤ 很明显,在上引注疏之中,"如"一般直接加以解释,以其意为"像"或"似","不真实""非真"的意向显而易见。故而,孔颖达之疏才会用"想像"一词。

"如",依字源解释,如甲骨文字形所示,"表示会说话的女孩"。《说文》释:"如,从随也,从女从口。" "从随"即"随从",意为"顺从、依照"⑥。如《公羊传·桓公元年》"继弑君不言即位,此其言即位,何如其意也"⑦ 之中的"如",其意即为"如其意"即"顺其意"。由"依照"之意延伸为"好像、如同"。"如"作虚词,可为连词,亦可用为形容词、副词的后缀。根据《辞源》,"如"还有另一个义项:"往,到。"⑧ 如《左传·僖公二八年》:"宋人使门尹般如晋师告急。"⑨《尔雅·释诂上》:"如,往也。"段玉裁《说文解字注·女

---

① 皇侃:《论语义疏》,高尚榘(校点),中华书局2013年版,第62页。
② 戴望:《戴氏论语小疏》,郭晓东(校疏),华东师范大学出版社2014年版,第74页。
③ 郑玄(注)、孔颖达(疏):《礼记正义》(李学勤主编,《十三经注疏》之六),北京大学出版社1999年版,第926页。
④ 康有为:《论语注》,广西师范大学出版社2016年版,第91页。
⑤ 郑玄(注)、孔颖达(疏):《礼记正义》(李学勤主编,《十三经注疏》之六),北京大学出版社1999年版,第1434页。
⑥ 唐汉:《图说字源》,红旗出版社2015年版,第513页。
⑦ 公羊寿(传)、何休(解诂)、徐彦(疏):《春秋公羊传注疏》(李学勤主编,《十三经注疏》之八),北京大学出版社1999年版,第67页。
⑧《辞源》(第一册),商务印书馆编辑部(编),商务印书馆1979年版,第735页。
⑨ 左丘明(传)、杜预(注)、孔颖达(正义):《春秋左传正义》(李学勤主编,《十三经注疏》之七),北京大学出版社1999年版,第444页。

部》:"如,凡有所往曰如,皆从随之引申也。"①《春秋·庄公二十五年》:"公子友如陈。"孔颖达疏;《公羊传·成公二年》:"使耕者东亩。"何休注:"使耕者东西如晋地。"徐彦疏,《左传·昭公三年》"山木如市"。孔颖达疏:"如者,自我而往也。春秋公及大夫朝聘皆曰往。《尔雅·训诂上》:'如,往也。'邢昺疏。""如,之也。《国语·鲁语下》'公父文伯之母如季氏'。韦昭注;《晋语九》'以其赏如伯乐氏'韦昭注/《吕氏春秋·首时》'与将军之节以如秦'高诱注;《正名》'走而之谷,如卫'高诱注/《楚辞·九章·涉江》'迷不知吾所如'王逸注;《文选·张衡〈思玄赋〉》'摎天道其焉如'旧注";"如,至也。《吕氏春秋·赞能》:'生与之如国'高诱注"②。

"在"字"在甲骨文里与'才'同形,借用草木初生表示存在"。《说文·土部》:"在,存也。从土,才声。"但论者指出:"其实'才'也兼表义。本义为存在。"③

如此,若将表示实体意义的"如"与表示"萌生"或"萌发"的"在"合而释之,"如在"的意义便是:"进入"或"及于""(鬼神)之萌生之所"。如此解释,"如在"之"如"便可消解其"想象"性的"好像""似乎"的意思,而是实实在在的一种"之于在"的意义传达。

也就是说,表面意思可读为"虚构"的表达方式,在《论语》之中,仍能通过使语言本身来讲话,而释解出其本来"诚实而不虚妄"的意涵。而这样的意涵,恰恰与"艺术"之"创造性的虚构"形成鲜明对比:中国古人的"孝道"之美德,岂能容忍依个体见识而可更动的那种"虚构"?"子曰:'父在,观其志;父没,观其行;三年无改于

---

① 《汉语大字典》,《汉语大字典》编辑委员会(编),四川辞书出版社1986年版,第431页。
② 《故训汇纂》,宗福邦、陈世饶、萧海波(主编),商务印书馆2003年版,第505页。
③ 谷衍奎:《汉字源流字典》,华夏出版社2003年版,第168页。

第四章 "三知"与"天命"、"礼"和"言"

父之道,可谓孝矣.'"(《论语·学而》)① 父亲离世("没")之后,之所以"三年无改于父道",是因为,离丧不远,而余泽可亲,而凡能触及的一切,最为真实的,莫过于"父道"。如此,"无改之"而坚守之,"哀慕犹若父存"(邢昺疏)②,实在而又亲切。"子生三年,然后免于父母之怀。夫三年之丧,天下之通丧也"(《论语·阳货》)③,也便成为不可更易的"丧礼"建制。"如在"要求人进入逝者的世界,突出的另一个意向是:逝者,在亲人眼中,并没有真的过世,只不过是以另一种形式"在着"。因为,他们身为"遗爱人间"的存在者④,虽死犹生。"生生不息"之所以可能,首先是因为,他们的"大爱"永远遗留人间。至于《中庸》之中有关"如"的意义,也可解释为:弥伦一片,浩浩荡荡,势不可抵,亲人虽成鬼成神,但如此便已进入〔再次〕萌生之态,先是升入天空,进而沉降你左右。

如此,此译"虚构"出的那种"想象"的世界,便正与儒家的"真实无妄"背道而驰,自然是不可取的。

此译的这种西化倾向,还鲜明地体现在第三句的译文之中 without the knowledge of the use of language, a man cannot judge of and know the character of men。很明显,"没有语言运用的知识,就不可能对(他)人的性格做出判断和求知"。其用词本身,就是明证:西化的一个突出标记是 judge 这一用词。此句,经文只是简洁的"不知言,无以知人也"。而第一个"知",此译用 the knowledge of,第二个则用 judge of and know,既包含"求知"(know),又含有"判断"(judge),而且把"判

---

① 何晏(注)、邢昺(疏):《论语注疏》(李学勤主编,《十三经注疏》之十),北京大学出版社 1999 年版,第 10 页。

② 何晏(注)、邢昺(疏):《论语注疏》(李学勤主编,《十三经注疏》之十),北京大学出版社 1999 年版,第 10 页。

③ 何晏(注)、邢昺(疏):《论语注疏》(李学勤主编,《十三经注疏》之十),北京大学出版社 1999 年版,第 242 页。

④ "鬼神观,鬼,家鬼,自己祖先;神,有遗爱在人。"(爱新觉罗·毓鋆:《毓老师说论语》,陈䌹(整理),中信出版集团 2016 年版,第 158 页。)"有遗爱在民的人,死后就成为神。"(爱新觉罗·毓鋆:《毓老师说中庸》,陈䌹(整理),上海三联书店 2015 年版,第 118 页。)

断"置于前面，以突出其重要性甚于"求知"。这便很容易让人联想到康德有关"判断"的作用的哲学分析和论断。也就是说，此译所用，的确称得上很潮的词语，适足让人联想到西方哲学最具关键作用的概念①。那么，这还是在迻译儒家经文，尤其是《论语》吗？这的确也就不能不让人产生疑惑。

译文 19. The Master said, He who does not understand the will of Heaven cannot be regarded as a gentleman. He who does not know the rites cannot take his stand. He who does not understand words, cannot understand people.②

依此译，面对"天的意志"（the will of Heaven），人必"低头"，才可"被视为"（be regarded）一个"绅士"（a gentleman，君子）。同样地，面对"各种各样的礼"（the rites），他也必须"屈身求知"，以便顺从迎合，他也才可能"立足"（take his stand）。那么，在"天"和"礼"的双重宰制之下，"天"还是"天"，尽管它有其"意志"，"礼"也依旧是"礼"，尽管"我"必依之而"立"？也就是说，无论是"天"还是"礼"，都是外在于人的力量，故而，与"人心"无涉：这

---

① 众所周知，康德为解决"知性"和"理性"的分裂，专门写出《判断力批判》，提出跨越理论哲学和实践哲学这两个领域之间的鸿沟的中间环节，即"判断力"，也就是，一种特殊的反思判断力。其最为人所关注的是，他在此著第一版《序言》之中的一段话。这里抄录两个汉语译文。译文 1."那么，在我们认识能力的秩序中，在知性和理性之间构成一个中介环节的判断力，是否也有自己的先天原则；这些先天原则是构成性的还是仅仅调节性的（因而表明没有自己的任何领地），并且它是否会把规则先天地赋予作为认识能力和欲求能力之间的中介环节的愉快和不愉快的情感（正如同知性对认识能力、理性与欲求能力先天地制定规律那样）：这些正是目前的这个判断力的批判所要讨论的。"（参见〔德〕康德《判断力批判》，邓晓芒（译）、杨祖陶（校），人民出版社 2002 年版，第 2 页。）译文 2."如今，在我们的人生能力的秩序中、在知性和理性之间构成一个中介环节的判断力，是否也独自拥有先天的原则；这些先天原则是建构性的还是纯然范导性的（因而不表明任何特有的领域），而且它是否会先天地把规则赋予作为认识能力和欲求能力之间的中介环节的愉快和不快的情感（正如知性为认识能力，而理性为欲求能力先天地指定法则那样），这就是目前的判断力批判所要讨论的。"（〔德〕康德：《实践理性批判·判断力批判》，《康德著作全集》（第 5 卷），李秋零（译），中国人民大学出版社 2006 年版，第 177 页。）

② Arthur Waley, *The Analects*, Beijing: Foreign Language Teaching and Research Press, 1998, p. 267.

第四章 "三知"与"天命"、"礼"和"言"

样的力量在人身心之外,因而,找不到一条纽带,将之贯穿到人这里,以之作为情感维系?那么,这意味着,"天"还在"天"那里,而"礼"也仍然在"礼"那里,未及于人,也不能及于人,也就是,无法真正对人心产生作用和影响;退一步来说,即使产生作用和影响,也不过是夫子所说的"道之以政,齐之以刑,民免而无耻",而不是"道之以德,齐之以礼,有耻且格"(《论语·为政》)①。那么,在"天"与"礼"与"人"保持距离,或者更准确地说,在"撕裂"成为主调,而使"天合于人"因而"礼见乎于道"缺席的情况下,"天"何以为"天","礼"又如何成为"礼"?

至于第三句的译文 He who does not understand words, cannot understand people,回译或为:"不能理解词语的人,也就不能理解人。"那么,似乎在"词语"和"人"之间,终于有了一条纽带,可以将二者联系起来。如此,对"词语"的"理解",可以引领人"抵达"对"(他)人"的"理解"。那么,"分"在这里消泯,"合"似乎春光乍泄。但是,且慢。此译之中 words 毕竟是复数形式,人也一样是一般被视为表示集体或通称的复数的 people(used as plural of person; a body of human beings considered generally or collectively),而且,此词至少是表示两个或更多的一群人(a group of two or more persons)。因此,究竟"理解到"多少的"词语",才能到"理解"相关的"一群人",的确也就成了不折不扣的问题。或者说,到底该去"理解"哪一些"词语",使之具备"相关性"或"针对性",以便能对准有关的"一群人",进而加以"理解"?我们既不能说"对词语的理解"是"对人的理解"的条件,因而,也就可以将二者等同起来;那么,二者既不能等同,其间另外的可能的问题,也就需要重新思考。这样,此译因此导致的疑问便是,如何启动这样的"理解",使这两个"理解"相互配合以至于最后形成吻合?

---

① 何晏(注)、邢昺(疏):《论语注疏》(李学勤主编,《十三经注疏》之十),北京大学出版社 1999 年版,第 15 页。

此外，如译者所加注释所示，"不知言"译作"不理解词语"，其意为："不能深入表面意思的底部进而理解这些词语所隐含的思想状态。"① 那么，我们理解，这说的是，人"对词语的理解"，其主旨应是力争去把握"词语所隐含的讲话者的思想状态"，以便判定此一说话者的用意何在。不过，假若是一般情况，为什么讲话者要如此"曲折"地讲话，而不是那么"明言"其意呢？这是否意味着，讲话者吞吞吐吐，是有难言之隐？抑或是，他讲话"本就应该"如此"曲折"？不过，无论如何，讲话者都还是要表达"其意"的：汉语的这种书写方式，已经先在地告诉我们，那是"发自内心的思绪之'意'"，也就是说，汉语本身的述说，是直接来自"心"的，或者说，"言而由衷"的。相反，如《左传·隐公三年》所示："信不由中，质无益也"②；在这里，"人言为信，中同衷。《左传·僖》二十八年《传》：'今天诱其衷。'杜《注》：'衷，中也。'句意为言不由衷心，非诚实之意"③。另一个解释是："信：诚信。中，同'衷'，内心。"④ 如此，从负面来看，则以如此方式讲话，有可能造成夫子所说的"人而无信，不知其可也"（《论语·为政》）⑤；而就正面视之，如此"曲折"或"隐性"的表达方式，是否会影响到心迹的吐露的艰难，因而，最终让人无法"判断"并"求知"其意？要之，若是最终"言不及义"（《论语·卫灵公》）⑥，讲出话来究竟又是为的什么？

译文 20. Confucius said, "A man has no way of becoming a gentleman unless he understands Destiny; he has no way of taking his stand unless he un-

---

① Arthur Waley, *The Analects*, Beijing: Foreign Language Teaching and Research Press, 1998, p. 267, n. 3.
② 左丘明（传）、杜预（注）、孔颖达（正义）：《春秋左传正义》（李学勤主编，《十三经注疏》之七），北京大学出版社1999年版，第74页。
③ 杨伯峻：《春秋左传注》（第一册），中华书局1981年版，第27页。
④ 左丘明（著）、李梦生（注释）：《左传今注》，凤凰出版社2008年版，第9页。
⑤ 何晏（注）、邢昺（疏）：《论语注疏》（李学勤主编，《十三经注疏》之十），北京大学出版社1999年版，第23页。
⑥ 何晏（注）、邢昺（疏）：《论语注疏》（李学勤主编，《十三经注疏》之十），北京大学出版社1999年版，第213页。

第四章 "三知"与"天命"、"礼"和"言"

derstands the rites; he has no way of judging men unless he understands words."①

此译三部分全用 has no way of … unless 句式,因而整齐划一,或能体现经文的表达方式的简洁明快。不过,表达简练并不意味着内涵的成功再现。

第一部分,译文如果说的是,除非理解命运(Destiny),不然,人决不会有办法成为绅士(a gentleman"君子");那么,这可能仍是在强调,人要向"命运"低头。因为,如子夏所说:"死生有命。"(《论语·颜渊》)② 如此,"天行健,君子以自强不息"之意,又如何体现于"君子"的人格培养?

第二部分,译文要传递的消息可能是:除非理解各种礼(the rites),不然,人决不会有办法找到立足之处。那么,这是在强调,人融入社会的基本条件;也就是,只有明白了"礼"的要求,人才可立足于社会之中。原因是,这样的社会是归属于"礼"约束的或由之治理的社会。无此"礼",也就无所谓社会,无所谓人。如此视之,"礼"之为用大矣!不过,这不也恰恰是在说,人顺应"礼"的能力,而不是积极的一面?因而,如此"立足"的人,只是后世所说的这个社会团体之中的一个"零件":"他"由一个"原材料",通过"礼"的加工而来。那么,若是这个"零件"生锈,或者是老化,还有用吗,如果说还有什么作用的话?再进一步说,若真的只需顺应"礼",人的积极性无从发挥,夫子本人所表现出的那种在"太庙"的"每事问"(《论语·八佾》)③ 的态度,也就是"求知"的渴望或热切心情,还需要吗?

最后一部分,译文或者是要说:除非理解了词语,不然,他是决不

---

① D. C. Lau, *Confucius: The Analects*, Beijing: China Publishing House, 2008, p.377.
② 何晏(注)、邢昺(疏):《论语注疏》(李学勤主编,《十三经注疏》之十),北京大学出版社1999年版,第159页。
③ 何晏(注)、邢昺(疏):《论语注疏》(李学勤主编,《十三经注疏》之十),北京大学出版社1999年版,第37页。

会有办法对人做出判断的。有关"判断",上文也已讨论;"词语"的复数形式说可能引出的负面意味,上文也已论述,此处不赘。

译文 21. Confucius said, "He who doesn't know his destiny will never become a man of honor. He who doesn't know the rituals will never become established. He who cannot judge the words of others will never be able to really know those who uttered them."①

尽管这里的 destiny 前加了 his,与上例相比,范围缩小到一个人身上,但意向并没有改变:人理解他自己的命运,才能成为有名誉的人(a man of honor"君子")。此句的负面意涵可能仍然是:人受制于自己的命运。因而,加以"了解"之后,就应对之俯首帖耳?第二句尽管"礼"用的是 the rituals,意向应与上例 the rites 相一致。因而,问题也是依然如故。而且,此句用 be established 来传递"立"之意向,似乎人之"立"是被动的?那么,与上一句相联系,是否就会使读者觉得,夫子所说的"君子"总是在"屈从""为形势所迫"的情况下做人?但如此为人之道,在儒家那里,又如何可能?而最后一句,也仍用 judge,words 还是复数形式。故而,也已无须再论。

译文 22. The Master said, "He who knows not destiny cannot be a superior man. He who knows not proprieties gets no footing. He who fails to apprehend a word understands not its speaker."②

此译前两句,与上引二例问题相同,尽管所用句式有异。值得注意的是最后一句:"没有全面把握一个词语的人,就不能理解它的讲话者。"此句要说的是,这"一个词语"力量巨大。但是,若是换一下思路,为什么夫子要像"天"那样,"子欲无言"(《论语·阳货》)③呢?

---

① Lin Wusun, *Getting to Know Confucius — A New Translation of The Analects*, Beijing: Foreign Language Press, 2010, p. 355.

② Wu Guozhen, *A New Annotated English Version of The Analects of Confucius*, Fuzhou: Fujian Education Press, 2015, p. 505.

③ 何晏(注)、邢昺(疏):《论语注疏》(李学勤主编,《十三经注疏》之十),北京大学出版社1999年版,第241页。

第四章 "三知"与"天命"、"礼"和"言"

"无言"的情况下，人不能理解他人，甚至不可以交流吗？借用《论语·为政》之中的话来说，若要"一言以蔽之"①，也就是，一句话就可以体现某个人的性格特点或展示其人性光辉或污点，那么，这样的话，岂不意味着规律性的东西，而可提升到新的高度。如此，这还是"人的词语"或"人的话语"吗？若仅仅将之定位于人，进而理解为人之"言"，通过这样的用词用语，还能理解人吗？这样的问题，也就的确是值得追问的了。

译文 23. The Master said, "Without knowing what is ordained [by Heaven], one has no way to become a noble man. Without knowing the rites, one has no way to take one's stand. Without knowing words, one has no way to know other people."②

"命"以"非概念化"的形式处理为：what is ordained [by Heaven]（被[天]所命之物），ordain 意思包括：order by virtue of superior authority，decree（由身在上位的权威下令，命令）；appoint to a clerical posts（授予圣职）；invest with ministerial or priestly authority（赋予行政或牧师职权）；issue an order（颁布命令）以及（of God or fate）decide（something）in advance（由上帝或命运预先决定某物）等，一般译为："任命某人为牧师；授某人以圣职；（上帝、法律等）命令；注定"等。那么，首句的译文的意思便是：若不知[为天]所命之物，就绝无法成为一个高贵的人（a noble man "君子"）。而这里的 what is ordained 无疑是"先定的"，而且是"由天（Heaven）决定"的，因而，要想"成为高贵的人"的这类人一定要加以顺从，而且，可能是"无条件的"，没有"怨言"因而也就不可能产生抵触情绪甚或必须对之默默无语而顺承之的？而这意味着，这样的"高贵的人"的追求，其代价是：人

---

① 何晏（注）、邢昺（疏）：《论语注疏》（李学勤主编，《十三经注疏》之十），北京大学出版社1999年版，第14页。
② Irene Bloom, "The Analects", in *Sources of Chinese Tradition*, eds. William Theodore de Bary and Irene Bloom, New York: Columbia University Press, 1999, p. 63.

在"此命"面前毫无作为，因而，完全依之而行。若是遇到人生不如意的事情，则还可能放弃任何努力，认定那就是"命运的预定"。如此设计人生，人可能会放弃积极进取的心态，不会走向"麻木不仁"吗？其他二句，与上引译例类同，也无须再论。

译文 24. The Master said："A man who is blind to doom can be no gentleman. Without a knowledge of courtesy we must want foothold. Without a knowledge of words there is no understating of men."①

此译在表达方式上有两个突出特点：一是形式上，后两句用同一个句式，前一个则是另一种句式；二是选词也甚为不一，首句"命"出以 doom 这一"大词"，此句则以 courtesy 指涉"礼"，词义涵盖区域狭小；末句将"言"译为 words，也一样未及极致。

就内涵上看，"命"以 doom 出之，体现的适足是基督教的意态。因为，此词一般的意思是：an unpleasant or disastrous destiny（一种令人不快的或灾难性的命运），death, destruction or some other terrible fate（死亡、毁灭或任何其他可怕的命运），any terrible event that you cannot avoid（你逃避不开的任何可怖的事件）。因此，一方面，此词指的是：最终的、常常是灾难性或毁灭性的命运，隐含不可避免的意味；另一方面，如上所述，它让读者联想到的往往是 doomsday（last day, a day of final judgment）——"世界末日"或"末日审判"这样的"先定的"事件。

第二句之中"礼"的对应词 courtesy，其意包括：a courteous or respectful or considerate act（有礼貌的、尊重的或为人着想的举动），a courteous or respectful or considerate remark（有礼貌的、尊重的或为人着想的言语），a courteous manner（有礼貌的举止）。因而，汉语一般译为"礼貌"。与经文之中所说的"礼"相比，或只能再现出其中低层次的意义，即日常生活当中"以礼待人"的那种行为要求方面的意涵，

---

① James R. Ware, *The Sayings of Confucius*, New York: Bartley Com., 2001, p. 54.

第四章 "三知"与"天命"、"礼"和"言"

而难及其余。这也反映出,"礼"在目的语之中并没有可以直接借用的语汇,正如众多别的词语一样。这样,若像译文所说,"没有礼貌的知识,我们就一定缺少立足之处",那只是在强调,外在行为方面一般的规矩,而且,也很容易滑入"伪饰",如《论语·子张》所载子夏之所论:"小人之过也必文"①,一旦犯错,就可能寻找借口予以封堵,生恐别人察觉;或者是干脆加以掩饰,以便让人看不到问题所在。这样的心态,久而久之,也就会形成一种习惯:不免狡猾而又虚伪,甚至有可能在欺骗他人的同时进行自我欺骗。如此,"立足"就可能蜕变为"伪善之举",而与经文之中所说的"不知礼,无以立"南辕北辙。

第三句话的译文,"人"译之以 men,与 people 一样,words 仍是复数。有关问题,上文已经讨论。

译文 25. Confucius said, If you do not understand the will of Heaven, you will have no way to become a gentleman. If you do not understand ritual, you will have nowhere to take your stand. If you do not understand words, you will have no way to know people. ②

首句之中"命"出之以 the will of Heaven,末句以 words 译"言"、以 people 译"人",上文已经分析其不对应性。次句"礼"译以 ritual,而且是表示独一的形式。此词意为,any customary observance or practice(任何习惯的奉行或实践),the prescribed procedure for conducting religious ceremonies(举办宗教仪式预定的程序),stereotyped behavior(刻板老套的行为);汉语一般译为:惯例,礼制,(宗教等的)仪式,例行公事,老规矩,典礼,风俗,习惯等。在此译之中,此词显然意指的是,业已固化的行为规范意义上的"礼节"。而依此回译此句,其意应为:如果你不理解礼节,你就将找不到立足之处。但其负面的意向可能

---

① 何晏(注)、邢昺(疏):《论语注疏》(李学勤主编,《十三经注疏》之十),北京大学出版社 1999 年版,第 257 页。

② Burton Watson, *The Analects of Confucius*, New York:Columbia University Press, 2007, p. 142.

"中庸"视域下《论语·尧曰》跨文化英译方法研究

是,找到立足之处的人,会成为一个循规蹈矩、不敢越雷池半步的人。而夫子强调的则是:"君子食无求饱,居无求安,敏于事而慎于言,就有道而正焉,可谓好学也已"(《论语·学而》)①;"学以致道",故而"君子无终食之间违仁,造次必于是,颠沛必于是"(《论语·里仁》)②,勇于担当"仁爱之道"的大任,进而成为"躬行君子"(《论语·述而》)③。如此,"礼"的社会化约束力,与"仁"相比,应该是次一级的。因为,那是社会要求的生活之中的行为规范。在这样的约束之下,通过长期的、一贯的熏染和训练,人形成"非礼勿视,非礼勿听,非礼勿言,非礼勿动"(《论语·颜渊》)④的习惯或素养,便可达到"君子怀德"(《论语·里仁》)⑤的要求,不断提升自己,以为社会服务,进而为普天下苍生尽心尽力,"任重而道远","死而后已"(《论语·泰伯》)⑥。

译文 26. Confucius said, If he does not know fate, he has no way to be a gentleman. If he does not know the rites, he has no way to take his stand. If he does not know words, he has no way to understand others. ⑦

此译与上引诸例问题相同,本可不论。不过,有一点需要再加强调:跨文化翻译和语内解释一样,势必既要关注译文对原作正面意义的再现,同时当然也要注意,如何避免负面意向的出现;或者说,如何将

---

① 何晏(注)、邢昺(疏):《论语注疏》(李学勤主编,《十三经注疏》之十),北京大学出版社1999年版,第11页。
② 何晏(注)、邢昺(疏):《论语注疏》(李学勤主编,《十三经注疏》之十),北京大学出版社1999年版,第48页。
③ 何晏(注)、邢昺(疏):《论语注疏》(李学勤主编,《十三经注疏》之十),北京大学出版社1999年版,第97页。
④ 何晏(注)、邢昺(疏):《论语注疏》(李学勤主编,《十三经注疏》之十),北京大学出版社1999年版,第157页。
⑤ 何晏(注)、邢昺(疏):《论语注疏》(李学勤主编,《十三经注疏》之十),北京大学出版社1999年版,第50页。
⑥ 何晏(注)、邢昺(疏):《论语注疏》(李学勤主编,《十三经注疏》之十),北京大学出版社1999年版,第103页。
⑦ K. Bruce Brooks and A. Taeko Brooks, *The Original Analects: Sayings of Confucius and His Successors*, New York: Columbia University Press, 1998, p.196.

第四章 "三知"与"天命"、"礼"和"言"

后者规约在能为正面意义化约、挟制或消解的范围之内，使之成为可控的，也就是可以"中和"进而融为"正面"的因素。

而此译显然也一样没有注意这一问题。因为，这显然是要"道中庸"，即"叩其两端"（《论语·子罕》）①或曰"执其两端，用其中民"（《礼记·中庸》）②。因而，要想做到，也就必须"极高明而道中庸"（《礼记·中庸》）③。这样，译文如此，其结果倒可再次印证，夫子所说的"中庸之为德，其至矣乎！民鲜久矣"（《论语·雍也》）④，甚至是《礼记·中庸》之中所记夫子所说的"中庸其至矣乎！民鲜能久矣"⑤。其原因就是，没有以"极高明"的"心之德"去趋近经文的大义，故而，格局没有打开，最终也就将经文丰富的内涵扁平化为一种低层次的意义结构。

如此，负面的意向无法加以回避或化约，也就形成一个严重的问题。比如，针对此译，读者就会质疑，反过来说，知命运，就有办法成为"君子"（a gentleman "绅士"）。这样，的确可以说是成为"君子"的前提、办法或途径。因而，"知命运"和"成为君子"，二者是同一的？但是，这岂不意味着，"命运"决定一切，至少是决定了"君子人格的形成"？"命"，此译用的 fate，意为 an event (or a course of events) that will inevitably happen in the future（将来势不可免要发生的事件或事件进程），the ultimate agency that predetermines the course of events (often personified as a woman)［预先决定事件进程的终极作用者（通常拟人化为女性）］，以及 your overall circumstances or condition in life (including

---

① 何晏（注）、邢昺（疏）：《论语注疏》（李学勤主编，《十三经注疏》之十），北京大学出版社1999年版，第115页。
② 郑玄（注）、孔颖达（疏）：《礼记正义》（李学勤主编，《十三经注疏》之六），北京大学出版社1999年版，第1425页。
③ 郑玄（注）、孔颖达（疏）：《礼记正义》（李学勤主编，《十三经注疏》之六），北京大学出版社1999年版，第1455页。
④ 何晏（注）、邢昺（疏）：《论语注疏》（李学勤主编，《十三经注疏》之十），北京大学出版社1999年版，第82页。
⑤ 郑玄（注）、孔颖达（疏）：《礼记正义》（李学勤主编，《十三经注疏》之六），北京大学出版社1999年版，第1424页。

everything that happens to you）（你的生活的全部的情况或状况，其中包括发生在你身上的任何事情），汉语一般译为：命运、天意、命中注定的事（尤指坏事）等。词典告诉我们，同样表示"命运"意义的destiny 属于普通用词，侧重预先注定的命运，对未来命运的美好憧憬；doom 指最终的、常常是灾难性或毁灭性的命运，隐含不可避免的意味；而 fate 则是较为庄严的用词，多指不幸的命运，暗示不可避免，令人畏惧和人的意志无法改变，宿命论色彩较浓①。的确，此词很容易让人联想到 fatalism 这种认定所有的事情都是预先决定好的，因而人类无力更易的宿命论。果如此，一个"君子人"对如此的 fate 即使有所了解，但它毕竟不可更易，那么，这不是明显意味着，他只能逆来顺受而无以抗争了吗？这实际上，（一）将 fate 与人对立起来，因而，天命（fate）斩断了经文之中"命"与"君子"的有效的联系，也就是，遮蔽了"命"对之的护佑和支撑的一面。再换言之，如此用词，体现的是"人天之分"，而不是"天人之合"；（二）如此设计，也就将"君子"之"效法天道"之"天行健"之意，驱逐出可能的在场。这样，既然"自强不息"的意向是缺席的，"君子"不就是不在场的吗？

  不关注尽可能降低负面意向的可能渗入的力量，其效果如此，是不能不警惕的。而这样的警示，理应形成一种"预警机制"，即在翻译启动之前就发挥作用，以期深思之并最终在实际翻译过程中排除之。而且，进而言之，翻译过程之中，也一样需要心怀如此的警示。显而易见，对此警示能起支撑作用的，当然是"中庸之理"。因为，心怀"极高明"，取向"达至事物之极"之意，时刻提醒自己，如何消除平庸和弱化，提示精神层次和境界，才有可能实现理想当中"忠实的传译"，而消除因为低层次游走可能带来的庸俗之见及其"歧义纷出"。如此，即令普遍的表达，也会因为见证到"实在"，而熠熠生辉。而经文不就

---

① 2020 年 2 月，《可可查词》（http：//dict. kekenet. com/en/fate）。

第四章 "三知"与"天命"、"礼"和"言"

是通过这样的"微言"① 亦即精当而含义深远的话语，而透露天地之间最为可贵的"义"的吗？

译文 27. Confucius said, "One who does not understand fate lacks the means to become a gentleman. One who does not understand ritual lacks the means to take his place. One who does not understand words does lack the means to evaluate others."②

此译形式严谨，同一个句式一贯到底。不过，令人感到奇怪的是，译者在解释中特地强调，"这里的'命'指的是 fate，而不是'天命'，尽管两个概念当然是相联系的"③。设若相联系，为什么"命"不能是指后者？他在解释之中还特地提及夫子所说的"五十知天命"（《论语·为政》)④，此处既有"知"又有"命"，二者不是密切联系在一起吗？相反，若是"命运"不能与"天命"相联系，那么，子夏"死生有命"（《论语·颜渊》)⑤ 之说，一定笼罩在人的心头，像是一种重担，逼人就范？

如此，此译和上引诸例一样，因为未以"极高明"为指导，故而陷入一般的解释，封堵了"下学而上达"（《论语·宪问》)⑥ 的意向。因此，其最终的结果一定是，经文丰富的意涵被平板化和弱化为一种单一层面的东西，而不能容纳超克由此而来的负面意义的制约。

最后一句之中的"知人"被译为 evaluate others，其中的动词意为：

---

① 《汉书·艺文志》："昔仲尼没而微言绝，七十子丧而大义乖。"（班固（撰）、颜师古（注）：《汉书》第6册，中华书局1962年版，第1701页。)
② Edward Slingerland, *Confucius Analects: with Selections from Traditional Commentaries*, Indianapolis & Cambridge: Hackett Publishing Company, Inc., 2003, p. 234.
③ Edward Slingerland, *Confucius Analects: with Selections from Traditional Commentaries*, Indianapolis & Cambridge: Hackett Publishing Company, Inc., 2003, p. 234.
④ 何晏（注）、邢昺（疏）：《论语注疏》（李学勤主编，《十三经注疏》之十），北京大学出版社1999年版，第15页。
⑤ 何晏（注）、邢昺（疏）：《论语注疏》（李学勤主编，《十三经注疏》之十），北京大学出版社1999年版，第159页。
⑥ 何晏（注）、邢昺（疏）：《论语注疏》（李学勤主编，《十三经注疏》之十），北京大学出版社1999年版，第199页。

determine or fix the value of（决定或确定价值），to determine the significance, worth, or condition of things usually by careful appraisal and study（通常凭着认真的评估和研究来决定意义、价值或条件），汉语一般译作：评价、估价、求值等。这样，依此译，One who does not understand words does lack the means to evaluate others（一个不能理解词语的人，就缺少评价他人的手段）。如此，"词语"是"手段"，可借以"评价他人"。但是，为什么要把"词语"视为"手段"，去对"他人"加以"评价"呢？他人的"价值"若真的能体现在这样的"评价"之中，那说的就是，"他人的价值"需要"品评"，抑或是，"评价的结果"？易言之，无此"评价"，也就不存在"价值"？另一方面，"词语"作为"评价的手段"，其可靠性到底如何？"词语"之中若能显现他人的情感诉求，本质上说，不是和"评价者"相互一致，因而，无须"评价"？若是"思想观念"，双方容有不同，但若这样的异同，有"情感"作为支撑，双方也就无须"本质性的评价"，故而，"评价"只是一种"暂时的手段"，其本身并无"实质意义"？那么，这样的"评价"，出自夫子之口，被置于《论语》经文的最末的一章，而且是最后的一句，是否太过"平庸"而不值一提？我们这里有如此众多的问题。

而这意味着，不能从高层次入手传译，无论在什么地方，都会产生疑问。经文之"经"之"常"，也就有可能畸变为一种杂乱而无章法的东西。经过跨文化处理，我们看到的，可能往往就是这样不见"水平"的译文。正因为"不知所云"，因而，才会"人云亦云"，而到最后译文呈现的还不过只是"不知所云"。

译文 28. Confucius said, "One who does not understand the divine law cannot be called an intelligentleman. One who does not understand the social order cannot stand in society. One who does not understand what words imply cannot understand men."①

---

① Xu Yuanchong, *Thus Spoke the Master*, Beijing: China Intercontinental Press, 2012, p. 141.

第四章 "三知"与"天命"、"礼"和"言"

首句之中的 divine law 尽管是"借用",但似乎并不能传递经文之中"命"的意向。因为,无论如何,"命"并不构成"法";或者说,二者距离遥遥,除非设置手段将之彼此拉近。而在英文之中,divine law 的意向十分明确。它指的是:a law that is believed to come directly from God① (据信直接来自上帝的一种法律),因而,汉译为:神法、神律(认为直接由上帝制定的法律)。而这样的意涵,或已阻止《论语》之中含有的消息的跨文化传播?因为,在《论语》的世界,或者说在儒家的精神空间之中,不可能有这样一个超验的上帝,以其严苛的"法律"规约世人,因而,也就不可能在"君子"与此"神律"之间建立其关系?否则,那岂不是在说,《论语》本身通过英文译文所要传递的就是,基督教的某种教义,已在古老的中华文化之中得到印证,因此,上帝之"神法"也就在先秦时期已经进入儒家思想之中,成为造就"君子人格"的内核?如此验证,正可说明,基督教的教义足以广被世界,而见其普世性价值?

这种含义当然是荒诞不羁的。不过,若是不规避如此的"宗教"观念的渗入,如何确保《论语》经文之中的消息传送,是"保真"的?如此思之,便会认为,历史上众多的儒家经典的跨文化转译,是否关注,该如何避开或消除有关的因素,以求显现真正的翻译是在输送另一种精神资源或财富?因此,若是仅仅满足于以目的语文化观念来替代经文的意义,那么,最终的结果岂不还是这样?

而且,应该再次指出,如此的"神法"或"神律",它能为"知性的绅士"(intelligentleman"君子")所求知吗?即使是可能的,问题也依然存在:在什么意义上,这样的"求知"是"儒家的"?此译用 understand 来传译"知"的含义,但是,这样一般性的"理解",毕竟是"属人的",而不是"属神的",如此,"人神"之间的距离,如何跨越?因此,此译最终的结果便可能是,人与"天"(以这里的 divine law 为体现或代

---

① 2020年2月,*The Free Dictionary*(https://www.thefreedictionary.com/divine+law)。

· 229 ·

表）是分设的，而不是相合的。"理解"起不到"下学而上达"的作用，人不及于"天"（或"神"），"理解"如何可能？进而言之，"神圣之物"又和此译之中所说的"知性的绅士"能建立起必要的联系吗？

此译似乎不关注如何应对这样的"人神相隔"的问题，反而在此句的翻译之中继续制造新的"分离"。依此译，One who does not understand the social order cannot stand in society（不理解社会秩序的人，就不可能立足于社会）。就字面意思上说，如此处理似无问题。不过，若加以深究，什么叫"社会秩序"？英语之中的 order 就此译此句来看，应该具有 the way in which people or things are placed or arranged in relation to each other（人或事物相互关联地被布置和安排的方式），the sequence of something（某物的顺序），established customary state（especially of society）（既定的习惯性状态，尤其是社会的），a body of rules followed by an assembly（某个人的集合所遵循的一套规则），以及 the way society is organized at a particular time（特殊的时间社会被组织的方式）等，汉语一般译为：秩序、次序或（社会的）制度、结构等。此译的意思，回译则为：人"理解"这样的"秩序"或"制度"等，就可立足社会。它所要传达的这一意向的问题在于，一方面，对 social order 的理解，在译者看来，就是"人立足于社会之所据"，若这样的 order 导向的是夫子所说的"道之以政，齐之以刑"（《论语·为政》）[1] 的"政治制度"或"政治秩序"，那么，最终的结果便是"民免而无耻"[2]。也就是说，在夫子看来，这样的"社会"并不是理想之中的社会，因而，依赖"政治的力量"来"组织社会的秩序"进而"治人"是有问题的。相反，"道之以德，齐之以礼，有耻且格"[3]，则是另一种局面。"德"在先，

---

[1] 何晏（注）、邢昺（疏）：《论语注疏》（李学勤主编，《十三经注疏》之十），北京大学出版社1999年版，第15页。

[2] 何晏（注）、邢昺（疏）：《论语注疏》（李学勤主编，《十三经注疏》之十），北京大学出版社1999年版，第15页。

[3] 何晏（注）、邢昺（疏）：《论语注疏》（李学勤主编，《十三经注疏》之十），北京大学出版社1999年版，第15页。

第四章 "三知"与"天命"、"礼"和"言"

"礼"随之,说明夫子注重的还是如何把人的"内心之德"打造好,这样才能凝聚起人的精神力量,造就一个"有秩序的社会"。因而,内在的支撑着外在的,同时,内在的又涵养着来自上天的。但此译的首句,已经掐断了人天的相互趋合,"天所赐之德"缺席。而对次句的传译,注重的又是"社会的秩序",因而,其外在化倾向显豁,又使人的内在之德不能发挥作用。这样"立起"的"人",或只是"社会秩序"的"附庸"或曰"顺从者",谈不上儒家的"君子人格",最终也就不能满足"成人"的基本要求①。

至于末句的译文,其中的问题上文已经讨论。这里从略。

译文 29. He said: Not to know the decree [the sealed mouth. *L. adds "of heaven," not to recognize destiny*] is to be without the means of being a proper man (the ancestral voice is incomplete). / Not to know the rites is to be without means to construct. / Not to know words (the meaning of words) is to be without the means to construct. / Not to know the fluid needful to understand men.②

此译注意到,"命"的字形意义,所以,特地加括号点出"闭着的嘴巴"。但实际上,"命"若以甲骨文来看,与"令"是一个字。一个解释指出:以甲骨文的书写形式释之,其意"就是一个人坐在地上向下发话,发话就是下令"③。依此解,其中一个构形符号,类如英语的 A 字母,"像一个张开向下的口"④。因而,"命"并不含有"闭嘴"的字符。不过,对"命"本身的解释,正文是以"命令"(decree)出之,

---

① 理应指出,儒家"成人",与其他很多观念一样,既有基础的要求,也有理想的标尺。前者可以《论语·颜渊》之中所录夫子所说的"君子成人之美,不成人之恶。小人反是"(何晏(注)、邢昺(疏):《论语注疏》(李学勤主编,《十三经注疏》之十),北京大学出版社1999年版,第165页。)为据;后者则可以《论语·宪问》之中夫子所说的"若臧武仲之知,公绰之不欲,卞庄子之勇,冉求之艺,文之以礼乐,亦可以为成人矣"(李学勤主编,《十三经注疏》之十),北京大学出版社1999年版,第187—188页。)为准。

② Ezra Pound, *The Great Digest*; *The Unwobbling Pivot*; *The Analects*, London: New Directions Publishing Corporation, 1969, p. 288.

③ 郑慧生:《汉字结构解析》,河南大学出版社2011年版,第96页。

④ 郑慧生:《汉字结构解析》,河南大学出版社2011年版,第96页。

括号之中所加的解释"不承认命运",或可说明,译者是知晓"命"之"命运"之所指的。

此句有关"君子"的译文也在括号之中添加注释:"祖先的声音不完整。"其意到底是什么,不免让人困惑。或许,译者的意思是说,成为一个"适宜的人"(a proper man"君子"),也就能承继祖先的余脉,而将其"心声"发扬光大?

次句译文,并没有传递"立"的英语词,而是用了 construct(建构),此词的意思包括:make by combining materials and parts(将诸多材料和部分结合起来,以为制作),put together out of components or parts(将诸多成分或部分汇聚在一起),create by organizing and linking ideas, arguments, or concepts(把观念、论点或概念组织和连接起来,以求创造)等,汉语一般译为:建造、构造、创立、构想等。因而,或许此词所含有的意向是,人将"思想方面的东西建构出来"。若是此解正确,此译取向便与儒家"内德"的修造意向有异:因为它要突出的是人的"构造",而不是如何"立身"。

末句之中的 fluid 一词意为"液体、流体",用在这里,大概是为了表达"流动"或"水源"的意思?Not to know words (the meaning of words) is to be without the fluid needful to understand men 的汉语意思就是:不知词语(词语的意思),也就等于是,没有理解人所需的"流动"。比喻很是新颖,但传递的消息却是模糊的。而在对"言"的处理上,其中存在的问题与上引诸例相同。

译文 30. The Master said, "Someone who does not understand the propensity of circumstances (*ming* 命) has no way of becoming an exemplary person (*junzi* 君子); someone who does not understand the observance of ritual propriety (*li* 礼) has no way of knowing where to stand; a person who does not understand words has no way of knowing others."[①]

---

① Roger T. Ames and Jr. Henry Rosemont, *The Analects of Confucius: A Philosophical Translation*, New York: Ballantine Books, 1998, p. 229.

第四章 "三知"与"天命"、"礼"和"言"

此译的独特之处在于，在重新思考儒家精神指向的基础上，改写有关表达。如，"命"译作 the propensity of circumstances（环境之必见之势），"礼"译为 the observance of ritual propriety（礼之顺宜之遵守）。这样的处理，是为了说明，（一）西方眼中的所谓概念，在儒家这里并不重要。因为，与日用伦常密切相关的，主要并不是观念之类的东西，而是有关观念与行为的切合和配合。《论语·为政》载："子贡问君子。子曰：'先行其言而后从之。'"邢昺正义云："君子先行其言，而后以言从之，言行相副，是君子也。"① 说的就是，人的行为体现观念，因而，"先行"的是"行"而不是"言"。（二）如此对"行"的重视，起因于"天行健"的思想导向：上天的运作，用夫子的话来说，是"无言"的，但就在这"无言"之中，"四时行焉，百物生焉"（《论语·阳货》）②，世界充满生机。因而，动态过程，才是真正的世界存在的基本样态。因此，译文的确是关注到了，如何以"言行相副"为指向，来传译经文大义。如两个词组所示，第一个之中，propensity（an established pattern of behavior 既定的行为模式，a habitual attraction to some activity or thing 对某种活动或事物习惯性的吸引），相比于 circumstances 可谓"抽象"名词，表示"倾向、习性"，而后者则表示"具象"。二者配合，传递的意义是：环境的倾向。一为如在目前的具体情况，一是较为玄远的形势之趋向，二者相合构成一个既抽象又具象、既含有观念又包揽某种实在的词组。同样地，在第二个词组之中，observance（the following of a custom, rule, or law 对习俗、规则或法律的遵守；an oft-repeated action or series of actions performed in accordance with tradition or a set of rules 根据传统或一套规矩而实行的常常重复的行动或系列行动），是一种"具体"行为。而 ritual propriety 之中的 propriety，意为：conformity

---

① 何晏（注）、邢昺（疏）：《论语注疏》（李学勤主编，《十三经注疏》之十），北京大学出版社1999年版，第19页。
② 何晏（注）、邢昺（疏）：《论语注疏》（李学勤主编，《十三经注疏》之十），北京大学出版社1999年版，第241页。

to established standards of good or proper behavior or manners（对既定的善好的或适宜的举动或礼貌的标准的适应性）；appropriateness to the purpose or circumstances, suitability（对目的或环境的适宜性、合宜性），或 rightness or justness（正义性或公正性）等，可谓"抽象观念"。二者相合，一样可凸显"言行相副"的意向。

尽管因为是传译经文，而目的语之中并没有既定的表达，因而，新的创造或杜撰之中就可能会存在问题。但还是应该承认，这样的处理是合乎"中庸之理"的：一方面取向思想，另一方面则导向实在或现实。也就是，"两端"共存，互为支持，才形成新词。不过，即使在其新创的词语之中见出"中庸"的要义，译者在其《论语》的英文译本的《引言》的"汉语语汇"部分，也并未对此加以论述；甚至在其论述之中，也只是对具体的、个别的语汇的"意义"的再现加以讨论，整个部分未见提及"中庸"之名①。如此论述，岂不是在说，经文的传译，无须儒家思想的支持、指导和制约？

这样，这两个词组的具体处理，也就不是没有问题了。上文已经分析，the propensity of circumstances 体现的是，"无可回避之'势'"的意涵。不过，若是认真推敲，则会质疑说，circumstances 能传译"天"的意涵吗？但译者认为，中国古人并没有西方的"超越"（transcendence）之思②，所谓的"天"并不是高高在上的力量，"天既是我们的世界之所是，而且亦为我们的世界之如何是"③。依之，*what* our world is and *how* it is，二者都纠缠在同一个世界的"同一性"之中，而不见"异乎"与"同一"的东西出现？而若是这样的疑问得不到解答，那可能就意味着，what 是对"世界"的"重复"，how 也一样是对之的重复；

---

① Roger T. Ames and Jr. Henry Rosemont, *The Analects of Confucius: A Philosophical Translation*, New York: Ballantine Books, 1998, pp. 45 - 65.
② ［美］安乐哲：《中国式的超越和西方文化超越的神学论》，收入温海明等（译）《和而不同：中西哲学的会通》，北京大学出版社 2009 年版，第 46 页。
③ ［美］安乐哲：《中国式的超越和西方文化超越的神学论》，收入温海明等（译）《和而不同：中西哲学的会通》，北京大学出版社 2009 年版，第 47 页。

第四章 "三知"与"天命"、"礼"和"言"

因而，what 与 how 二者便趋向或就是"同一"之物？那么，"世界与世界是同一的"，"世界之所是与其何以是亦是同一的"，也就成了结论。如此，一般而论，人如何"立乎其'上'"而审视其"是"，如果"人"作为"审视者"早就被化入这一"同一性"之中？"思"必致高远，这样的"高远"，其"极"何在？反过来，也可追问：无此"极"，无此"高远"，如何"思"？

若西方的"超越性"是脱离人的，亦即人难以企及的，那么，中国古人的"超越性"不能是既可能是"难以企及"但又不是"不能企及"的，同时又是"可以入心"的，也就是化为内在的：也就是，既超越又内在的？不如此，人的"德"来自何处？夫子所说的"则天"①，亦即，"以天为法"，肯定"天之法"之超拔的可能性，若依其论，是否业已不复存在？

因此，"天"的"超越性"是无可否认的。而安乐哲与罗思文所译的《论语》整部著作之中，也只有"天"是保持了音译。而这意味着，只有它是独一无二的。这样的"独一"，岂不恰恰暗含着，"天"是"超越的"？或许，译者并没有意识到，这样的处理，必然包含着这样的暗示。

另外，安乐哲与罗思文的这部《论语》英译，标以 A Philosophical Translation（一个哲学译本），说明那是"哲学"的：一个解释是，它本身就应是"超越"的"观念化"的作品。因而，在思想导向上，如此题目设计也一样暗含着，《论语》本身的"超越性"可为"儒家哲学"的特色表现。如此，它才可能作为"哲学"的一种形态加以传译。在儒家的思想资源已得认可的前提之下，其"超越性"的力量，如上所述，本应在"中庸之道"之中体现出来。但是，译者并没有给予基本的关注。于是，"命"之不可抗拒的"超越性"，也就被化解为"环

---

① 《论语·泰伯》："子曰：'大哉，尧之为君也！巍巍乎，唯天为大，唯尧则之。荡荡乎，民无能名焉。巍巍乎，其有成功也。焕乎，其有文章。'"（何晏（注）、邢昺（疏）：《论语注疏》（李学勤主编，《十三经注疏》之十），北京大学出版社1999年版，第106页。）

境的趋势"或"情势",似乎"死生有命"之"命"也是"环境"方面的事情,人足以更易之?不过,即使如此,人本身的"德"之"受之于天"的那一部分,其"源头",是否已经因此不在场了?人之"德"得不到资源的营养,甚至找不到起源,此"德"还能进入存在吗?

而且,最为严重的是,若是"天"体现世界之"超越性"的一维被否定、消解,与之相关的另一维"人"如何存在,岂不是已经有了问题?因此,显而易见,对"天"的"超越性"的不认同也就意味着,对中国古人"天人相合"的哲学思想的弃却。

那么,我们现在或许能明白,安乐哲与罗思文不以"中庸"为据,来迻译经文的思想问题的实质了:"两端"在他们那里缺少了"一端","另一端"也就在存在意义上造成问题;也就是说,本来是相互依存的两个方面,一个被否定存在,另一个如何存在,当然也就有了问题。这样,"用其中"也就成为不可能的。如此偏离"中庸",也就等于是,由于偏向"一端",或曰醉心"极端",因而,丢掉了"两端"之"执",最终等于是放弃了它们之间的那种"互持互动",也就是,二者之间的联系、沟通和感知。推论到这里,已经很清晰的情况是,译者忽视"中庸",实则是在轻视儒家的交流思想所立足其中的那个根本——"中"。

也就是在这里,如《左传·成公十三年》之中所说的"民受天地之中以生,所谓命也"[①] 的儒家思想意向,也就遭到了遮蔽:"民"既在"中"之中得其"生命",说明那是来自"天地之中"的力量,也就是"超越性"的力量,因而,这样的"超越性"也就意味着人的"命"。易言之,是"体现超越性的天"赐予人以"命"。值得注意的当然是"中"字。孔颖达正义曰:"'天地之中',谓中和之气也。民者,

---

[①] 左丘明(传)、杜预(注)、孔颖达(正义):《春秋左传正义》(李学勤主编,《十三经注疏》之七),北京大学出版社1999年版,第755页。

第四章 "三知"与"天命"、"礼"和"言"

人也。言人得此中和之气以得生育,所谓命也。"① 不过,"中和之气"的产生,又是来自哪里?不就是"天地"之彼此交会、互动的那个"中"吗?如此,因为天地依照自身的规律运行,因而,在适宜之时,行适宜之事,如此"和气"才可能应运而生,而造就"生育"所需的那种"能量"。这样的"规律"的体现,中国古人归之于"天",名之曰"天道",规定为"中"。如此,也就能明白,安乐哲与罗思文之译距离中国古人的诗性智慧如何遥远。

这样,即使不说他们不认同"天"的"超越性",因"中庸"之"感通"②、"沟通"之意在其中的缺席,其译文仍不足以确证,the propensity of circumstances(情势)与人的关系的指向。也就是说,那是"事情"之"情",而可能无关人情。再易言之,"情势"说的是外在于人的某种支配性的力量,因而,人可能会屈服之,或许很难与之相抗衡。因此,在二者不能形成"势均力敌"或力量平衡的情况下,一方很可能会压倒另一方。显而易见,按照我们的理解,这一词组所可能指涉的这样的"情势",要突出的是,"势"不及于人,或曰,人在"势"外;二者是不相交合的,也就是不能"称心如意"的。这样,"天人合一"的缺席,也一样表现为,"人物趋合"的不在场。

再进一步来说,安乐哲与罗思文所欲构造的那个"反或非超越性"的儒家精神世界,恰恰把他们所译的 the propensity of circumstances(情势)推了出去,造成一种势力不及人力、人力亦可能不及势力的局面。而这意味着,"情势"恰恰超越了"人",也就超越了"世界":在摆脱了与人"交合"的情感基础之后,"交合"本身已经成为空想,因而,"情势"也就已经"飞身世外"。

至于"礼"的译文"守礼之宜"(the observance of the ritual proprie-

---

① 左丘明(传)、杜预(注)、孔颖达(正义):《春秋左传正义》(李学勤主编,《十三经注疏》之七),北京大学出版社1999年版,第755页。
② 《周易·系辞上》:"易无思也,无为也,寂然不动,感而遂通天下之故,非天下之至神,其孰能与于此?"(王弼(注)、孔颖达(疏):《周易正义》(李学勤主编,《十三经注疏》之一),北京大学出版社1999年版,第284页。)

ty)。就"义者，宜也"(《礼记·中庸》)① 的界定来看，这一词组恰当地在英文之中表示出"礼义"之意，不可谓不妙：既有"礼"之严谨，又包含"义"之适宜调整和适时而动，二者相辅相成，正见"中庸之理"，一如"遵守"(observance)和"礼义"(ritual propriety)，以其抽象与具象之相合而见证此理。

针对 propriety 用于译"礼"的意义，安乐哲强调：

Propriety 牵连具有同一词根 proprius 意义的系列用词——proper [适宜]，appropriate [合适]，property [性能，财产]——这一术语被理解为"一种使成为自己的"[a making one's own]——在这一意义上，它是"礼"恰当的译文：强调个体化的过程。这样，"礼"即一绝对的个体的行为表现，向其自身及其社团揭示其价值，即某种个体的但同时又是公共的话语，人通过它在品质上将自身构造成并揭示为一个独一无二的个体、一个整全的人。②

不过，和上一个词组一样，此一词组或亦只有"尘世"的"约束之力"，而难见"天道"的"超越之意"，如此，何以见得"人之立"之"所以立"的那种"根基"？也就是说，若是一味地"守礼"，即令时见其"宜"或容变化，但那可能仅仅是"人之守"和"人趋向礼之宜"，而不是"礼本身的道之宜"。也就是，不一定属于夫子所说的"守死善道"(《论语·泰伯》)③ 之"守"。原因很明显，"礼"有可能会因为尚未上升为"道"的境界，而不断下滑，也就是，不断远离其极致，因而，最终僵化、死板到沦落为对人造成束缚的某种网络，而不是推动人提升自身的力量。如此，向之臣服，也就是"立足"之必需？而这样的"屈服"若是已经延续很长时间，人还能具备辨识之力，去

---

① 郑玄（注）、孔颖达（疏）：《礼记正义》（李学勤主编，《十三经注疏》之六），北京大学出版社 1999 年版，第 1440 页。

② Roger T. Ames,"Observing Ritual 'Propensity（Li 禮）' as Focusing the 'Familiar' in the Affairs of the Day", *Dao: A Journal of Comparative Philosophy*, Vol. 1, No. 2, June 2002, p. 147.

③ 何晏（注）、邢昺（疏）：《论语注疏》（李学勤主编，《十三经注疏》之十），北京大学出版社 1999 年版，第 104 页。

第四章 "三知"与"天命"、"礼"和"言"

思考，那还是"屈服"吗？

末句的译文，说明的也和上引译文一样，是一般的情况：着眼点在尘世，在对他人的"理解"，而设置的条件是"对词语的理解"，所以，问题与那些译文也是一样的。

译文 31. The Master said,"Those who do not recognize（*zhi* 知）destiny（*ming* 命）have no way of becoming exemplary persons; those who do not understand（*zhi* 知）ritual propriety have no way of establishing themselves; those who do not comprehend（*zhi* 知）words have no way of knowing others."①

译者添加解释说，"命"有两个意思：一是"命运"，二是"天命"。前者指的是独立于人的努力之外的自然发生的事情，也就是不可抗拒或抵御的某种力量；后者则是指一种先天禀赋或天赋（endowment = natural abilities or qualities 自然的能力或素质），使人有能力承担某种特权（privilege）或责任。译者强调，这一意义上的"命"，可与《礼记·中庸》一开篇所说的"天命之谓性"②联系起来；进而指出，"依此解，'命'与'天命'之间微妙而又重要的区别是，前者指人类生存其中的客观的状况（尽管并不排除人类通过努力对之加以影响的可能性），后者则由天赋予人的固有的天性，可以使人过起一种适宜方式的生活"③。他解释，"承认天命就是要求知人之为天所赋予的天性的倾向和潜能，因为，其发展将使人积极地影响其生活，进而引向人的繁盛"④。他复引孟子及焦循之所论强调，"承认命运（destiny）进而承认天命（the mandate of heaven），首先是要求知人的命运，其次是要求知天命是要

---

① Peimin Ni, *Understanding the Analects of Confucius: A New Translation of Lunyu with Annotations*, New York: State University of New York, 2017, p. 427.

② 郑玄（注）、孔颖达（疏）：《礼记正义》（李学勤主编，《十三经注疏》之六），北京大学出版社1999年版，第1422页。

③ Peimin Ni, *Understanding the Analects of Confucius: A New Translation of Lunyu with Annotations*, New York: State University of New York, 2017, p. 427.

④ Peimin Ni, *Understanding the Analects of Confucius: A New Translation of Lunyu with Annotations*, New York: State University of New York, 2017, p. 427.

'命'（即：命令，影响）人的命运"①。如此，此解是突出"天命"对"命运"的制约作用，进而强调前者与人的关系，是人可以回应或积极响应的。这样，译者的释解倾向表现为，"天行健"而人"有为"；因而，其思路与儒家的思想导向是一致的。

不过，问题在于，译文本身 Those who do not recognize（*zhi* 知）destiny（*ming* 命）have no way of becoming exemplary persons（那些不承认命运的人，就根本不会成为典范人物），说的是，"命运"之"命"。如此，和上引诸多译例一样，这样的处理难免会让人觉得，人对"命运重负"是不得不向之"低头"？如此，"天行健"之意，也就可能遭到了遮蔽。

次句译为：those who do not understand（*zhi* 知）ritual propriety have no way of establishing themselves，回译或为："那些不理解礼义［或礼之宜］的，根本没有办法树立起自己。"译文没有用上引诸例一般都用的 stand，而是以 establish 来译"立"。此词的意思包括：institute（something, such as a law）permanently by enactment or agreement（立法），to make firm or stable（使安稳或稳定），introduce and cause to grow and multiply（引入进而使增长和繁殖），bring into existence（引入存在），put on a firm basis（置于坚固的基础），put into a favorable position（放置有利位置），gain full recognition or acceptance of（获得完全的承认或接受），make（a church）a national or state institution［使（某种宗教）成为一种国家或州的建制］，以及 put beyond doubt（至于疑问之外）等，一般译为：建立，创立，设立，创办；安置；确定；查实，证实，制定；使立足；使被认可；确立（地位）等。还应指出，此词的词根 sta = stand，表示"站，立"②。莎士比亚历史剧《理查三世》（5.3）中

---

① Peimin Ni, *Understanding the Analects of Confucius: A New Translation of Lunyu with Annotations*, New York: State University of New York, 2017, p. 428.

② 2020年2月，*iCIBA*（http://www.iciba.com/establish）。

有句：One raised in blood, and one in blood established①。其中的 established 的意思就是 settle、fix（使安居、使稳固）②。读书所见，此句有三种译文：**译文** 1. 一个在血泊中起家，在血泊中僭权称王的人③；**译文** 2. 是靠流血起家，靠流血创业的一个人④；**译文** 3. 一个靠着流血抬起来的人，又靠着流血建家立业⑤。

可以看出，此词的运用，与 stand 相比，多了些庄严，少了点儿普遍性。不过，与运用 stand 的译文一样，此译也并没有注意，如何提升"礼"至应有高度，因而，其负面含义，也和诸例一样，可能会陷入："立"起来的人，实际上或许只能成为"礼"的恭敬的顺从者的形象；而完全依附于"礼"，有可能造成的结果是，人始终是其"附庸"，而不是"自己的主人"。

末句的处理，与其他译文相一致，已无须再论。

译文32. Confucius said, "If one does not know anything about the preordained fate, it is impossible for him to become a perfect gentleman. If one does not know rituals and the music system, it is impossible for him to establish himself in society. If one does not know the true meaning of what is said and written, it is impossible for him to distinguish who is who and what merits and demerits are in different people."⑥

此译的特色是，运用同一个句式来处理夫子所说的三句话：if one does not know … it is impossible for him to …。不过，就内容上看，对

---

① William Shakespeare, "The Tragedy of Richard The Third", eds. Jonathan Bate and Eric Rasmussen, *William Shakespeare Complete Works*, Beijing: Foreign Language Teaching and Research Press, 2008, p. 1377.
② 刘炳善：《英汉双解莎士比亚大词典》，河南人民出版社2002年版，第356页。
③ ［英］威廉·莎士比亚：《理查三世》，《莎士比亚全集》（增订本）（第3册），孙法理（译），译林出版社1998年版，第389页。
④ ［英］威廉·莎士比亚：《理查三世》，《莎士比亚全集》（第23册），梁实秋（译），中国广播电视出版社2001年版，第267页。
⑤ 刘炳善：《英汉双解莎士比亚大词典》，河南人民出版社2002年版，第356页。
⑥ Shi Zhikang, *Confucius's Analects: Translation & Critical Comments*, Shanghai: Shanghai Foreign Language Education Press, 2019, p. 397.

"三知"的对象的重心的突出,三句话处理则大为不同。首句说,"如一个人不对预定的命运有点了解,他就不可能成为一个完美的绅士"。这也就意味着,人只要"稍稍了解"之(know anything),就能"成为完美的君子"?而次句的意思是:"如果一个人不了解礼仪和音乐制度,他就不可能在社会之中立身","知"的对象,却是由"礼"扩大或延展为"礼乐"。因而,前两句的处理,不相平衡。首句轻描淡写,次句则有所添加。回译的话,末句的意思则是,"如果一个人不了解说出和写下的东西的真正意义,他就不可能区分谁是谁以及不同的人身上有什么优点,又有什么缺点"。

由于和上引诸例一样,并未思及"极高明"之意,因而,与之类同,会引出很多问题。比如,对于首句,我们会问:为什么只是对 preordained fate 知道"一点"或"略知一二"(know anything 的意味),竟然就能成为"完美的绅士"?首先,preordained 既然意味着,appoint, decree, or ordain in advance; foreordain(预定,预先注定;命中注定,注定,天命,命定),那么,对人生至关重要的"注定之事"如何只需稍稍了解?这是在说,人可以不计"预定之命运"可能造成的限制、约束和命定的一切,面带笑容待之吗?也就是说,这是在暗示,人若要成为"君子",始终是对"命运"持无所谓的态度,尽管那是"先定的"(preordained)。如此,"了解"或"不了解"是无谓的,故而,know anything(稍作了解)也就够了?但是,接下来的问题是,如果人对如此严重的、"先定的命运"就只需"知晓一点点",可又为什么这可以成为"成为完美绅士(君子)"的必备条件呢?难道说,只要想成为"君子",而且,是达到"完美",就必须"对先定的命运"有所"了解",而且是"一点点"就够?因此,从这样的追问来看,作为条件的"了解一点",与"完美的绅士"之间,似乎是不相合拍,甚或存在着某种断裂。这样的不协调,显现的是,"绅士"对"命运"的不屑,抑或是,他在人生旅途之中那种潇洒或乐观?因为译文未见提示,我们当然不得而知。不过,由此带来的却是更多的问题。

第四章 "三知"与"天命"、"礼"和"言"

比如，为什么 gentleman 之前要加上 perfect 一词？如上所述，那是在说，"了解一点点命运的事情"，"绅士"就可抵"完美"之境；还是在说，只要是"绅士"，就一定是"完美的"？那么，相反，还有"不完美的绅士"（an imperfect gentleman），可以作为"君子"的英语对应词，来表达"君子"的意涵吗？夫子本人说过："圣人，吾不得而见之矣。得见君子者，斯可矣。"（《论语·述而》）①"圣人"之所以"不得见"，一个重要的原因就是，他们是"完美"的化身，因而只有在"三代"才出现过，而且，或许也只有尧、舜、禹三帝之类的人物才当得起如此之名。这样看来，尽管"君子"在英语之中其对应的表达方式尚需再思，但 gentleman 之前加上 perfect，则不无多余之嫌。

次句尽管加了"音乐制度"，借以显现，经文之中的"礼"实际上是指"礼乐制度"，但是，由于还是局限于"此世"之"礼"之"乐"，因而，所谓自立（establish himself）实则可能是"立于"程式已定的既定性之中。因而，与上引诸多例子一样，次句的迻译，也仍然将人"立于"某种"束缚"的"捆绑"，而难见人的自主性的发挥，因而"天行健"之意可能无从谈起。

末句的处理比较复杂，所以问题更多。比如说，为什么经文之中的"言"，要译作"说出和写下的东西的真实的意义"（the true meaning of what is said and written）？夫子不是感叹并强调，"欲无言"？那不是因为，"天何言哉"（《论语·阳货》）②？如此，并不注重"言"的夫子，经文此处的"言"何以不仅成为"所说的东西"，还要把"所写的东西"包揽进来？而且，译文强调的是，二者的"真实的意义"？那么，其中的预设是，假若不了解这样的"真实的意义"，也就"不知人"。

---

① 何晏（注）、邢昺（疏）：《论语注疏》（李学勤主编，《十三经注疏》之十），北京大学出版社 1999 年版，第 93 页。

② 何晏（注）、邢昺（疏）：《论语注疏》（李学勤主编，《十三经注疏》之十），北京大学出版社 1999 年版，第 241 页。

可是，夫子自称"述而不作，信而好古"（《论语·述而》）①。他本人既没有"写下"什么，同时又要"效天"时而提倡"无言"，何以一定要"不知言"之"言"，转换为"说出和写下的东西的真实意义"，的确也就可能是说不通的。进而言之，即令夫子真的对之加以强调：人要想了解或理解他人，就必须先行"把握""说出和写下的东西的真实意义"，那么，这样的"意义"，又岂是辨别"谁是谁"以及"不同的人身上有什么优点又有什么缺点"的必备甚或必然条件？也就是说，末句的译文将这方面的"求知"（know）处理为"辨别"（distinguish = mark as different）的条件。那么，显而易见，有能力做出"辨别"的人类如"裁判"：他的能力足以使之超乎被裁断的人之上，才可分辨出，对方或对象之"谁是谁"及其"优缺点"。但是，做出这样的"辨识"为的是什么，也就是，有什么目的？难道说，人听到别人讲话或看到别人写的东西，就一定要先行分别清楚，这是"谁是谁"，然后再加以衡量这个人是什么样的人物，有什么优点，又有什么缺陷？这还是在思考，"说出的和写出的东西的真实意义"吗？如果这样的"真实的意义"就等同于"谁是谁"以及"不同人身上的优缺点"的话，如此的"真实"，一定是为区分人，或为人划界的一种行为：有好人，也有坏人；有好人的好行为，也有坏人的好行为吗？如此等等，这样的判断，也就拉上了"道德判断"的车子，无法停下？

因此，经文之中的"言"的"中立性"，甚或"超然性"，并没有得到关注，我们看到的是这样的"言"向着可能是无尽的"道德判断"的"问题化"陷落。

与此同时，"言"也已流为"俗言"，而且可能是化为了一种跨文化的无谓的"俗"。

---

① 何晏（注）、邢昺（疏）：《论语注疏》（李学勤主编，《十三经注疏》之十），北京大学出版社1999年版，第84页。

第四章 "三知"与"天命"、"礼"和"言"

子曰："躬自厚，而薄责于人"（《论语·卫灵公》）①；孟子云："善人也，信人也"（《孟子·尽心下》）②。解释既违孔孟之教，必然引出"是非之人"：

> 看自己有德否，如见人好不舒服，就代表你缺德。人家不好，你说什么？一说，你与他都不是人，是非者就是是非人。没有比自己再知自己的。你在我面前说人，我就知你是坏人。道德，非自己说好坏。第一看德，第二看量，即知一二。③

但若依此译，比如，the true meaning of what is said and written 必须辨别出来，否则就不可能达到"识人"的目的，而此处"知化为识"，似乎辨识者长了智慧。不过，究竟什么才是"真正的"或"真实的意义"？而且，如此"普泛"的处理，将"言"解为"所说即所写的东西"，这样的"说与写"又在什么意义上是"可说与可写"的，同时"如何说和写"的，是否都需要进一步探讨，才可"转知为识"以至于"智"？这里牵涉到的方方面面的问题若不能解决或回应，"求知"之为"求知"（know）如何可能？

而且，"求知"还不知如何进行，按照此译思路，就可以将如此的"求知"再次转化为"知识"，以之或依之来 distinguish who is who and

---

① 何晏（注）、邢昺（疏）：《论语注疏》（李学勤主编，《十三经注疏》之十），北京大学出版社 1999 年版，第 213 页。

② 此处经文原文为："浩生不害问曰：'乐正子，何人也？'孟子曰：'善人也，信人也。'"赵岐注："乐正子为人有善有信也。"孙奭疏云："孟子答之，以为乐正子是善人、信人者也，以其有善有信故也。"（参见赵岐（注）、孙奭（疏）：《孟子注疏》（李学勤主编，《十三经注疏》之十一），北京大学出版社 1999 年版，第 384—385 页。）依之，这里的"信"意思是"言而有信"之"信"，即守诺、言而必行。此处的引用，将其意改为：善人，就应对人充满信任；因为，只有如此，才可体现"己立立人"，即"能近取譬，可谓仁之方也已"的"恕道"（《论语·雍也》）（参见何晏（注）、邢昺（疏）：《论语注疏》（李学勤主编，《十三经注疏》之十），北京大学出版社 1999 年版，第 83 页。）精神。

③ 爱新觉罗·毓鋆：《毓老师说论语》，陈䌹（整理），中信出版集团 2016 年版，第 83 页。

what merits and demerits are in different people（辨别谁是谁以及不同的人身上什么是优点和什么又是缺点）？经文之中只有"不知言，无以知人也"（《论语·尧曰》）①的表达，而这里的译文将此句之中的第一个"知"化解为"包揽说与写"两方面的"求知"（know），把第二个稀释作对"谁是谁"以及"不同人优点和缺点"的"辨识"。于是，经文之中的那种简洁明快，当下成就，也就拖拉成为需要按部就班、取向理性程序的"求知"，其中强硬地塞进的是，对他人近乎无端的、无来由的"辨别"，因而，不无"怀疑他人人格"之嫌。

而就经文来看，"知言"是可以即刻成就的，因为"我欲仁，斯仁至矣"（《论语·述而》）②：人生性秉有"上天所赐的善性之德"，故而，一旦回归内心，当然能当下成就，而无须延迟，不加外力。因而，"不知言，无以知人也"也就有了印证的可能：因为，"我"如此有能力"知此善此言"，或者说"仁即言即善"；再换言之，"天道在我之言或无言"，而"己欲立而立人，己欲达而达人。能近取譬，可谓仁之方也已"（《论语·雍也》）③。"我"既有此能力，他人也一样必有此能力。故而，"我"可"知"天地之"大言"，他人也便一样具备这样的能力，甚至超乎"我"之上。这样，"知人"也便意味着，（一）人作为"我"的同类，是与"我"分享"言"的同类，也就是真正的同类；（二）之所以如此，主要是因为，"人我"之"我们"可以相互"感通"，并在此基础上彼此"认同"；（三）这样的"认同"引出的是，人极高明性的善良；而如此的"善性"之本，就在于，（四）天地之"大言"或"无言"赋予了"我们"共有的"天性"；（五）"人我"得以共存于此"言"之中，以"我们共有的如此的善意"，维持着生活之

---

① 何晏（注）、邢昺（疏）：《论语注疏》（李学勤主编，《十三经注疏》之十），北京大学出版社1999年版，第270页。

② 何晏（注）、邢昺（疏）：《论语注疏》（李学勤主编，《十三经注疏》之十），北京大学出版社1999年版，第95页。

③ 何晏（注）、邢昺（疏）：《论语注疏》（李学勤主编，《十三经注疏》之十），北京大学出版社1999年版，第83页。

第四章 "三知"与"天命"、"礼"和"言"

中必需的精神世界的蕴含和生发;故而,(六)"人我"之间在根基上并没有对彼此"优点缺点的辨识",恰恰相反,那样的辨识因为可能消解天赐之"善性"而使人沦入"无知",因为,"知言"即"知天";(七)而"知天"是要求"下学而上达",如此,"知我者其天乎",与人之"知天"相互配合;(八)所谓的"天人相合",正在于"知言",进而,才可"知人"的"天人相合"之秘。

的确,若不"知言"作解,如此"高妙之秘"一定是封闭于"知解"之外的那种秘密,故而,由于译者未依"极高明"之思求之,也就最终将"求知"落实为"人对人长短优劣的识别":"你对我"如此,"我对你"亦复如是,这样的"知人"之释解,岂不是充满了猜忌?也就是说,人对人的"不信"恰恰说明的是,"人不依言立":这是说,人之"自立"的一个重要原因是,并没有认可"大言"之为"大言"对人的"持立"之"力"。而这意味着,"人"当然无以"自立"。而且,"上道不行"或曰不向上行,人走上"下坡路",也就会被引向另一种境地,使人在相互之间的"疑言"之中讨生活。如此,心灵既不得安,岂不"人我相违",最终人人自危?"孟子曰:'言人之不善,当如后患何!'"(《孟子·离娄下》)孙奭正义云:"此章指言好言人恶,殆非君子。"[1] 对于使人无法"成为真正的人"或"做不得人"的释解,是否应该警惕:如何回到儒家思想正轨,才可企及经文真义?

因此,无论"知言"还是"知言,再知人",都会因为,没有"上进"之心,亦即不走"极高明"之路,而陷入"俗气"的纷扰,而不能企及"祥和"的境界。要在,无论"知言"还是作为"知言"之目的的"知人",其出发点必须定在"我这里":"我"如此"知",才能"他知";也就是,只有"自我相知",也才谈得上其他之"知"。而这样的"自知",仍需回到上天所赐的那个精神世界的源头——人的内心,因为,在那里,寄寓着"仁爱"的"资源",也滋养着"我"。如

---

[1] 赵岐(注)、孙奭(疏):《孟子注疏》(李学勤主编,《十三经注疏》之十一),北京大学出版社1999年版,第219页。

此,"知言"首先要求,"我之知我",也就是"承受天道之赐"。

因此,我们逆推,就会发现,《尧曰》第三章之中的前三个"知"具有特定的连续性:"知命"是要求,"认同""天之所赐"之"在我者",也就是,"天命"对于"我"之分配和嘱托。有了这样的"命",我才有条件生于斯而终于斯,并在此过程之中使人生体现并充满相应的价值和意义。而"知礼"则是要求"我",置身于"天道"所化为的"人间大法"的运行,担当起自身在此世的责任,以最终不负此生。这也仍是在强调,人要成就"天命之所赋予",但是在现世的"规矩"之中行事罢了。如此,"无以立"之"立"不仅仅是一般意义上的"站定脚跟"或"占有相应的位置",更重要的还是,如何"站立人前",而为"人群之首",也就是真正充任"君子"的"道之以德"(《论语·为政》)①的"领袖群伦"的大任。而如此的责任,要想真正实施,并且持之有据,行之在道,并最终有所建树,也就必须不断回归自我,"反求诸己"(《孟子·离娄上》)②,实现"自反"(《孟子·离娄下》)③,确保资源力量的滋养和供给:"足乎己,无待于外谓之德。"(韩愈《原道》)④ 如此,"知人"必先"知我",而且需时时"知我",这样才能真正"知人"。而这最终"知人在于自知"的取向,实际上是再一次回到"知命"的始发地,因为,在那里,才真正存在"知"之"天合"。故而,夫子提倡"学者为己"(《论语·宪问》)⑤,强调"内

---

① 何晏(注)、邢昺(疏):《论语注疏》(李学勤主编,《十三经注疏》之十),北京大学出版社1999年版,第15页。
② 赵岐(注)、孙奭(疏):《孟子注疏》(李学勤主编,《十三经注疏》之十一),北京大学出版社1999年版,第192页。
③ 赵岐(注)、孙奭(疏):《孟子注疏》(李学勤主编,《十三经注疏》之十一),北京大学出版社1999年版,第233页。
④ 韩愈:《韩昌黎文集校注》,马其昶(校注)、马茂元(整理),上海古籍出版社1986年版,第18页。
⑤ 何晏(注)、邢昺(疏):《论语注疏》(李学勤主编,《十三经注疏》之十),北京大学出版社1999年版,第195页。

自省"(《论语·里仁》)①、"内自讼"(《论语·公冶长》)②。打造自己的内心世界,永远是人行在人生路上的必为之事,需坚持不懈为之奋斗一生。

第四节 "中庸"引导下的"天人相合"在"三知"之中的体现

如上所述,《尧曰》第三章的译解要义在于,应该有"天人两套系统"在发挥作用:具体来说,是它们的共同创造,形成了中国古人信仰体系或曰宇宙论的"两端",其交合和互动促成"人心之中",也就是,"人之心"或曰"人之中"。经文的大义就是在这样一种语义场之中呈现的。而对之的译解,当然也一样需要构造一个类似的语义场,以求承受、含纳进而生发其大义,并且显扬之。

这意味着,(一)单一的线索,对于经文大义的阐释是无效的,也是有害的。这是因为,一旦将之拉向一个维度,则只有"一端"存在,"另一端"缺席,最终不能促成"三的格局"。如此,也就无所谓"大义"。(二)由此而来的后果是,解释只是偏重于"人间"的一面,亦即陷入某种"人的自我纠缠"。有关的译解在这方面的表现是,即使在"知天"的前提条件之下,"君子"的追求,也仍滞留于"只好如此"的"尘埃"之中,而不是奋发向上,而"显发天健"精神。(三)如此,人进而也就只能停顿在"礼"的既定的约束甚或捆绑之中。依译解者的注疏和译文,这样的迫使和压制,竟然成为人之"立足之处",也就是"人之为人"的"立身之基"。如此的曲解,最终导致的是,(四)人在各种礼节、礼法、礼仪等制度的范围限制之内,不仅自己逆

---

① 何晏(注)、邢昺(疏):《论语注疏》(李学勤主编,《十三经注疏》之十),北京大学出版社1999年版,第51页。

② 何晏(注)、邢昺(疏):《论语注疏》(李学勤主编,《十三经注疏》之十),北京大学出版社1999年版,第68页。

来顺受，不思进取，而且，面对他人也一样不能"信任"，反而要对他们的"言辞"或"话语"加以"分辨"、"辨别"甚至是在根本上产生质疑，以期能判别讲话者的心思是否正确、为人如何及其动机是在什么，等等。于是，这样的"君子"或"人"，所形成的"社会"，恭顺于"命"，束缚于"礼"，疑惑于"他人"。这，便是我们在上文所引的诸多译解之中，看到的局面。若如此负面的呈现，早就将任何积极的意向排挤出去，那么，这样的解释，与"天健人为"的"生生不息"的世界，不正是恰相反动，又能是什么？

因此，要想正视经文大义，也就需把颠倒的再颠倒过来。那么，反过来再看，就会发现，如经文最后一句之所示，传统注疏和现代译解所推出的那种人对人的"不信"，正好可以印证，"知言"之"言"首先不能解为"人言之言"，而是天道之"大言"或"无言"。因为，很明显，依据这样的"言"，人才可能由其自身走向他人的存在，也就是，以"己立立人"的"恕道"精神待人。自我的存在，以他人的存在为据，才可反过来验明并且因之突出。这样的存在的条件说明，人不能不依他人的存在来反观自身，不断自我回归。所谓"见贤思齐焉，见不贤而内自省也"（《论语·里仁》）[1]，不仅是在说，人的"道德"或"良知"的"反省"，而且也是在强调，人的存在是"由人及我"的"内向化"存在。因此，他人既是存在的依据，也是存在的标尺，足以衡量"我心"之逆之正，而引之达到并不断保持"平和"。这样，他人是高于"我"的存在，"我"也就没有任何可能加以"猜忌"、"疑惑"。因而，可以说，在"知人"和对人的"好坏善恶"的"辨别"和"判断"之间画上等号，并不是儒家的思路。

因此，将"知言"之"言"释解为"天地之大言"，才可说，对之的"知"，也就能形成"对人的知"。这是因为，人是天造就的。也就是说，如此解释，经文的末句"不知言，无以知人也"，应该联系上首

---

[1] 何晏（注）、邢昺（疏）：《论语注疏》（李学勤主编，《十三经注疏》之十），北京大学出版社1999年版，第50—51页。

第四章 "三知"与"天命"、"礼"和"言"

句此章"不知命,无以为君子":"知言"是"知天命之言",也就是"知""天命"之"在我者";再换言之,上天赋予"我"的责任和使命。如此的"担当"在人间的真正负载、实行和最终的实现,才可确证,"君子"的"仁爱"的落实,反过来才可说,这样的"君子"是存在的,也就是"可知"的。要想不辱使命、履行职责,并最终达成目的,当然"知人"是关键之中的关键。因而,如何以自我存在之意,去体贴他人之存在,也就成了"天之所命"的导向。巧妙的是,不仅是首句和末句有这样的关联,次句的"知"也一样可以和末句联系密切:末句之中含有的"信",即人以言立,或曰"民无信不立"(《论语·颜渊》)[①]。无此"言",也就无以"为立"。那么,为什么次句要再说"不知礼,无以立"呢?显而易见,那是因为,"礼"也就是天地之"大言"即"天地不易之理"的"人间化"表现,更准确地说,"仁爱化"的表现,而决不是板结的典礼或仪式。这样,"兴于诗,立于礼,成于乐"(《论语·泰伯》)[②]之中的"立于礼"和这里的末句中一样,就应解释为:人立于天地不易之理,进而才可立于不败之地;立于人间仁爱之礼,才能扎根结实。一方面,正如夫子所说"礼乎礼,夫礼所以制中也"(《礼记·仲尼燕居》)[③],"礼"是圣人"制礼作乐"而应"天时"以"执中"之举;另一方面,"礼"所蕴含的对"天时"

[①] 何晏(注)、邢昺(疏):《论语注疏》(李学勤主编,《十三经注疏》之十),北京大学出版社1999年版,第161页。何晏引孔安国曰:"治邦不可失信。"邢昺疏云:"治国不可失信,失信则国不立也。"(同上书,第160页。)"信"在这里被释为:治邦或治国者要坚守"诚信"之道。不过,一个相应的态度是,"民"也一样要坚守此道。因而,"信"不是单方面的,而是一直"互信"。治邦或治国者要首先"信",同时"信民之信","国立"才有可能。设若治国不"信",或者是,"民不知信之为信",那么,他们如何明白前者是"治邦之信"?因此,这样的注疏因其偏重于"一端"而并不能突出"互信"之基:"信之为信",亦即,"民知(智)"之"信",或曰,朱子所说的"真实无妄"意义上的"民"之存在论的"诚信"。

[②] 何晏(注)、邢昺(疏):《论语注疏》(李学勤主编,《十三经注疏》之十),北京大学出版社1999年版,第104页。

[③] 参见郑玄(注)、孔颖达(疏):《礼记正义》(李学勤主编,《十三经注疏》之六),北京大学出版社1999年版,第1383页。此句的现代汉语译文是:"礼呀礼呀!这礼就是用来节制行为使之适中的。"(王文锦:《礼记译解》,中华书局2016年版,第663页。)

· 251 ·

的应和",也就意味着"仁爱"的自然性和普适性。所以,夫子才会强调:"人而不仁,如礼何?人而不仁,如乐何?"(《论语·八佾》)① 也才会感叹或批评说:"礼云礼云,玉帛云乎哉?乐云乐云,钟鼓云乎哉?"(《论语·阳货》)② 而这样的"仁爱",最高的代表,其体现在于圣人:"大哉,尧之为君也!巍巍乎,唯天为大,唯尧则之。荡荡乎,民无能名焉。巍巍乎,其有成功也。焕乎,其有文章。"(《论语·泰伯》)③ 也就是说,圣人作为人间的典范,和其他人一样,也是天之所赐成就其"命",因而,因身已在最高境界,他们最能体现这样的"命",故而,"则天"也就是终极的追求。"能则天,德乃同于天。"④ 如此,最后的结果一定是,"期与天齐",以"与天为友"。

相比之下,上引有关注疏和译解之中"极高明"未见踪迹,"以天为界说,这是中国几千年前的智慧,今人望尘莫及"⑤,"中国最了不起的智慧,就是法天"⑥。"天"既已缺席,何来"智慧"?"《论语》完全讲中道。"⑦ 如此,"中道"又何以体现?

第五节 "天命"与"召唤"

The Master said, "If one does not embody [the calling and] the mandate

---

① 何晏(注)、邢昺(疏):《论语注疏》(李学勤主编,《十三经注疏》之十),北京大学出版社1999年版,第30页。
② 何晏(注)、邢昺(疏):《论语注疏》(李学勤主编,《十三经注疏》之十),北京大学出版社1999年版,第238页。
③ 何晏(注)、邢昺(疏):《论语注疏》(李学勤主编,《十三经注疏》之十),北京大学出版社1999年版,第106页。
④ 爱新觉罗·毓鋆:《毓老师说论语》,陈绸(整理),中信出版集团2016年版,第208页。
⑤ 爱新觉罗·毓鋆:《毓老师说中庸》,陈绸(整理),上海三联书店2015年版,第16页。
⑥ 爱新觉罗·毓鋆:《毓老师说中庸》,陈绸(整理),上海三联书店2015年版,第11页。
⑦ 爱新觉罗·毓鋆:《毓老师说论语》,陈绸(整理),中信出版集团2016年版,第538页。

第四章 "三知"与"天命"、"礼"和"言"

of *Tian*（天）, it is impossible to be a flock-head. [Also,] if one does not embody [its *Dao*（道）as seen in the observance of] ritual propriety, he cannot find his stand. If one does not embody its Word, it is impossible to embody what man is."

此译的大意是：若不体知天命[的呼唤]，不可能成为群之首；[同样的，]若不体知[所执守的]礼义[之中所见之天道]，不可能找到立足之处；若不体知天之大言，不可能体知何以为人。

几处用语以及括号之中的添加之辞，都需解释。

首先是"体知"之杜撰之辞 embody。此词出自杜维明之手①。它既囊括知，又包含着行，是二者的一体呈现；它既意味着感知，同时也引导着知性之知，因而，是感性和理性的统一。如论者所指出的，"体知可以看作是一种人格之知，通过体知确立自我意识，体会到人格的尊严与高贵"②。"'体知'[……]可以规定为人心固有的感性觉情。正因为这种人同此心，心同此理的感性觉情不把任何东西'对象化'，它才能包容天地万物，让一切都在其关注之中而成为人心中无对的内容。"③此词用在这里之所以是适宜的，是因为，它的"双向"导向及其适应性，可以说明，不能再像过去那样，仅仅将"知性"之"知"确认为"知"，而情感则无所谓"知"。如此的片面认识，就儒家思想而言，是难以行通的。而英语之中诸如 understand、comprehend 以及一般的 know 等，都偏重于知性的或理性的知，甚至是 get into 之类的一般或比喻表达，也在根本上导向这样的"求知"。而 embody 一词的独特之处在于，它本身的意思就是 represent in bodily form（以体表象[再现、代表]），represent or express something abstract in tangible form（以具体可触的形式表象[再现或代表]或表达某物），也就是，抽象具象相结合；作为及

---

① 杜维明：《体知儒学：儒家当代价值的九次对话》，浙江大学出版社2012年版，第9页。
② 顾红亮：《对德性之知的再阐释——论杜维明的体知概念》，《孔子研究》2005年第5期，第100页。
③ 胡治洪：《全球语境中的儒家论说》，生活·读书·新知三联书店2004年版，第98页。

物动词,此词汉语可译为:"具体表达,使具体化;表现,象征,包括,包含"等;其意正可突出儒家兼顾两面而不偏一端的思想方向。

杜维明指出:"在本体论上,自我,我们原初的本性,为天所赋。因而,就其可涵润万物而言是神圣的。在这个意义上,自我既是内在的,又是超越的。它为我们所固有,同时它又属于天。"① 显而易见,embody 可以承担起既内又外的重任,将上天之所赐,通过内心的吸纳和涵养不断"体现"出来。

其次,"命"在这里直接转译为"天命",以 the mandate of *Tian* 出之。其中的"天"仿照安乐哲与罗思文的处理。这是参照《中庸》首句"天命之谓性"② 的英译:

译文 1. 天赋予人的禀赋叫做性。③

译文 2. 上天所赋予人的品德叫做"性"。④

译文 3. 天所给予人的禀赋叫做性。⑤

译文 4. 天所赋予人的品德称之为性。⑥

译文 5. 天赋予人的禀赋叫做性。⑦

译文 6. What Heaven has conferred is called THE NATURE.⑧

译文 7. What Heaven（*T'ien*, Nature）imparts to man is called human

---

① 转引自胡治洪《全球语境中的儒家论说》,生活·读书·新知三联书店 2004 年版,第 84 页。

② 郑玄(注)、孔颖达(疏):《礼记正义》(李学勤主编,《十三经注疏》之六),北京大学出版社 1999 年版,第 1422 页。

③ 《大学中庸》,王国轩(译注),中华书局 2006 年版,第 47 页。

④ 颜培金、王谦:《大学·中庸》,湖北辞书出版社 2012 年版,第 65 页。

⑤ 参见王文锦《大学中庸译注》,中华书局 2008 年版,第 15 页;王文锦:《礼记译解》,中华书局 2016 年版,第 692 页。

⑥ 《四书辞典》,吴量恺(主编),崇文书局 2012 年版,第 14 页。

⑦ 《文白对照〈四书〉》,王国轩、张燕婴、蓝旭、王丽华(译),中华书局 2007 年版,第 119 页。

⑧ James Legge, *The Doctrine of the Mean*, Beijing: Foreign Language Teaching and Research Press, 2011, p. 5.

nature.①

译文 8. What Heaven has endowed is called the nature. ②

译文 9. What is endowed by Heaven is called the nature. ③

译文 10. The ordinance of God is what we call the law of our being（性）.④

译文 11. That which is placed into man by Heaven is called the rational nature. （Couplet 译）⑤

译文 12. That which is mandated by Heaven is called one's inherent nature. （Mungello 译）⑥

译文 13. The constitutive relationships between beings and their world are what is meant by the nature and character of human life. （安乐哲译）⑦

译文 14. The voice（Literally, The Bidding）of Heaven we call nature. ⑧

郑玄注曰："天命，谓天所命生人者也，是谓性命。"⑨朱熹注之以"理"："命，犹令也。性，即理也。天以阴阳五行化生万物，气以成

---

① Wing-Tsit Chan, *A Source Book in Chinese Philosophy*, Princeton：Princeton University Press, 1963, p. 98.
② Irene Bloom, *The Analects*, William Theodore de Bary and Irene Bloom（comp.）, *Sources of Chinese Tradition*, New York：Columbia University Press, 1999, p. 334.
③ He Baihua, *The Doctrine of the Mean*, Jinan：Shangdong Friendship Publishing House, 1992, p. 23.
④ Hongming Ku, "The Universal Order, Or Conduct of Life", ed. Huang Xingtao, *Gu Hong Ming Wen Ji*, Haikou：Hainan Publishing House, 1996, p. 526.
⑤ ［美］安乐哲：《中国哲学的翻译问题》，收入温海明等（译）《和而不同：中西哲学的会通》，北京大学出版社 2009 年版，第 343 页。
⑥ ［美］安乐哲：《中国哲学的翻译问题》，收入温海明等（译）《和而不同：中西哲学的会通》，北京大学出版社 2009 年版，第 344 页。
⑦ ［美］安乐哲：《中国哲学的翻译问题》，收入温海明等（译）《和而不同：中西哲学的会通》，北京大学出版社 2009 年版，第 349 页。
⑧ Leonard A Lyall. and King Chien-Kün, *The Chung-yung Or The Centre, The Common*, London：Longmans, Green and Co. Ltd., 1927, p. 1.
⑨ 郑玄（注）、孔颖达（疏）：《礼记正义》（李学勤主编，《十三经注疏》之六），北京大学出版社 1999 年版，第 1422 页。

形,而理以赋焉,犹命令也。于是人物之生,因各得其所赋之理,以为健顺五常之德,所谓性也。"① 一般可以认为,"在天曰命,在人曰性"②;因而,"性命"是纠缠在一起、密不可分的:天赋予人以性,人承之以命;故而,天命即为人之性之命,亦即,天命所给予人者,必转化为人一己之性。而这意味着,人天是"两端的趋合"的"两端",而绝非分置的"两端",因而,它们根本上是"一体两面"而不可分的。但是,我们清楚地看到,诸多译解并没有关注,如何以此儒家思路传译《中庸》首句。一般的倾向,如例 7 之所示,是直接以诸如 Heaven 来转译"天",以 Nature(自然)来迻译"性",也就是将之抽象化,因而,这样的选择其本身就偏离了动态过程的"命"及其具象趋向。如论者所说:"'天所命的'是现在进行型,是动的过程(Dynamic Process),所以没有始终,没有间断的休息或终止。"③ 的确,诸如 rational nature(理性的本性)及 inherent nature(内在的本性)等表达方式,体现的却正是西方哲学之中的那种"人的内涵之本质"之"不变"意涵,因而,与动态过程截然相反。但是,"(天)命",如上所述,也并非"非超越"的,而是有所超越,同时又是内在的。但安乐哲认为,这样的"超越性"的论点于理不合。他提出,"命"不应是"超越的天"之"所命",而是两方面的力量的交合与相互作用。因为,他的译文 The constitutive relationships between beings and their world(人类存在者与其世界之间的构成性的关系),也就将"人之命"紧紧地固定在"此世"之中,尽管如上文所述,他与人合作的《论语》英译,只有"天"一字保留音译,暗示那是独一无二的力量,当非"纯然来自人世"。如此,"命"成为"世界之中人之所被给予",也就是"关系"甚或"关系的

---

① 朱熹:《四书章句集注》,中华书局 1983 年版,第 17 页。
② 转引自爱新觉罗・毓鋆:《毓老师讲人物志》,陈䌷(整理),中信出版集团 2016 年版,第 24 页;详见孙禄堂:《孙禄堂学武录》,孙剑云(编),人民体育出版社 2001 年版,第 265 页。
③ [韩]金容沃:《中庸:人类最高的智慧》,金泰成(译),海南出版社 2012 年版,第 27 页。

第四章 "三知"与"天命"、"礼"和"言"

集合"（如译文之中所用的复数之所示）；而"性"在他的笔下，则成为 the nature and character of human life（人的生命之本质和性格）。这样，其中的 nature 一词，也仍然并没有避开"不变的人的固有的本质"（inherent nature）之意涵。而 character 岂不也是在强调，人的独特的、与众不同的意义？因为此词的意向就是：one of the attributes or features that make up and distinguish an individual（形成或区分个体的属性或特色之一）①。"性"本是指人化"天命"为"人之性"之"性"，并未突出"个人之个性"或"个体之性格"之"性"；而是主要在强调，人与天的互动所"酿造"出的或曰"共建"的那"性"。其中蕴含的一定是，人秉受"天之所命"，形成自己的"性"，并以之为"天德"，不断琢磨打造，不断温润之、新鲜之，最终在人生过程中促成"人德"或"仁德"的光辉的显现。因而，设若这样的"性"偏重的是"个体"的"差异"意义上的"性格"，那么，那一定是在体现西方人才可能具有的人格力量，而不是中国古人所称赏的"天命或天赐之德"所造成的"人格"。因为，后者是一种整个的趋势，也可以说，是一种"集体的人格的理想目标"。

因此，如果说，安乐哲所批判的他之前的"命"的英译更多体现了"抽象"、"静态"以及基督教的特定意向，那么，他本人所推出的译文也一样体现出西方特有的取向。这便是，以个体为中心突出"一己之性"，而不是融入"天人"之"合"之中，体贴"天命"进而依之将此"性"本身打造为"人的集体世界"之中的"温润如玉的君子"的"性格"这种取向。如此，他的处理，实质上也仍然是"逆交流的"。因为，"个体导向上的性格"专注的并不是如何回应"天"，进而再在

---

① 2020年2月，《youdict 优词》之 *Word Origins Dictionary* 解释："英语单词 character 来自希腊语 *kharakter*，本意是'刻下的印记'，来自 *kharax*（尖头的棍子）。由此产生了 character 的基本含义'符号、印记'。古代希腊人认为，环境和人的成长经历会在人的身心留下印记，从而使其具有与众不同的性格特征，因此 character 又衍生出'性格、个性、特征'的含义。在文学、戏剧等艺术作品中，作者通过对人物性格的刻画，从而塑造出个性鲜明的人物，这种'人物角色'也被称为 character。"（https：//www.youdict.com/ciyuan/s/character）

此世之中立足于"天所赐之性"而践行天道之所寄。更何况,安乐哲这里的译文之中"天"恰恰是缺席的。因而,他在对儒家经文的处理上,最终体现出和上文所说的两个缺陷是一致的:轻视"极高明",也就无所谓对"两端"的捕捉。因而,"中庸"并没有出现在他的视野的前台,尽管他所深深地陷入其中的"世界之中的世界与人的诸多关系",可能悖论地将"世界"与"人"隔离开来,或者说,是以某种方式将"世界"规定为"天",也就是"超越的",不在"人"这里的。

这样看来,如何使"天人"之间产生呼应,也就成了处理《尧曰》之中的"命"的首要的要求。如此,也就需要再关注,如何排除不可抵御只能顺从之的那种"命"。例如:

莫之为而为者,天也;莫之致而至者,命也。《孟子·万章上》①

赵岐注曰:"莫,无也。人无所欲为而横为之者,天之为也。人无所欲为此事者而此事自至者,是其命而已矣,故曰命也。"②

译文 1. 没有人叫他们那么做,而竟然那样做了的,便是天意;没有人叫他来,而竟这样来了的,便是命运。③

译文 2. 没有人教他们这样去做,而做成了,这是天意;没有人去争取,而得到了,这是命运。④

译文 3. 没有人叫他们做的却做到了是天意,没有人给予他们的却得到了是命运。⑤

译文 4. 没有人能做到的(他)却做到了这是天意;没有人招致它

---

① 赵岐(注)、孙奭(疏):《孟子注疏》(李学勤主编,《十三经注疏》之十一),北京大学出版社1999年版,第259页。
② 赵岐(注)、孙奭(疏):《孟子注疏》(李学勤主编,《十三经注疏》之十一),北京大学出版社1999年版,第259页。
③ 杨伯峻:《孟子译注》,中华书局1960年版,第223页。
④ 《孟子全集》,陈才俊(主编)、杨广恩(注译),海潮出版社2008年版,第257页。
⑤ 金良年:《孟子译注》,上海古籍出版社2004年版,第206页。

第四章　"三知"与"天命"、"礼"和"言"

来它却来了，这是命运。①

译文 5. 不是人力做到而自然做到，这是天意。不用人力去求得而自然来到，这是命运。②

译文 6. 没有人叫他们这样去做，而做成了，这是天意；没有人去争取，而得到了，这是命运。③

译文 7. 没有想到要这样做而做到了，这是天意；没有想到要达到的竟达到了，这是命运。④

译文 8. That which is done without man's doing is from Heaven. That which happens without man's causing is from the ordinance of Heaven. ⑤

译文 9. When something is brought about though there is nothing that brings it about, then it is Heaven that has done it. When something arrives though there is nothing that makes it arrive, then that is Destiny that does it. ⑥

译文 10. What happens without anyone's causing it is owing to Heaven; what comes about without anyone's accomplishing it is the mandate. ⑦

译文 11. When a thing is done without a known agent, then it is Heaven does it. When a thing happens without a cause, then it is Fate makes it happen. ⑧⑨

译文 12. If no man can do it but it is done, that is the will of Heaven. If

---

① Wu Guozhen, *A New Annotated English Version of The Works of Mencius*, Fuzhou: Fujian Education Press, 2015, p. 224.
② 史次耘：《孟子今译今注》，台湾商务印书馆股份有限公司1978年版，第261页。
③ 《文白对照〈四书〉》，王国轩、张燕婴、蓝旭、王丽华（译），中华书局2007年版，第231页。
④ 《四书辞典》，吴量恺（主编），崇文书局2012年版，第296页。
⑤ James Legge, *The Works of Mencius*, Taipei: SMC Publishing INC, 1991, p. 359.
⑥ D. C. Lau, *Mencius*, London: Penguin Books, 2003, p. 107.
⑦ Irene Bloom, *Mencius*, New York: Columbia University Press, 2009, p. 105.
⑧ 此译在两个地方出现语误：it is Heaven does it 和 it is Fate makes it happen，都需特加that，强调句才可成立。
⑨ Zhao Zhentao et al., *Mencius*, Changsha: Hunan People's Publishing House & Beijing: Foreign Languages Press, 1999, p. 213.

no man causes it to come but it comes, that is destiny.①

此处的"命"也就是无可更易而只能顺从之的那种"命"。但如上所述，它又与《红楼梦》第一回之中的"命"有所不同：

施主，你把这有命无运累及爹娘之物抱在怀内作甚？②

译文1. "Why are you carrying that ill-fated creature, sir?" He asked, "She will bring nothing but trouble to her parents."③

译文2. "Paton," he said, addressing Shui-yin, "what are you doing, holding in your arms that ill-fated creature who is destined to involve both her parents in her own misfortune?"④

原文之中的"有命无运"之"命"应该主要是指自然生命，或者说，天赋之命，但因为"不济"，所以，此"天然纯粹的命"大受"运道"的影响。而小说对英莲的悲惨故事的设计，预示的是元春、迎春、探春和惜春之"原应叹息"的"命运"。同样地，这些金陵女子生在富贵人家，但最终的"运"却将之带入另一种"命"之中。因而，此二字的意义区分应该对于主题意蕴的体现是有极大帮助的。第二个译文注意到了，"命运"二者的"分合"关系，所以，用了一连串几个词来表达：形容词 ill-fated（命运不济的），动词 destine（注定遭厄运）以及最后的 her own misfortune（她自己的不幸）。不过，形容词所修饰的 creature，尽管一般也可指代人，但毕竟难免基督教的意味。而诸多词语，重重复复，并没有体现"天命"之"命"，给予英莲的那一丝美好或生

---

① Wu Guozhen, *A New Annotated English Version of The Great Learning and The Doctrine of the Mean*, Fuzhou: Fujian Education Press, 2015, p. 221.

② 曹雪芹：《红楼梦》（《八十回石头记》），周汝昌（汇校），人民出版社2006年版，第7页。

③ Tsao Hsuen-chin and Kao Hgo, *A Dream of Red Mansions* (Vol. 1), trans. Yang Hsien-yi and Glays Yang, Beijing: Foreign Langues Press, 1978, p. 9.

④ Cao Xueqin, *The Story of the Stone* (*The Golden Day* Vol. 1,), trans. David Hawkes, Shanghai: Shanghai Foreign Langues Press, 2012, p. 13.

第四章 "三知"与"天命"、"礼"和"言"

命之中的亮色?毕竟,她出生于一个富贵人家,曾享受到父母无尽的恩爱和呵护。正是上天所赐的这份难得的爱,与她后来被人拐卖之后的遭遇之"厄运",形成的鲜明对比,才使她的人生跌宕起伏,尽管苦尽,甘却并没有来。"天上人间"的反差,也就是"命"与"运"的距离和区别。译者并没有想办法再现,而只是在说:这个命运凄惨的人物,自己的命运不好,最终也要牵连父母遭殃。译文之中的确也只有"不幸的运",而不见"命"的温热?英莲的确"应怜"。

我们认为,有必要将 creature 改为 thing,甚至直接以 life 本身代指,如此,这句话或可译为:

Why are you, sir, taking such an ill-fated little life in your arms, when she is to involve her parents in trouble?

此例或也可说明,"天"的一维,译者没有关注,也就造成了英莲的更加可悲?因为,她生命之中的那一点点亮色和温热,也可能因为处理不当,而缺席于译文。反过来看,"天"之所赐"命"的缺失,当然是要不得的。

同样地,在《尧曰》之中,我们自然也不能像安乐哲所认为的那样,一定要清除掉"天"的"超越性",才能将人的"此世特性"再现出来。原因无他,没有天所给予的超越性,"命"不可能进入存在。正如"无命之人"是不通的说法一样,没有"天"的儒家经文,也一样是有悖于理的。因为,可以再次强调,"人的存在"若是"一端"缺失,"另一端"如何可能?

那么,不仅"两端"共存,还要产生互动,才可突出"命"之于人的"在我者",也就是,使人成为真正的"承担者"或"承载者"。这也就是,我们要"添加" calling 一词的主要原因。在英语之中,此词一般的意思包括:a strong inner impulse toward a particular course of action especially when accompanied by conviction of divine influence(一种朝向特殊的行动方向强烈的内在冲动,尤其是在对神圣影响的信念的伴随下),the vocation or profession in which one customarily engages(人惯常从事的职业或履行的使命）以及 a strong desire or feeling of duty to do a particular job，especially one in which you help other people（去做特殊工作的强烈责任感，尤其是指帮助人）。此词可译为"呼喊，（心灵的）召唤，职业，使命，神召，天命，使命感，（尤指想帮助他人的）强烈愿望，责任感"等。"Vocation,"mid-13c., verbal noun from call（v.）. The sense traces to I Cor. vii:20. ca《圣经·新约·哥林多前书》：各人蒙召的时候是什么身分，仍要守住这身分。《和合本》① 各人在什么召业（与"蒙召"一词同字根）中蒙召，就让他安于这个好啦。《吕振中译本》② 各人蒙召的时候怎样，他就应当保持原来的情况。《新译本》③ 每一个人应该保持蒙召时的身份。《现代中译本》④ 各人信主的时候是甚麽身分，就应当安分守己。《当代中译本》⑤ 各人在什么身份上蒙召，就该安于这身份。《天主教思高译本》⑥ Let every man abide in the same calling wherein he was called（1 Corinthians 7:20）;⑦ Each one should remain in the situation which he was in when God called him;⑧ Let each man abide in that calling wherein he was called.⑨

---

① 中国基督教三自爱国运动委员会、中国基督教协会（印发）：《新旧约全书》，上海1982年版，第219页；中国基督教协会（印发）：《圣经》，南京1996年版，第190页。

② 2020年2月，《恩典在线》（http://www.edzx.com/bible/read/?chapter=7&id=3&volume=46）。

③ 2020年2月，《恩典在线》（http://www.edzx.com/bible/read/?id=2&volume=46&chapter=7）。

④ 2020年2月，《恩典在线》（http://www.edzx.com/bible/read/?id=4&volume=46&chapter=7）。

⑤ 2020年2月，《恩典在线》（http://www.edzx.com/bible/read/?id=5&volume=46&chapter=7）。

⑥ 2020年2月，《恩典在线》（http://www.edzx.com/bible/read/?id=6&volume=46&chapter=7）。

⑦ 2020年2月，1161 *King James Version*（KJ）（https://www.kingjamesbibleonline.org/1611_1-Corinthians-Chapter-7/）。

⑧ 2020年2月，《中英文圣经对照·基督教中文网》（http://shengjing.jidujiao.com/1-Corinthians_46_7_en.html）。

⑨ *The Modern Reader Bible*, ed. Richard G. Moulton, London: The Macmillan Company, 1924, p. 1163.

第四章 "三知"与"天命"、"礼"和"言"

《和合本》之中所译的"蒙召"一词，即 calling，又可译为"呼召"，即上帝对人的呼唤，意味着上帝对人的特别拣选、施恩或拯救，因而，又可译作"恩召"。受到"蒙召"就是等于成了上帝的传道者或曰基督教徒。因而，也就可理解为，那是经过上帝的拣选而得救。被"蒙召"者，被严格限定在自己的位置上。不过，"呼召"若与汉语"命"相对比，就会发现，二者仍不无一致之处。在甲骨文之中，"命"与"令"是同一个字或曰同一个写法，是"一个会意字。甲骨文上部的三角形，许慎认为乃上古时代的青铜乐器的外形轮廓，即铃、铙、钲、铎中的一种；下面是面朝左而跪踞着的一个男人。两形会意，表示分布命令。古代典籍记载说：'古者，将有新令必奋木铎以警众，使明德也，木铎，木舌也，文事奋木铎，武事奋金铎'"①。所以，此字的意思是："古代人振铎以发号令，会向人发出命令之意。"②《说文解字》对"命"的解释与甲骨文的字义一脉相承："使也。从口，从令。"③ 段玉裁注曰："令者，发号也，君事也。非君而口使之，是亦令也。故曰：命者，天之令也。"④《周易·乾卦·象传》："乾道变化，各正性命。"孔颖达疏曰："命者，人所禀受。"⑤

海德格尔针对荷尔德林的诗《伊斯特》的开首几行的思考，关乎其中的"呼唤"，故而，可与这里所讨论的问题，加以比较：

---

① 参见唐汉《图说字源》，红旗出版社 2015 年版，第 605 页。但郑慧生认为，甲骨文之中的"令"字，其字符的一部分像一个坐跪在地上的人，另一部分像一个展开向下的口。"合在一起就是一个人坐在地上向下发话，发话就是下令。"（详见郑慧生：《汉字结构解析》，河南大学出版社 2011 年版，第 96 页。）对甲骨文的另一个解释是："令命同字。但构形不明。"（许慎：《说文解字今释》，汤可敬（撰），岳麓书社 2001 年版，第 189 页。）

② 谷衍奎：《汉字源流字典》，华夏出版社 2003 年版，第 130 页。

③ 许慎：《说文解字校订本》，班吉庆、王剑、王华宝（点校），凤凰出版社 2004 年版，第 35 页。

④ 许慎（撰）、段玉裁（注）：《说文解字注》，上海古籍出版社 1981 年版，第 119 页。

⑤ 王弼（注）、孔颖达（疏）：《周易正义》（李学勤主编，《十三经注疏》之一），北京大学出版社 1999 年版，第 7—8 页。

"Jezt komme, Feuer!" [译文1. "Now come. fire!"① 译文2. "这就来吧，火！"②]

这一"火"是在被唤起的意义上被召唤的。不过，这一召唤在类型上不同于专横的召见令或命令的发布。这一召唤同时针对被召唤之物加以召唤，因为如此的祈请见证着被唤起之物的尊严。在这里，要来到之物是要自主来到的。并不是召唤首先促动那即将来到的及于它的来到。不过，如果说"火"属于自愿来到，那么，为什么还要对之加以呼唤？这一呼唤并不影响那种来到。不过，它呼唤某物及于即将来到之物。它呼唤及于它什么？

Jezt komme. Feuer!
Begierig sind wir
Zu schauen den Tag. [译文1. Now come. fire! /Eager are we/To see the day. 译文2. 这就来吧，火！/我们亟欲/观看那日。]

正在呼唤的人们说，他们自己趋向正在来到的火。他们为什么这么说？而且，那些如此呼唤的人是谁？这些问题单单从此诗的开首数行是不可能回答的。不过，我们也必须承认，在这些开首的词语之中，一种非凡的关系被打开了。被祈请的"火"究竟是什么呢？

即将来到的火是要使白日变得可见。这一火引出白日，让这一白日升起。如果说，这里的"白日"即为我们日常所熟悉的白日，那么，被呼唤到来的火一定就是太阳。太阳一日复一日升起。假若

---

① 德语及英文译文，均见 Martin Heidegger, William McNeill and Julia Davis (trans.), *Hölderlin's Hymn "The Ister"*, Indiana University Press, 1996, p. 6. 下引原诗及英译，亦见此处。不详注。

② [德] 荷尔德林（著）：《荷尔德林后期诗歌》（文本卷　德汉对照），刘皓明（译），华东师范大学出版社2009年版，第449页。下引《伊斯特》诗句，亦见此处。不详注。

第四章 "三知"与"天命"、"礼"和"言"

不是这一最为日常的事件，那么，也就不会存在白日。尽管如此，向着如此即将来到的一个呼唤出来"这就来吧"，仍然是一种多余的和徒劳的行为。但这一"这就来吧"含有更多东西。这一呼唤说：我们，如此呼唤的人，已经准备妥当。而且，另外某种东西也被遮蔽在这样的大声呼唤之中：我们已经准备妥当；而且，之所以如此，只是因为，我们是被即将来到的火所呼唤的。在这里呼唤的人正是那些被呼唤的，那些被唤起的；现在，在这一不同的意义上，意思是：那些人父之所以被大声呼唤去聆听，是因为，他们属于这一呼召［使命］。被呼唤及于这一呼召和准备就绪的人，据说就是属于一种召唤的那些人。指的是哪一种呼唤？

［……］"这就来吧，火！"这一召唤，召唤属于一种召唤的那些人。他们的召唤是歌曲，亦即，诗歌。因此，那些正召唤的，揭示其自身：

Wir singen aber vom Indus her

Fernangekommen... ［译文 1. We, however, sing from the Indus / Arrived from afar... **译文 2.** 我们却唱着从印度河由远／到来］

只有那些向着一种召唤被召唤的，才可能真正召唤："来吧。"而且，这一被召唤的召唤其中独有合适的必然。这一召唤始终无穷不同于与我们所命名的某种盲目叫出的呼喊。不过，它始终是这样的情况：他们所召唤的火，如果它就是太阳，不仅自主来到，而且不停地、不止地、不受阻碍地来到，日复一日。那么，为什么"这就来吧，火！"？"火"——仿佛是这或迄今为止一直的缺席的，因而，也一直的黑夜漫漫。"这就"——仿佛是太阳的升起是事物的进程之中某种罕见的东西。在各个白日的来到过程之中，正是这一光明的升起，至少将一日同另一日区分开来甚或分清。在日夜相续之中，太阳的升起指涉着一种永远复归着、暂时自我延迟着但另方面又是整齐划一的时间点,一种也已经被遗忘进而堕入与白日的破晓之并不想相干的"这会儿"。①

海德格尔诗意而又精彩的分析和追问,充满神秘,对其精义的领悟或有待时日。不过,这里可暂时启用对比的是,"只有那些向着一种召唤被召唤的,才可能真正召唤"。海氏之所论,着眼于"我们"的源初之"在",而这样的"存在"是在一种神圣到了神秘地步的"呼唤"之中,得见其真的。"源初"之"在",有如日出东方,那破晓而来的太阳喷薄而出,如同一种"呼唤",昭示着新的"来到";而有能力或力量与之相呼应的,也必是能够响应这一"呼唤"的人。也就是说,只有双方彼此"呼唤",才可能"存在":在汉语之中,这是比较容易解说的——正如"一呼一唤","一呼才会一唤","呼才能引起唤","亦呼才可亦唤",反之亦然——"存"才能证明"在",无"存"也就无所谓"在","不存不在","亦存亦在",或者说,"存即在"。我们看到的是,两边发力,相互配合,才促成这样的"日出东方",或这样的"源初"。

有了这样的"定点",即"日出"总是在破晓时分,也总是显露于人与日的彼此"呼唤"之中,事物的存在也就成为一种不断的、不停的过程,"复归着"、"暂时自我延迟着",同时"又整齐划一的"过程。如此,那个"点"周而复始,循环不已,但也只是"这会儿"或"此时"(Jezt)的暂时的标记,而且是一个不断退后的标记。这意味着,定点并不能真正成功。因为,对人来说,真正重要的是,如何回应"呼唤",也就是,进入或曰加入这样的"呼唤"之中。

以此作对比,就会发现,海德格尔的思想,其中一定有一部分是在突出,"日往则月来,月往则日来,日月相推而明生焉。寒往则暑来,暑往则寒来,寒暑相推,而岁成焉"(《周易·系辞下》)② 的自然意

---

① Martin Heidegger, *Hölderlin's Hymn "The lster"*, trans. William McNeill and Julia Davis, Indiana University Press, 1996, pp. 6 – 8.

② 王弼(注)、孔颖达(疏):《周易正义》(李学勤主编,《十三经注疏》之一),北京大学出版社1999年版,第304页。

第四章 "三知"与"天命"、"礼"和"言"

向。而在"易道"的思想系统之中,这不过是一个例证,或者说,不过是印证"阴阳之道"的一种线索而已。海德格尔所说的"呼唤"实则是在突出,"导入存在的那种声音"之"唤起";或者也可以说"无声之声"之于人的力量。而"太阳破晓而出",不过是说明,新的一天来临。而这一个"时间点",却是暂时的、不断被"推移"的"点"。用《易经》之中的说辞,这应该就是"明"之"生"的过程的标记。而入于这样的"呼唤"之中的存在,既是如此自然,但也一样是如此神秘。于是,无论是标记"日出"的那种"呼唤",还是"被呼唤者",抑或"呼唤者"的人,都必参与其中,以使"呼唤"真正形成。更为神秘而且不无神圣意义的是,这样的"呼唤",因其用词本身含有"圣职"的意向,所以,凡牵涉其中的,当然就是或可表述为"自然之道"之"命"或"使命"的承担者,也就是"存在"的"传道者"。由此出发,聆听这样的"呼唤",才可能存在真正的存在者。于是,这,不仅是"自然之道"的"在世之在"的体现,而且,俨然已经成为"历史的使命"。易言之,在海德格尔那里,一般的"俗人"已经忘却了"自然而然"的存在过程的动态、生动的流程,反而醉心于"现代"的"技艺",因而,"时间"的"破晓"的敏感或许已经丧失,余剩下的可能只是一种对"自然的领悟的无力和无能"。因此,"呼唤"之为"呼唤",之所以成立,或之所以是可能的,也就必须"呼唤"人成为"呼唤者"。这样,自然之"日出"是呼唤者,人也一样是"呼唤者"。实际上,是两方面的"互相的呼唤",才促成真正的"呼唤"。易言之,"呼唤"既发自人之内,也起自自然之中;而且,只有二者相互交合之时,才可说,这样的"呼唤"导入了"存在"的要义:人被归入"自然而然"的"生命进程"之中。

与海德格尔的玄思相比,儒家可能还要更进一步:自然而然的动态过程,是人生存在的样板,因而,圣人"则天"也就是世人要进而再加模仿的。而这也正说明,"则天"的圣人不止于"则天",同时使生命呈现"源初"的"自然性"和"自发性"。如后来孟子之所论,"天之生此民也，使先知觉后知，使先觉觉后觉。予，天民之先觉者也。予将以斯道觉斯民也，非予觉之而谁也"（《孟子·万章上》）①。人生的"使命"并不仅在于，如何"唤起"民众"归入自然"，而且，还要以如《周易·系辞上》之中所说的"感而遂通天下之故"②的方式归入其中。之所以圣人具有如此的"先觉之力"，是因为，用夫子的话来说，他们坚持的是"学者为己"（《论语·宪问》）③的价值取向：不打造好自己，永不罢休。如此的精进，如此的勇猛，背后支撑的当是"仁者爱人"的不凡和威力。"先觉"不会舍弃民众，如夫子所说："吾非斯人之徒与而谁与。"（《论语·微子》）④ 担当大任，的确是需要人内在里与他人时时相感的，同时也与整个宇宙息息相关：这便是"感怀"的意义——"感而遂通"，才可"心怀天下"。

　　海德格尔因为不见显性的伦理学的意向，而很难说，他所说的"呼唤"的内向化意涵是否存在，因而，这样的"呼唤"可能不具备儒家那里的那种"如切如磋，如琢如磨"（《诗经·卫风·淇奥》中句，《论语·学而》子贡引)⑤的韧劲。在他那里，情况似乎是，人、自然，以及存在，通过"呼唤"深深地纠缠在一起。但是，至于它们之间如何联系起来，那样的"声音"究竟又起自何处，是很难确定的？的确，人可以听得到不知来自何处的声音，进而判断，既然是那样神秘，除了来自内心之外，无从解释。但是，既是如此，那样的"呼唤"要"唤起"的，岂不就是某种"自然生命力"所体现出来的"节奏"，也就是流动不止或曰奔腾不息的生命之河的波涛滚滚？

---

　　① 赵岐（注）、孙奭（疏）：《孟子注疏》（李学勤主编，《十三经注疏》之十一），北京大学出版社1999年版，第261页。
　　② 王弼（注）、孔颖达（疏）：《周易正义》（李学勤主编，《十三经注疏》之一），北京大学出版社1999年版，第284页。
　　③ 何晏（注）、邢昺（疏）：《论语注疏》（李学勤主编，《十三经注疏》之十），北京大学出版社1999年版，第195页。
　　④ 何晏（注）、邢昺（疏）：《论语注疏》（李学勤主编，《十三经注疏》之十），北京大学出版社1999年版，第250页。
　　⑤ 何晏（注）、邢昺（疏）：《论语注疏》（李学勤主编，《十三经注疏》之十），北京大学出版社1999年版，第12页。

第四章 "三知"与"天命"、"礼"和"言"

夫子曰"逝者如斯夫！不舍昼夜"（《论语·子罕》）[1]，已经反映出他对"时机"的敏感体悟。而正如孟子后来所总结的，作为"集大成者"，夫子与其他圣人相比，是"时之圣者也"（《孟子·万章下》）[2]。这说的正是，他不仅充分把握到了自然流程意义上的那种时间的滚动不息，而且，最为重要的是，人生的脉动，在他那里也一样体现出积极的意义——真正的人生存在的价值正在于，人生与自然时间意识的结合及其在人生各种活动之中规律的"一以贯之"（《论语·里仁》及《论语·卫灵公》）[3] 的践履。

超越自然之"时"的，才可再进一步深入生活之中，而见人间的奥秘。夫子之"召唤"因而别有其特定的情致："仁爱"遍布人间，才是他发出"呼唤"的目的。

王守仁在《稽山书院尊经阁记》指出：

> 经，常道也。其在于天谓之命，其赋于人谓之性，其主于身谓之心。心也，性也，命也，一也。通人物，达四海，塞天地，亘古今，无有乎弗具，无有乎弗同，无有乎或变者也，是常道也。[4]

阳明先生在论断之中将"经"、"道"、"命"、"性"与"心"全部

---

[1] 何晏（注）、邢昺（疏）：《论语注疏》（李学勤主编，《十三经注疏》之十），北京大学出版社1999年版，第119页。

[2] 赵岐（注）、孙奭（疏）：《孟子注疏》（李学勤主编，《十三经注疏》之十一），北京大学出版社1999年版，第269页。

[3] 何晏（注）、邢昺（疏）：《论语注疏》（李学勤主编，《十三经注疏》之十），北京大学出版社1999年版，第51、207页。

[4] 参见王阳明（撰），吴光、钱明、董平、姚延福（编校）：《稽山书院尊经阁记》（《王阳明全集》），上海古籍出版社1992年版，第254页。读书所见，这段话的一个英文译文是："The Classics are the enduring Way. When [this Way] resides in Heaven, it is called fate; when it is endowed to humans, it is called human nature. When it acts as master of the body, it is called the heart-and-mind. Fate, human nature, heart-and-mind-all are one. [This entity] flows through people and things, reaches the four seas, permeates heaven and earth, and stretches across the ancient and the new. There is nowhere that does not have it; nowhere that it is not the same, nowhere that it can change. That is the enduring Way." Leigh Kathryn Jenco, "'What Does Heaven Ever Say?': A Methods-centered Approach to Cross-cultural Engagement", *American Political Science Review*, Vol. 101, No. 4, 2007, p. 746.

等同起来。而如此的"画等号"实则是说，（一）天人不可分离；（二）天之所赋，必因人而显；（三）因而，无人则无所谓天，反之亦然；（四）在天人相合的思路上，最终一定形成他在这里所说的既定的"大同"；（五）而如此"无有乎弗同"，正可突出儒家的终极理想。故而，在现实层面，从践履着眼，人与天之间的"感通"（《周易·系辞上》）① 已因二者的趋合，而为条件，因而，可得宇宙之最为伟大的力量的支撑，最终促成之。故而，在趋向"大同"之路上，"天人"必彼此相应。这也是我们上文所说的"召唤"的意向："天"既有"命"，定然以人作为"所赋"的"对象"；而人也一定会加以承接，做出"回应"。这样，一"召"一"应"，有"召"必"应"，才可形成"往来不穷"（《周易·系辞上》）② 的局面，而人"下学上达"才见其指涉之导向。如此，法天、效天、则天，才可实现，而人与之共处其中的那个空间的和谐也才能显现。"一阖一辟谓之变，往来不穷谓之通"（《周易·系辞上》）③，只有如此之"通"——"两端"的反转和互渗，才造成了宇宙的存在；因而，也必依此，才可能见出"天道"与"人事"的纠合与"同一"，也就是王阳明所说的"无有乎弗同"的意义。也就是说，王阳明所说的"同"乃是最终的"大同"，而它的现实或曰现世的见证或表现，理应为"两端"的互动，因而，"天人之同"必在"天之召唤"与"人之回应"之中的"天人之合"之中逐渐形成。尽管儒家并不注意突出，如何在形式上、程序上突出这样的"趋合"，而是直奔理想之极致，但是，正是因为子思的"中庸"建树起"人"所应为之事，故而，才能体现出儒家那种并不玄远的人世情怀。如此，将"天命"释解为"天之召唤"也有了可以见证"通"的意旨。阳明先生所

---

① 王弼（注）、孔颖达（疏）：《周易正义》（李学勤主编，《十三经注疏》之一），北京大学出版社1999年版，第285页。

② 王弼（注）、孔颖达（疏）：《周易正义》（李学勤主编，《十三经注疏》之一），北京大学出版社1999年版，第288页。

③ 王弼（注）、孔颖达（疏）：《周易正义》（李学勤主编，《十三经注疏》之一），北京大学出版社1999年版，第288页。

第四章 "三知"与"天命"、"礼"和"言"

说的"同"如此也就有了普通人在读经的过程中见出人生真义的操作凭借或曰践履之方。

第六节 "知"与"体知"

Embody 回译为汉语,可为"体现",亦即为,"身体而见或现"。那么,如上所述,它可传译其双向的负载:可以具象的方式将理性与感性的抽象收拢一"身",并使"两端"成为"一体"或曰一个"整体"。这样的处理方法,其支撑自然也就是中庸之道:"叩其两端"(《论语·子罕》)①,或"执其两端"(《礼记·中庸》)②。由于"中庸之为德也,其至矣乎"(《论语·雍也》)③,作为"至德",要求的是将"人心"置于"中和"的状态,进而依循自然的"时中"而行,才可企及,所以,在它这里,也就不存在西方的那种"真"或"真理"的缺席问题。在中庸所构造的世界里,正如《礼记·中庸》所说:"不诚无物。"④

可以钱锺书所论的西方认识论(epistemology,又作"知识论"),稍作对比:

> 古典时期和中世纪的哲学问题是,人以其自然官能是否对现实(不论它可能是指什么)具有一种(在新实用主义的意义上)真实的知识。但在古代的哲学家那里,他们所做出的任何解决这一问题的尝试,都像现代的对应论一样,遇到同样的困难。这样,柏拉

---

① 何晏(注)、邢昺(疏):《论语注疏》(李学勤主编,《十三经注疏》之十),北京大学出版社1999年版,第115页。
② 郑玄(注)、孔颖达(疏):《礼记正义》(李学勤主编,《十三经注疏》之六),北京大学出版社1999年版,第1425页。
③ 何晏(注)、邢昺(疏):《论语注疏》(李学勤主编,《十三经注疏》之十),北京大学出版社1999年版,第82页。
④ 郑玄(注)、孔颖达(疏):《礼记正义》(李学勤主编,《十三经注疏》之六),北京大学出版社1999年版,第1450页。

图，以其 NOUS [灵知] 意欲把知识从赫拉克利特之流之中挽救出来，但在《西伊提特斯》①之中对于谬误问题却丝毫也没有找到出路。后来，培根拿出他的箴言："知识就是力量。"[Scientia est potentia] 但旧时的纠结并没有被打开，而只是被斩断。自此以后，我们也就没有必要追问，我们的自然官能是否真正可以把握现实，而是要问，我们是否可以利用通过自然官能而获得如此的知识，不论它（在新实用主义的意义上）真实与否。知识是工具性的，它只是趋向目的的一种手段。②

儒家极其重视"身体"，因为，如上所引，那是父母给予的，也就是天赐的；故而，如曾子临死之所为，平生万分珍视，生怕有丝毫损伤。曾子曰："《诗》云：'战战兢兢，如临深渊，如履薄冰。'而今而后，吾知免夫。"（《论语·泰伯》）③ 养护身体，是一生的责任，因为那是父母所遗，爱之也就是爱父母。所以，夫子提示："一朝之忿，忘其身，以及其亲，非惑与？"（《论语·颜渊》）④ 一时的"义愤"或"冲动"，有可能忘掉自己是"何许人也"，甚至酿成大祸。那是非常对不起父母的事情，可谓"大惑"。而对待他人，也一样应从身体着眼。因而，夫子有云："躬自厚，而薄责于人。"（《论语·卫灵公》）⑤ 朱熹

---

① 一般认为，柏拉图论知识问题，大致可在其对话录《西伊提特斯》（*Thaetetus*）及《理想国》（*Republic*）二篇窥知其知识论的纲领。柏拉图在建立了"理式论"之后，在《西伊提特斯》中，规定真理必须具备两个必要条件：不可推翻（infallibility），亦即客观的普效性（universal validity）；必须"关于实在的"（of what is or the real），亦即知识的对象必须是具有客观的实在性。详见陈一标：《华严与唯识的真理观之比较——以法藏和玄奘为中心》，2020年2月，《道客巴巴》（http://www.doc88.com/p-6252082567889.html）。

② Qian Zhongshu, "Pragmatism and Potterism", Qian Zhongshu, *A Collection of Qian Zhongshu's English Essays*, Beijing: Foreign Language Teaching and Research Press, 2005, p. 5.

③ 何晏（注）、邢昺（疏）：《论语注疏》（李学勤主编，《十三经注疏》之十），北京大学出版社1999年版，第101页。

④ 何晏（注）、邢昺（疏）：《论语注疏》（李学勤主编，《十三经注疏》之十），北京大学出版社1999年版，第168页。

⑤ 何晏（注）、邢昺（疏）：《论语注疏》（李学勤主编，《十三经注疏》之十），北京大学出版社1999年版，第213页。

第四章 "三知"与"天命"、"礼"和"言"

注云:"责己厚,故身益修;责人薄,故人易从。"① 如此,对"身"的修炼,也就直指"心"的涵养,也就是"德"的打造:在儒家那里,"身心一体"而密不可分。因而,人是通过自己的"心"的打造,来涵养"仁",通过身体的活动,来践履"仁"的;一旦到了需要的时候,也就会像夫子所说的那样:"志士仁人,无求生以害仁,有杀身以成仁。"(《论语·卫灵公》)② "杀身成仁"也就等同于说,"身"已全然体现为"仁"。境界崇高,因与隐士截然相反,后者"欲洁其身,而乱大伦"(《论语·微子》)③。因而,如曾子另一处所说,"吾日三省吾身"(《论语·学而》)④,"身"即是"心"的另一种说法;而夫子所说的"事君,能致其身"(《论语·学而》)⑤,其中的"身",实则指"全身心"。他所说的"不使不仁者加乎其身",也一样涵盖"身心"两个方面。"身"的重要性,既因"此心"庄严而伟傲。它所表征的,也就代表人的一切——人格导向、行为规范和思想原则等——的"体现",因此,夫子赋予它很重的意涵,故而强调:"其身正,不令而行。其身不正,虽令不从。"(《论语·子路》)⑥ 这说的是,执政者"身正",也就用不着发号施令,民众就会追随;若是"身不正",即使号令不断,也不会有人遵从。如此,此"身"也就成为一种"标记":人所有的一切,在真正的"君"那里,由于"心正德馨",而得"风化"民众之效,故可形成"草上之风,必偃"(《论语·颜渊》)⑦。因此,夫子再

---

① 朱熹:《四书章句集注》,中华书局1983年版,第165页。
② 何晏(注)、邢昺(疏):《论语注疏》(李学勤主编,《十三经注疏》之十),北京大学出版社1999年版,第210页。
③ 何晏(注)、邢昺(疏):《论语注疏》(李学勤主编,《十三经注疏》之十),北京大学出版社1999年版,第251页。
④ 何晏(注)、邢昺(疏):《论语注疏》(李学勤主编,《十三经注疏》之十),北京大学出版社1999年版,第4页。
⑤ 何晏(注)、邢昺(疏):《论语注疏》(李学勤主编,《十三经注疏》之十),北京大学出版社1999年版,第8页。
⑥ 何晏(注)、邢昺(疏):《论语注疏》(李学勤主编,《十三经注疏》之十),北京大学出版社1999年版,第173页。
⑦ 何晏(注)、邢昺(疏):《论语注疏》(李学勤主编,《十三经注疏》之十),北京大学出版社1999年版,第166页。

一次强调:"苟正其身矣,于从政乎何有?不能正其身,如正人何?"(《论语·子路》)① "身"是"君"之是否"得正"的象征。因为,这样的"正"可以验证,人的内心是否"端正"。而一旦"身正",也就能够趋向"无为"之境:"无为而治者,其舜也与?夫何为哉?恭己正南面而已矣。"(《论语·卫灵公》)② 相反,如子路向夫子提出的质疑"亲于其身为不善者,君子不入也"(《论语·阳货》)③ 之所示,"行为上的不善",是通过"人身或人本身的活动"见出的。因而,人"身"的"不善",即为"心不善"。

《论语》之中,与"身"意向完全一致且更进一步突出儒家"谦谦君子"之意的,是"躬"字。如《周易·谦卦·象传》之所说"谦谦君子,卑以自牧也"④ 上引"躬自厚"为一例,而《论语·尧曰》首章二帝三王传授"心法"时,也不断用到此词。如尧对舜说"天之历数在尔躬",又如汤之忏悔之辞两处用到"躬":"朕躬有罪,无以万方;万方有罪,罪在朕躬。"⑤ 故而,谦逊的君子,践行仁道,而一力要求自己。夫子强调:"古者言之不出,耻躬之不逮也。"(《论语·里仁》)⑥ 这是在说,言不必行,怕的是,行动上做不到。其隐含的意思一定还包括:父母赐其命于此世,一定不能对不起父母,所以自己说出的话,也就必然需要践行之。故而,连夫子本人生恐自己也有做不到位

---

① 何晏(注)、邢昺(疏):《论语注疏》(李学勤主编,《十三经注疏》之十),北京大学出版社1999年版,第175页。
② 何晏(注)、邢昺(疏):《论语注疏》(李学勤主编,《十三经注疏》之十),北京大学出版社1999年版,第208页。
③ 何晏(注)、邢昺(疏):《论语注疏》(李学勤主编,《十三经注疏》之十),北京大学出版社1999年版,第235页。
④ 王弼(注)、孔颖达(疏):《周易正义》(李学勤主编,《十三经注疏》之一),北京大学出版社1999年版,第82页。
⑤ 何晏(注)、邢昺(疏):《论语注疏》(李学勤主编,《十三经注疏》之十),北京大学出版社1999年版,第265页。
⑥ 何晏(注)、邢昺(疏):《论语注疏》(李学勤主编,《十三经注疏》之十),北京大学出版社1999年版,第53页。

第四章 "三知"与"天命"、"礼"和"言"

的时候，因有"躬行君子，则吾未之有得"（《论语·述而》）① 一说。"躬"的庄严，其例示，还有《论语·乡党》之中三次用到"鞠躬如也"②，表达夫子本人的彬彬有礼，待人虔诚厚道，而致敬如仪。"躬"体现的是外在的活动，但这样的活动，始终是"心灵"世界的"美好"的自然外露或曰流露。因而，叶公所说的"直躬者"（《论语·子路》）③，也就不妨认为，是心底直接痛快的人，尽管夫子对这样的人如此行事颇为怀疑。而"禹、稷躬稼而有天下"（《论语·宪问》）④之中的"躬"与"身"之"全身心"意向相同；因而，这里也一样是说，此二王是满怀赤诚、全身全力投入自己的事业，因而，才得"有天下"。

"身"与"躬"的重要性如此，而其身体力行之指向，或可充分说明，人的行为活动之中的"知"实则表现为"实现"。因而，安乐哲与罗思文特别重视，如何在英文之中突出"知"的"知行合一"导向。所以，他们以 realize 来译"知"，而且，强调"在任何可能的时候"。二位指出："你不论喜欢什么，都可以说，但是，你只能求知〔know〕或实现〔realize〕什么，如果实际情况就是那种什么。此外，它突出的是，'知'的行为上的、可为的意义：即，掌控某种情景进而'使之真实'的必要性。"⑤

不过，如上所述，"知"的"身体力行"之意，正由"知行合一"来支撑，因而，无此"体"，也就无彼之"行"。这样，以 embody 来迻译"知"，其优胜之处在于，一方面体现"知"的"体用"之"源"，

---

① 何晏（注）、邢昺（疏）：《论语注疏》（李学勤主编，《十三经注疏》之十），北京大学出版社1999年版，第97页。
② 何晏（注）、邢昺（疏）：《论语注疏》（李学勤主编，《十三经注疏》之十），北京大学出版社1999年版，第128页。
③ 何晏（注）、邢昺（疏）：《论语注疏》（李学勤主编，《十三经注疏》之十），北京大学出版社1999年版，第171页。
④ 何晏（注）、邢昺（疏）：《论语注疏》（李学勤主编，《十三经注疏》之十），北京大学出版社1999年版，第183页。
⑤ Roger T. Ames and Jr. Henry Rosemont, *The Analects of Confucius: A Philosophical Translation*, New York: Ballantine Books, 1998, p.55.

另一方面则可直接突出儒家的"身心一体"的意向。

还应指出，将"知"释为"体知"，并以 embody 出之，不无"以此世之形式以见或显神祇或神之精神"的意向，也就是与基督教之中的"道成肉身"（incarnation）有所重复。而就后者而言，其意主要是指，在基督耶稣之中神与人类的合一（the union of divinity with humanity in Jesus Christ）。故而，基督教徒相信，道成肉身的伟大秘密就在于，上帝借耶稣成为人，进而使所有的人的肉身披上神的生命的外衣（all human flesh could be clothed with divine life）。不过，如《圣经》所示，基督教的"道成肉身"的独特之处在于，信徒们认为，道必须成为肉身，才能用以献上一次永远的赎罪祭，在神与人之间另立"新约"①，上帝才可最终拯救世人。显而易见，只有上帝之子才有能力"以其体载道"，而使世人得救。因而，在基督教教义之中，"唯有（者）"才是真正神圣的、不可逾越的。

两相对比，可以发现，对于父母之遗爱的体现的"身"，中国古人赋予了特别神圣的、可与基督教教义之中的神之"品格"相媲美的特色：普通的人，只要珍爱自己的身体，并且履行"身临尘世"的一己之责，那么，我们就可以说，此人"躬行"、"身体力行"或"践行"了自己的追求，因而，可以视为"躬行君子"。这样的人，也就等于是通过趋向理想的人格，而得人生实现之价值。故而，正是在这里，可以说，"知"也就是"身之体（现）"之于"心之欲"进而最终导致的"（不断接近）成人或完人的人格魅力的实现"。如此解之，"知"便是"身"之"动"的过程之中对"心之德"的彰显，亦即为"文章"

---

① 《圣经·新约·希伯来书》10：5-6："所以基督到世上来的时候，就说，神阿，祭物和礼物是你不愿意的，你曾给我预备了身体。燔祭和赎罪祭是你不喜欢的。"（引自中国基督教三自爱国运动委员会、中国基督教协会（印发）：《新旧约全书》，上海1982年版，第298页；中国基督教协会（印发）：《圣经》，南京1996年版，第259页。）冯象的译文则是："所以，他降世时有言：引七十士本《诗篇》40：6—8。/牺牲与供品你并不在意，却为我预备了肉身，/全燔祭、赎罪祭你也没喜欢。"（冯象（译注）：《新约》，Hong Kong：Oxford University Press，2010，p. 478。）

第四章 "三知"与"天命"、"礼"和"言"

(《论语·公冶长》及《论语·泰伯》)① 的过程。这样身心合一、知性合一的整全性,通过 embody 一词,既可得既定的体现,当然也就不是其他词所能比的。

"身体"之"知",既意味着"心知",那么,这样的"心知"之意,透过英语"字体"与汉字比较切合的某种"复制"而得到传达:"体现"的,一定是"心知"的,因为"心"即身体的主宰。同时,embody 还可印证,如此的"体知",实际上一般表现为"两端"的结合或相趋:"心体天道","体礼"以及"体言"。如此等等,都意味着,必有"两端",才有所谓"体"。因而,embody 的运用,告诉读者的是同一线索上的消息:有了"两端",才可能出现 embody。embody 既能将"两端"联系在一起,也就等于呈现出了世界的整体的契机。如此,"知"也便不再是"对应论"那种"真理"的求知,"主客观"的所谓"对应"那种虚构,而是直接指向关联、重构以及对本来已在的一切的认可。因此,由"体知"而来的,既有夫子所说的"述而不作",因为无须"新创",否则就会导致"创伤":而"创"本身的书写形式,即是"刅"②,后者意为"伤也"③。在适时的时间、适时的地点,观看着日新月异的变化,也就是生命本身的变化,那不会是"创新",而应该是一种自然的更新。尽管反讽的是,"新"的意思是"取木也,从斤"④,其中的"斤"即"斧斤"之斤,那是要斧子劈砍的。不过,可以辩解的是,"薪"的这一借用只是在点明,人在适时地帮助草木更新,因而,需要清除多余的枝杈,故需加以"斧斤";如此,才可"春风吹又生"。

---

① 何晏(注)、邢昺(疏):《论语注疏》(李学勤主编,《十三经注疏》之十),北京大学出版社 1999 年版,第 61、106 页。
② 谷衍奎:《汉字源流字典》,华夏出版社 2003 年版,第 91 页。
③ 许慎:《说文解字校订本》,班吉庆、王剑、王华宝(点校),凤凰出版社 2004 年版,第 123 页。
④ 许慎:《说文解字校订本》,班吉庆、王剑、王华宝(点校),凤凰出版社 2004 年版,第 420 页。

"知"对生命的关注,是对其整全的体态的认可,因而其中的深意,决不是英语之中诸如 know、understand 以及 comprehend 等所能传递的。而重创新词,或因其造成"不自然"的态势而无法吸引读者。故而,有时"仍依旧制",也是一种选择。而 embody 亦包含"代表"或曰"再现"(representation)之意,引入经文的跨文化翻译,应是可以接受的。

Ἐν ἀρχῇ ἦν ὁ Λόγος, καὶ ὁ Λόγος ἦν πρὸς τὸν Θεόν, καὶ Θεὸς ἦν ὁ Λόγος.
(The Gospel according to John)

译文 1. In the beginning was the Word, and the Word was with God, and the Word was God. He was with God in the beginning.(King James Version)①

译文 2. From the first he was the Word, and the Word was in relation with God and was God.(English Bible in Basic English)②

译文 3. When all things began, the Word already was. The Word dwelt with God, and what God was, the Word was.(The New English Bible)③

译文 4. 太初有道,道与神同在,道就是神。(《和合本》)④

译文 5. 太初有道,道与上帝同在,道就是上帝。(《新译本》)⑤

译文 6. 起初有道,道与上帝同在,道是上帝之真体。(《吕振中译本》)⑥

译文 7. 宇宙被造以前,道已经存在。道与上帝同在;道是上帝。

---

① 中国基督教三自爱国运动委员会、中国基督教协会(印发):《新旧约全书》,上海 1982 年版,第 113 页;中国基督教协会(印发):《圣经》,南京 1996 年版,第 103 页。

② 2020 年 2 月,《中英圣经 Chinese and English Bible Online》http://www.o-bible.com/cgibin/ob.cgi?version=hgb&version=kjv&version=bbe&book=jhn&chapter=1)。

③ The New English Bible — The New Testament (second edition), Cambridge: Cambridge University Press, 1970, p.147.

④ 2020 年 2 月,《恩典在线》(http://www.edzx.com/bible/read/?id=1&volume=43)。

⑤ 2020 年 2 月,《恩典在线》(http://www.edzx.com/bible/read/?id=2&volume=43)。

⑥ 2020 年 2 月,《恩典在线》(http://www.edzx.com/bible/read/?id=3&volume=43)。

第四章 "三知"与"天命"、"礼"和"言"

(《现代中译本》)①

译文8. 未有万物之先已经有了基督,他在太初的时候,就已经与上帝同在,他就是上帝。(《当代中译本》)②

译文9. 在起初已有圣言,圣言与天主同在,圣言就是天主。(《天主教思高译本》)③

译文10. 太初有言,那言与上帝同在,那言就是上帝。④

译文11. 当始已有言而其言偕神,又其言未神。(马礼逊译)⑤

《约翰一书》:"那太初已是,/借指立信之始,《约翰福音》1:1以下。那我们所听闻的,所亲眼看见,/我们,教义传承者,约翰社团的老师。仰望着有用手触摸的/乃是/生命之言——/那生命业已彰显,言成肉身。/让我们看到并作了见证,《约翰福音》15:27。/将这来自天父面前/彰示我们的永生/为你们传布。"⑥

"唯有我们能支配的词语才赋予物以存在(Sein)。"⑦"但由于词语已经在另一种更高的支配作用中显示自身,所以,与词语的关系也必须经历一次转变。"⑧

"知"若可以"体知"概括,则最终的结果一定是:"体知者"与"被体知者"融为一体而得其自在。巧妙的是,二者的互为一体,正是儒家所追求的"天人之境"。

因而,"不知命",与"不知礼"和"不知言"之"不",如"不显"之"不"一样,意为"丕",亦即为"大"。那么,"大命一体"

---

① 2020年2月,《恩典在线》(http://www.edzx.com/bible/read/?id=4&volume=43)。
② 2020年2月,《恩典在线》(http://www.edzx.com/bible/read/?id=5&volume=43)。
③ 2020年2月,《恩典在线》(http://www.edzx.com/bible/read/?id=6&volume=43)。
④ 冯象(译注):《新约》,Hong Kong: Oxford University Press, 2010, p.197。
⑤ 刘四发:《马礼逊〈圣经〉汉译文语言评析》,《学理论》2011年第17期,第203—204页。
⑥ 冯象(译注):《新约》,Hong Kong: Oxford University Press, 2010, p.509。
⑦ [德]海德格尔:《在通向语言的途中》,孙周兴(译),商务印书馆2005年版,第217页。
⑧ [德]海德格尔:《在通向语言的途中》,孙周兴(译),商务印书馆2005年版,第225页。

或者说"大"等同于"命","不知命,无以为君子"的意思便是:"命大于天"或"命即于天","君子顶天立地"。之所以如此,文字疏解也可佐证:"无以为君子"之"无",也一样可以解为"天"。易言之,"君子即天",故而,才可说"君子顶天立地"。而这正是夫子所说的"圣人,吾不得而见之矣。得见君子者,斯可矣"(《论语·述而》)①的意涵:"治道圣王"的缺席,"古贤"不在,方显出"君子本色";易言之,"体现"天道自然运作的,并且身体力行的,便是"得道的君子"。因此,在"君子"的理想追求意义上,完全有理由将"无以为君子"的意思释为:"以天为君子",或反过来说,"君子即天"。

同样地,"不知礼,无以立"说的是,"大礼"或"礼已与天齐"或"齐天之礼","天以之为立"("无以立"),人天"相感",而"礼"见"天之理"。

《左传·昭公二十五年》有云:"夫礼,天之经也,地之利也,民之行也。天地之经,而民实则之。"杜预注:"经者,道之常。义者,利之宜。行者,人所履。"孔颖达正义:"夫礼者,天之常道,地之宜利,民之所行也。天地之有常道,人民实法则之。"②此处经典的不刊之论,突出的正是如此的"天理"。

最后,"不知言,无以知人也"突出的是,"大言,天以之为人之所成",或者说,"成人"或曰"人所之成",即是其"大言及天"的表现;因而,"无此言",便"无此人"。

"天"、"大"、"人"以及"无",在甲骨文之中,都是以"人"为立足点,而对世界之中的生命所作的刻画。在甲骨文之中,"人"字"像一个人体的侧面,上身微伛,左臂下垂"③;"大"字"人体伸开四

---

① 何晏(注)、邢昺(疏):《论语注疏》(李学勤主编,《十三经注疏》之十),北京大学出版社1999年版,第93页。
② 左丘明(传)、杜预(注)、孔颖达(正义):《春秋左传正义》(李学勤主编,《十三经注疏》之七),北京大学出版社1999年版,第1447—1448页。
③ 郑慧生:《汉字结构解析》,河南大学出版社2011年版,第3页。

第四章 "三知"与"天命"、"礼"和"言"

肢，伸开四肢为大"①；"天"字"像一个人形（即'大'字），长了颗大脑袋，大脑袋就是'天'"；"天就是我们的头，头顶成了天"②；"无"则"是一个跳舞的舞字，像一个人手里拎着两只谷穗（一说羽毛，一说牛尾），婆娑而舞"③。另一处的解释也如此说："'人'字的取象，乃是一个侧身站立的人形，甲骨文、金文、小篆以及楷体，都保持了这种简洁、明快的线条组合"④；"大"字"甲骨文和金文的字形，均像一个男人正面站立、伸臂叉腿的形状：两臂伸展，双腿叉立，显得人的那么高大，所占空间亦大"⑤；"甲骨文中有两个'天'字，一个［……］像正面站立的人形，上面则是一个方框，表示蓝天一方，这是一个会意字；另一款［……］下部是一个'大'字，上部是一个古文的'上（二）'字，表示'人顶之上的天空'，仍是一个会意字"。"按照许慎《说文》中的注释，'天'字的本义又两重，其一是'颠也'，'颠'乃人首。这是说：'天'字的本义之一，应当是人头或头顶。"⑥"甲骨文的'无'字，是一个象形字。在一个人形（大）的两侧，有状似树木枝叶的舞蹈道具，整个形象恰似双手持拿枝条而舞的人形。实际上，这乃是上古先民手持松柏，围绕篝火，边舞边往火堆上添加松柏枝叶的象形表述。"⑦

如此，甲骨文之中对"人"生动的描述，就"人"、"大"、"天"以及"无"字形所含意义来看，无一不是将之刻画为：立定脚跟，巍巍然在焉。这是一种充满生命活力的形象。而儒家在后世对之的解释，延顺着先民的这种思想取向：雄健而又奔放，勇猛而又慈爱；雄健有如上天，慈爱亦同上天。这也就为我们对《尧曰》最后一章之中的"不"

---

① 郑慧生：《汉字结构解析》，河南大学出版社2011年版，第4页。
② 郑慧生：《汉字结构解析》，河南大学出版社2011年版，第63页。
③ 郑慧生：《汉字结构解析》，河南大学出版社2011年版，第41页。
④ 唐汉：《图说字源》，红旗出版社2015年版，第324页。
⑤ 唐汉：《图说字源》，红旗出版社2015年版，第342页。
⑥ 唐汉：《图说字源》，红旗出版社2015年版，第230—231页。
⑦ 唐汉：《图说字源》，红旗出版社2015年版，第737—738页。

和"无"所做的解释,奠定了坚实的基础。而且,这显然与儒家思想倾向一脉相承。

《礼记·中庸》有云:"《诗》曰:'维天之命,於穆不已。'盖曰天之所以为天也。'於乎不显,文王之德之纯。'盖曰文王之所以为文也,纯亦不已。"① 这里是在歌颂文王之德有如上天。其中的诗句,引自《诗经·周颂·维天之命》。郑玄笺:"於乎不光明也,文王之施德教之无倦已,美其与天同功也。"孔颖达正义:"笺意言纯亦不已,则不训为大,当谓德之纯美无玷缺,而行之不息也。"② 在《礼记》之中,郑玄未注"丕"。孔颖达正义直接改解为:"诗人叹之云,於乎不光明乎,言光明矣。"③

《礼记·中庸》之中复引《诗》云:"不显惟德,百辟其刑之。"郑玄注曰:"不显,谓显也。辟,君也。此《颂》也。言不显乎文王之德,百君尽刑之,谓诸侯法之矣。"④ 孔颖达正义:"不显乎文王之德,言其显矣。以道德显著,故天下诸侯皆刑法之。引之者,证君子之德犹若文王,其德显明在外,明众人皆刑法之。"⑤

"丕"字为"不"的"孳乳字"⑥。"丕"训"大",古训词典举例告诉我们:

《尚书·大禹谟》"嘉乃丕绩",孔传;《太甲上》"先王昧爽丕显"蔡沈集传;《洛诰》"丕视功载"蔡沈集传;《君奭》"丕冒"

---

① 郑玄(注)、孔颖达(疏):《礼记正义》(李学勤主编,《十三经注疏》之六),北京大学出版社1999年版,第1453页。
② 毛亨(传)、郑玄(笺)、孔颖达(疏):《毛诗正义》(李学勤主编,《十三经注疏》之三),北京大学出版社1999年版,第1285页。
③ 郑玄(注)、孔颖达(疏):《礼记正义》(李学勤主编,《十三经注疏》之六),北京大学出版社1999年版,第1454页。
④ 郑玄(注)、孔颖达(疏):《礼记正义》(李学勤主编,《十三经注疏》之六),北京大学出版社1999年版,第1462页。
⑤ 郑玄(注)、孔颖达(疏):《礼记正义》(李学勤主编,《十三经注疏》之六),北京大学出版社1999年版,第1466页。
⑥ 唐汉:《图说字源》,红旗出版社2015年版,第456页。

第四章 "三知"与"天命"、"礼"和"言"

孙星衍今古文注疏;《立政》"用丕训德"孙星衍今古文注疏;《君牙》"丕显哉"蔡沈集传;《左传·僖公二十八年》"奉扬天子之丕显休命"杜预注;《昭公三年》"昧旦丕显"杜预注;《逸周书·宝典》"敬位丕哉"孔晁注;《皇门》"远士丕承"孔晁注;《国语·周语上》"梼杌次于丕山"韦昭注;《孟子·滕文公下》"丕显哉"赵岐注;《尔雅·释诂上》[……]①

对"无"的解释,则一需超越一般意义上的否定的"有无"之"无"。因为,那是消极的判断之辞,因而,已经是经过人的思考和鉴别而达成的某种结论性的东西,而不当以之为儒家"无以为"之"无"的导向性意义。二需超出现世生存意义上的那种"有无"之"无",因为那是指向"生灭"的"有无"之"无"。真正的"无",其"极高明"的意向,在于超乎积极消极的判断、超越生灭或生死。此"无"之意,类如道家所说的"道"。先秦时期儒道二家的思想并不是泾渭分明,而是互有补充。不过,即令取向道家的王弼也强调"老不及圣"②,也就不是没有原因的了。

因而,"不"之"丕"之"大",复将有关字义的疏解归入"人"、"天"和"大"的关系之中。而这意味着,只有人本身的存在,及其在世之在的宇宙论之中的"归位"或曰寓居之所在,才可能体现人之"大"。相应地,"知"之"体知"之意,是要表示,人的一举一动,都是为了"返回来"说明或"举证"人的在世之在的价值,是以什么为基准的。

这并不是消解"知"的意涵,而是说,"知"联结"人天",进而才可使"天之人"巍然屹立。之所以不能否定"人之天的取向",是因为,果如此,人生于世的价值,也就近乎于零。而且,在人没有"天"

---

① 《故训汇纂》,宗福邦、陈世铙、萧海波(主编),商务印书馆2003年版,第21页。
② 参见汤用彤《贵无之学》,汤用彤《魏晋玄学论稿》,上海古籍出版社2001年版,第142页。

的照应、呼应和参照的情况下，人的存在便的确会被消极地否定：浑浑噩噩的生存，并不是因为人没有"聚居"，而是人对自身在"天下"的位置毫无意识。此一"心意之识"，如果承认其存在，它就必引人取向仿效"不言之天"的"健行"。同时，反观自身，不断修炼，而不断锤炼由天所赐之生命，使内德充盈，而体现于"视听言动"的各个方面。

这样，在"丕（不）=命"，"天（无）=君子"；"丕（不）=礼"，"天（无）=立"；"丕（不）=言"，"天（无）=人"的联结之中，便可以清楚地看到，人天不仅趋合，而且，人天的"同一"的豪言壮志："命"是口呼之"令"，是不得不发出的召唤，而"言"是天之无言之"大言"，亦是不得不道出的"天健"之体现。而人以其"知"载之显之，天的运作规律，才能运用于人间，并得以不断保持。这样的"天合"之势，正是对理想社会的刻画或印证。《论语》最后一章以此为结，根本上映现的也就是如此的"天命"之"理"（礼）之"大言"。

第七节 "言"与"大言"

固执于"人俗世之言"，最终的结果必然是"争"，即摆出"我高于人或优于人"的架势，逼使人认同一己之见或依之行事。这种结果正与夫子所说的"君子无所争。必也射乎！揖让而升，下而饮。其争也君子"（《论语·八佾》）[1]，势若水火。也正可印证余莲所说的，"不信任语言的态度亦是古代中国的特征之一"：

> 操纵的逻辑在意识上事先预设了一个观点，即认为我们与其他人的关系是建立在我们可以任意左右他们的思维（把他们视为工具），而不是把他们本身视为一种"目的"（这正好与康德的论点

---

[1] 何晏（注）、邢昺（疏）：《论语注疏》（李学勤主编，《十三经注疏》之十），北京大学出版社1999年版，第31页。

第四章 "三知"与"天命"、"礼"和"言"

相反)。这种逻辑还暗示拒绝一切说服他人的努力,因其根本上就不信任言说的力量;这个不信任语言的态度亦是古代中国的特征之一,这点与希腊完全不同。当然,西方的修辞学也可视为一种操纵的技巧;而且它至少指出,我们转身面向他人,对他发言并且试图说服他。这么做,也让对方有机会回答,保护他的立场并且为他所持的相反观点辩护。如此一来,一场双方正反之辩论,目的总是要使真理愈辩愈明,至少,辩者能意识清楚地作出回答,此时,冲突等于时机,因为辩论容许反抗。经由中国文化和西方文化的明显差异,又从后者强调面对面(face-à-face)——正好反映了希腊人战场上的布局——的逻辑模式,我们看见希腊的民主诞生了。[1]

论者这里所说的"操纵",若从《论语》本身来看,如此对"言"的操持,或许还没有达到后世的程度,因而,不足以依之来判断其中是否有深度呈现?值得再一次强调,可以看到的倾向倒是,夫子对"巧言"的排斥:

> 子曰:"巧言令色,鲜矣仁!"(《论语·学而》)[2]
> 子曰:"巧言、令色、足恭,左丘明耻之,丘亦耻之。匿怨而友其人,左丘明耻之,丘亦耻之。"(《论语·公冶长》)[3]
> 子曰:"巧言乱德。小不忍,则乱大谋。"(《论语·卫灵公》)[4]
> 子曰:"巧言令色,鲜矣仁。"(《论语·阳货》)[5]

---

[1] [法]余莲:《势:中国的效力观》,卓立(译),北京大学出版社 2009 年版,第 48—49 页。
[2] 何晏(注)、邢昺(疏):《论语注疏》(李学勤主编,《十三经注疏》之十),北京大学出版社 1999 年版,第 4 页。
[3] 何晏(注)、邢昺(疏):《论语注疏》(李学勤主编,《十三经注疏》之十),北京大学出版社 1999 年版,第 67 页。
[4] 何晏(注)、邢昺(疏):《论语注疏》(李学勤主编,《十三经注疏》之十),北京大学出版社 1999 年版,第 215 页。
[5] 何晏(注)、邢昺(疏):《论语注疏》(李学勤主编,《十三经注疏》之十),北京大学出版社 1999 年版,第 240 页。

他关注的重心是,"学者为己"(《论语·宪问》)①,注重锤炼自己的内在世界的精神力量,因而,非常重视言行一致:"始吾于人也,听其言而信其行;今吾于人也,听其言而观其行。"(《论语·公冶长》)② 对《学而》之中的"巧言"一句,何晏引包咸曰:"巧言,好其言语。令色,善其颜色。皆欲令人说之,少能有仁也。"邢昺疏云:"此章论仁者必直言正色。其若巧好其言语,令善其颜色,欲令人说爱之者,少能有仁也。"③ 注和疏突出的都是儒家一贯所重视的"内在世界",不需要那么光滑流丽的辞藻。因为,朴实待人,才能显现"真意";"心意"自然流露,无须夸张和矫饰。

因而,就夫子而言,对"言"的关注,不仅是或者说最重要的不是"人与人之间的那种言",而是发自内心的"肺腑之言"。因为,这样的"言"才可能是"上通天道"的"言"。故而,《论语·为政》特地记载他的这么一段话:

子曰:"人而无信,不知其可也。大车无輗,小车无軏,其何以行之哉!"④

后世一般用"言而有信"以及"诚信"之类,来规约人与人之间的"言语关系",即依之为准绳,来限制或判断这样的关系的实在性。因为,有了这样的实在性,事情才可以顺理成章、水到渠成。不过,实际上,夫子之所论,完全是建立在"人立"和"人之行"的存在论的基础上的:只有"信",亦即,只有"立于言",人才能立身行事,而

---

① 何晏(注)、邢昺(疏):《论语注疏》(李学勤主编,《十三经注疏》之十),北京大学出版社1999年版,第195页。
② 何晏(注)、邢昺(疏):《论语注疏》(李学勤主编,《十三经注疏》之十),北京大学出版社1999年版,第60页。
③ 何晏(注)、邢昺(疏):《论语注疏》(李学勤主编,《十三经注疏》之十),北京大学出版社1999年版,第4页。
④ 何晏(注)、邢昺(疏):《论语注疏》(李学勤主编,《十三经注疏》之十),北京大学出版社1999年版,第23页。

第四章 "三知"与"天命"、"礼"和"言"

不违良机。夫子的自道"述而不作,信而好古"(《论语·述而》)[1],也就可以在这里得到一种合理的解释:让语言本身来讲话,将文字本身所含有的力量作为规定,来规约人的活动。如此之"信",其中的"言"当然也就是天地之道的"大言"或"无言":在近乎默默的状态下,全凭一颗炽热的心,通过行动来体现天道之美,所谓身体力行。则一切道理的终极依据,也就在这里。

这样,我们也就有了一种哲学比较的条件:一方面,求"信"的儒家之"言",其重心落实在"人"之"立",也就是人的存在;另一方面,这样的"立"或曰存在,是由"语言"本身来见证的,也就是,由之来揭示的。这意味着,我们也就可能,(一)在存在论意义上和海德格尔相互比较,以期说明,如此之"立",是人与"言"的一体化作用或曰互动;(二)这样的"立"所关乎的"言",既然是人之"立"之"言",也就超乎伦理学或道德论的范畴,而可升至它本应有的高度。这也就为我们将"言"引向"泰初有言"之"言"的英文表达奠定了基础。

海德格尔有云:"探讨语言意味着:恰恰不是把语言,而是把我们,带到语言之本质的位置那里,也即:聚集入居有事件之中。"[2] 英译的过程,也一样要显现出:如何使这里的"言"把"我们带入'居有事件'"。

"词语破碎处,无物可存在。"[3] 因此,"语言乃是家园,我们依靠不断穿越此家园到达所是。当我们走向井泉,我们穿越森林,我们总是已穿越了'井泉'字眼,穿越了'森林'字眼,甚至当我们没有说出此字眼和没有思考任何与语言相关之物时"[4]。

---

[1] 何晏(注)、邢昺(疏):《论语注疏》(李学勤主编,《十三经注疏》之十),北京大学出版社1999年版,第84页。
[2] [德]海德格尔:《在通向语言的途中》,孙周兴(译),商务印书馆2005年版,第2页。
[3] [德]海德格尔:《在通向语言的途中》,孙周兴(译),商务印书馆2005年版,第212页。
[4] [德]海德格尔:《诗·语言·思》,彭富春(译),文化艺术出版社1990年版,第120页。

第五章　结论

我们并没有讨论《尧曰》首章之中的以下这一部分的意义：

> 曰："予小子履，敢用玄牡，敢昭告于皇皇后帝：有罪不敢赦。帝臣不蔽，简在帝心。朕躬有罪，无以万方；万方有罪，罪在朕躬。"周有大赉，善人是富。"虽有周亲，不如仁人。百姓有过，在予一人。"谨权量，审法度，修废官，四方之政行焉。兴灭国，继绝世，举逸民，天下之民归心焉。所重：民、食、丧、祭。宽则得众，信则民任焉，敏则有功，公则说。（《论语·尧曰》）[1]

之所以如此，原因在于，此段尽管与上文一起形成了一套相对完整的论说，讲述"二帝三王"的遗训，但中间明显存在脱落现象。而"朕躬"之中的"朕"字，是在秦始皇之后才专门用作帝王自称的；再加上"谨权量，审法度，修废官"，又很容易让人联想到"度量衡的统一"的历史，据而或可判定，那是后世儒生添加的文字。陆象山指出："且如一部《礼记》，凡'子曰'皆圣人之言也。子直将盖信乎？抑其间有拣择。"（《象山语录下》）[2] 同时，我们也未对"屏四恶"的意义进行探讨。如此选择，是为了突出中庸之道的运用的适宜性。因为，仍

---

[1] 何晏（注）、邢昺（疏）：《论语注疏》（李学勤主编，《十三经注疏》之十），北京大学出版社1999年版，第265—266页。

[2] 陆九渊：《陆九渊集》，钟哲（点校），中华书局1980年版，第446页。

第五章 结论

如陆象山所说,"凡事只看其理如何,不要看其人是谁"(《象山语录下》)①。

不过,就我们对"允执其中"、"五美"以及"三言"的举例分析来看,可以从中归纳出以下这些要点:

(一)对《论语》的释解,应充分尊重先民"天人合一"的宇宙—存在论思想。实际上,也只有在这一框架之内运思,才可能推出相应的切实的释解。

(二)认同此一思想,也就有必要将"中庸之道"作为释解的方法论,因为,借用夫子的话来说,只有它才可做到"不逾矩"(《论语·为政》)②。夫子强调:"中庸之为德也,其至矣乎。"(《论语·雍也》)③故而,依之来释解经文,自能"从心所欲而不逾矩"(《论语·为政》)④。也就是说,我们需要将自己的思想尽可能地向最高境界提升,如此才可趋近经文的"微言大义"。

(三)启用"中庸之道"作为方法论,也是在以实例说明并验证,《礼记·中庸》之中所讲的"合外内之道也,故时措之宜也"⑤,之于经文译解的要义。因为,"天心"与"人心"相"合",同时适时而动,才可走向"道"。

(四)如此的"天人之合",预设了宇宙存在的"两端"及其"互动"。所谓"执中"即坚执二者之间的"互动"的规律之"在我心"者。

(五)这样,经文的解释学活动,实乃修身活动,而不是或不纯粹

---

① 陆九渊:《陆九渊集》,钟哲(点校),中华书局1980年版,第468页。
② 何晏(注)、邢昺(疏):《论语注疏》(李学勤主编,《十三经注疏》之十),北京大学出版社1999年版,第15页。
③ 何晏(注)、邢昺(疏):《论语注疏》(李学勤主编,《十三经注疏》之十),北京大学出版社1999年版,第82页。
④ 何晏(注)、邢昺(疏):《论语注疏》(李学勤主编,《十三经注疏》之十),北京大学出版社1999年版,第15页。
⑤ 郑玄(注)、孔颖达(疏):《礼记正义》(李学勤主编,《十三经注疏》之六),北京大学出版社1999年版,第1450页。

是"意义的释解"或"理性的知解"。因为，我们更多的是需要以此身的存在的当下成就，去响应、顺应和呼应并最终感应经文之于"我心"之"有意义的价值"。在这里，陆象山所说的"六经注我"和"我注六经"①明显都是偏于一端。因为，真正起作用的，应该是二者的"互注"，也就是相互滋润。也只有如此，才能使经文之中有益的思想力量，来到"我心"之在场之中，产生"相互交流"和"互渗"的作用。完全站在解释者自身立场的解释，不能与经文"相应"；而全然站在经文立场上的解释，也一定不能使之在"我心"这里产生"感应"。后者的可怕之处在于，若是"我心"无"感"，或曰不能形成"感动"，经文之"言"并没有在"我心"这里"起效"，可能意味着，"天道"并没有发挥"感人"的作用，读之有如未读。

附：《论语》之中的"信"的传统解释及其三层意蕴

《论语·学而》多处强调"信"的重要性：

曾子曰："吾日三省吾身：为人谋而不忠乎？与朋友交而不信乎？传不习乎？"②

子曰："道千乘之国，敬事而信，节用而爱人，使民以时。"③

子曰："弟子入则孝，出则悌，谨而信，泛爱众，而亲仁。行

---

① 陆九渊提出："学苟知本，《六经》皆我注脚。"(《象山语录上》)（陆九渊：《陆九渊集》，钟哲（点校），中华书局1980年版，第395页。）又："或问先生：'何不著书？'对曰：'六经注我！我注六经！'"(同上书，第399页。）他强调"发明本心"，提倡"苟此心之存，则此理自明，当恻隐处则恻隐，当羞恶，当辞逊，是非在前，自能辨之"（同上书，第396页）。故而，"居象山多告学者云：'女耳自聪，目自明，事父自能孝，事兄自能弟，本无欠阙，不必他求，在在自立而已。'"（同上书，第399页。）其影响后世之极端处，则可能造成对读书甚或经文研读本身的误解，"此心"之"把握"并不一定具有千人一方的"依准"，而任何灵感突来，岂不都可视为"此心"已抵"圣域"？

② 何晏（注）、邢昺（疏）：《论语注疏》（李学勤主编，《十三经注疏》之十），北京大学出版社1999年版，第4页。

③ 何晏（注）、邢昺（疏）：《论语注疏》（李学勤主编，《十三经注疏》之十），北京大学出版社1999年版，第4—5页。

第五章 结论

有余力,则以学文。"①

子夏曰:"贤贤易色,事父母,能竭其力;事君,能致其身;与朋友交,言而有信。虽曰未学,吾必谓之学矣。"②

子曰:"君子不重则不威,学则不固。主忠信,无友不如己者。过则勿惮改。"③

其中有夫子的弟子如曾子、子夏的论断,也有夫子本人对之的论述。这些见解,朴实而又语重心长地突出了做人的重心所在。曾子所说的"与朋友交而不信",字面上看要说的是,人若想交友,必须坚持"信实"而不说谎、坚守承诺。而子夏更进一步强调"与朋友交,言而有信",仍可释为对交友的"诚信"之道的强调。不过,这里的解释,因引入后世所重的"诚",因而,可能并不是夫子之所重。但是,传统注疏的一般倾向即是如此,即将字面意义和人的社会化要求紧密联系起来,而几乎不对其中的深意加以追究。在这里,这样的深意指的是,"信"不仅仅是"人之言之信"以及"人之行为之信言"这两方面的问题。这两方面的问题,其意义指向都是人的社会化的约束:"驷不及舌"(《论语·颜渊》)④,出语小心,讲话谨慎,就是因为首先是要"立得住";而且,凡是说过的,就要兑现,否则就是违背"诺言"。因而,很明显,一般的解释是将"信之为言"之"言"释为"诺言"之"言"。而人与人之间的"然诺",当然不具备形而上的意义。易言之,这样的解释,只是局限在人事之中、之内,也就是将焦点集中在人与人交往的那种"信言"之中,而并没有思考:若是这样的"信言"只是

---

① 何晏(注)、邢昺(疏):《论语注疏》(李学勤主编,《十三经注疏》之十),北京大学出版社1999年版,第7页。
② 何晏(注)、邢昺(疏):《论语注疏》(李学勤主编,《十三经注疏》之十),北京大学出版社1999年版,第8页。
③ 何晏(注)、邢昺(疏):《论语注疏》(李学勤主编,《十三经注疏》之十),北京大学出版社1999年版,第8页。
④ 何晏(注)、邢昺(疏):《论语注疏》(李学勤主编,《十三经注疏》之十),北京大学出版社1999年版,第161页。

一时的、暂定的，而并不关乎人生要义，那么，为了某种目的，而不那么"信"是否可行？另一个问题是，若是"大事"应"守信"，而"小事"或"细枝末节"则可能牵涉的只是"小信"，后者则无须那么执着，而允许灵活待之？

比如，《论语》之中有"谅"字，说的就是后一种情况：

子贡曰："管仲非仁者与？桓公杀公子纠，不能死，又相之。"子曰："管仲相桓公，霸诸侯，一匡天下，民到于今受其赐。微管仲，吾其被发左衽矣。岂若匹夫匹妇之为谅也，自经于沟渎而莫之知也？"（《论语·宪问》）①

夫子在回答子贡问题时，突出强烈的反差：管仲尽管"小事"上不那么"守礼"或者说有"越礼"之举，但是，他有救民众于水火之功，故而，在一定意义上体现出"仁"。其贡献是他人所不能比的。与此相反，"匹夫匹妇"尽管坚持"谅"，但最终却只能沦落到"沟渎"之中结束自己的生命的地步，因而，这样的"谅"又有什么值得重视的？

《论语》还有一处，记载：

子曰："君子贞而不谅。"（《论语·卫灵公》）②

说的也是，君子坚持正道之"贞"之正，因而并不在意"小信"之"谅"③。

---

① 何晏（注）、邢昺（疏）：《论语注疏》（李学勤主编，《十三经注疏》之十），北京大学出版社1999年版，第192页。
② 何晏（注）、邢昺（疏）：《论语注疏》（李学勤主编，《十三经注疏》之十），北京大学出版社1999年版，第217页。
③ 《论语·季氏》记："孔子曰：'益者三友，损者三友。友直，友谅，友多闻，益矣。友便辟，友善柔，友便佞，损矣。'"（同上书，第226页。）其中的"谅"则不可作此解，而释为"诚信"。（同上）

第五章 结论

因而,"人与人之间交往的信",一定是可以"随机"变化的,在不同的时间和场合并没有一定的要求,硬性地逼人去"遵守承诺"而不能违背。但是,与之相反,另一种"信"则永远也不可违背。这便是对"天道"的执守,也就是宇宙规律的遵行。而"信"字本身实已透露出"远古消息或曰秘密":"人以言立",亦即为,人以天道之言或无言之言而立于此世。

如此,夫子所说的"信",比如"谨而信"首先强调的,不应是人事的纠葛,或曰人彼此之间的往还之中"诺言"的"信守",而是人以真诚的心去对天道的诚实守护。"谨而信"之"谨"透露的是,"人之言的收敛和自我约束":人守护着"言",那是起自上天的"道言",故而,不能不"谨"之。这是态度严谨的表现。而"信"则直接突出的是,"人在道言的近旁",守护着这样的"言",与海德格尔所说的"语言是人的家园"具有同样切题的要义。

至于"主忠信",则进一步突出了"天道之言"与人的关系:"心置于中",也就是使"心"回到心本身,这才是真正的"忠";如此才可体悟"守道"或"守言"的意义和人生价值。

如此,可作分别处理:凡是专门讲述人事处,"信"可释为"诚信";凡是突出人生价值处,则需考虑依据"天道"之"言"来加以理解。例如:

> 子曰:"人而无信,不知其可也。大车无輗,小车无軏,其何以行之哉?"(《论语·为政》)[1]

其余情况,则需依语境对之释义,如下引经文之中的"信":

> 子使漆雕开仕。对曰:"吾斯之未能信。"子说。(《论语·公

---

[1] 何晏(注)、邢昺(疏):《论语注疏》(李学勤主编,《十三经注疏》之十),北京大学出版社1999年版,第23页。

冶长》)①

朱熹集注云："谢氏曰：开之学无可考。然圣人使之仕，必其材可以仕矣。至于心术之微，则一毫不自得，不害其为未信。"② 字面意思是，漆雕开说自己对"出仕"并没有建立起"信心"，而隐含的是，之所以如此，是因为他对"道"的领悟"不自信"。因为"修道"之"不自信"，因而未得"圆满"，此时出仕，所学势必不得其用或无所谓其用。故而，出仕也就是不适宜的。态度如此谦逊，所以我们最后看到："子说"（悦）。

宰予昼寝。子曰："朽木不可雕也，粪土之墙不可圬也。于予与何诛？"子曰："始吾于人也，听其言而信其行；今吾于人也，听其言而观其行。于予与改是。"（《论语·公冶长》)③

"信"这里的意思是"相信"，实则为"偏信"，即夫子痛骂宰予，认为自己对他太过"轻信"。

颜渊、季路侍。子曰："盍各言尔志？"子路曰："愿车马衣轻裘与朋友共，敝之而无憾。"颜渊曰："愿无伐善，无施劳。"子路曰："愿闻子之志。"子曰："老者安之，朋友信之，少者怀之。"（《论语·公冶长》)④

---

① 何晏（注）、邢昺（疏）：《论语注疏》（李学勤主编，《十三经注疏》之十），北京大学出版社1999年版，第57页。
② 朱熹：《四书章句集注》，中华书局1983年版，第76页。
③ 何晏（注）、邢昺（疏）：《论语注疏》（李学勤主编，《十三经注疏》之十），北京大学出版社1999年版，第59—60页。
④ 何晏（注）、邢昺（疏）：《论语注疏》（李学勤主编，《十三经注疏》之十），北京大学出版社1999年版，第68页。

此处是在讲"圣人气象"。其中的"信"正应解为：人立于天道"无言之言或大言"近旁之"信"。但传统注疏并未依此作解，也就无法说明，"朋友"有对此"道"的共同追求，才能成为"朋友"。所谓志同道合，汇聚力量，正乃"朋友"守道弘道的表现①。

子曰："十室之邑，必有忠信如丘者焉，不如丘之好学也。"（《论语·公冶长》）②

这里的经文所说的"信"和"忠"一样，主要讲的是，人的生存的"忠信"。因而，应与"主忠信"之中的"忠信"采用同样的办法释义。

子曰："述而不作，信而好古，窃比于我老彭。"（《论语·述而》）③

"信"在这里最为重要的，当是"人以言立"之意。如此，才可解其与"好古"的联系：夫子应是守道弘道的典范，而他此处特地点出此"信"，亦可作为印证。

子以四教：文，行，忠，信。（《论语·述而》）④

夫子之"四教"，历来解说纷纭。我们认为，这是在论人生的求学

---

① 蔡新乐：《"圣人气象"如何再现？——《论语》的"心源"导向的英译》，《外国语》2020年第1期。
② 何晏（注）、邢昺（疏）：《论语注疏》（李学勤主编，《十三经注疏》之十），北京大学出版社1999年版，第69页。
③ 何晏（注）、邢昺（疏）：《论语注疏》（李学勤主编，《十三经注疏》之十），北京大学出版社1999年版，第84页。
④ 何晏（注）、邢昺（疏）：《论语注疏》（李学勤主编，《十三经注疏》之十），北京大学出版社1999年版，第93页。

过程与夫子教育的导向设想的一致性。因而,"信"以其"人以言立"之意,凸显最后一个阶段的人的外显或曰行为上的一个原理:人如何立身于"言",而不失其"立"。

  曾子有疾,孟敬子问之。曾子言曰:"鸟之将死,其鸣也哀。人之将死,其言也善。君子所贵乎道者三:动容貌,斯远暴慢矣;正颜色,斯近信矣;出辞气,斯远鄙倍矣。笾豆之事,则有司存。"(《论语·泰伯》)①

  人的"正颜色"或曰"颜色"之"正","斯近信矣",说明,人的面色是否端正端庄,是检验人是否行道的一个尺度。因而,这里的"信"不仅是"察言观色",应突出其"正";而且,更重要的是,它背后的那种"守道"的精神,才可成就这样的"正颜色"。

  子曰:"笃信好学,守死善道。危邦不人,乱邦不居。天下有道则见,无道则隐。邦有道,贫且贱焉,耻也。邦无道,富且贵焉,耻也。"(《论语·泰伯》)②

  此处的"信"也一样兼顾两方面的意向:笃实地立于大言,才可能实实在在,同时信守承诺。如此回应"大道",也才谈得上"守死善道"之"笃"之"信"。

  子曰:"狂而不直,侗而不愿,悾悾而信,吾不知之矣。"

---

① 何晏(注)、邢昺(疏):《论语注疏》(李学勤主编,《十三经注疏》之十),北京大学出版社1999年版,第101—102页。
② 何晏(注)、邢昺(疏):《论语注疏》(李学勤主编,《十三经注疏》之十),北京大学出版社1999年版,第104—105页。

(《论语·泰伯》)①

这是夫子在痛斥那些满身是毛病的人,认为无可救药。故而,朱熹集解之中有"吾不知之矣"之叹,是"甚绝之之辞,亦不屑之教诲也"。

子曰:"主忠信,毋友不如己者,过则勿惮改。"(《论语·子罕》)②

此处用语,已见于《学而》篇。

子贡问政。子曰:"足食,足兵,民信之矣。"子贡曰:"必不得已而去,于斯三者何先?"曰:"去兵。"子贡曰:"必不得已而去,于斯二者何先?"曰:"去食。自古皆有死,民无信不立。"(《论语·颜渊》)③

这里的"信"一般解为执政者对人"诚信"。实际上,则需以"动态"视之,即注意突出人我互动所见的超乎人我的那种"信"的意向。这样,一方面,执政者的"信"是指其做人诚信,因而诚信待人;另一方面,可得其恩惠者,则一定也能感受到这样的诚信,故而,才可认定或认同那样的诚信。易言之,后者的诚信是需要特别的认可的,否则,何来"立"?执政者之"立",不首先以"民立"为条件?执政者自身之"信",也一样要以"民之信"为条件,如此,它才是可能的。二者的互动,超乎二者之上,那才是真正的"信"。也就是"人以言

---

① 何晏(注)、邢昺(疏):《论语注疏》(李学勤主编,《十三经注疏》之十),北京大学出版社1999年版,第105页。
② 何晏(注)、邢昺(疏):《论语注疏》(李学勤主编,《十三经注疏》之十),北京大学出版社1999年版,第121页。
③ 何晏(注)、邢昺(疏):《论语注疏》(李学勤主编,《十三经注疏》之十),北京大学出版社1999年版,第160页。

立"的"信",是"民无信不立"的"信"之"大道之言"之"立"。也就是,有了"道立",才可能有"人立",最后才会有"人言之信"。

  子张问崇德辨惑。子曰:"主忠信,徙义,崇德也。爱之欲其生,恶之欲其死。既欲其生,又欲其死,是惑也。'诚不以富,亦祇以异。'"(《论语·颜渊》)①

经文之中的"主忠信"和上引《子罕》之中夫子之所论一样,亦是对《学而》篇之中的论断的重复强调或曰回应。

  齐景公问政于孔子。孔子对曰:"君君,臣臣,父父,子子。"公曰:"善哉!信如君不君,臣不臣,父不父,子不子,虽有粟,吾得而食诸?"(《论语·颜渊》)②

这里的"信如"的意思是,"假若真的";这样,"信"之意便是"真的"。因而,形而上地看,"信"的"极高明"的意向应为"信实",即整个宇宙的真实存在,故而,与《中庸》之中的"诚"之"真实无妄"③ 意义相当。

  樊迟请学稼。子曰:"吾不如老农。"请学为圃。曰:"吾不如老圃。"樊迟出,子曰:"小人哉,樊须也!上好礼,则民莫敢不敬。上好义,则民莫敢不服。上好信,则民莫敢不用情。夫如是,

---

① 何晏(注)、邢昺(疏):《论语注疏》(李学勤主编,《十三经注疏》之十),北京大学出版社1999年版,第162—163页。
② 何晏(注)、邢昺(疏):《论语注疏》(李学勤主编,《十三经注疏》之十),北京大学出版社1999年版,第163页。
③ 朱熹:《四书章句集注》,中华书局1983年版,第31页。

第五章　结论

则四方之民襁负其子而至矣，焉用稼！"（《论语·子路》）①

"上好信，则民莫敢不用情"说的是，在上位者"坚持信"，民众自然会呼应以真情实感。也就是说，如果在位者待人真诚，也就一定能赢得民众的真情呼应回应。不过，如果解释止步于此，那也不过是说，"上"虽"在上"，他或他们所能做到的，或者说，他或他们的能力范围，也不过是，与民众互动，也就是，双方都能体现"信"的力量。这一解释与夫子另一处所说的"君子之德风，小人之德草。草上之风，必偃"（《论语·颜渊》）② 之意不合：在上者必有以德服人的善德之魅，才谈得上感动民众，使之产生呼应。而这样的"信"也就超乎人我之信，而应企及天道之大言之信。

> 子贡问曰："何如斯可谓之士矣？"子曰："行己有耻，使于四方，不辱君命，可谓士矣。"曰："敢问其次。"曰："宗族称孝焉，乡党称弟焉。"曰："敢问其次。"曰："言必信，行必果，硁硁然小人哉！抑亦可以为次矣。"曰："今之从政者何如？"子曰："噫！斗筲之人，何足算也？"（《论语·子路》）③

夫子在这里强调的是，一般意义上的"信"即"小信"。他认为，"守信"是应该的，但是，对于可守可不守的"小信"，则是需要考虑的，否则就是"小人之举"，而且会呈现"硁硁然"的样子——浅薄而又固执。

---

① 何晏（注）、邢昺（疏）：《论语注疏》（李学勤主编，《十三经注疏》之十），北京大学出版社1999年版，第172页。
② 何晏（注）、邢昺（疏）：《论语注疏》（李学勤主编，《十三经注疏》之十），北京大学出版社1999年版，第166页。
③ 何晏（注）、邢昺（疏）：《论语注疏》（李学勤主编，《十三经注疏》之十），北京大学出版社1999年版，第178页。

子问公叔文子于公明贾曰："信乎，夫子不言不笑不取乎？"公明贾对曰："以告者过也。夫子时然后言，人不厌其言。乐然后笑，人不厌其笑。义然后取，人不厌其取。"子曰："其然？岂其然乎？"（《论语·宪问》）①

这是在描写夫子询问，有关公叔文子的传说是否真实。此处的"信"，与"信如"之"信"一样，看似并不重要，甚至是"虚词"，但其意重大：导向的是世界的真实，或曰"真实无妄"的存在本身。

子曰："臧武仲以防求为后于鲁，虽曰不要君，吾不信也。"（《论语·宪问》）②

"信"在这里是一般意义上"相信"的"信"。

子曰："不逆诈，不亿不信，抑亦先觉者，是贤乎！"（《论语·宪问》）③

字面上看，经文说的是，不怀疑人"不信"。但深究的话，仍会发现，夫子是说，自己本身既然"不逆诈，不亿不信"，那么，也就要设身处地为人考虑，即将人也一样视为本性善良的人。如此，"信"的意向也就是，"执守大道或大言"的"信"。

子张问行。子曰："言忠信，行笃敬，虽蛮貊之邦，行矣。言

---

① 何晏（注）、邢昺（疏）：《论语注疏》（李学勤主编，《十三经注疏》之十），北京大学出版社1999年版，第188页。
② 何晏（注）、邢昺（疏）：《论语注疏》（李学勤主编，《十三经注疏》之十），北京大学出版社1999年版，第189页。
③ 何晏（注）、邢昺（疏）：《论语注疏》（李学勤主编，《十三经注疏》之十），北京大学出版社1999年版，第197页。

第五章 结论

不忠信,行不笃敬,虽州里,行乎哉?立则见其参於前也,在舆则见其倚于衡也,夫然后行。"子张书诸绅。(《论语·卫灵公》)①

"信",在其"人守护着天道无言之大言"的意义上,既是宇宙法则,呈现其"实",加以认同,即是呵护人性之善;因而,在宇宙论意义上,"信"之意导向《中庸》之中的"诚":如上文不断引用的,那是朱熹心目中"真实无妄"的世界。而存在论意义上的"信",则需再进一步,将人之"中心"凸显出来。这便是,人是依赖宇宙之"大言"或曰"天道之无言"才见其"真实"的。无此"言",也就无此"信",因而,当然也就不可能见到"天道之有言还是无言"。有了如此的宇宙大法和天道之言之所据之双重之"信",此一"信"作为人与人交往的"独一"的、其重要性无可比拟的"信条",才能大兴人间,而使人本身成为"文明人",也就是具有"内在精神世界"进而使之焕发于外的存在者。因此,作为"文明"的"独一"法则的"信",与"忠"一道,才可"虽蛮貊之邦,行矣"——具有其他任何"德才"所不可能具备的普适性或普世性。

  子曰:"君子义以为质,礼以行之,孙以出之,信以成之。君子哉!"(《论语·卫灵公》)②

这里若是直接对准"信",那么,经文说的是,"事以信成",或曰"无信则事不成"。若深究的话,则是说,"事因信成",那是在强调,作为主事者的人要先"以信成",而这背后则是"天道之信"之"成"或"诚"。这样,便又将我们拉回朱熹的"真实无妄"之说。

---

① 何晏(注)、邢昺(疏):《论语注疏》(李学勤主编,《十三经注疏》之十),北京大学出版社1999年版,第208页。
② 何晏(注)、邢昺(疏):《论语注疏》(李学勤主编,《十三经注疏》之十),北京大学出版社1999年版,第213页。

子张问仁于孔子。孔子曰："能行五者于天下，为仁矣。""请问之。"曰："恭宽信敏惠。恭则不侮，宽则得众，信则人任焉，敏则有功，惠则足以使人。"（《论语·阳货》）①

这是把"信"作为"恭宽信敏惠""五德"之一，其隐含的意向一定还包含宇宙之"信实"，也就是"真实无妄"之"诚"意。

子曰："由也！女闻六言六蔽矣乎？"对曰："未也。""居！吾语女。好仁不好学，其蔽也愚；好知不好学，其蔽也荡；好信不好学，其蔽也贼；好直不好学，其蔽也绞；好勇不好学，其蔽也乱；好刚不好学，其蔽也狂。"（《论语·阳货》）②

"信"在这里也一样被称颂为一种美德。因与"好学"相关联，故而，主要突出的意涵当是"世内"。

子张曰："执德不弘，信道不笃，焉能为有？焉能为亡？"（《论语·子张》）③

可以将这样的"德道"和"执信"都归入"有亡（无）"的存在论范围来探讨，尽管传统注疏很少及之于此。若是"坚执内德"但并不"弘大"，"信仰大道"但并不"笃实"，那么，很难说，这样的人是"有"还是"无"，也就是，是存在还是不存在，也就是，到底有没有存在的价值和意义。若依此，夫子说的是，不坚执"内德"之宏大，

---

① 何晏（注）、邢昺（疏）：《论语注疏》（李学勤主编，《十三经注疏》之十），北京大学出版社1999年版，第235页。
② 何晏（注）、邢昺（疏）：《论语注疏》（李学勤主编，《十三经注疏》之十），北京大学出版社1999年版，第236页。
③ 何晏（注）、邢昺（疏）：《论语注疏》（李学勤主编，《十三经注疏》之十），北京大学出版社1999年版，第255页。

第五章 结论

没有信仰"大道"之笃实，人的存在价值便是可有可无的①。

  子夏曰："君子信而后劳其民，未信则以为厉己也。信而后谏，未信则以为谤己也。"（《论语·子张》）②

此处的"信"，与"民无信不立"之中的"信"一样，可以作宇宙论的解释，也可作存在论的解释，最后才能进行伦理学的解释。而传统的注疏，注意力是放在最后一种解释上。

  宽则得众，信则民任焉，敏则有功，公则说。（《论语·尧曰》）③

经文此处的"信"意向，与上引例相同。

---

① 朱熹集解曰："有所得而守之太狭，则德孤；有所闻而信之不笃，则道废。"（朱熹：《四书章句集注》，中华书局1983年版，第188页。）邢昺疏云："弘，大也；笃，厚也。言人执守其德，不能弘大，虽信善道，不能笃厚。"（何晏（注）、邢昺（疏）：《论语注疏》（李学勤主编，《十三经注疏》之十），北京大学出版社1999年版，第255页。）但他对"有亡"的解释则不甚合理："人之若此，虽存于世，何能为有而重？虽没于世，何能为无而轻？言于世无所轻重也。"（同上）这里并没有见到"重轻"之分，用的是"有亡"。对"有亡"的另一个解释是："有"即孔子所谓"亡而为有，虚而为盈，约而为泰。"（《论语·述而》）（同上书，第93页。）"亡"乃曾子所谓"有若无，实若虚"（《论语·泰伯》）（同上书，第102页）。也就是，"有亡"可以相互转化。

② 何晏（注）、邢昺（疏）：《论语注疏》（李学勤主编，《十三经注疏》之十），北京大学出版社1999年版，第257页。

③ 何晏（注）、邢昺（疏）：《论语注疏》（李学勤主编，《十三经注疏》之十），北京大学出版社1999年版，第266页。

参考文献

经典文献

班固（撰）、颜师古（注）：《汉书》第六册，中华书局1962年版。

程树德：《论语集释》，程俊英、蒋见元（点校），中华书局1990年版。

崔述：《洙泗考信录》（《崔东壁遗书》），顾颉刚（编订），上海古籍出版社2013年版。

戴望：《戴氏论语小疏》，郭晓东（校疏），华东师范大学出版社2014年版。

戴震：《孟子字义疏证》，何文光（整理），中华书局1982年版。

高诱（注）：《淮南子》（《诸子集成》第七册），中华书局1954年版。

公羊寿（传）、何休（解诂）、徐彦（疏）：《春秋公羊传注疏》（李学勤主编，《十三经注疏》之八），北京大学出版社1999年版。

郭璞（注）、邢昺（疏）：《尔雅注疏》（李学勤主编，《十三经注疏》之十三），北京大学出版社1999年版。

何晏（注）、邢昺（疏）：《论语注疏》（李学勤主编，《十三经注疏》之十），北京大学出版社1999年版。

皇侃：《论语义疏》，高尚榘（校点），中华书局2013年版。

孔安国（传）、孔颖达（疏）：《尚书正义》（李学勤主编，《十三经注疏》之二），北京大学出版社1999年版。

李隆基（注）、邢昺（疏）：《孝经注疏》（李学勤主编，《十三经注疏》

之十二），北京大学出版社1999年版。

刘宝楠：《论语正义》（《诸子集成》第一册），中华书局1954年版。

陆九渊：《陆九渊集》，钟哲（点校），中华书局1980年版。

毛亨（传）、郑玄（笺）、孔颖达（疏）：《毛诗正义》（李学勤主编，《十三经注疏》之三），北京大学出版社1999年版。

司马迁（撰）、裴骃（集解）、司马贞（索隐）、张守节（正义）：《史记》，中华书局2005年版。

宋翔凤：《论语说义》，杨希（校注），华夏出版社2018年版。

王弼（注）、孔颖达（疏）：《周易正义》（李学勤主编，《十三经注疏》之一），北京大学出版社1999年版。

王符（著）、王继培（笺）：《潜夫论笺校正》（《新编诸子集成》第1辑），彭铎（校正），中华书局1985年版。

王国维：《观堂集林》（上册），彭林（整理），河北教育出版社2001年版。

王先谦：《荀子集解》（《诸子集成》第二册），中华书局1954年版。

王阳明：《稽山书院尊经阁记》（王阳明：《王阳明全集》，吴光、钱明、董平、姚延福（编校）），上海古籍出版社1992年版。

许慎：《说文解字校订本》，班吉庆、王剑、王华宝（点校），凤凰出版社2004年版。

张载：《张载集》，张锡琛（点校），中华书局1978年版。

赵岐（注）、孙奭（疏）：《孟子注疏》（李学勤主编，《十三经注疏》之十一），北京大学出版社1999年版。

郑玄（注）、贾公彦（疏）：《周礼注疏》（李学勤主编，《十三经注疏》之四），北京大学出版社1999年版。

郑玄（注）、孔颖达（疏）：《礼记正义》（李学勤主编，《十三经注疏》之六），北京大学出版社1999年版。

朱熹：《四书章句集注》，中华书局1983年版。

左丘明（传）、杜预（注）、孔颖达（正义）：《春秋左传正义》（李学勤主编,《十三经注疏》之七),北京大学出版社1999年版。

中文专著

爱新觉罗·毓鋆:《毓老师说论语》,陈䌹(整理),中信出版集团2016年版。

爱新觉罗·毓鋆:《毓老师说中庸》,陈䌹(整理),上海三联书店2015年版。

陈大齐:《论语辑释》,周春健(校对),华夏出版社2010年版。

《大学中庸》,王国轩(译注),中华书局2006年版。

杜维明:《体知儒学:儒家当代价值的九次对话》,浙江大学出版社2012年版。

傅佩荣:《人能弘道:傅佩荣谈论语》,东方出版社2012年版。

谷衍奎:《汉字源流字典》,华夏出版社2003年版。

何新:《论语新解:思与行》,北京工业大学出版社2007年版。

胡适:《中国哲学史大纲》,耿云志等(导读),上海古籍出版社1997年版。

胡治洪:《全球语境中的儒家论说》,生活·读书·新知三联书店2004年版。

金良年:《论语译注》,中华书局2016年版。

金良年:《孟子译注》,上海古籍出版社2004年版。

金容沃:《中庸:人类最高的智慧》,金泰成(译),海南出版社2012年版。

康有为:《论语注》,广西师范大学出版社2016年版。

《孔子家语》,杨朝明(注说),河南大学出版社2008年版。

李零:《郭店楚简校读记》(增订本),中国人民大学出版社2009年版。

李守奎、洪玉琴:《扬子法言译注》,黑龙江人民出版社2003年版。

李泽厚:《论语今读》,中华书局2015年版。

梁启超:《要籍解题及其读法》,载《饮冰室专集》(第72册),中华书局 1936 年版。

刘炳善：《英汉双解莎士比亚大词典》，河南人民出版社 2002 年版。

刘君祖：《新解论语》（下篇），中信出版集团 2016 年版。

《孟子全集》，陈才俊（主编）、杨广恩（注译），海潮出版社 2008 年版。

牟宗三：《中国哲学的特质》，上海古籍出版社 1997 年版。

南怀瑾：《论语别裁》（《南怀瑾选集》第 1 卷），复旦大学出版社 2014 年版。

彭亚非：《论语选评》，岳麓书社 2006 年版。

钱穆：《论语新解》，生活·读书·新知三联书店 2002 年版。

史次耘：《孟子今译今注》，台北：台湾商务印书馆股份有限公司 1978 年版。

《四书辞典》，吴量恺（主编），崇文书局 2012 年版。

孙钦善：《论语本解》，生活·读书·新知三联书店 2009 年版。

唐汉：《图说字源》，红旗出版社 2015 年版。

王文锦：《礼记译解》，中华书局 2016 年版。

王文锦：《大学中庸译注》，中华书局 2008 年版。

《文白对照〈四书〉》，王国轩、张燕婴、蓝旭、王丽华（译），中华书局 2007 年版。

夏传才：《十三经讲座》，广西师范大学出版社 2006 年版。

熊十力：《读经示要》，中国人民大学出版社 2009 年版。

徐志刚：《论语通译》，人民文学出版社 1997 年版。

许仁图：《子曰论语》，上海三联书店 2014 年版。

杨伯峻：《论语译注》，中华书局 1980 年版。

杨伯峻：《孟子译注》，中华书局 1960 年版。

杨朝明：《论语诠解》，山东友谊出版社 2013 年版。

杨逢彬（著）、陈云浩（校）：《论语新注新译》，北京大学出版社 2016 年版。

杨树达：《杨树达论语疏证》，吉林人民出版社 2013 年版。

颜培金、王谦：《大学·中庸》，湖北辞书出版社 2012 年版。

张其成：《张其成全解论语》，华夏出版社 2017 年版。

郑慧生：《汉字结构解析》，河南大学出版社 2011 年版。

《故训汇纂》，宗福邦、陈世饶、萧海波（主编），商务印书馆 2003 年版。

邹憬：《论语通解》，译林出版社 2014 年版。

朱振家：《论语全解》，上海古籍出版社 2014 年版。

李长之：《中国文化传统之认识（上）：儒家之根本精神》，收入李长之《迎中国的文艺复兴》，商务印书馆 2013 年版。

汤用彤：《魏晋玄学流别略论》，收入汤用彤《汤用彤选集》，天津人民出版社 1995 年版。

汤用彤：《贵无之学》，收入汤用彤《魏晋玄学论稿》，上海古籍出版社 2001 年版。

徐复观：《在非常变局下中国知识分子的悲剧命运》，收入徐复观《中国思想史论集》，台北：台湾学生书局 1975 年版。

中文译著

［德］马丁·海德格尔：《诗·语言·思》，彭富春（译），文化艺术出版社 1990 年版。

［德］马丁·海德格尔：《在通向语言的途中》，孙周兴（译），商务印书馆 2005 年版。

［法］弗朗索瓦·余莲：《势：中国的效力观》，卓立（译），北京大学出版社 2009 年版。

［美］安乐哲：《中国式的超越和西方文化超越的神学论》，收入安乐哲《和而不同：中西哲学的会通》，温海明等（译），北京大学出版社 2009 年版。

［美］安乐哲：《中国哲学的翻译问题》，收入安乐哲《和而不同：中西

哲学的会通》，温海明等（译），北京大学出版社 2009 年版。

［美］余纪元：《德性之镜：孔子与亚里士多德的伦理学》，林航（译），中国人民大学出版社 2009 年版。

［德］《德国思想家论中国》，夏瑞春（编）、陈爱政等（译），江苏人民出版社 1995 年版。

中文期刊

蔡新乐：《内充实才有"形色"：孟子"践形"语内语际译解的中庸之道释义》，《上海翻译》2019 年第 2 期。

蔡新乐：《"圣人气象"如何再现？——《论语》的"心源"导向的英译》，《外国语》2020 年第 1 期。

顾红亮：《对德性之知的再阐释——论杜维明的体知概念》，《孔子研究》2005 年第 5 期。

外文专著

Annping Chin, *Confucius：The Analects*, London：Penguin, 2014.

Annping Chin, *The Analects of Confucius*, Beijing：China Publishing House, 2019.

Arthur Waley, *The Analects*, Beijing：Foreign Language Teaching and Research Press, 1998.

Benjamin I. Schwartz, "The Ethical and the Meta-ethical in Chinese Cultural Thought", ed. Anna-Teresa Tymieniecka, *Heaven, earth, and the in-between in the harmony of life, or, Phenomenology in the continuing oriental/occidental dialogue*, Dordrecht：Kluwer Academic Publishers, 1995.

Bryan W. von. Norton, "Introduction", ed. Bryan W. von Norton, *Confucius and the Analects*, New York：Oxford University Press, 2002.

Burton Watson, *The Analects of Confucius*, New York：Columbia University Press, 2007.

D. C. Lau, *Mencius*, London: Penguin Books, 2003.

D. C. Lau, *Confucius: The Analects*, Beijing: China Publishing House, 2008.

Edward Slingerland, *Confucius Analects: With Selections from Traditional Commentaries*, Indianapolis & Cambridge: Hackett Publishing Company, Inc. , 2003.

Ezra Pound, *The Great Digest*; *The Unwoblling Pivot*; *The Analects*, London: New Directions Publishing Corporation, 1969.

Henry Jr. Rosemont, *A Reader's Companion to the Confucian Analects*, New York: Palgrave Macmillan, 2013.

He Baihua, *The Doctrine of the Mean*, Jinan: Shangdong Friendship Publishing House, 1992.

Hongming Ku, "The Discourses and Sayings of Confucius", ed. Huang Xingtao, *Gu Hong Ming Wen Ji*, Haikou: Hainan Publishing House, 1996.

Hongming Ku, "The Universal Order, Or Conduct of Life", ed. Huang Xingtao, *Gu Hong Ming Wen Ji*, Haikou: Hainan Publishing House, 1996.

Irene Bloom, "The Analects", eds. William Theodore de Bary and Irene Bloom, *Sources of Chinese Tradition*, New York: Columbia University Press, 1999.

Irene Bloom, "The Mean", William Theodore de Bary and Irene Bloom (comp.), *Sources of Chinese Tradition*, New York: Columbia University Press, 1999.

Irene Bloom, *Mencius*, New York: Columbia University Press, 2009.

James Legge, *The Analects*, Nanjing: Yilin Press, 2010.

James Legge, *The Doctrine of the Mean*, Beijing: Foreign Language Teaching and Research Press, 2011.

James R. Ware, *The Sayings of Confucius*, New York: Bartley Com. , 2001.

John Knoblock, *Xunzi*, Changsha: Hunan People's Publishing House & Beijing: Foreign Languages Press, 1999.

K. Bruce Brooks and A. Taeko Brooks, *The Original Analects: Sayings of Confucius and His Successors*, New York: Columbia University Press, 1998.

Leonard A. Lyall and King Chien-Kün, *The Chung-yung Or The Centre, The Common*, London: Longmans, Green and Co. Ltd., 1927.

Lin Wusun, *Getting to Know Confucius — A New Translation of The Analects*, Beijing: Foreign Language Press, 2010.

Lin Yutang, "The Sage and We Are the Same in Kind" (*Mencius*), Lin Yutang (trans.), *The Concubine Market of Yangzhou*, Tianjin: Baihua Literature and Art Publishing House, 2002.

Lin Yutang, *The Wisdom of Confucius*, Beijing: Foreign Language Teaching and Research Press, 2009.

Martin Heidegger, William McNeill and Julia Davis (tran.), *Hölderlin's Hymn "The lster"*, Indiana University Press, 1996.

Pan Fuen and Wen Shaoxia, *The Analects of Confucius*, Jinan: Qilu Press, 1993.

Peimin Ni, *Understanding the Analects of Confucius: A New Translation of Lunyu with Annotations*, New York: State University of New York, 2017.

Qian Zhongshu, "Pragmatism and Potterism", Qian Zhongshu, *A Collection of Qian Zhongshu's English Essays*, Beijing: Foreign Language Teaching and Research Press, 2005.

Raymond Dawson, *The Analects*, Oxford: Oxford University Press, 1993.

Roger T. Ames and David L. Hall, *Focusing the Familiar: A Translation Philosophical Interpretation of the Zhongyong*, Honolulu: University of Hawai'i Press, 2001.

Roger T. Ames and Jr. Henry Rosemont, *The Analects of Confucius: A Philosophical Translation*, New York: Ballantine Books, 1998.

Shi Zhikang, *Confucius's Analects: Translation & Critical Comments*, Shanghai: Shanghai Foreign Language Education Press, 2019.

Terry Eagleton, *Literary Theory: An Introduction*, Beijing: Foreign Language Teaching and Research Press, 2004.

William Shakespeare, "The Tragedy of Julius Caesar", ed. Jonathan Bate and Eric Rasmussen, *William Shakespeare Complete Works*, Beijing: Foreign Language Teaching and Research Press, 2008.

William Shakespeare, "The Tragedy of Othello, The Moor of Venice", eds. Jonathan Bate and Eric Rasmussen, *William Shakespeare Complete Works*, Beijing: Foreign Language Teaching and Research Press, 2008.

William Shakespeare. "Twelfth Night, Or What You Will", eds. Jonathan Bate and Eric Rasmussen, *William Shakespeare Complete Works*, Beijing: Foreign Language Teaching and Research Press, 2008.

William Shakespeare, "The Tragedy of Richard The Third", eds. Jonathan Bate and Eric Rasmussen, *William Shakespeare Complete Works*, Beijing: Foreign Language Teaching and Research Press, 2008.

Wing-Tsit Chan, *A Source Book in Chinese Philosophy*, Princeton: Princeton University Press, 1963.

Wu Guozhen, *A New Annotated English Version of The Analects of Confucius*, Fuzhou: Fujian Education Press, 2015.

Wu Guozhen, *A New Annotated English Version of The Great Learning and The Doctrine of the Mean*, Fuzhou: Fujian Education Press, 2015.

Wu Guozhen, *A New Annotated English Version of The Works of Mencius*, Fuzhou: Fujian Education Press, 2015.

Xu Yuanchong, *Thus Spoke the Master*, Beijing: China Intercontinental Press, 2012.

Zhao Zhentao et al., *Mencius*, Changsha: Hunan People's Publishing House & Beijing: Foreign Languages Press, 1999.

外文期刊

Roger T. Ames, "Observing Ritual 'Propensity (*Li* 礼)' as Focusing the 'Familiar' in the Affairs of the Day", *Dao: A Journal of Comparative Philosophy*, Vol. 1, No. 2, June 2002.

Young Kun Kim, "Hegel's Criticism of Chinese Philosophy", *Philosophy East and West*, Vol. 28, No. 2, April 1978.

Yves Camus, "Jesuits' Journeys in Chinese Studies", *World Conference on Sinology* 2007, Renmin University of China, No. 3, 2007.

Wing-Tsit Chan, "Hu Shih and Chinese Philosophy", *Philosophy East and West*, Vol. 6, No. 1, April 1956.

后　　记

　　本书试图以"中庸之道"作为英译的方法论，来研究《论语·尧曰》这一章的几个部分。

　　有关"中庸"，朱熹将之视为"道统"之所系。他在《四书章句集注·中庸章句序》中提出：

　　　　中庸何为而作也？子思子忧道学之失其传而作也。盖自上古圣神继天立极，而道统之传有自来矣。其见于经，则"允执厥中"者，尧之所以授舜也；"人心惟危，道心惟微，惟精惟一，允执厥中"者，舜之所以授禹也。尧之一言，至矣，尽矣！而舜复益之以三言者，则所以明夫尧之一言，必如是而后可庶几也。

　　而在《论语·雍也》之中，夫子则云："中庸之为德也，其至矣乎。"虽此字此经之中仅此一见，但《论语》全文的导向，却是以此"一以贯之"（《论语·里仁》）的。

　　"新儒家"哲学家徐复观甚至认为："有建设性的中庸之道的复苏，这将是国家命运的复苏，也是中国知识分子命运的复苏。［……］因为中华民族是不可能被消灭掉；而中庸之道，乃出于人心之所同然。"（《中国思想史论集》）但在译学界，很少见到"中庸之道"的译论探讨方面的运用。读书所见，郭宏安先生在《恶之花·跋》之中解释"信达雅"时，提出：

后　记

  总而言之，译事三难：信、达、雅。信者，真也，真者，不伪也；达者，至也，至者，无过无不及也；雅者，文学性也，文学性者，当雅则雅当俗则俗也。信、达、雅齐备，则入"化境"；然而"彻底和全部的化，是不可实现的理想"，于是而求"神似"。因此，我认为，对文学翻译来说，信、达、雅仍是可用的标准，仍是"译事三难"。

  "过犹不及"正是《论语·宪问》之中的文字，体现的是"中庸"的真精神。如此解释"信达雅"实则已将之引入儒家思想范围，因而，也是在强调，严复之"三难"即是以儒家思想而成其说。郭先生的论断发前人之未发，其创见极其深刻有力。

  不过，本书的探讨局限在《论语》的最后一篇的一部分经文的跨文化英译。尽管如此，确认"中庸之道"之"方法论"的意义还是十分必要的。一方面，我们需要首先认同，儒家思想是一种"生命的活动"，因而，不可以纯然的"概念"视之、释之。另一方面，还要承认，"以儒解儒"才可能达到跨文化英译《论语》的目的。这样，尽管跨越出语言的边界，需要面对很多问题，但忠实地传译其意向，仍然是首要的任务。因为长期以来的传译，是以"逻辑化"为导向，造成了很多问题，故而，也就有必要回归正途，才能对有关问题有所克服。也就是说，"以儒解儒"应该是一种历史使命。我们之所为，应是以学问的方式，探究如何跨文化地传译中国古人的真精神。

  要说明的是，译学界向来存在一个缺陷，即不以哲学为务，甚至视之若无物。这样，常见的情况往往是，将"方法"作为"方法论"，岂不知"化理论为非法"的那种方法，才是真正的"方法论"。在很多时候，基本问题原本没有形成共识，所以，有关研究当然步履艰难。

  因此，我们特别感谢中国社会科学出版社的刘艳老师的大力支持和帮助。她不计较合同签订过程的繁杂，认真负责，而且还为我们确定了本书的书名。这样，也才有了此书与读者见面、接受批评的可能。

蔡新乐

2021 年 9 月 1 日

深圳大学汇文楼